# 세계철학사

## 사유 번역과 서사 창조

박규철 이승종 서상복 황설중
손영창 송석랑 조성환 김요한
서대원 한대성 안규식

박영사

## 일러두기

1. 이 책은 2025년 05월 31일에 전북대학교에서 개최한 <(2025년 한국동서철학회 춘계학술대회) 세계철학사, 어떻게 옮기고 어떻게 쓸 것인가? 과거, 현재 그리고 미래>에서 발표한 원고들을 단행본의 취지와 목적 등에 맞게 수정 · 보완한 것이다.

2. 인용 자료의 출처는 각주에서 저자의 이름과 자료의 출판연도, 자료의 제목, 쪽수 순으로, <참고문헌>에서는 저자의 이름과 자료의 출판연도, 자료의 제목, (논문의 경우에는 자료가 실린 단행본이나 논문집의 제목 및 권수와 학회명), (외국어 자료의 경우에는 출판도시), 출판사 순으로 표기하였다.

3. 1차 문헌의 경우에는 학계의 관행 등을 따라 저자마다 고유한 방식으로 표기한 부분도 있다.

# 머리말

## 『세계철학사: 사유 번역과 서사 창조』 출간의 철학적 함의

박규철

21세기 대한민국은 첨단 기술과 전략적 안보 역량을 바탕으로 세계 군사력 분야에서 당당히 5－6위권에 자리매김하며 국제적 위상을 굳건히 하고 있다. 또 경제력 부문에서는 세계 13－14위권의 견고한 위치를 유지하며, 국가 경쟁력을 국제적으로 입증하고 있다. 문화 예술 분야에서도 한강 작가의 노벨문학상 수상이라는 쾌거를 이루어내면서 대한민국은 세계에서 40번째로 노벨문학상 수상국으로서 위상을 선명히 했다. 이러한 다방면에 걸친 탁월한 성취들은 대한민국이 글로벌 무대에서 정치, 경제, 문화 모두를 아우르는 강력한 국가임을 상징적으로 보여주는 결과이다. 하지만 그럼에도 철학 분야에서는 인접한 일본이나 유럽의 여러 국가처럼 세계철학사의 중심에서 웅대한 흐름을 이끌 만한 성취를 아직 이루지 못했다. 이것이 우리 학계가 맞닥뜨린 엄연한 현실이다.

이와 같은 문제의식에서 본서의 기획 의도가 비롯되었다. 이 책 『세계철학사: 사유 번역과 서사 창조』는 2025년 한국동서철학회 춘계학술대회의 결실로서, 단순한 기록을 넘어 세계철학사 집필의 본격적 출발을 알리는 집단지성의 기폭제로 삼고자 한다. 지금으로부터 정확히 100

년 전, 우리 선구적 철학자들은 유럽과 미국에서 박사학위를 취득하고 귀국하여 서양철학을 국내에 전파하였다. 올해는 그 뜻깊은 때로부터 100주년이 되는 해다. 이 시점에서, 한국철학계는 외부의 사유와 학문을 단순히 수용하는 단계를 넘어, 한국 철학자 고유의 로고스(λόγος), 파토스(πάθος), 에토스(ἦθος)를 세계철학사의 보편적 맥락에 적극 투영해야 하는 역사적 책무를 맞이하고 있다.

이 책에 수록된 글들은 이러한 시대적·학문적 요청의 구체적 응답이다. 한국동서철학회는 2025년 5월 전북대학교에서 "세계철학사, 어떻게 옮기고 어떻게 쓸 것인가? — 과거, 현재 그리고 미래"라는 주제로 학술대회를 개최하였고, 이 자리에서 발표된 글들을 엄선하여 본서 『세계철학사: 사유 번역과 서사 창조』로 엮었다. 책에는 이승종 교수의 기조 강연을 비롯하여 서상복, 황설중, 손영창, 송석랑, 조성환 교수의 주제 발표와 김요한, 한대성, 서대원, 안규식 교수의 자유 발표가 포함되어 있다. 모든 원고는 발표 당시의 본뜻을 최대한 보존하며 수록되어, 당시의 학술장 분위기와 역동성을 충실히 재현하고자 하였다.

아직 국내 학계에서는 세계철학사 집필이라는 과업이 체계적으로 논의되지 못했다. 그러나 21세기 한국철학계의 절실한 과제는 한국 사유의 철학적 정체성을 보편적 차원에 천착하고, 이를 세계철학사의 지평 위에 확고히 세우는 데 있다. 이번 학술대회와 본서는 그러한 문제의식을 선도적으로 제기한 최초의 시도로서, 그 성과를 집대성한 결과물이라 할 수 있다. 나아가 본서는 한국 철학계가 어떠한 지적 자세와 학문적 태도로 세계철학사 집필이라는 도전에 능동적으로 대응할 것인지를 가늠하게 하는 중대한 이정표가 될 것임을 확신한다.

이 책은 총 3부로 구성돼 있다. 제1부는 "철학사의 지평 — 배경과 기초 성찰"이고, 제2부는 "사유의 번역 — 철학적 아이디어의 전이와 재창조”이며, 제3부는 “서사의 창조 — 철학사의 재구성과 현대적 서술”이다.

먼저 “제1부 철학사의 지평 — 배경과 기초 성찰”에서는 기조강연자 이승종 교수의 글이 실렸다. 이 글에서 이승종 교수는 “세계철학사, 어떻게 짓고 어떻게 옮길 것인가?: 철학사의 해석학”이라는 주제 아래, 철학사와 철학 간의 역동적 관계를 해석학적 관점에서 새롭게 조명한다. 철학사는 고전 철학자들의 사유를 현대인과 연결하는 매개체로서, 단순한 역사적 서술을 넘어 호출과 지평융합을 통한 2인칭적 대화의 장이며, 전승과 재창조의 복합적 과정을 보여 준다. 이를 통해 철학사는 과거 사유의 미완성과 역사성을 드러내며, 철학의 형이상학적 경향성을 비판적으로 성찰하는 자리를 마련한다. 서구 중심적이며 과학주의적 진보사관은 철학사의 가치를 축소하고 현대적 활용을 제한하지만, 철학사는 동서고금의 사상들을 호출하고 융합하며, 철학적 성숙과 창의적 사유를 촉진하는 장으로 그의 의미를 확장한다. 철학사의 해석학은 고전 철학자와 현대인 사이의 상호작용을 강조하며, 과거와 현재라는 시공(時空)의 경계를 넘어선 철학적 크로스오버를 가능케 한다. 궁극적으로 철학사는 철학이 지닌 역사적 조건과 한계를 자각케 하고, 이를 통해 철학 자체의 성숙과 혁신을 견인하는 학문적 장르임을 명확히 한다.

다음으로 “제2부 사유의 번역 — 철학적 아이디어의 전이와 재창조”에서는 다섯 편의 글이 실려 있다. 먼저 서상복 교수는 “영미권 철학사 집필 전략과 특성”이라는 주제 아래, 버트런드 러셀과 앤서니 케니의 철학사 서술 방식을 비교·분석하며 세계철학사 서술의 방향성을 모색한다. 러셀의 『서양철학사』는 분석철학적 방법론에 근거하여 전통적 형이상학을 비판적으로 해체하는 한편, 철학을 사회적·정치적 맥락 속에서 재조명하였다. 이 책은 명료하면서도 대중적 접근이 가능한 문체로 널리 읽혔으나, 고대와 중세철학에 대한 단순화와 편향성은 학문적 한계로 지적된다. 반면 케니는 철학사의 본질을 철학 자체의 내재적 특성에 따라 규정하면서, 철학의 진보를 치료적·맥락적·해석적·분석적 차원에서 종합적으로 설명한다. 그는 철학사를 단순한 사상가 계보의 나열이 아닌, 진보와 해석이 교차하는 역동적 역사로 이해하였다. 이에 서 교수는 세계철학사 서술이 러셀의 분석적 방법과 대중적 명료성, 케니의 본질 규명과 진보 개념을 통합하여 철학을 시대적 맥락과 문화적 실천, 이해의 심화 과정으로 제시할 필요가 있음을 역설한다. 이러한 통합적 시각은 세계철학사의 재구성과 미래 지향적 발전을 위한 중요한 이정표가 될 것이다.

다음으로 황설중 교수는 "독일 철학자들은 세계철학사를 어떻게 서술하였는가?: 헤겔의 철학사를 중심으로"라는 제목의 발표에서, 독일 철학자들의 철학사 서술이 단순한 연대기가 아니라 철학의 자기 이해로서 그 본질적 특성을 지닌다는 점을 조명한다. 칸트는 철학사를 경험적 사실의 단순한 나열이 아닌 이성의 자기성찰 과정으로 규정하였고, 헤겔은 이 전통을 계승하여 철학사를 정신의 자기 전개이자 자유의 이념을 향한 역사적 운동으로 해석하였다. 헤겔은 변증법적 과정을 통해 다양한 철학들을 하나의 체계적이고 통일된 전체로 통합하였으나, 그 과정에서 비유럽 철학의 주변화와 차이를 동일성으로 환원하는 한계를 동시에 드러낸다. 그럼에도 헤겔은 철학사에 대한 회의주의를 극복하며 철학의 지속 가능성을 확보하였고, 그의 철학사는 이후 독일 철학자들에 의해 계승과 비판의 표준이 되었다. 들뢰즈는 헤겔 서술의 동일성 중심성을 비판하며, 차이의 생산성을 긍정하는 대안적 철학사 서술을 제안하였으나, 헤겔의 체계적 접근은 여전히 독일 철학사의 핵심 틀로 기능한다. 이 독일 철학사의 전개는 헤겔적 체계와 이를 탈피하려는 탈헤겔적 서술 사이의 긴장 관계 속에서 이루어지며, 이는 오늘날 세계철학사 집필에 중요한 함의를 함축한다.

손영창 교수는 "프랑스 철학계는 세계철학사를 어떻게 적었는가?: 쿠쟁을 중심으로"에서 혁명기 이후 프랑스에서 발생한 사상적 진공을 극복하고 새로운 철학교육과정을 제도화하려는 목적으로 철학의 역사론을 확립한 빅토르 쿠쟁의 철학사 이해를 고찰한다. 주지하듯이 혁명 이후 프랑스는 앙시앵 레짐 시기의 교과 내용과 교회 철학의 이데올로기적 유산을 더는 가르칠 수 없는 상황에 처해 있었다. 이에 대학은 새로운 철학 교육과정을 수립해야만 했는데, 이때 쿠쟁은 관념론과 경험론을 조합한 절충주의적 입장에서 철학사를 이해하고, 이를 대학과 중등교육 기관에 제도화하는 작업을 수행하였다. 철학사 이해에서 쿠쟁은 철학의 유형을 감각주의, 관념론, 회의주의, 신비주의로 구분하고, 서구철학의 발전 양상뿐 아니라 동양철학, 특히 인도철학까지도 동일한 관점에서 이해하고 평가하였다. 이러한 접근법은 복잡다단한 철학사를 다소 단순화한다는 점에서 한계를 지니지만, 철학사에 대한 독특한 이해 안에서 동서양을 포괄하는 통합적 시각을 제시하였다는 점에서 주목할 만하다. 무엇보다도 그의 작업은 철학사에 대한 이해가 단순히 과거의 서술에 그치는 게 아니라, 철학적 사유 자체의 전개와 제도적 정착에 결정적 역할을 한다는 사실을 보여 준다. 바로 이러한 점에서 쿠쟁의 철학사론은 프랑스 철학사뿐 아니라 세계철학사 이해의 지평을 확장하는 데 분명 중요한 의의를 지닌다.

한편 송석랑 교수는 "철학의 역사와 형이상학의 귀환: 이정우의 『세계철학사』에 관한 소고(小考)"를 통해, 『세계철학사』가 철학사를 단순한 사상가 연표가 아닌 사회·정치적 맥락 속에서 문제와 효과를 분석하는 학문적 작업으로 재조명하며, 철학사의 내재성과 현대적 실천 가능성을 탐구한다. 철학사의 핵심 개념인 '내재성'은 경험 세계 내에서 사유를 전개하고자 하는 탈근대적 시각을 반영한다. 근대는 형이상학을 배제하고 과학기술 발전의 기초를 닦았으나, 환원주의와 이원론이라는 한계를 내포하였다. 『세계철학사』는 동서고금 사상의 공명을 추구하며, '표현주의 형이상학'과 '생성 존재론'을 통해 새로운 사유 지평을 열고자 한다. 현대 철학은 진리의 근거를 초월적 영역이 아닌 시간과 생성의 세계 안에서 탐색하며, 이를 '형이상학의 귀환'으로 재해석한다. 이 과정은 주체 중심의 초월 대신, 시간과 관계 속에서 보편성을 구현하고자 하는 '비주체적' 사유의 부상으로 나타난다. 다만, 이러한 세계 내재적 사유가 진정한 보편성을 확보하기 위해서는 단순한 시간성을 넘어 정치성을 획득해야 하며, 현대 철학의 과제는 초월에 기대지 않고 생성과 관계의 역동 속에서 보편적 진리를 길어내는 새로운 형이상학을 구축하는 데 있다.

끝으로, 조성환 교수는 "일본 치쿠마출판사는 세계철학사를 어떻게 썼나?: 세계철학에서 지구철학으로"라는 주제 아래, 일본 치쿠마출판사의 『세계철학사』 연작이 유럽중심주의와 이성중심주의를 극복하고 동아시아, 이슬람, 아프리카 철학을 아우르는 '세계철학'의 균형 있는 서술을 시도한다는 점을 평가한다. 이 시리즈는 감정철학을 매개로 동서 철학의 접점을 모색하고, 일본 철학의 독자성을 세계철학 내에 자리매김하였다. 다만, 집필진 대부분이 젊은 연구자들임에도 인간 중심적 세계관에서 완전히 벗어나지 못했으며, 근대 이성과 일본 수용을 중심으로 한 서술의 한계가 존재한다. 역사학의 '지구사' 개념을 철학사에 적용하면, 철학사 역시 인간뿐 아니라 자연과 사물까지 포함하는 '지구철학사'로 확장되어야 한다. 인류세 시기는 인간 외 존재를 주체로 포함시키고, 근대 수용 과정에서 상실된 '도덕'과 새롭게 등장한 '개벽' 개념을 반영하는 새로운 철학사 서술을 요구한다.

마지막으로 "제3부 서사의 창조 — 철학사의 재구성과 현대적 서술"에는 네 편의 글이 수록돼 있다. 먼저 김요한 교수는 "이슬람 신학을 어떻게 쓸 것인가?: 이슬람 신학 전통에서 '정통'(orthodoxy) 개념을 중심으로"라는 제목 아래, 이슬람 신학 전통 내 '정통' 개념을 중심으로 신학적 다양성과 유동성을 조명한다. '정통'은 공동체의 경계를 구분하고 구원의 조건을 규정하는 도구로 기능했으나, 정치적·역사적 맥락 속에서 끊임없이 재구성되어 왔다. 고전 신학에서 아샤리파와 하디스 전통주의자의 갈등은 정통의 상대적 성격을 보여 주며, 반 에스의 '73개 무리' 하디스 분석은 권력과 담론 간 역동적 상호작용을 드러낸다. 칼람 중심의 접근은 신학의 광범위한 실천과 종교적 상상력을 포획하지 못하며, 알 가잘리의 '종교성의 학문'이 이를 확장한다. 또 아사드는 담론적 전통 개념을 제시하며 정통을 고정된 교리로 보지 않고 지속적 해석과 실천의 장으로 이해하도록 이끈다. 이로써 정통은 단일하고 절대적인 개념이 아니라, 역사적·사회적 조건에서 형성된 일시적 합의의 산물임을 확인하게 한다. 이러한 접근은 이슬람 신학의 다층적 실체를 더욱 정확히 반영하며, 단일한 정통 개념으로 환원하려는 시도를 경계하고 정통의 다양성과 유동성 인식이 현대 이슬람 담론의 핵심임을 제시한다.

다음으로 서대원 교수는 "동북아시아 철학사 서술을 위한 제언"에서 동북아시아 철학사 및 사상사 서술의 방향과 방법론을 제시한다. 기존 철학사 서술이 각 문명권의 독립성을 과도하게 전제하여 문화 교류를 간과함으로써 객관성과 인과적 설명에 한계가 있었음을 지적하면서, 동북아시아 철학사를 중국철학을 중심으로 한국, 일본, 베트남, 중앙아시아 등 영향권을 포괄하는 다층적 서술을 할 것을 주장한다. 유학, 불교, 도교, 이슬람 사상과 각국 고유 사상 및 외래 사상을 포괄하는 이러한 서술은 철학과 사상의 경계가 연속적임을 인정하며, 국가 중심이 아닌 문화권과 영향력을 기준으로 하는 점진적 재구성이 요구된다. 연구 자료 부족, 편중, 학제 간 이해 제약에도 불구하고 실증적 자료에 근거하고 불확실한 점은 의심스러운 대로 기술하는 '의즉전의' 원칙을 강조하며, 이는 동북아시아 철학사의 심화 및 궁극적으로 세계철학사 편찬의 기초가 될 것이다.

한편 한대성 교수는 "서구의 회의주의와 인도철학을 어떻게 쓸 것인가?: 『숫타니파타』 「팔게품(八偈品)」으로 조명해 본 헬레니즘 회의주의"에서 인도철학과 헬레니즘 회의주의의 상관성을 『숫타니파타』 「팔게품」을 중심으로 탐구한다. 원시불교를 중심으로 인도철학 초기 전통은 모든 견해를 버리는 회의주의적 특성을 지니며, 『우파니샤드』와 자이나교에서도 부분 확인된다. 막깔리 고쌀라와 자야라시 바타도 유물론적 요소와 회의주의적 논증법을 병존시켰다. 중관학파를 통해 인도 회의주의는 재부흥하며 부정적 표현과 귀류논증을 발전시켰다. 헬레니즘 회의주의 중 피론주의와 아카데미 회의주의는 인도 회의주의 전통과 유사함이 드러나며, 역사적 교류 및 알렉산더 대왕 이전과 이후의 그리스-인도 접촉, 짐노소피스트적 경험이 가능케 했다. 『숫타니파타』 회의주의 경전은 편집 과정에서 불교 독단주의적 사상으로 변형되었으나, 본 논문은 인도와 그리스 회의주의의 발생과 전개, 상호영향을 재구성하며 원시불교와 헬레니즘 회의주의의 철학적 연관성을 제시한다.

마지막으로 안규식 교수는 "청년 류영모의 한국철학 구성과 서술: 과학과 영성 그리고 불이적 생명"에서 청년 류영모의 사유를 분석하여 한국철학의 정체성과 영성의 연속성을 탐구한다. 한국철학은 세계철학사

내에서 특수성과 보편성을 조화시키며, 영성을 중심으로 과학과 대화할 철학적 가능성을 지닌다. 류영모는 물질과 생명, 과학과 종교, 내재와 초월 등의 상반된 차원을 불이적 생명의 관점에서 통합하고, 인간론은 자연적 유동과 생명적 충동으로 구분하며 초월적 생명을 향한 진화적 완성을 강조한다. 그의 저작 「오늘」에서는 생명력의 변형, 연결, 소통을 통한 모든 활동의 신성을 확인하며 현실의 순간을 불이적 존재론적 시공간으로 이해한다. 「無限大」에서는 우주적 관점에서 귀일적 생명의 연속성을 탐구한다. 류영모 사상은 다이쇼 시대 생명주의의 영향을 받으며, 근대적 사유를 탈근대적 관점에서 재구성하여 한국철학의 특수성과 보편성을 동시에 구현한다. 이를 통해 청년 류영모는 영성을 생명과 불이성의 틀 안에서 드러내고, 과학과 영싱의 상생을 통해 존재론적 조화를 제안한다.

요약하자면, 『세계철학사: 사유 번역과 서사 창조』는 철학사의 본질을 해석학적 차원에서 새롭게 조명하며, 고전 철학자들의 사유를 현대와 대화하는 역동적 장으로 설정한다. 이 책은 영미와 독일철학사의 집필 전략과 특성을 통합적으로 분석하여 철학사의 진보와 해석의 역동성을 전면에 제시하는 한편, 동서양의 철학 전통과 사회·정치적 맥락에서 내재성과 실천 가능성을 심도 있게 탐구한다. 특히 일본 치쿠마출판사의 균형 잡힌 철학사 서술과 인류세 담론을 기반으로 한 지구철학사 개념 도입을 통해 세계철학사 서술의 새로운 지평을 제시한다. 이를 통해 이 책은 철학의 사유를 깊이 번역하고 서사를 창조하는 융합적 연구의 성과로서, 한국 학계가 세계철학사의 재구성에 기여하는 중요한 지점을 마련한다. 궁극적으로 철학사의 전통을 비판적으로 성찰하고, 철학적 성숙과 혁신을 견인하는 학문적 전범으로 자리매김할 것이다.

본 한국동서철학회가 『세계철학사: 사유 번역과 서사 창조』를 기획해 출판하는 데에는 많은 도움의 손길이 있었다. 무엇보다 어려운 출판 환경 속에서도 본서의 출간을 기꺼이 승인하고, 모든 과정을 아낌없이 지원해 주신 박영사 측에 깊은 감사의 뜻을 표한다. 박영사의 이러한 협력은 학문적 진리에 대한 확고한 존중과 학술적 가치 실현에 대한 신념 없이는 결코 가능하지 않았을 것이다. 또 이 책이 세상에 나올 수 있도록 물심양면으로 지원해 주신 이종성 전 회장님과 김요한 부회장님, 그리고 서영식 편집위원장의 헌신적인 수고를 잊을 수가 없다. 자료 정리와 최종 발간의 모든 과정을 도맡아 애써 주신 이한균 총무이사님과 기획과 교정에 도움을 주신 김완종 연구이사님의 노고 역시 간과할 수 없을 것이다. 모든 분에게 감사의 말씀을 드린다.

마지막으로 한국동서철학회의 모든 구성원께 깊은 감사를 전한다. 이번 작업은 한국 철학의 지향을 모색하고 그 미래를 실현하기 위한 중대한 학문적 실험이었으며, 이 책이 세상에 나올 수 있었던 것은 학문 공동체의 협력과 헌신적인 참여 덕분이었다. 이 성과는 비록 출발에 불과할지라도 앞으로 더 큰 연구와 발전을 위한 견고한 토대로 작용할 것이며, 이 과정에 헌신과 노고를 아끼지 않은 모든 분께 다시 한번 진심 어린 감사와 존경의 뜻을 전한다.

## 목 차

### 제1부 | 철학사의 지평 ― 배경과 기초 성찰



### 제2부 | 사유의 번역 ― 철학적 아이디어의 전이와 재창조

# 제1부

## 철학사의 지평 —배경과 기초 성찰

# 세계철학사, 어떻게 짓고 어떻게 옮길 것인가?

## : 철학사의 해석학

이승종

## 1. 명예의 전당

세계철학사(이하 "철학사"로 약칭)는 철학자들에게는 명예의 전당이다. 그러나 명예의 전당에 헌액된 왕년의 스포츠 스타들이 더는 현역이 아니듯이, 철학사라는 명예의 전당에 헌액된 왕년의 스타 철학자들도 이제는 빛바랜 과거의 위인들일 뿐 아닐까?

철학사라는 이름을 단 책들은 철학과 학부생이나 교양인을 독자로 삼아 집필된 교양서나 교과서로 분류되곤 한다. (전 9권[1]으로 이루어진 코플스턴의 기념비적인 철학사 책들도 독자층과 책의 성격을 저렇게 잡고 있다.[2]) 철학 전공자들에게 철학사 책들은 철학사 강의교재로 유용할 뿐 철학

1) 2003년부터는 코플스턴의 다른 기(旣)출간 저서 두 권(『러시아 철학』과 『논리실증주의와 실존주의』)을 추가하여 전 11권으로 출간되고 있다.

2) Copleston, F.(1946), *A History of Philosophy*, vi.

연구에는 그다지 활용되지 않는다.

다른 학문들만큼이나 분야가 세분화 되어 있는 철학계에서 철학사가 전공인 철학자는 존재하지 않는다. 철학사의 집필자라고 해도 자신의 전공이 철학사라고 자처하지는 않는 까닭은 그 말이 마치 자신은 "올라운드 플레이어"(all round player)라고 자처하는 야구선수의 경우처럼 아마추어로 비쳐질 것을 우려해서이다.

나는 재직 중인 대학의 물리학과 A교수와 이웃 대학의 물리학과 B교수 및 철학과 C교수를 만나 담소를 나눈 적이 있다. 모처럼 과학과 철학을 넘나드는 유익한 대화를 마치고 다시 학교로 돌아오는 길에 A교수는 내게 대화에 참여한 이웃 대학 철학과의 C교수 세부 전공이 무엇인지를 물었다. 그분은 칸트를 전공하였다고 말했더니 A교수는 놀라는 기색이 역력하였다. 칸트라면 물리학에서는 뉴턴과 같은 존재일 텐데 아직도 그런 지나간 위인을 연구하느냐고 반문하길래, 철학과에서는 칸트는 물론 플라톤과 아리스토텔레스도 연구한다고 했더니 더는 말이 없었다.

나는 물리학과 교수들과 공동연구를 진행하면서 물리학을 위시한 과학은 첨단의 화두에 올인하고 각자의 역사에 대해서는 그야말로 지나간 역사로 치부하고 있음을 알게 되었다.[3] 과학자들은 학문의 진보에 대한 믿음을 신봉하고 있고 그러다 보니 여전히 고전철학을 연구하고 철학사를 가르치는 철학은 그들에게는 시대에 뒤떨어진 고답적인 학문으로 비치는 것 같다.

과학적 철학의 기치를 내건 빈(Wien) 서클의 논리실증주의자들은 제

---

3) 뒤프레(L. Dupré)는 사학과 철학만이 예외일 뿐 이는 모든 학문에서 발견되는 공통적 경향으로 본다. Dupré, L.(1989), "Is the History of Philosophy Philosophy?", 463 참조.

2차 세계대전을 피해 미국으로 이주해 자신들의 철학을 신대륙에 이식했다. 그들에게 영향받은 콰인과 같은 미국철학자들은 철학연구를 과학의 문제풀이를 모델로 재편성하여 과학주의에 경도된 미국적 분석철학을 만개시켰고, 고전철학과 철학사는 문제풀이로서의 분석철학에게 헤게모니를 내주게 된다.[4] 분석철학자들에게 고전철학과 철학사는 '잘 잃어버린 세계'(the world well lost)의 고색창연한 유물이다.

## 2. 반시대적 고찰

지금까지의 논의가 철학사의 위상과 현황에 대한 표준적 서술이라면 나는 그와는 다른 생각을 갖고 있다. 철학사가는 이제는 고인이 된 과거의 철인들을 현대인과 만나게 해주는 샤먼(shaman)이다. 철학사가가 이 작업을 수행하려면 그 자신이 한편으로는 과거의 철인들과, 다른 한편으로는 현대인과 접속해야 한다. 접속(接續)은 샤먼의 접신(接神)을 계승하는 사건(Ereignis)이다. 접속은 단순한 재생이나 재현이 아닌 옮김과 지음을 동반한다. 여타의 역사와 마찬가지로 철학사에도 사가의 사관이 개입되게 마련이다. 사가가 **지은** 사관을 통해 과거 철인들의 사유는 현대의 언어로 **옮겨진다**. 철학사가의 매개로 현대인은 시공의 차이를 초월해 과거의 철인들의 사유와 마주하는 것이다.

철학사가가 떠맡은 샤먼의 역할은 그리스 신화에서는 신의 뜻을 사람

4) 논리실증주의자들이나 콰인과는 결이 다른 비트겐슈타인도 철학사와 철학을 구분하기는 마찬가지였다. 비트겐슈타인은 다른 철학자들을 연구하는 사람들은 강단학자이지 진정한 철학자가 아니라고 생각했다(Ryle, G.(1970), "Auto-biographical", 11).

에게 전하는 전령 역할을 하는 헤르메스(Hermes)라는 신으로 신격화되며, 이로부터 저 신의 이름에서 유래하는 해석학(hermeneutics)이 창시되기에 이른다. 해석학은 처음에는 신의 말씀이 담긴 성경을 어떻게 해석할 것인가 하는 문제에 방향 잡혀 있었지만, 가다머는 해석의 대상을 텍스트 일반과 전통으로 확대시켜 철학적 해석학으로 재탄생시킨 바 있다.

샤머니즘, 철학사, 해석학의 핵심은 호출, 즉 불러냄이다. 샤먼의 접신과 철학사가의 접속도 이와 다르지 않다. 샤먼이 신(神)이나 영(靈)을 호출했다면 철학사가는 철학사를 수놓은 위대한 사상가들을 각각 호출하며, 해석학은 호출된 이들의 텍스트를 탐구한다.[5] 물론 이러한 작업이 아무런 준비 없이 절로 되는 것은 아니다. 샤먼이 신병(神病)을 겪어야 하듯이 철학사가와 해석학자도 각자의 분야에서 내공을 쌓아야 한다. 철학이 삶과 세계에 대한 철학자의 1차적(1st order) 직관과 통찰을 담고 있다면 철학사는 그러한 철학의 역사에 대한 살핌과 반성이라는 점에서 2차(2nd order) 철학이고, 철학사의 해석학은 그러한 철학사에 대한 이해와 해석이라는 점에서 3차(3rd order) 철학이라고 할 수 있다.

헤겔에 의하면 "철학의 내적 본질에 비추어볼지라도 여기[철학]에는 전임자도 후계자도 없다."[6] 가다머에 앞서 해석학을 신학에서 철학으로 정립하는 데 중요한 공헌을 한 하이데거는 헤겔의 이 구절에 대해 다음과 같이 말한다.

---

5) 동양의 경우 성인이 지은 경전(經典)에 대한 학문인 경학(經學)이 해석학에 해당한다. 양의 동서를 막론하고 경학 = 해석학이 철학사에 출현했다는 점은 주목할 만하다. 동양의 경학전통은 서양의 해석학 전통보다 그 역할이 컸으며 제자백가 시대 이후의 동양철학사는 경학사(經學史)로 보아도 무방하다.

6) Hegel, G. W. F.(1801), *Differenz des Fichteschen und Schellingschen Systems der Philosophie*, 8.

> 이는 철학자들이 서로에 대해 무관심하다는 뜻이 아니다. 오히려 그 반대로 진정한 철학자는 가장 깊은 의미에서 자기 시대의 언어라는 점에서 어느 철학자와도 동시대적임을 뜻한다.[7)]

과거의 철학자들이 현대의 철학자와 동시대적일 수 있는 것은 양자 사이의 시공간적 간격을 뛰어넘어 후자가 전자를 호출했기 때문이다. 그리고 호출의 가장 너른 플랫폼으로 작동하면서 호출된 철학자들의 역사적 전후관계를 명시하는 것이 철학사이다. 철학사라는 플랫폼의 끄트머리(현재)에 선 해석학자는 호출된 철학자들과 서로의 지평을 융합시켜 동시대적 관계를 형성하게 된다. (하이데거는 이를 고유화의 과정(ereignen)으로 부르기도 한다). 영원의 전당에 박제되어 있던 과거의 철학자들은 호출로 말미암아 동면에서 깨어나 재활성화되며, 해석학자는 그들과 대화하고 이해하고 비판하는 해석학적 크로스오버를 통해 상대가 속한 전통을 계승하거나 혁신한다. 철학사를 매개로 한 과거와 현재의 이러한 크로스오버가 곧 철학함이며 동양에서 강조해 온 온고지신(溫故知新)의 정신이기도 하다. 계승이 온고이고 혁신이 곧 지신인 것이다.[8)]

---

7) Heidegger, M.(1930/1931), *Hegels Phänomenologie des Geistes*, 45. 하이데거는 이 구절에서 'gleichgültig'와 'gleichzeitig'를 운(韻)을 맞추어 대비시키고 있다. '무관심한'으로 번역한 'gleichgültig'에는 '동가치적인'(혹은 동등한)이란 뜻도 있으므로 저 두 독일어 낱말을 우리말로 운을 맞추어 번역하면 '동등한'과 '동시대적인'이 되겠고, 이러할 경우 하이데거의 인용문 첫 문장도 "이는 철학자들이 서로에 대해 동등하다는 뜻이 아니다"가 되겠다.

8) 이에 대한 자세한 논의로는 이승종(2010), 『크로스오버 하이데거: 분석적 해석학을 향하여』 참조.

## 3. 유럽중심주의

"철학사와 철학"을 주제로 1998년 한국철학회가 주최한 춘계발표대회의 기조발제논문에서 이태수 교수는 철학을 보통명사가 아니라며 다음과 같이 말한 바 있다.

> '철학'은 고대 그리스 사람들 중 어떤 괴짜들이 제기한 질문들이 역사의 전승 과정을 거쳐 또 다른 질문으로 연결되어가면서 이루어진 하나의 다큐멘터리를 지시하는 고유명사인 것이다.[9]

여기서 다큐멘터리는 철학사, 좁혀서는 서양철학사를 지칭하는 것으로 보인다. 이태수 교수는 철학은 오직 고대 그리스에서만 발원했으며 철학사의 발원지 역시 마찬가지인 것으로 보고 있다. 결국 철학뿐 아니라 철학사도 그리스 고유의 것이라는 점에서 보통명사가 아닌 고유명사인 셈이다.

나는 철학은 어느 한 문명에 귀속되는 고유명사가 아니라 사람이 세계와 자신에 대한 질문을 던진 시점부터 있어 온 보편명사라고 본다. 그런 점에서 나는 탈레스나 공자가 아니라 샤먼을 최초의 철학자로 본다. 선사시대로 소급되는 샤머니즘은 문명의 분화 이전에 인류가 공유했던 근원적 철학의 요람이다. 철학의 시작을 꼭 글자로 남긴 문헌을 기준으로 삼으려는 태도는 지양해야 할 시대착오적인 선입견에 불과하다.[10]

---

9) 이태수(1999), 「역사 속의 철학」, 73－74.
10) 이에 대한 자세한 논의로는 윤병렬(2018), 『선사시대 고인돌의 성좌에 새겨진 한국의 고대철학』 참조.

이태수 교수의 치우친 주장은 다음에서 보듯 하이데거로 소급된다.

> 나의 확신은 현대 기술 세계가 유래한 바로 그 장소에서만 전회(Umkehr)도 준비할 수 있다는 것이다. 즉, 이것은 선불교나 다른 동양의 세계 경험을 이어받아서는 일어날 수 없는 일이다. 사유의 전환을 위해서는 유럽 전통의 도움과 이를 새롭게 고유화하는 것이 필요하다. 사유는 같은 근원과 규정을 가진 사유를 통해서만 변화된다.[11]

진 세계가 하나의 지구촌으로 묶이고 있는 세계화의 시대에 하이데거의 이러한 진단은 자신이 속한 지적 전통을 특권화하고 수호하려는 독단적 태도로 여겨질 수도 있다. 이렇게 해석된 닫힌 세계관에 문명의 전파와 공유의 여지는 존재하지 않는다.[12] 그의 계승자인 데리다도 다음에서 보듯 같은 말을 하고 있다.

> 중국에는 철학이 없고 사상만이 있을 뿐이다. … 철학은 모종의 특정 역사와 언어에 연관되어 있으며 고대 그리스의 발명품이다. … 그것은 유럽적 형식의 어떤 것이다.[13]

데리다를 명예교수로 추대한 중국에서 청중에게 찬물을 끼얹는 듯한 이러한 주장은 그가 강조해 온 환대를 스스로 저버리는 행위 아닐까?

---

11) Heidegger, M.(1976b), "Nur noch ein Gott kann uns retten", 214–215.
12) 하이데거의 진단은, 특정한 지적 전통에서 발생한 질병에 대한 치료는 그 전통 내에서의 자가 치료가 보다 본래적임을 역설하는 것으로 자비로이 해석해 볼 수도 있다.
13) Jones–Katz, G.(2019), "Where Is Deconstruction Today?"에서 재인용.

양(洋)의 동서(東西) 사이에는 고(古)와 금(今) 사이의 간격 이상의 원초적 통약불가능성이 가로놓여 있어 상호 간의 호출과 대화가 불가능한 것인가? 저 인용문을 다음과 같이 고쳐서 그에게 돌려주면 어떨까?

> 유럽에는 성인(聖人)에 이르는 도(道)와 닦음의 전통이 없고 철학만이 있을 뿐이다. 도를 닦음은 모종의 특정 역사와 언어에 연관되어 있으며 고대 동양의 발명품이다. 그것은 동양적 형식의 어떤 것이다.

동서고금의 사상들 사이에 통약불가능성이 있다 해도 이것이 그 사상들과 대화하려는 사람들에게까지 자동적으로 전이된다고는 할 수 없다. 예를 들어 쿤의 주장대로 프톨레마이오스의 천동설과 갈릴레오의 지동설이 통약불가능하다 해도, 우리는 두 패러다임을 모두 이해할 수 있다. 유럽의 철학과 동양의 사상에 대해서도 마찬가지이다.

데리다의 말은, 중국에는 그리스에서 발원한 사변적이고 이성적인 철학이 부재하며 유럽도 그러한 철학에서 헤어 나와야 한다는 취지로 자비로이 해석해 볼 수 있다. 그러나 그러한 그도 자신을 철학자로 생각했으며 그가 철학자가 아니라는(혹은 사이비 철학자라는) 학계 일부에서의 비난을 일축한 바 있다.[14] 그렇다면 그는 어떤 의미에서 철학자이고 그의 철학은 중국의 '사상'과 어떻게 다른가(혹은 같은가)? 그의 주장대로라면 한국의 어느 대학에 설치된 동양철학과나 한국철학과는 형용모순인가? 하이데거는 독일어가 그리스어를 진정으로 계승했다고 주장하며

---

14) Derrida, J.(1992), "An 'Interview' with Jacques Derrida", 135－136. 이에 대한 자세한 논의로는 Garver, N./Lee, S.－C.(1994), *Derrida and Wittgenstein*, 제6장 참조.

마치 고대 그리스철학이 독일철학으로 이어지는 것처럼 말하고 있기도 한데, 프랑스인 데리다는 이것도 받아들일까?

## 4. The Turning Point

나는 미국의 저명한 동양철학자인 반 노든(B. Van Norden)이 철학 학회에서 동양철학 논문을 발표하는 자리에서, 심지어 학회의 사회자조차 반 노든을 철학자로 소개하지 않고 발표논문에 들어가는 '철학'이라는 표현까지 헛기침으로 교묘히 가리면서 기피하더라는 전언을 그 학회에 참석했던 김명석 교수에게서 들은 바 있다. (예컨대 동양철학을 동양'쿨럭'으로 말이다.) 이러한 태도는 이태수 교수의 다음과 같은 말에서도 엿볼 수 있다.

> 그렇다면 한국인이 철학을 한다는 것은 어떤 일일까? 오늘날 우리가 철학을 하는 것은 그리스에서 시작된 특별한 물음의 과정을 서양을 거쳐 수용하고 그 물음의 과정을 이어가는 특별한 역사적 사건이라는 것이 필자의 주장이다. 이것부터 명확히 의식하는 것이야말로 제대로 철학을 하는 것이다. … 그래야만 고유명사의 철학이라는 특별한 역사에 우리 한국인, 즉 한국의 역사가 제대로 진입하는 사건이 일어날 것이다. 통칭 '한국철학' 또는 '동양철학'이라는 말이 있다는 사실은 다분히 우연적인 것이다.[15)]

---

15) 이태수, 앞의 글, 74.

이태수 교수에 의하면 한국인이 철학을 한다는 것은 그리스에서 시작된 서양철학사를 수용하고 계승함을 의미한다. 그 외의 소위 '한국철학'이나 '동양철학'이라는 말이 있다는 사실은 우연일 뿐이지 '철학'의 본래적 용례가 아니다.

나는 이태수 교수의 이러한 주장이 일종의 지적 오리엔탈리즘이라고 본다. 거기서는 헬라인만이 문명인이며 여타의 종족은 바바리안일 뿐이다. 자신들을 세계의 중심에 놓고 우리를 포함한 사방의 종족을 사이(四夷)로 폄하해 온 중화주의의 서구적 버전인 셈이다. 이태수 교수의 오리엔탈리즘은 사대주의를 함축한다. 그에 따르면 우리는 문명인인 헬라인과 하족(夏族)이 던진 물음의 과정을 수용하고 이어가야 한다. 그래야만 고유명사의 철학이라는 특별한 역사에 우리 한국인의 역사가 제대로 진입하게 된다. 조선 유학사와 한국현대철학사가 그 대표적인 예가 될 것이다.

그러나 나는 세계의 중심이 고정된 것이 아니라 그것을 자처하는 자의 것이라고 본다. 즉, 어느 곳이나 중심일 수 있는 것이다. 우리가 스스로 중심을 자처하지 않으면, 우리는 중심을 자처하는 자들에 영원히 종속되는 변방으로 남게 된다.[16)]

철학이 고대 그리스의 발명품이라는 이태수/하이데거/데리다의 말에는 오히려 그들이 도외시한 동양과의 조우 가능성이 내재되어 있다. 철학은 지혜(sophia)에 대한 사랑(philos)에서 연원하는데, 유럽에서 지혜는 지식으로 변질되고 그것이 미국을 위시한 서양의 전역을 넘어 전세계에 확산되어 오늘에 이른다. 나는 그 변질의 정체가 모더니티(modernity)이고 그 분기점(turning point)은 근대가 아닌 아리스토텔레스로(니체에

16) 이에 대한 자세한 논의로는 이승종(2021b), 『우리 역사의 철학적 쟁점』 참조.

의하면 소크라테스로까지) 소급된다고 본다.[17)]

동양의 경우는 유(儒)·불(佛)·도(道) 공히 지식 사랑이 아닌 지식 배격이 주류를 이루어왔다. 아비달마나 신유학과 같은 지식의 체계조차 성인의 지혜에 대한 주석의 형태를 취하고 있고, 3절에서 언급한 바 있듯이 성인됨을 목표로 하고 있다. 물론 서구화의 물결파로 말미암아 지금은 동양철학도 심지어 동양에서조차 학문과 지식의 형태로 가르쳐지고 연구되고 있지만, 나는 서양과 동양이 저 물결을 거슬러 시원의 지혜(소피아)에서 다시 만날 수 있기를 꿈꾸어본다. 그것이 하이데거가 예언한, 과학을 따라하다가 공중분해(자연화)되고 마는 철학의 역운(歷運, Geschick)을 전향시킬 수 있는 길이라고 생각한다.

## 5. 철학사의 쓸모

철학사는 고전의 반열에 오른 철학사상을 망라하고 있다는 점에서 우리는 그로부터 철학에 대한 풍성한 백과사전적 정보를 얻을 수 있다. 실제로 시중의 철학사 서적들은 이러한 목적 하에 3인칭적 관점에서 저술되었으며 일반인에게는 교양도서로, 철학 강의를 수강하거나 전공하는 대학(원)생들에게는 수험서로 사용되곤 한다.

나는 어떤 철학사를 읽어야 하는지 추천 의뢰를 받으면 의뢰인의 눈높이에 따라 일반인에게는 스텀프나 러셀의 단권 철학사를, 학부 저학년 수준의 철학도에게는 힐쉬베르거의 2권짜리 철학사를, 학부 고학년

17) 이는 로고스에 대한 탐구를 의미했던 논리학이 아리스토텔레스 이후로 강단 논리학으로 변질되었다는 하이데거의 비판에 근거한다(Heidegger, M.(1976a), *Logik: Die Frage nach der Warheit*, 제3절 참조).

수준의 철학도에게는 케니의 4권짜리 철학사를, 대학원 수준의 철학도에게는 코플스턴의 9권짜리 철학사를 각각 권한다.[18] 열거한 철학사들은 저자와 내용 압축의 정도만 다를 뿐 철학에 대한 일종의 길라잡이나 매뉴얼 역할을 하고 있다.

깊고도 다채로운 철학사상을 다루고 있으면서도 열거한 철학사의 저자들은 러셀을 제외하고는 자신을 낮추거나 감춘 채로 철학의 전달자 역할에 머물고 있기에, 그들의 철학사는 비평이 빠진 사서(史書)를 연상케 한다. 『춘추』(春秋)나 『사기』(史記)의 가치가 거기에 덧붙인 공자나 사마천의 비평으로 상승하듯이, 러셀의 경우처럼 철학사의 가치 역시 저자의 비평으로 상승할 것이다. 철학사의 저자들은 비평의 몫을 독자에게 양보하는 겸손의 미덕을 보여 주는 것 같지만, 그로 말미암아 독자들은 저자에게서 철학사에 대한 해박한 지식 이외의 다른 특이점을 발견하지 못한다. 철학사가는 자신이 소환한 고전철학자들과 대등한 위치에서 대화하고 평가할 수 있어야 한다. 그렇지 못할 경우 그의 철학사는 공구서(工具書)에 그칠 뿐이다.

과문한 탓인지 모르지만 나는 헤겔의 경우를 제외하고는 본격적 사론(史論)으로 시작하는 철학사를 아직 보지 못했다. 앞서 열거한 철학사들은 뚜렷한 사론 없이 내용도 매우 평범하고 분량도 짤막한 서론으로 시작하고 있다. 철학사 집필이 상당한 준비와 공력이 들어가는 대 사업이고 철학사 자체가 철학과 떼려야 뗄 수 없는 밀접한 관련을 맺고 있음에도, 그 방대한 철학사에 대한 철학적 논의가 철학사 책에 보이지 않

18) Stumpf, S./Fieser, J.(2008), *Socrates to Sartre and Beyond*; Russell, B.(1946), *History of Western Philosophy*; Hirschberger, J.(1952), *Geschichte der Philosophie*; Kenny, A.(2012), *A New History of Western Philosophy*; Copleston, F.(1946), *A History of Philosophy* 참조.

는 것은 저자의 직무 유기이다.

철학사의 쓸모는 그것의 도구적 성격이 아닌 철학적 가치에 방점이 있어야 한다.[19] 요컨대 철학사의 저자가 불러낸 철학사상이 저자나 독자와 스파크(spark)를 일으켜야 한다. 그 스파크가 강렬할수록 이로 말미암아 창출되는 새로운 사유도 더욱 견고하게 벼려진다. 나는 이러한 불꽃 튀는 생산적 만남을 2인칭적 만남이라고 부르겠다.[20] 여기서 고전 철학사상은 더 이상 3인칭적 정보에 머물지 않고 독자와 얽혀 그의 선입견을 강타하여 무너뜨리고 그의 영혼을 놀라게 하고 창의적 사유를 부추긴다. 이랬을 때 철학사는 현실과 동떨어진 지루하고 권태로운 텍스트에서 가장 화끈하고 격조 높은 사유의 모험으로 재탄생하고, 독자는 그 모험에 동참하는 협력자이자 계승자가 되거나 아니면 자신만의 길을 헤쳐나가는 개척자로 재탄생한다.

철학사의 철학은 고전의 반열에 오른 철학자들과 현대인 사이의 쌍방적 시너지로 성립되는 장르이다. 어느 한쪽으로 방향추가 기울면 일을 그르친다. 러셀의 경우처럼 자신이 입각해 있는 관점에서 고전철학사상을 아전인수격으로 품평하거나[21], 그 외의 경우들처럼 고전철학사상에 대해 벙어리의 침묵 혹은 상고(尙古)주의자의 맹종으로 일관하는 것은 바람직하지 않다. 철학사를 읽을 때 우리는 거기에서 호명되는 철학자들을 우리와는 동떨어진 3인칭적 초연한 객체가 아니라, 우리와 마주하여 우리를 자극하는 2인칭의 대화상대자로 영접해야 한다. 내가 지향하는 철학사의 해석학은 2인칭적 대화의 철학이다.

---

19) 이는 본고의 8절에서 상론할 것이다.
20) 이승종(2007), 「여성, 진리, 사회」 참조.
21) 이는 본고의 다음 절에서 곧 보게 된다.

## 6. 파르메니데스의 오류?

고전의 반열에 오른 철학자들과의 지평 융합은 그들을 철학사로부터 현재로 불러냈다고 해서 절로 이루어지는 것이 아니다. 호출된 철학자들을 여전히 우리와 만나기에는 먼 거리에 두는 3인칭적 태도도 문제이지만, 우리의 1인칭적 관점을 그들에게 덮어씌우는 것도 2인칭적 만남을 불가능하게 한다. 전자의 경우가 서로의 지평이 융합되지 않은 상태라면 후자의 경우는 그들을 우리의 지평으로 편입시키는 일방적인 처사에 해당한다.

고전의 반열에 오른 철학자들에 대한 현대의 1인칭적 편견은 저명한 고전학자인 거스리의 저술에서도 보인다. 그는 고대 그리스 철학의 많은 문제가 문법, 논리학, 형이상학의 혼동에서 귀결되었다면서 그 대표적인 예로 파르메니데스의 존재론을 들고 있다. 거스리의 논지를 이해하기 위해서는 고대 그리스어 'einai'의 의미와 쓰임을 알아야 한다.

'einai'는 i) 계사로서의 "이다"(be), ii) 양화사로서의 "있다"(exist), iii) 동치로서의 "…와 같다"(is the same as), iv) 진리 서술로서의 "…는 참이다"(is true) 등의 방식으로 다양하게 사용될 수 있는 다의어이다. 요컨대 i) 서술, ii) 존재, iii) 동일성, iv) 진리의 이념은 하나의 언어, 하나의 뿌리에서 연원한다.[22]. 그런데 거스리에 의하면 당시 그리스인들은 이처럼 하나의 낱말이 하나 이상의 의미를 가질 수 있음을 받아들이기가 힘들었다. 그 까닭은 그들이 원시적 신화시대에 가까웠기 때문인데,

---

22) Kahn, C.(1973), *The Verb "Be" in Ancient Greek*; Kahn, C.(1976), "Why Existence Does Not Emerge as a Distinct Concept in Greek Philosophy?"; Kahn, C.(1986), "Retrospect on the Verb 'To Be' and the Concept of Being" 참조.

그 시대에는 하나의 낱말과 그 대상이 일체를 이루었다는 것이다.[23)]

거스리의 이러한 주장은 잘못된 것이다. 그의 주장과는 반대로 신화 시대일수록 낱말은 다의적으로 사용되었다. 신화 자체가 언어의 은유적 기능에 근거해 있다. 동양의 고대 언어학 서적이라 할 수 있는 『역』(易)의 「설괘전」(說卦傳)은 고대어인 각각의 괘가 얼마나 다양한 의미로 사용되고 있는지를 잘 보여준다. 이는 고대 그리스어에서도 마찬가지이며 'einai'의 다양한 용례가 거스리의 주장에 대한 결정적 반증사례이다.

거스리는 파르메니데스의 존재론을 'einai'가 i) 계사로서의 "이다"(be), ii) 양화사로서의 "있다"(exist)로 혼용됨을 잘못 해석한 데서 생겨난 오류의 산물로 치부한다.[24)] 그는 저 두 경우를 달리 기호화함으로써 혼동의 소지를 제거한 프레게(G. Frege)와 러셀의 수리논리학을 염두에 두고 있는 것 같다.[25)] 그러나 저 두 용례의 연관성에 주목한 하이데거는 파르메니데스를 계승하는 자신만의 존재론을 확립한 바 있다.[26)] 거스리는 하이데거도 파르메니데스의 오류를 답습하고 있다고 할 것인가?

러셀은 파르메니데스에 대해 거스리와는 다른 종류의 오류를 전가하고 있다. 러셀이 설정한 직접지(knowledge by acquaintance)와 기술지(knowledge by description)를 혼동하고 있다는 것이다.[27)] 나는 이러한 비판이 정당하지 않다고 본다. 자신을 포함한 후대의 분류를 밑천으로 과거의 철학을 비판하자면 끝이 없을뿐더러, 시대착오의 오류를 범하는

23) Guthrie, W. K. C.(1950), *The Greek Philosophers*, 47.
24) Guthrie, W. K. C., 앞의 책, 같은 곳.
25) 좀 더 엄밀히 말하자면 i)은 보편양화사 ∀로 시작하는 문장으로, ii)는 존재양화사 ∃로 시작하는 문장으로 달리 기호화된다. 예컨대 i) "장미는 꽃이다"는 (∀x)(x는 장미이다 → x는 꽃이다)라는 조건문으로, ii) "장미는 붉다"는 (∃x)(x는 장미이다 & x는 붉다)라는 연언문(conjunction)으로 기호화된다.
26) Heidegger, M.(1927), *Sein und Zeit*, 서론 참조.
27) Russell, B.(1946), *History of Western Philosophy*, 66-70.

것이기도 하다. 이는 아리스토텔레스의 도덕심리학을 사단(四端)과 칠정(七情)의 분류가 보이지 않는다는 이유로 비판하는 것에 견줄 수 있는데, 이러한 비판은 시대착오의 오류뿐 아니라 범주오류에 해당하기도 한다.

러셀이 저지른 더욱 심각한 문제는 파르메니데스의 오류를 부각하는 과정에서 정작 파르메니데스 철학의 진면목은 전혀 제대로 드러내지 못하고 있다는 점이다.[28] 러셀의 철학사를 읽은 독자는 파르메니데스를 오류투성이인 실패한 철학자로 기억하게 된다. 파르메니데스에 대한 러셀의 비판은 분석철학과 수리논리학의 창시자로서의 자질을 유감없이 발휘하고 있는 것 같지만, 사실은 파르메니데스의 존재론적 지평을 자신의 논리적 지평으로 포맷했을 뿐이다.

## 7. 그리스의 비트겐슈타인?

철학사의 내용이 유통기한이 지난 골동품이라는 통념은 철학이 전승과 재창조의 과정이라는 점을 간과한 채 진보에 대한 믿음하에 세워진 과학주의의 오류를 답습하고 있다. 비트겐슈타인은 『철학적 탐구』에서 저 믿음을 경고하는 네스트로이(J. Nestroy)의 말을 머리말로 삼고 있다.[29] 진보사관과는 달리 철학사의 고전 사상들은 끊임없이 현대로 소환되고 재해석되고 변형된다. 하이데거는 소크라테스 이전 철학자들에

28) 존재와 사유의 동근원성(同根源性, equiprimordiality), 사유(와 언어)에 깃든 존재의 편재성 등이 러셀이 놓치고 있는 파르메니데스 철학의 진면목에 해당하는 몇 가지 예이다. 러셀이 낮춰본 파르메니데스의 가치는 하이데거에 의해서 비로소 온전히 재평가된다.

29) Wittgenstein, L.(1953), *Philosophical Investigations*, 2.

게서 영감을 얻었고, 들뢰즈는 에피쿠로스학파와 스토아학파를 부활시켰고, 화이트헤드는 로크를 위시한 근대철학자들의 사유를 자신의 유기체적 우주론에 녹여내었다. 이는 철학의 고전에는 유통기한의 개념이 적용되지 않음을 잘 보여주고 있다.

그러나 고전철학의 리바이벌(revival)과 리메이크(remake)가 또 하나의 상고주의가 되어서는 안 된다. 과학주의의 진보사관을 논박하는 비트겐슈타인은 다음에서 보듯이 그 대척점에 서 있는 상고주의의 오류에 대해서도 비판하고 있다.

> 다음 구절을 읽는다. "… 철학자들은 '실재'의 의미에 대해서 플라톤이 도달한 것보다 더 근접해있지 않다. …" 얼마나 이상한 일인가. 플라톤이 그렇게 멀리까지 도달해 있을 수 있다는 게, 또한 우리는 그렇지 못하다는 게 얼마나 놀라운가! 플라톤이 그렇게 똑똑했기 때문이라고?[30)]

시대정신이 된 과학주의를 신봉하면서도 또 한편으로는 모든 철학적 진리는 이미 고대 그리스나 중국의 제자백가 시대에 다 선취되었다는 식의 맹신은 우리 사회에 만연한 극단적 양극화나 자기 분열 현상과 다르지 않다.

그 한 예를 우리는 헤라클레이토스에 대한 포퍼, 반즈(J. Barnes), 헤겔의 견해에서 발견한다. 포퍼는 비트겐슈타인의 『논리-철학논고』를

30) Wittgenstein, L.(2005), *The Big Typescript*, 312. 비트겐슈타인이 인용한 구절의 출처를 알 수는 없지만 이에 대한 그의 논평은 서양철학사가 플라톤 철학의 각주라는 화이트헤드의 널리 알려진 견해(Whitehead, A. N.(1929), *Process and Reality*, 39)에도 적용될 수 있을 것이다.

여는 문장, "세계는 사실들의 총체이지, 사물들의 총체가 아니다."[31]가 헤라클레이토스가 발견한 것에 대한 재확인에 불과하다고 깎아내리고[32], 반즈는 이를 바탕으로 헤라클레이토스를 "그리스의 비트겐슈타인"이라고 추켜세운다.[33] 포퍼가 열린 사회의 적으로 꼽은 바 있는 헤겔도 "헤라클레이토스의 명제 중 나의 논리학에서 차용하지 않은 명제가 없다."라고 고백한다.[34] 헤라클레이토스, 헤겔, 비트겐슈타인에 대한 호불호가 분명한 포퍼는 반즈와 헤겔의 논평을 좋아하지 않을 것이다.

그러나 헤라클레이토스에 대한 저들의 언급은 정당한 평가라고 할 수 없다. 헤라클레이토스는 포퍼가 인용한 비트겐슈타인의 저 문장을 말한 바 없으며, 헤겔의 방대한 논리학 체계에 먼저 도달하지도 않았다. (그러기에는 헤라클레이토스가 쓴 글 중 남아있는 것 자체가 얼마 되지 않는다). 즉, 비트겐슈타인의 『논리－철학논고』는 헤라클레이토스의 표절이 아니며, 헤라클레이토스는 당연히 헤겔의 논리학을 알지 못했다. 헤라클레이토스와 비트겐슈타인은 그들이 남긴 말에 대한 포퍼의 자의적 해석을 통해서만 비교될 수 있으며, 헤라클레이토스에 대한 반즈와 헤겔의 단언은 근거가 미약한 과장이거나 수사적 표현에 지나지 않는다. 설령 그들의 주석이 모두 맞다 하더라도 철학자들에 대한 비교만으로는 성취된 바가 미미한 탓에 철학이라고 할 수 없다. 비교철학은 형용모순에 가깝다. 비교철학은 비교를 넘어선 융합과 크로스오버를 지향할 때야 비로소 철학일 수 있다.

---

31) Wittgenstein, L.(1921), *Tractatus Logico－Philosophicus*, 1.1.
32) Popper, K.(1945), *The Open Society and its Enemies*, 180.
33) Barnes, J.(1979), *The Presocratic Philosophers*, 43.
34) Hegel, G. W. F.(1971), *Vorlesungen über die Geschichte der Philosophie*, 320.

## 8. 철학사와 철학

헤겔은 철학사와 철학을 동일시했지만 둘의 관계가 그렇게 조화로운 것만은 아니다.[35] 우리는 철학사의 렌즈를 통해서만 철학에 만연된 형이상학적 경향성을 생생히 포착할 수 있다. 형이상학적 경향성이란 특정한 믿음이나 논제를 영원불변한 필연적 진리로 상정하려는 경향성을 뜻한다. 서양의 경우 고대에는 존재론이, 중세에는 신학이, 근대에는 인식론이, 현대에는 언어철학이 그러한 경향성을 각각 주도해 왔다. 이들 담론은 내재된 형이상학적 경향성이 지향하는 대로 탈역사적인 입장을 견지했으며 그러다 보니 철학사와도 거리를 두었다. 불변의 진리에 변화를 함축하는 역사는 어울리지 않아 보였다.[36] 영원의 관점에 서는 철학과 역사적 관점에 서는 철학사는 서로가 서로를 배격하는 모순의 관계로까지 설정되기에 이른 것이다.

그러나 철학사는 각각의 철학이 취했던 형이상학적 경향성이 철학의 본래적 역사성을 망각한 데서 비롯된 해프닝임을 여실히 보여 준다. 하이데거가 서양철학사를 존재망각의 역사였다고 일갈할 때 의도했던 것도, 그가 역운이라고 이름 지은 존재의 역사성에 대한 망각이 서양철학에 만연했음을 적시하고자 함이었다. 철학사는 이처럼 철학이 빠지곤 하는 형이상학적 경향성을 일깨우는 해독제 역할을 한다는 점에서, 그 자체로 철학에 기여하는 바가 크다고 할 수 있다.

철학사와 철학 사이의 관계에 대한 이러한 재인식은 여타의 학문에도

---

35) 철학사와 철학을 동일시하는 헤겔을 계승하는 현대의 논의로는 Taylor, C.(1984), "Philosophy and its History", 17 참조.

36) 이에 대한 자세한 논의로는 이승종(2020), 『우리와의 철학적 대화』, 제6장, 183-184 참조.

적용될 수 있다. 이론물리학을 전공하던 쿤은 과학사를 강의하면서, 과학사에 등장하는 과학을 이해하려면 해당 과학이 속해 있는 지적 전통에 대한 선이해가 있어야 함을 알게 된다.[37]. 그는 한 걸음 더 나아가 과학의 객관성이 역사성과 양립 불가능한 것이 아님을 깨닫게 되며, 이를 바탕으로 과학사와 과학의 관계에 대한 획기적 저술인 『과학혁명의 구조』를 집필한다.[38] 그의 이 책은 과학의 역사성보다는 그 논리적 얼개와 방법론에 대한 공시적 탐구에 치중했던 논리실증주의적 과학철학의 헤게모니를 무너뜨리고, 역사적 과학철학이라 이름 부를 만한 새로운 과학철학을 탄생시키는 데 결정적인 기여를 하였다.[39]

『과학혁명의 구조』는 쿤과 대척점을 이루었던 논리실증주의자들이 주도한 통일과학 총서의 하나로 출간되었다는 점이 흥미롭다. 데리다가 구조주의를 세계에 알린 한 학술대회에서 구조주의를 해체하는 「인문학 담화에서의 구조, 기호, 유희」라는 논문을 발표하였듯이[40], 쿤의 책도 논리실증주의를 대표하는 총서에 포함되어 바로 그 총서의 이념에 치명적 균열을 낸 것이다.

쿤의 『과학혁명의 구조』는 천문학, 물리학, 화학에 치중해 있지만, 과학의 역사성은 생물학의 현황과도 잘 들어맞는다. 생물학의 패러다임인 다윈의 진화론 자체가 역사적인 이론일 뿐 아니라, 노벨상 수상자인 생물학자 델브뤼크가 잘 지적하고 있듯이 하나의 살아 있는 세포조차 그

---

37) Kuhn, T.(1987), "What Are Scientific Revolutions?" 참조.

38) Kuhn, T.(1962), *The Structure of Scientific Revolutions* 참조.

39) 쿤의 이러한 성취가 학계에서 순조롭게 수용된 것만은 아니었다. 그는 하버드대학교 사학과와 캘리포니아 버클리대학교 철학과에서 차례로 재임용에 실패하는 시련을 겪게 되는데, 이는 그의 혁명적 사상에 대한 기성학자들의 거부감 때문이었던 것으로 추정된다.

40) Derrida, J.(1967), "Structure, Sign and Play in the Discourse of the Human Science" 참조.

것의 선조가 이룩해 낸 10억 년에 걸친 실험을 동반하고 있다는 점에서 역사적이다.[41] 이는 사람에 대해서도 마찬가지인데 그는 생물학적으로는 말할 것도 없고 철학사가 증언하고 있듯이, 정신적으로나 문화적으로나 그가 속해 있는 전통에 빚지고 있다는 점에서 역사적이다. 요컨대 사람의 몸과 마음은 각각 다른 층위에서 역사적인 셈이다. 사람 몸의 역사성은 과학, 마음의 역사성은 인문학의 화두인 것이다.

어떤 것이 역사성을 갖는다 함은 그것이 완결된 영원한 것일 수 없음을 함축한다. 철학자들의 사상을 하나하나 음미할 때 거기서 느꼈던 완전성과 영원성은 철학사의 파노라마에 놓이는 순간 그리고 철학사의 프리즘으로 재인식하는 순간 용해되어 버리고, 그로부터 우리는 과거의 사유가 미완의 프로젝트임을 알게 된다. 절대적인 것 같았던 사상은 시간의 부침으로 금이 가고 마모되고 파편화되지만, 그 편린들은 우리의 사유와 맞물려 우리를 일깨우고 새로운 미래의 사상을 위한 불쏘시개 역할을 한다.

철학이 진리를 고유화한 호기로운 목소리라면 철학사는 진리에 대한 겸손한 묵시이다. 사람이 다가올 자신의 죽음에서 유한성을 자각하고 그 너머의 비전을 헤아리듯이, 철학은 철학사에서 자신의 한계를 자각하고 그로부터 이를 돌파할 계기를 얻는다. 사람이 유한성의 자각을 통해 성숙해지듯이 철학은 철학사에 대한 성찰을 통해 성숙해진다. 철학사의 철학은 그 성숙한 철학에 붙여진 이름이다.[42]

---

41) Delbrück, M.(1949), “A Physicist Looks at Biology”, 2. 이에 대한 자세한 논의로는 이승종(2021a), 「생명의 짜임과 풀림」 참조.

42) 이 글의 초고에 귀중한 논평을 해준 연세대학교 철학과 박사과정의 송현종, 윤유석 씨께 깊은 감사의 마음을 전한다.

## 참고문헌


윤병렬(2018), 『선사시대 고인돌의 성좌에 새겨진 한국의 고대철학』, 예문서원.

이승종(2007), 「여성, 진리, 사회」, 『철학연구』 제33집, 고려대학교 철학연구소.

(2010), 『크로스오버 하이데거: 분석적 해석학을 향하여』 (수정증보판), 동연, 2021.

(2020), 『우리와의 철학적 대화』, 김영사.

(2021a), 「생명의 짜임과 풀림」, 『비교문화연구』 제62집.

(2021b), 『우리 역사의 철학적 쟁점』, 소명출판.

이태수(1999), 「역사 속의 철학」, 『철학사와 철학』, 철학과 현실사.

Barnes, J.(1979), *The Presocratic Philosophers* (Revised edition), London: Routledge, 1982.

Copleston, F.(1946), *A History of Philosophy* (New revised edition), Vol.1, Westminster: Newman Press, 1960.

Delbrück, M.(1949), "A Physicist Looks at Biology", Connecticut Academy o f Arts and Sciences. (https://faculty.washington.edu/lynnhank/Delbr uck.pdf).

Derrida, J.(1967), "Structure, Sign and Play in the Discourse of the Human Science", reprinted in *Writing and Difference*, translated by A. Bass, Chicago: University of Chicago Press, 1978.

(1992), "An 'Interview' with Jacques Derrida", *Cambridge Review*, Vol.113.

Dupré, L.(1989), "Is the History of Philosophy Philosophy?", *Review of Metaphysics*, Vol.42.

Garver, N./Lee, S.-C.,(1994), *Derrida and Wittgenstein*, Philadelphia: Temple University Press (『데리다와 비트겐슈타인』, 민음사(1998), 동연(2010, 수정증보판)).

Guthrie, W. K. C.(1950), *The Greek Philosophers*, New York: Harper and Row, 1975.

Hegel, G. W. F.(1801), *Differenz des Fichteschen und Schellingschen Systems der Philosophie*, reprinted in *Jenaer Kritische Schriften* (I), Hamburg: Felix Meiner, 1979.

(1971), *Vorlesungen über die Geschichte der Philosophie*, Vol.1, Frankfurt: Suhrkamp.

Heidegger, M.(1927), *Sein und Zeit*, Tübingen: Niemeyer, 1972.

(1930/1931), *Hegels Phänomenologie des Geistes*, Frankfurt: Klostermann, 1980.

(1976a), *Logik: Die Frage nach der Warheit*, Frankfurt: Klostermann, 1995.

(1976b), "Nur noch ein Gott kann uns retten", *Der Spiegel*, Vol.23.

Hirschberger, J.(1952), *Geschichte der Philosophie*, 2 Vols. Freiburg: Herder, 1991 (『서양철학사』, 전 2권, 강성위 옮김, 이문출판사, 2022).

Jones-Katz, G.(2019), "Where Is Deconstruction Today?", *Los Angeles Review of Books*, 5월 9일.

Kahn, C.(1973), *The Verb "Be" in Ancient Greek*, Dordrecht: Reidel.

(1976), "Why Existence Does Not Emerge as a Distinct Concept in Greek Philosophy?", *Archiv für Geschichte der Philosophie*, Vol.58.

(1986), "Retrospect on the Verb 'To Be' and the Concept of Being", in *The Logic of Being: Historical Studies*, edited by S. Knuuttila/J. Hintikka, Dordrecht: Reidel.

Kenny, A.(2012), *A New History of Western Philosophy*, Oxford: Oxford University Press (『서양철학사』, 전 4권, 김성호/이재훈 옮김, 서광사, 2008-2014).

Kuhn, T.(1962), *The Structure of Scientific Revolutions*, 4th edition, Chicago: University of Chicago Press, 2012.

(1987), "What Are Scientific Revolutions?", reprinted in *Philosophy, Science, and History*, edited by L. Patton, London: Rouledge, 2014.

Popper, K.(1945), *The Open Society and its Enemies*, Vol.1, London: Routledge, 1947.

Russell, B.(1946), *History of Western Philosophy*, London: George Allen and Unwin, 1979 (『서양철학사』, 서상복 옮김, 을유문화사, 2019).

Ryle, G.(1970), "Autobiographical", in *Ryle*, edited by O. Wood/G. Pitcher, London: Macmillan. 1970.

Stumpf, S./Fieser, J.(2008), *Socrates to Sartre and Beyond*, 8th edition. New York: McGraw−Hill (『소크라테스에서 포스트모더니즘까지』, 이광래 옮김. 열린책들, 2004).

Taylor, C.(1984), "Philosophy and its History", in *Philosophy in History*, edited by R. Rorty/J. B. Schneewind/Q. Skinner, Cambridge: Cambridge University Press.

Whitehead, A. N.(1929), *Process and Reality* (Corrected edition), edited by D. Griffin/D. Sherburne, New York: Free Press, 1978.

Wittgenstein, L.(1921), *Tractatus Logico−Philosophicus*, translated. by D. Pears/B. McGuinness, London: Routledge and Kegan Paul, 1961.

(1953), *Philosophical Investigations* (Revised 4th edition), edited by G. E. M. Anscombe/R. Rhees/P. M. S. Hacker/J. Schulte, translated by G. E. M. Anscombe/P. M. S. Hacker/J. Schulte, Oxford: Wiley−Blackwell, 2009 (『철학적 탐구』, 이승종 옮김, 아카넷, 2016).

(2005), *The Big Typescript*, edited/translated by C. G. Luckhardt/M. A. E. Aue, Oxford: Blackwell.

# 제2부

## 사유의 번역
## —철학적 아이디어의 전이와 재창조

# 영미권 철학사 집필 전략과 특성

서상복

## 1. 러셀의 서양철학사 집필 전략과 특성

이미 많은 서양철학사와 동양철학사, 한국철학사가 출간되었음에도 다른 언어로 출간된 철학사를 번역하고, 세계철학사를 집필하고자 하는 이유는 무엇인가? 세계 곳곳에서 활동하는 철학자들의 공동체 의식을 고취하고, 문화 측면에서 다른 인문학과 과학, 종교, 예술과 마찬가지로 철학이 중요한 역할을 했고 지금 하고 있으며 앞으로도 할 것이라고 증명할 수단이기 때문이다.

이 글의 목적은 영미권 철학사 집필 전략과 특성을 살피고 이를 바탕으로 세계철학사 집필 전략과 방향을 제언하는 것이다. 첫째, 러셀 서양철학사의 뛰어난 점을 세 가지로 정리해 서양철학사 집필 전략과 특성을 드러낸다. 둘째, 앤서니 케니가 철학자의 철학사와 철학 역사가의 철학사를 구별한 이유를 밝히고, 철학의 진보를 보여 주는 네 가지 측면을 철학사 집필에 반영해야 한다고 주장한다. 셋째, 영미 분석철학의 관점에서 철학사 집필 전략과 특성을 정리한다. 넷째, 앞에서 다룬 내용을 바탕으로 세계철학사 집필 전략과 방법을 제언한다.

러셀은 20세기 영미 분석철학의 문을 연 선구자로 논리학, 인식론, 존재론, 윤리학, 사회철학을 비롯한 철학 전반에 걸쳐 분석적 방법을 적용한 독창적 견해를 연이어 발표했다. 전문 철학자로서 러셀은 수리논리학과 관계논리를 포함한 현대 기호논리학을 확립하고, 비트겐슈타인과 카르납, 콰인, 셀라스, 크립키로 이어진 현대 분석철학의 기초를 놓았다. 대중에게 알려진 러셀은 과학의 힘을 믿은 무신론자이자 개혁적 자유주의자, 인권과 시민권을 옹호하기 위해 노력한 사회활동가이자 전쟁에 반대한 평화주의자였다.

전문 철학자이자 사회활동가로서 러셀의 탁월함을 압축해 보여 준 『서양철학사』는 1945년과 1946년에 각각 미국과 영국에서 출간되었다. 1961년에 새로운 판이 나왔으나 새로 추가된 내용은 없었고, 현재까지 그대로 발행되어 세계적으로 잘 팔리는 책이다.

러셀은 2500년 동안 발전해 온 서양철학의 역사를 꿰뚫고 변화 속에서도 면면히 이어진 통일된 철학적 주제를 하나하나 찾아내 흥미진진하게 논의했다. 철학자는 다른 모든 사람과 마찬가지로 어떤 일의 결과이자 원인이고, 각자 놓인 사회 상황과 시대의 정치와 제도의 결과물이다. 또 운이 좋다면 후대 정치와 제도의 근간이 될 신념 체계의 형성에 공헌할 수도 있다. 러셀은 환경 속에 놓인 철학자의 삶과 철학적 주제를 생동감 넘치게 기술한다. 무엇보다 철학적 주제에 대해 논의할 때 어떤 철학자도 숭배하지 않고 자신이 개발한 분석적 방법을 적용하여 어김없이 비판한다. 비판은 거침없고 신랄하며, 어떤 부분에서는 자신도 충분히 이해하지 못한다고 솔직하게 시인한다. 그러나 처음부터 끝까지 명료하지 않은 부분은 없다. 명료성이 바로 이 책의 미덕이다.

『러셀 서양철학사』의 뛰어난 점은 세 가지로 요약할 수 있다. 첫째, 저자의 고유한 철학적 관점과 참신한 분석적 방법으로 수많은 철학자의 사상을 일관되게 해석하고 비판한다는 점이다. 러셀의 고유한 철학적 시각과 분석적 방법은 무엇인가? 『수학의 원리』를 쓸 무렵까지 러셀은 플라톤주의의 영향에서 완전히 벗어나지 못했다. 우리는 문장을 사용할 때 그 문장에 나오는 어구가 무엇을 지칭함으로써 의미를 갖는다고 생각한다. 숫자가 나오는 문장을 말할 때도 각 숫자가 가리키는 추상적 수가 플라톤의 이상계에 있고, 그것을 가리킴으로써 의미를 갖는다는 견해가 의미 지칭 이론이다. 러셀은 점차 이러한 사고방식에 존재의 수를 너무 늘리는 문제가 있음을 알아챘다.

전통 형이상학은 문법적 주어의 자리에 오는 낱말이 의미를 가지려면 지칭하는 대상이 있어야 한다고 가정했으나, 러셀은 논리적 분석을 통해 문법적 주어가 반드시 논리적 주어가 아님을 보여 주었다. "모든 인간은 죽는다."라는 전칭긍정 문장과 "어떤 인간은 죽는다."라는 특칭긍정 문장을 『수학의 원리』에서 제안한 기호 논리를 사용해 번역함으로써 일반명사가 무엇을 지칭함으로써 의미를 갖는 것처럼 보이는 착각에서 벗어날 수 있다. "모든 인간은 죽는다."라는 문장은 "모든 x에 대하여, x는 인간이라면 x는 죽는다."로 바꿔 쓴다. x는 개체 변항이고, 실제 세계의 개체들을 부르는 이름으로 대체할 수 있다. 개체를 분류하기 위해 사용하는 일반명사 '인간'은 H로, '죽는다.'라는 술어로 M으로 나타낸다. 그러면 "$(\forall x)(Hx \rightarrow Mx)$"라는 보편 양화 조건 문장으로 번역된다. 또한 "어떤 인간은 죽는다"라는 문장은 "어떤 x에 대하여, x는 인간이고 x는 죽는다."로 바꿔 쓴다. 그러면 "$(\exists x)(Hx \& Mx)$"라는 존재 양화 연언 문장으로 번역된다. x라는 변항에 들어갈 수 있는 것은 실제로 존재하는 개체뿐이고, '인간'이나 '죽음' 같은 일반명사는 개체를 분류하기 위해 우리가 만든 언어적 표현이고, 언어적 표현의 의미는 언어 사용자가 어떻게 사용하느냐에 달렸다. 따라서 러셀은 모든 전통 형이상학은 일상 언어의 문법에 현혹되어 생겨난 잘못된 존재론을 가정하고 있다고 비판한다.

러셀은 「지시하기」("On Denoting")라는 유명한 논문에서 기술 이론을 구체적으로 제안하고 옹호했다. 기술 이론을 통해 전통적 관념론과 의미 지칭 이론의 영향에서 완전히 벗어났고, 새로운 기호논리학의 방법으로 일상적·철학적 문제를 해결하고자 했다. 기호를 사용하는 논리 언어는 일상 언어의 모호함과 애매함을 대체할 완전한 이상 언어의 지위를 확보했고, 이후 분석적 전통을 규정한 모범으로 수용되었다. 러셀은 기호논리학에 근거한 분석적 방법으로 형이상학, 인식론, 윤리학, 사회·정치 철학에 관한 철학적 문제를 차례로 해결했다.

철학은 진리 추구의 열정을 품고 기존의 모든 지식을 비판하는 활동이자 분석적 방법을 통해 명료하고 확실한 지식을 얻고자 노력하는 여정이다. 논란의 여지가 있는 문제를 명료하게 만드는 방법은, 부지불식간에 사용된 전제들을 세밀히 조사하고 기초 원리를 끈질기게 검토해 보는 것이다. 옳다는 근거가 없다면 어떤 전제도 받아들여서는 안 된다. 이것이 러셀이 말하는 분석적 방법의 핵심이다. 러셀은 분석적 방법을 끝까지 고수하며 진리 탐구의 여정을 이어갔다. 그 여정 속에서 거의 모든 중요한 철학적 주제를 열정적으로 탐구하고 논의했다. 『러셀 서양철학사』는 러셀의 전생애에 걸친 진리 탐구의 여정을 압축해 보여 주는 좋은 본보기다.

둘째, 철학과 사회·정치 환경이 어떻게 영향을 주고받으며 발전했는지 보여 준다는 점이다. 고대와 중세, 근현대를 지배한 철학적 주제를 각각 찾아내 자유자재로 다루며 쏟아 놓은 논평 속에는 철학적 통찰력과 예리한 분석력이 번뜩인다. 러셀은 각 시대의 철학을 종교, 수학, 과학 같은 다른 분야의 발전이나 사회 · 정치 상황과 연결하여 서술한다. 따라서 러셀의 철학사는 그 자체로 훌륭한 비판서이자 흥미진진한 철학 이야기다. 러셀에 따르면 철학은 소수 지식인이 벌인 논쟁을 문제 삼는 데 그치지 않고 공동체의 삶을 통합하거나 해체하는 역할을 했다. 이런 점에서 철학은 철학자가 놓인 사회·정치 상황과 밀접한 관계를 맺으면서 발전한다. 소크라테스의 철학은 아테네 민주주의를 염두에 두어야 이해할 수 있고, 플라톤의 이상 국가론은 아테네 민주주의에 대한 환멸과 스파르타에 대한 동경, 오르페우스교를 염두에 두어야 제대로 이해할 수 있다. 마찬가지로 로마시대에 독창적인 체계적 철학이 생겨나지 않고 일종의 처세 철학이 등장하게 된 배경은 로마 행정의 지배력이 강하고 일상의 삶이 투쟁으로 점철되었던 탓이다. 러셀은 자신이 선별한 철학자를 전부 사회 · 정치 환경 속에서 살고 사색한 인간으로서 다룬다.

셋째, 전문 지식인들의 전유물이 아니라 일반 독자들도 재미나게 읽을 수 있게 철학사를 서술했다는 점이다. 『러셀 서양철학사』는 철학 전공자뿐 아니라 일반 독자가 스스로 철학적으로 사고할 수 있도록 흥미롭고 명쾌하게 서술되어 있다. 철학에 관심을 가진 사람이라면 누구나 쉽고 재미나게 읽으며 철학의 의미를 스스로 터득할 수 있을 것이다. 대중과 일반 독자들의 눈높이에 맞춘 상식적 철학 분류법도 제안했다.

> 철학은 대체로 방법이나 성과에 따라 분류한다. '경험' 철학과 '선험' 철학은 방법에 따른 분류이고, '실재론' 철학과 '관념론' 철학은 성과에 따른 분류다. … 그런데 정확성은 다소 떨어지지만, 철학을 전공하지 않은 사람들에게 훨씬 유용한 철학 분류법이 하

> 나 더 있다. 구별 원칙은 철학자가 철학하도록 이끌었던 두드러진 욕망에 따른다. 여기서 철학은 행복에 대한 사랑에서 영감을 받은 감정 철학, 지식에 대한 사랑에서 영감을 받은 이론 철학, 행동에 대한 사랑에서 영감을 받은 실천 철학으로 분류된다.
>
> 우선 낙관적 철학이나 비관적 철학, 구원의 계획을 제시하는 철학이나 구원은 불가능하다고 입증하는 철학을 모두 감정 철학으로 간주하며, 이 부류에는 대부분의 종교 철학이 포함된다. 또 위대한 체계를 갖춘 대부분의 철학은 이론 철학으로 간주한다. 그 까닭은 지식욕은 희박해도 최고 수준에 이른 대부분의 철학을 형성한 원천이었기 때문이다. 다른 한편 실천 철학에는 행동을 최고로 중시하고, 행복은 결과이며 지식을 성공적 실천의 단순한 도구로 간주하는 철학이 포함된다.
>
> … 현대 세계는 반항하는 실천 철학을 요구한다. 따라서 실천 철학이 이루어 낸 성공은 놀랄 일도 아니다.[1)]

철학은 인류가 만들어서 가꾸고 대대손손 이어진 소중한 문화 형태다. 러셀의 서양철학사는 이런 소중한 서양철학의 역사를 전문 철학자의 식견으로 대중의 눈높이에 맞게 탁월하게 서술한 명저다.

『러셀 서양철학사』는 출간과 동시에 인문학에 관심을 가진 독자들에게 널리 인기를 끌었고, 꾸준히 잘 팔렸다. 1950년 러셀의 노벨 문학상 선정 이유로 인용된 책이기도 했다. 20세기 물리학의 대가, 아인슈타인과 슈뢰딩거도 칭찬을 아끼지 않았다. 그런데 대중의 선택과 달리 전문 철학자의 반응은 엇갈렸다. 어떤 서평은 러셀이 철학사를 쓰고 있는지

---

1) Russell, B., 『러셀 서양철학사』, 1217.

논쟁의 역사를 쓰고 있는지 마음을 정하지 못했고 역사를 오해했다고 비판한다. 다른 서평은 러셀이 능란하고 재치가 넘치는 저술가이지만, 러셀의 저작 가운데 최악이라고 혹평하면서 근현대철학은 비교적 공정하게 논의했으나 고대와 중세철학에 대한 논의는 무가치하다고 덧붙였다.

방대한 철학사를 써낸 코플스턴(F. Copleston)은 『러셀 서양철학사』에 대해 '드물게 활기차고 재미가 있지만 중요한 여러 철학자에 대한 러셀의 논의는 부적절하고 오해로 가득하다.'라고 평했다. 예컨대 라이프니츠 철학의 논리적 측면에 주목한 점은 신뢰할 수 있지만, 라이프니츠의 철학을 대중적 학설과 난해한 학설로 엄격하게 나눈 것에 의문을 제기했다. 비평가 슈타이너(G. Steiner)는 하이데거를 다루지 않은 것은 야비하다고 비난했다. 하울게이트(S. Houlgate)는 헤겔의 국가론이 독재정치를 정당화한다는 러셀의 주장이 무지에서 비롯한 것이라고 비판했다. 간략한 근대철학사를 쓴 스크루턴(R. Scruton)은 러셀의 서양철학사가 우아하고 재치가 넘치지만 데카르트 이전 철학에 집중한 점에서 잘못이 있고, 칸트에 대한 이해가 부족하며, 지나친 단순화, 생략된 부분이 많은 점이 흠이라고 평했다. 그레일링(A. C. Grayling)은 "이 유명한 저작의 일부는 대략 기술하는 수준에 그치지만, 다른 여러 가지 점에서 놀라우리만치 잘 읽히고, 서양 사상을 샅샅이 훑어 역사적 맥락 속에서 다룬다."라고 평했다.

러셀은 자신의 서양철학사에 대한 여러 비판에 대해 자서전에서 이렇게 답한다. "나는 초기 서양철학사를 문화사의 일부로 여겼으나, 과학이 중요해진 근대 이후 서양철학사를 이러한 틀에 맞추기는 아주 힘들었다. 최선을 다했지만, 내가 성공했는지는 확실치 않다. 나의 책이 진정한 철학사가 아니라, 자의적으로 선택한 사건에다 편견을 덧씌워 설명한 것에 지나지 않는다는 서평이 가끔 눈에 띈다. 내 생각에 편견 없는 사람이 정말로 있더라도, 그런 사람은 흥미로운 철학사를 쓸 수 없다."

러셀이 혹평한 몇몇 사람에게 응수했듯, 우리는 무엇을 하든 편견에서 완전히 벗어날 수 없을 것이다. 다만 편견을 드러내 편견이 더는 우리를 오류에 빠지지 않도록 만드는 것이 철학적 의미 명료화 작업이다. 러셀은 어떤 점에서 자신이 해석한 내용에 오류가 있고, 자신이 개발한 논리적 분석방법을 잘못 적용할 가능성도 인정한다. 그러나 러셀의 책을 전부 읽든 일부를 읽든 명료하지 않은 데는 하나도 없으며, 객관적으로 인정할 만한 내용이 압도적으로 많다.

러셀은 라이프니츠의 철학을 연구해 전문 서적을 출간했으며, 라이프니츠를 수리논리학의 최초 싹을 틔운 인물로 발굴했다.[2] 또 고대부터 현대까지 대표 철학자들을 철학사상뿐 아니라 사회, 정치적 배경 속에서 논의하고, 자신이 개발한 분석적 방법으로 비판한 서양철학사를 저술했다. 분석철학 전통을 세운 창시자 가운데 한 사람으로서 서양철학사를 저술한 유일한 철학자다.

## 2. 앤서니 케니의 서양철학사 집필 전략과 특성

철학자들이 자신이 다루는 주제의 역사적 기원으로 고려하는 철학사 이해와 철학사가로서 연구하고 집필하는 철학사를 구별하는 것은 중요하다. 케니는 분석철학자들이 문제를 다루기 위한 전형을 찾으려고 철

---

2) Russell, B., *The Philosophy of Leibniz*. 라이프니츠의 철학을 전문적으로 연구한 책이다. 여기서 러셀은 라이프니츠 철학의 주제를 문자 그대로 철학사의 일부로서 더할 나위 없이 상세히 심층적으로 다루었다. 필연 명제와 모순율, 우연 명제와 충족 이유율, 식별 불가능자의 동일성과 연속 법칙, 가능 세계 개념은 현대 논리학과 분석철학의 발전에 영향을 크게 미쳤다.

학사를 이용하는 작업과 철학사를 본격적으로 저술하는 작업을 구별한다.[3] 후자는 철학사가의 일이다. 한마디로 철학사가는 철학의 역사를 쓰는 사람이지 만드는 사람이 아니다. 철학사를 집필하는 철학자는 역사 기록으로서 철학사에 관심을 둔다. 역사 기록의 본성은 역사의 본성에 의존하고, 철학사의 본성은 철학의 본성에 의존한다.

'철학'은 누가 어디에서 실천하느냐에 따라 다양한 것을 의미한다. '철학사'도 여러 가지 의미가 있다. 철학사라는 말이 의미하는 것은 특정 역사가가 철학의 본질로 여기는 것에 의존한다. 이것은 최초의 철학사가였던 아리스토텔레스에 대해 참이었고, 철학의 마지막 철학의 역사가이기를 희망했던 헤겔에 대해서 참이었다. 아리스토텔레스는 『형이상학』에서, 헤겔은 『철학사 강의』에서 선대 철학자들의 견해를 해설했다. 두 철학자는 철학의 본성에 대해 다른 견해를 가졌지만, 둘 다 자신들의 시각과 선대 철학자들의 시각을 조율하며 철학의 주요 문제를 해결한 진보의 역사로 해석했다.

방금 말한 것과 정반대 견해가 있다. 이 견해에 따르면 주요한 철학 문제들은 여러 세기가 지난 다음에도 여전히 논쟁거리이고, 어떤 명확한 해결에 더 가까워지지 않는다. 철학의 긴 역사를 되돌아본 누구든지 궁금한 다음과 같은 질문이 있다. 철학은 어디에 이르는가? 철학자들은 여러 세기에 걸쳐 노력했는데도 실제로 무엇을 배웠는가?

---

3) Kenny, A.(2005), "The Philosopher's History and the History of Philosophy", 13.

비트겐슈타인은 다음과 같이 말했다.

> 철학은 진보하지 않고 고대 그리스인이 몰두했던 것과 똑같은 철학 문제들이 오늘 우리를 여전히 괴롭힌다고 사람들이 말하는 소리를 늘 듣는다. 저렇게 말하는 사람들은 왜 그래야 하는지 이유를 이해하지 못한다. 우리의 언어가 여전히 똑같고 언제나 같은 질문을 우리에게 하도록 만들기 때문이다. … 나는 "철학자들이 플라톤이 파악한 것보다 '현실'의 의미에 더 가깝지 않다"라는 글을 읽었다. 얼마나 놀라운 일인가! 플라톤이 그렇게 멀리 갔을 수 있다니 얼마나 주목할 만한가! 혹은 우리가 더 멀리 갈 수 없다는 것은 얼마나 주목할 만한가! 그것은 플라톤이 그토록 영리했기 때문인가?[4]

철학의 진보에 보인 두 태도, 바로 아리스토텔레스식 태도와 비트겐슈타인식 태도의 차이는 철학 자체에 대한 다른 두 가지 견해와 연결되어 있다. 철학은 분류하기 어려운 대단히 흔치 않은 분야다. 철학은 과학으로 볼 수도 있고, 종교 행위를 포함한 예술로 볼 수도 있다.

철학자는 과학자와 마찬가지로 확실히 진리를 추구한다. 철학을 하는 과정에서 발견한 진리들이 있는 것처럼 보인다. 초기 세대에 속한 위대한 철학자들도 이해하지 못했으나 우리가 이해하는 일정한 진리가 있는 것 같다. 그래서 철학자로서 누구든지 과학자와 마찬가지로 진행 중이고 협력하며 축적하는 과정에 속한다고 의식하면서 새로운 지식을 기대한다. 그러면 누구든지 돌을 쌓아 올린 이정표에 돌을 하나 올리고, 큰

---

4) Kenny, A.(1994), *The Wittgenstein Reader*, 273.

건축물을 세우는 일에 아주 작게나마 공헌할 수도 있다는 희망을 품게 된다. 만약 철학이 이런 점에서 과학과 비슷하다면, 철학자는 현행 사고의 추세를 따라잡을 책무가 있다. 이 견해에 근거하면 철학은 최근 작업이 이전 작업의 지위를 빼앗으며 지식을 축적하는 분야다. 우리는 의심할 여지없이 다른 위대한 철학자들의 어깨에 올라가 선다. 우리는 플라톤과 칸트를 시대에 뒤진 것으로 평가했다. 우리는 현대에 사는 한 철학자로서 적어도 플라톤의 이상계가 문자 그대로 실존한다고 인정하지 않으며, 칸트의 사물 자체와 현상계 구별을 철칙으로 받아들이지 않고서 현실을 설명하고 이해할 수 있다고 자부할 수 있다.

다른 한편 철학은 예술, 인문 분야와 비슷한 매력을 지닌 듯하다. 확실히 철학의 고전은 시대에 구애받지 않고 읽힌다. 만약 우리가 그것의 역사가 아니라 물리학이나 화학을 배우고 싶다면, 지금 뉴턴이나 패러데이를 읽지 않는다. 하지만 문학에서 우리는 단지 먼 옛날 사람들의 정신을 거친 예스러운 것들에 관해 배우려고 호머와 셰익스피어를 읽지 않는다. 철학에 대해서도 같은 것이 참이다. 우리는 플라톤과 아리스토텔레스를 그저 골동품 애호가의 호기심을 갖고 읽지 않는다. 이 견해에 근거하면 철학은 본질적으로 천재의 작업이고 뛰어난 개인들의 산물이다. 만약 누구든지 철학을 뛰어난 지성인들의 연속으로 본다면, 칸트가 플라톤의 지위를 빼앗았다는 것은 셰익스피어가 호메로스의 지위를 빼앗았다는 것만큼이나 의미가 없다. 이 견해에 근거하면, 여러분은 데이비드슨을 읽는 것만큼이나 데모크리토스를 읽으면서도 철학을 아주 잘할 수 있다. 철학에서 진보는 세계에 대한 지식을 확장하고 새로운 진리를 획득하는 문제가 아니기 때문에 철학은 과학이 아니다. 철학은 획득한 정보와 지식을 이해하는 문제, 다시 말해 조직하거나 체계적으로 정리하고 의미를 파악하는 문제다.

철학은 종교나 과학과 달리 전문적 주제가 고정되어 있지 않고, 철학의 특성을 보여 주는 소크라테스식 질의응답, 논증과 반론, 변증법, 현상학적 방법, 이해 방법, 직관, 사고실험 같은 방법들만 가지고 있다. 따라서 철학 방법을 사용한 위대한 철학실천가들이 다룬 주제들로 철학을 정의할 수 있겠다. 우리가 철학자들로 인정하는, 소크라테스 이전 철학자들은 과학자들이기도 했고, 그들 가운데 몇몇은 종교 지도자들이었다. 당시에 종교, 과학, 철학의 구별은 후대만큼 분명치 않았다. 기원전 6세기는 미래에 모든 학문 분야의 요소들이 함께 싹을 틔웠던 지성의 황금기였다. 이후 종교학자들, 철학자들, 과학자들이 모두 6세기 사상가들을 선조들로서 되돌아볼 수 있었다. 그러나 소크라테스 이전 철학자들은 자신들을 공통 직업군에 속한다고 아직 생각하지 않았다. '철학'이라는 말을 현대에 우리가 사용한 뜻에 가깝게 처음 사용한 철학자가 플라톤이다. 오늘날 철학자로 자처하는 사람들은 플라톤과 아리스토텔레스의 계승자들이라고 주장할 수 있다. 우리는 계승자들의 작은 일부일 뿐이다. 서양철학사의 주제를 설정한 사람은 바로 플라톤이었다. 오늘의 철학자들을 위대한 그리스인들의 다른 계승자들과 구별하고, 우리가 그들의 이름을 사용할 권한을 주는 것은, 물리학자들과 천문학자들, 의학자들, 언어학자들과 달리 우리 철학자들이 플라톤과 아리스토텔레스의 목표를 두 철학자와 같은 방법으로 추구한다는 점이다.

철학사를 연구하고 쓴다는 것은 어떤 점에서 진보가 일어났는지를 기록하는 일을 포함한다. 러셀은 서양철학사에서 철학이 중심부에 놓인 질문에 명확한 답을 했던 예들이 있었다고 주장했다. 그는 존재론적 논증을 한 가지 예로 들었다.

> 이미 알아보았듯 안셀무스가 발명한 존재론적 논증을 토마스 아퀴나스가 거부하고, 데카르트는 수용하지만, 칸트가 거부하고, 이후 헤겔이 다시 수용했다. 나는 현대 논리학이 '실존' 개념을 분석한 결과로 존재론적 논증의 부당성을 입증했다고 말해도 좋다고 생각한다. 이러한 논의 과정은 기질이나 사회 제도의 문제가 아니라 완전히 기술적인 문제다. 존재론적 논증을 반박하더라도 당연히 존재론적 논증의 결론, 다시 말해 신이 실존한다는 주장이 참이 아니라고 가정할 근거는 아무 데도 없다.[5]

존재론적 논증은 정말로 철학에 발전이 일어날 수 있다는 점을 보여 준다. 안셀무스는 이전에 어느 철학자도 제시하지 않았던 논증을 발명하는 위업을 달성했다. 다른 한편 만약 철학적 진보의 가장 좋은 예가 나중에 철학자들이 이선에 어떤 철학자의 오류를 보여 주는 사례라면, 철학의 역사를 연구하라고 격려하기에는 부족해 보인다. 무엇보다 나쁜 점은 최근 몇몇 현대 철학자들이 러셀이 개발한 것보다 더 최근 논리 기술인 양상 논리를 사용해서 존재론적 논증을 복권했다고 주장했다는 것이다. 더욱이 러셀이 호소했던 '실존' 분석은 그것을 발견하기 위해 19세기까지 기다릴 필요도 없었다. 안셀무스가 죽고 얼마 되지 않아 아벨라르는 "한 아버지가 실존한다."라는 문장에서 우리가 '한 아버지'를 무언가를 나타낸 것으로 여겨서는 안 되고, 오히려 "어떤 것이 한 아버지이다."라는 문장과 동치라고 말했다. 그럼에도 철학에서 진보의 가능성이라는 쟁점을 다루는 점에서 러셀은 비트겐슈타인보다 진실에 더 가깝다. 모든 전통 철학자를 파리통 속에 빠진 파리에 비유한 비트겐슈타

---

5) Russell, B., 『러셀 서양철학사』, 1210.

인의 급진적 치료 철학은 철학의 역사 속에서 진지하게 다룬 철학의 문제들의 가치를 너무 쉽게 치워버린다.

케니는 철학사에서 일어난 진보를 네 가지 양상으로 나누어 보여 준다.[6] 첫째, 철학의 계몽적 역할에 관한 치료적 진보다. 비트겐슈타인에 따르면 철학의 과제는 우리가 걸린 지성의 병을 치료하는 것, 우리의 지성이 빠진 마법에서 우리를 자유롭게 하는 것이다.[7] 이런 치료 견해에 근거해도 철학의 과제와 성취는 시대에 따라 달라진다. 왜냐하면 한 시대에 나타난 망상의 유혹은 다른 시대에 나타난 것과 다르기 때문이다. 시대마다 새로운 철학치료법이 필요하다. 규율에 따르지 않는 정신이 스스로 묶은 매듭은 시대에 따라 다르고 다른 정신 조치가 이런 매듭을 풀기 위해 필요하다. 예컨대 우리 시대를 지배하는 만성 질병은 정신을 컴퓨터로 생각하려는 유혹이다. 새로운 질병에 새로운 치료법이 필요하지만, 앞선 시대의 만성 질병이 되돌아올 수도 있다. 인터넷을 타고 번지는 별자리 운세, 사주 풀이 같은 미신적 견해들을 보라. 철학자는 소크라테스 이래 언제나 대중적 편견에 맞서 의심하고 진리를 추구하라고 자신과 다른 사람들을 계몽해 왔다.

둘째, 철학적 주제의 역사적 배경에 관한 맥락적 진보다. 우리는 모두 다음과 같은 존 해링턴 경의 짧은 풍자시에 익숙하다.[8]

---

6) Kenny, A.(2005), "The Philosopher's History and the History of Philosophy", 17–20.

7) Wittgenstein, L., 『철학적 탐구』, 109절에서 비트겐슈타인은 다음과 같이 말한다. "철학의 문제들은 새로운 정보를 제공하는 것이 아니라 우리가 언제나 알던 것을 배열함으로써 해결된다. 철학은 언어 때문에, 우리의 지성이 미망에 빠지는 것에 대한 투쟁이다." 309절에서는 철학의 목표가 "파리가 파리통에서 빠져나갈 출구를 보여 주는 것"이라고 말하기도 한다.

8) Kenny, A., 앞의 글, 18.

> 반역은 결코 번성하지 못한다. 이유는 무엇인가?
> 반역이 번성하면, 아무도 감히 그것을 반역이라 부르지 않을 테니까.
> (Treason doth never prosper, what's the reason?
> For if it prosper, none dare call it treason.)

위에 인용한 것과 비슷한 일이 철학사에 나타난다. 어떤 철학 문제가 해결되자마자 아무도 그것을 철학의 문제로 여기지 않는다. 우리가 평평한 지구에서 사느냐, 둥근 지구에서 사느냐는 것은 한때 철학자들의 문제였다. 훨씬 더 오래 전에 태양과 달, 행성들이 살아 있는 것이냐는 것이 문제였다. 오늘 아무도 저런 것을 철학의 문제로 여기지 않는다. 이런 문제의 해결은 철학이 성취한 업적이 아니라고 주장할지도 모르지만, 과학이 철학에서 물려받아 성취했다. 좁게 정의한 철학 분야의 철학적 문제들이 위대한 철학자가 성공적으로 다룬 다음에 그냥 사라졌던 사례들도 있다. 눈에 띄는 본보기는 플라톤의 대화편 『소피스트』에서 파르메니데스를 다룬 논의다. 대략 말하면 파르메니데스의 체계에 속한 많은 견해는 실존에 속한 '있다'와 술어에 속한 '이다'의 체계적 혼동, 그리고 거기에 상응하는 비-존재와 부정-존재의 혼동에 의존한다. 플라톤은 쟁점을 성공적으로 처리했고, 다시 양자를 뒤섞을 구실도 사라졌다.

셋째, 철학의 영원한 주제들에 관한 해석적 진보다. 철학과 어떤 정본(canon)의 관계가 주어지면, 철학적 진보의 주목할 만한 특징은 대체로 용어들에 합의하고 과거에 위대한 철학자들의 사상을 해석하면서 일어난다는 점이다. 과거에 위대한 저작들은 철학에서 중요도를 잃지도 않고, 저작들이 지성 측면에서 공헌하는 점들도 정지 상태에 있지 않다. 시대마다 철학의 고전들을 자기 시대의 문제와 염원에 맞춰 해석하고 응용한다. 이것은 최근 수년에 걸쳐 윤리학 분야에서 가장 드러난다. 플라톤과 아리스토텔레스의 윤리 관련 저작들은 어느 20세기 도덕주의자들의 저작들만큼 오늘의 도덕적 사고에 영향을 미친다. 인용 찾아보기 목록을 펼치고 아리스토텔레스의 항목 수를 가령 규정주의(prescriptivism)를 상위-윤리 이론으로 세운 헤어(R. M. Hare)의 항목 수와 비교하면 쉽게 검증할 수 있다. 아리스토텔레스의 항목 수가 훨씬 더 많다. 철학의 고전들은 과거에 응용했던 방식과 상당히 다르게 해석되고 응용되고 있다. 아리스토텔레스를 이해할 때 일어나는 진정한 진보가 바로 이것이다. 이는 저작들을 연대표에 근거해 새로 조명함으로써 주어지는 것과 상당히 다른 이해다.

끝으로 용어의 의미 명료화와 이해에 관한 분석적 진보다. 철학은 정보량을 주기적으로 추가함으로써 진보하지 않는다. 이는 철학이 제공하는 것이 정보가 아니라 이해이기 때문이다. 초기 세대의 위대한 철학자들조차 이해하기에 실패했으나, 현재에 사는 철학자들이 이해하는 어떤 점들이 있다. 철학이 본질적으로 언어 및 의미 명료화라는 견해를 우리가 용인하더라도, 진보할 여지는 많다. 예컨대 철학자들은 낱말의 다른 뜻을 구별함으로써 언어를 명료하게 만든다. 언제가 어떤 구별이 만들어진다면 미래 철학자들은 숙고할 때 그런 구별을 고려해야 할 것이다.

자유의지라는 쟁점을 예로 들어보자. 언젠가 달리 행할 능력으로서 자유와 원하는 것을 행할 능력으로 자유 사이에 어떤 구별을 하게 된다면, "인간 존재들은 의지의 자유를 누리는가?"라는 질문에 방금 말한 구별을 고려하는 방식으로 답해야 한다. 자유의 두 종류가 일치한다고 믿는 어떤 사람은 이를 보여 주는 논증을 제시해야 한다. 여기서 말한 구별을 단순하게 무시하면서 자유의지라는 주제를 진지하게 다루기를 희망할 수 없다. 이것이 우리가 확인한 치료적, 맥락적, 해석적 진보라고 부를 만한 다른 진보 형태와 나란히 놓을 철학에서 일어나는 분석적 진보의 예이다.

철학사는 철학적 이유로 연구할 수도 있고 역사적 이유로 연구할 수도 있다. 우리는 다른 시대의 철학자들을 오래도록 변치 않고 관심의 대상이 되는 철학 문제를 해결하려고 읽기도 하고, 지나간 시대의 지성계를 상세히 논의하기 위해 읽기도 한다. 동기가 무엇이든지 철학의 역사를 쓰는 사람은 철학자이면서 역사가가 되지 않을 수 없다.

철학사는 다른 어떤 추구의 역사와도 비슷하지 않다. 회화의 역사가는 화가일 필요가 없고, 의학의 역사가는 역사가로서 개업한 의사가 아니다. 그러나 철학의 역사가는 바로 역사를 쓰면서 철학을 하지 않을 수 없다. 철학과 철학사의 연결은 밀접하다. 역사라는 과제 자체가 철학의 역사가들을 주제들에 대한 의견들을 바꿔 쓰거나 풀어 쓰고, 과거에 사상가들이 의견을 주장한 이유를 제시하고, 그들의 논증에 포함된 암묵적 전제들을 가늠하고, 그들이 끌어냈던 추론의 정합성과 설득력을 평가하도록 강제한다. 그런데 철학적 결론에 이유를 대기, 철학논증 속 숨은 전제 찾기, 철학 추론에 대한 논리적 평가는 자체로 충분히 발달한 철학행위들이다. 결과적으로 어떤 철학사든 역사에 관한 실행일 뿐 아니라 철학에 관한 실행이어야 한다.

## 3. 영미 분석철학 관점에서 철학사 집필 전략과 특성

서양철학사를 시기별로 고대, 중세, 근대, 현대로 나누면, 시대별로 다루어야 할 철학자들의 무리가 거의 정해져 있다. 시기별로 어떤 철학자들을 선택할지는 집필자의 세부전공과 방법론, 다양한 주제를 다룰 역량에 따라 달라질 것이다. 그러나 철학사를 쓰는 사람이 어떤 철학자들을 다룰지 정하고 나서 해야 할 일은 명확하다. 선별한 위대한 철학자의 대표견해를 살펴보고 역사적 맥락에 따라 서술하는 것이다. 이때 철학자의 견해를 살펴보는 데는 두 가지 방식이 있다. 첫째, 어떤 철학자의 대표견해를 철학적 견해로 살필 수 있다. 대표견해가 참인지, 어떤 이유나 근거로 주장하고 있는지, 그것의 함축은 무엇인지 검토하는 것이다. 둘째, 어떤 철학자의 대표견해를 어떤 상황과 맥락에서 나왔다는 역사적 사실로서 설명할 수 있다.

역사적 행위를 설명할 때 우리는 행위자의 이유를 묻는다. 만약 우리가 좋은 이유를 찾으면, 그 사람의 행위를 이해했다고 생각한다. 만약 행위자가 좋은 이유를 가지지 못했다는 결론에 이르면, 우리는 다른 더 복잡한 설명을 찾아야 한다. 행위에 대해 참인 것은 철학적 견해를 받아들이는 것에 대해서도 참이다. 만약 우리가 선택한 어떤 철학자의 대표 견해를 지지할 좋은 이유를 찾는다면, 우리의 과제는 완료된다. "우리가 위대한 철학자들의 사상을 이렇게 신경 쓰며 연구하는 한 가지 이유는 정확히 이것인 듯하다. 우리의 이해력에 한계가 있기 때문에 우리가 아직 이해하지 못하지만, 많은 경우에 위대한 철학자들이 무엇을 했는지를 스스로 말할 좋은 이유를 가졌다고 우리가 신뢰한다는 점이다."[9] 우리가 과거에 존재했던 위대한 철학자들에 대한 연구로 우리가 성취하고자 희망하는 것들 가운데 하나가 바로 이런 한계를 제거하는 것이다.

철학사를 쓰는 행위의 본성은 무엇인가? 어떤 종류든 철학사 쓰기의 핵심은 느슨한 의미의 주해 작업이다. 다시 말해 철학 원문들을 세밀하게 읽고 해석하면서 쓰는 것이다. 주해 작업은 내부 맥락과 외부 맥락

9) Frede, M.(1987), *Essays in Ancient Philosophy*, xi.

으로 나눠서 진행할 수 있다. 내부 맥락의 주해 작업에서 해석자는 해석에서 자비의 원리[10]를 사용하면서 원문을 정합적이고 일관되게 만들려고 시도한다. 외부 맥락의 주해 작업에서 해석자는 선택한 철학 원문의 의의를 다른 철학 원문들과 비교하고 대조함으로써 밝혀내려고 모색한다. 내부 맥락의 주해 작업에서 목표는 선별한 원문에서 논의하는 문제나 쟁점에 관한 철학적 진리나 철학적 이해에 도달하는 것이다. 전형적으로 연구하는 원문 속 진술들의 뒤에 놓인 이유를 찾거나 정당성을 보여 줄 근거를 살핀다. 외부 맥락의 주해 작업에서 목표는 다루는 문제에 관한 진리가 아니라 한 인격체로서 사람이나 한 시대나 어떤 역사적 계열에 대한 이해에 도달하는 것이다. 전형적으로 표적 원문에서 말한 것에 대한 출처나 원인, 또는 동기를 밝히는 것만큼 이유를 찾거나 살피지 않는다.

여러 철학사에서 역사가의 기량과 철학자의 기량은 다른 비율로 발휘된다. 비율은 작업의 목적과 중점적으로 다루는 철학 분야에 따라 달라진다. 철학사는 역사적 이해를 추구하면서 연구할 수도 있고, 철학적 계몽을 추구하면서 연구할 수도 있다. 전자에서 철학사를 쓰는 사람의 일차 관심은 과거의 특정 시기나 문화에 속한 사람들이고, 그 사람들의 철학을 그들이 무엇을 입고 어떻게 스스로 부양하고 어떻게 지배를 받았는지가 아니라, 무엇을 생각했는지를 알고자 원하기 때문에 연구한다. 후자에서 일차 관심은 특정한 철학적 문제나 일련의 문제이고, 과거 사상가의 저술을 거기에서 자유와 필연, 덕과 악습, 또는 마음과 몸의

10) Davidson, D.(1985), "Radical Interpretation", 137. 해석은 자비의 원리(principle of charity)에 따라 진행된다. 데이비드슨에 따르면 우리는 낯선 언어와 화자를 화자의 믿음이 대부분 우리의 믿음과 일치하는 방식으로 해석해야 한다. 우리와 다른 시대와 장소에 살았던 낯선 철학자의 견해는 근본 번역 상황 속 낯선 화자의 문장과 다를 것이 없다.

문제에 관해 배울 수 있기 때문에 연구한다.

방금 말한 철학사를 연구하고 집필하는 두 접근법은 모두 정당하지만, 둘 다 고유한 위험을 내포한다. 과거 철학자들을 훈련하게 만든 철학 문제들에 개입하지 않으면서 사상의 역사를 연구하는 역사가들은 피상성(superficiality)의 죄를 지을 위험에 노출된다. 고대, 중세, 초기 근대의 원문을 역사적 맥락에 대한 지식 없이 읽는 철학자들은 시대착오(anachronism)의 죄를 지을 위험에 노출된다. 두 함정에 빠지지 않고 의연하게 걸어갈 수 있는 철학의 역사가는 드물다.

두 가지 오류는 제각기 좋은 철학사 연구와 쓰기라는 과업의 목적을 무효로 만들 수 있다. 과거 철학자들을 괴롭혔던 철학의 문제들에 관심을 두지 않는 역사가는 그들이 사고를 진행했던 방식을 현실적으로 이해하지 못할 것이다. 과거 고전들의 역사적 배경을 무시하는 철학자는 오늘 우리가 관심을 두는 쟁점들을 새롭게 해석하지 못하고 화려하게 치장한 현대인의 편견을 덧씌울 것이다.

두 가지 위험은 철학사의 다른 분야에서 다른 비율로 위협할 수 있다. 형이상학 분야에서 가장 경계해야 하는 것은 피상성이다. 근본적 철학 문제에 관한 인격적 관심이 없는 어떤 사람에게 과거에 위대한 사상가의 체계는 예스럽고 진기한 광기로 보일 뿐이다. 정치철학에서 큰 위험은 시대착오다. 플라톤과 아리스토텔레스의 민주주의 비판을 읽을 때, 우리는 고대 아테네의 제도에 관한 것을 모른다면 갈피를 잡을 수 없다. 형이상학과 정치철학 사이에 윤리학과 심리철학이 놓여있다. 여기서 두 가지 위험은 대략 같은 힘으로 위협한다.

따라서 철학사를 연구하거나 쓰는 사람이라면 누구든 두 가지 위험을 의식하면서 작업해야 할 것이다.

## 4. 세계철학사 집필 전략과 방법

철학사는 정확히 정의한 특정 분야의 역사가 아니라 가장 높게 비상했던 인간 정신의 역사다.[11] 철학적 작업의 성과는 늘 다른 분야로 확산하고 다른 여러 전문 분야에서 끌어다 쓴다. 어제의 도덕철학 주제가 오늘날 사법 담론이나 복지경제학의 주제가 되고, 어제의 심리철학이 오늘날의 인지과학이 된다. 또 이런 과정은 양방향으로 일어난다. 다른 학문 분야에서 거둔 새로운 탐구 성과도 역시 철학적 물음의 흥미로운 재료로서 철학 분야에 흡수되곤 한다. 오늘의 경제학 문제는 내일의 도덕철학을 위한 좋은 바탕이 될 것이다. 이와 같은 역동적 경계 이동이 가져올 한 결과는 철학적 사고가 자칫 무용한 것으로 비칠 수 있다는 점이다. 철학적 탐구에서 답을 찾아 공유하는 주제는 곧 철학이기를 그친다는 사실 때문이다. 철학적 탐구의 어떤 부분이 과학적 정확성과 실용적 가치를 가지게 되면, 그것은 곧 '철학적'이기를 그친다. 철학은 늘 사고의 극한에서 형성되는 활동이기 때문이다. 이 때문에 철학에서 진보가 없다는 엉뚱한 오해가 생겨난다.

철학자들은 동서를 막론하고 어느 때 어느 곳에서든 명료하게 생각하려고 했다. 결과가 어떻든 철학자들의 작업은 언제나 근본적 질문을 제기하고 질문의 핵심을 밝혀서 배우는 일을 포함하고, 모든 철학자는 어떤 면에서 의미 명료화를 열망한다. 버트런드 러셀은 철학을 기묘할 정도로 집요한 활동으로 묘사했다. 철학을 다른 유형의 사고와 구별하는 한 가지 기준은 관례에 따른 해결책을 거부한다는 점이다. 그래서 철학자들은 기이하고 놀라움을 주는 인물들로 비치기도 한다. 그리스의 최

11) Gottlieb, A.(2007), 『이성의 꿈』, 10.

초 철학의 역사가들은 오늘날의 우리보다 이 점에 대해 훨씬 더 잘 알고 있었다. 그들의 저작은 흥미진진한 일화로 가득하고 상당수가 근거가 빈약해도 어떤 진실을 담고 있다. 그런 풍자적 일화를 철학에서 중요하지 않다고 치워두는 것은 철학의 심장부에 존재하는 익살의 진가를 놓치는 셈이다. 철학자들은 시대의 상식으로 통하는 것에 코웃음을 치곤 했다. 그리고 훗날에 이르러서야 그런 시대에 통용되던 상식이 매우 비상식적인 것이었음이 드러나곤 했다. 물론 그런 익살이 때로 그릇된 길로 빠지기도 했고, 철학자들을 어리석은 사람들로 보이게 하기도 했다. 하지만 그런 위험은 철학적 사고 자체를 위해 필수적이다.

이제 동양철학사와 서양철학사를 포함한 세계철학사를 집필하는 모든 철학자가 유념해야 하는 몇 가지 사실을 지적하고자 한다.

첫째, 철학사를 번역하고 집필하는 철학자는 두 가지 작업을 동시에 해야 한다. 하나는 특정 철학적 견해를 깊이 탐구해 이해함으로써 당대 현실을 해석할 새로운 개념 체계를 세우는 전문적 작업이고, 다른 하나는 전문 철학자뿐만 아니라 일반 대중에게 철학의 향기를 전달하는 계몽적 작업이다.[12] 한 개인으로서 철학자와 철학 자체에 더 중요한 작업은 전자이지만, 더 많은 사람과 한 사회에 더 중요한 것은 후자다. 또 철학의 기초를 닦고 대중에게 철학을 전달하기 위해서는 세 가지 핵심 작업이 필요하다. 하나는 장구한 철학의 역사를 일목요연하게 정리해 보여 주는 철학사적 작업이고, 다른 하나는 철학의 수많은 문제, 분야를 유기적으로 소개하는 작업이며, 마지막으로 철학의 개념을 명료하게 정돈한 철학사전을 제작하는 작업이다. 철학사, 철학 개론서, 철학사전이 풍부하게 존재할 때 철학의 대중화도 가능할 것이다.

12) Gottlieb, A., 앞의 책, 13.

둘째, 철학사는 서술한 사람의 입장에 따라 다양하다. 철학사를 번역하고 집필하는 사람이 철학의 어떤 분과를 전공하느냐에 따라 선택한 주제와 서술 방식이 다르기 마련이다. 같은 서양철학사라도 영미권에 속한 철학자가 쓴 경우와 유럽권에 속한 철학자가 쓴 경우가 상당히 다를 것이다. 같은 동북아 철학사라도 한국과 중국, 일본의 철학자는 모두 각자 속한 나라의 문화와 역사, 사회 배경에 따라 상당히 다르게 쓸 것이다. 다른 모든 분야의 성과가 그렇듯, 철학사를 쓸 때도 철학자의 기질, 선호도, 가치관이 반영되기 마련이다. 과학기술을 선호하는 사람과 종교를 선호하는 사람, 예술을 선호하는 사람이 쓴 철학사는 상당히 다르다. 이 밖에도 여러 맥락에 따라 다양한 철학사를 쓸 수 있다.

셋째, 철학사는 인류의 생활사와 문화사의 일부로서 자리를 차지하도록 서술해야 해야 한다. 어떤 철학체계든 인격적, 역사적, 문화적 배경에서 출현한다. "왜 이떤 철학자가 특징적 구조와 조직을 갖춘 체계로 형성된 철학 이론을 개발했는가?"라는 질문의 답은 두 가지가 될 수 있다.[13] 하나는 어떤 철학을 세운 철학자의 인격적, 문화적 요소를 기술하는 것이고, 다른 하나는 철학자의 체계에 담긴 논리와 사실, 특성을 철학적으로 검토하고 해석하는 것이다. 두 가지 유형의 답은 상호보완적이며 철학사를 쓸 때 모두 필요하다. 어떤 철학체계의 역사적 기원과 인격적 동기는 그 체계의 철학적 의미와 논리적 구조를 이해하는 데 중요한 실마리를 제공한다. 또 철학자가 현실과 동떨어진 괴짜가 아니라 동시대의 다른 사람들과 어울려 살고자 노력한 결과로 어떤 철학을 세웠다는 점도 보여 준다.

---

13) Thilly, F.(2020), 『틸리 서양철학사』, 서론 참조. 철학과 기질에 관한 서술의 핵심은 철학사를 철학자가 몸담고 살았던 사회 환경과 결부해 이해하고 기술해야 한다는 것이다.

끝으로, 세 가지 제언을 구현한 철학사를 집필하는 것은 집필자들의 역량에 달렸다. 어떤 철학사를 쓰든 한 사람의 집필자를 선정하는 것이 올바른 전략이라고 생각한다. 한 집필자가 자신의 관점과 시각으로 시대별 대표 철학자들과 철학적 주제들을 선별해 일관되게 기술할 때 좋은 성과를 낼 수 있기 때문이다. 영국 분석철학자 그레일링은 서양철학과 동양철학을 아우른 철학사를, 미국 분석철학자 윌리엄스는 철학사에 관한 논문을 엮은 단독 저술을, 영국철학자이자 언론인 버지니는 단독으로 주제별 세계철학사를 출간했다.[14]

이런 전략이 여러 전공자의 글을 모으는 방식의 철학사 집필을 배제하는 것은 아니다. 예컨대 시대별로 동양과 서양의 철학 주제를 선정하고 여러 저자의 글을 엮은 철학사를 출간하는 일도 중요하고 필요하다.[15] 하지만 여러 전공자의 전공 논문들로 구성하는 세계철학사는 앞에서 논의한 좋은 철학사 쓰기의 조건을 충족하기 어렵다. 세계철학사를 집필하는 사람은 세부 전공 분야에서 오래 연구하고 자기만의 철학 이론과 철학관을 확립한 다음, 한국철학과 동양철학, 서양철학의 주요 문제들을 자기만의 기준으로 선별해 정확하고 명확하게 짚어 논의할 역량을 갖출 필요가 있다. 오래 걸리더라도 역량을 갖춘 1인의 철학자가 책임져야 독창적이고 충실한 세계철학사 집필이 가능할 것이다.

좋은 철학사 집필의 전략과 방법은 명확하고 간단하다. 한 사람의 유능한 철학자가 자신의 인격적, 문화적, 역사적 배경이 묻어나는 철학관

---

14) Grayling, A. C.(2019), *The History of Philosophy*, Williams B.(2006), *The Sense of the Past*, Baggini, J.(2018), *How the World Thinks: A Global History of Philosophy*.

15) 백종현(2024), 『철학과 현실, 현실과 철학 1: 인간의 자각과 개명』, 서설. 동서양 철학의 주제를 시대별로 선별해 여러 저자가 글을 쓰고 엮어 출간한 총서는 분명히 읽을 만한 가치가 있다.

을 정립한 다음, 시대별 철학자와 주제를 선별하고 피상성과 시대착오의 위험을 최대한 피하려고 노력하면서 해석하고 흥미진진하게 기술하는 것이다. 철학사 집필에 필요한 자료는 이미 충분하고 인터넷을 통해 얼마든지 공유할 수 있다. 중요한 것은 철학적 자료를 독특한 방식으로 재배열하고, 전문 철학자들과 일반 독자 모두를 설득할 수 있을 정도로 철학의 주제를 충실하고 참신하게 해석하면서 철학에 고유한 진보를 기술하는 일이다. 철학사를 쓰는 사람은 철학자여야 한다는 점을 잊지 말자.

## 참고문헌


백종현(2024),『철학과 현실, 현실과 철학 1: 인간의 자각과 개명』, 21세기북스.

Baggini, J.(2018), *How the World Thinks: A Global History of Philosophy*, London: Granta Books.

Davidson, D.(1985), "Radical Interpretation", *Inquiries into Truth and Interpretation*, Oxford: Oxford University Press.

Frede, M.(1987), *Essays in Ancient Philosophy*, Oxford: Clarendon Press.

Gottlieb, A.(2007),『이성의 꿈』, 이정우 옮김, 산해.

Grayling, A. C.(2019), *The History of Philosophy*, UK: Penguin Random House.

Kenny, A.(1994), *The Wittgenstein Reader*, Oxford: Blackwell.

(2005), "The Philosopher's History and the History of Philosophy", *Analytic Philosophy and History of Philosophy*, edited by T. Sorell/G. A. J. Rogers, Oxford: Oxford University Press.

(2006), *A New History of Philosophy*, Vol.1–4, Oxford: Oxford University Press.

(2008),『고대철학』, 김성호 옮김, 서광사.

Lamprecht. S. P.(2008),『서양철학사』, 김태길 옮김, 을유문화사.

Russell, B.(1900/2008), *The Philosophy of Leibniz*, England: Spokesman.

(2020),『러셀 서양철학사』, 서상복 옮김, 을유문화사.

Thilly, F.(2020), 김기찬 옮김,『틸리 서양철학사』, 현대지성.

Williams, B.(2006), *The Sense of the Past*, Princeton University Press.

Wittgenstein, L.(1978), *Philosophical Investigations*, translated by G. E. M. Anscombe, Oxford: Basil Blackwell.

(2006), 『철학적 탐구』, 이영철 옮김, 책세상.

# 독일 철학자들은 세계철학사를 어떻게 서술하였는가?
## : 헤겔의 철학사를 중심으로

황설중

## 1. 철학하는 철학사

들뢰즈는 『차이와 반복』 머리말에서 다음과 같이 말하고 있다: “그토록 오랫동안 유지되어온 방식으로 철학책을 쓰는 것이 거의 불가능해질 시대가 다가오고 있다. ‘아, 저 낡은 스타일이여…’ 새로운 철학적 표현 수단을 탐색하기 시작한 것은 니체였다. … 철학사는 철학 자체의 재생산이다. … 이제 과거 철학의 실질적인 책에 대해 말하되 마치 그것이 상상의 책, 위조된 책인 것처럼 말하는 데까지 이르러야 할 것이다.”[1) ] 들뢰즈의 이 언급은 철학사와 관련해서 현대에 이루어진 중요한 방향 전환을 상징적으로 가리키고 있다. “그토록 오랫동안 유지되어 온 낡은 스타일의 방식으로” 쓰였던 철학사에 관한 서술은 이제 종말을 고할 때

1) Deleuze, G., 『차이와 반복』, 22-23. 이 글에서 헤겔, 칸트, 니체의 원전들을 인용할 때는 약칭을 사용했으며 이와 관련해서는 “참고문헌”을 참조할 것.

가 되었으며, 이전 방식으로는 포착할 수 없었던 새로운 철학사가 저술되어야 한다는 것이다.

철학의 역사에서는 수많은 철학자가 등장했고 사라졌다. 그러나 철학사란 단순히 출현했던 철학자들의 견해나 입장을 연대기적으로 기록한 역사책이 아니다. 철학적 역사를 철학적으로 논한다는 것은 여러 철학의 학설들을 두루 살피는 데에 그치는 것이 아니라, 난립하는 철학적 거인들의 주장들과 흐름을, 나아가 그 연관 관계를 어떻게 파악하고 서술할 것인가의 문제일 것이다. 따라서 철학사에는 철학적 역사를 바라보는 철학자의 고유한 철학이 반영되어 있고 이런 의미에서 이미 "철학사는 철학 자체의 재생산이다." 이것은 매우 독특한 철학의 현상일 터인데, 가령 수학사를 서술한다고 해서 수학인 것은 아니기 때문이다. 철학자가 서술하는 철학사는 그 철학자의 철학과 분리 불가능하게 결부되어 있고, 철학자마다 철학이 다르므로 그들이 저술하는 철학사도 그럴 수밖에 없다. 그래서 철학사는 단순히 철학의 역사가 아니라, 칸트의 표현을 빌리면, 이미 항상 '**철학하는 철학사**'[2]인 것이다.

들뢰즈의 관점에서 보면, 낡은 스타일로 그토록 오랫동안 철학사에 지배적인 영향력을 끼친 철학자는 분명 헤겔이다. 『차이와 반복』 첫 쪽에서 들뢰즈는 "이 모든 [새로운 현대의] 조짐들은 반(反)－헤겔주의로 집약될 수 있다."라고 선언하고 있다.[3] 그가 조준하고 있는 철학은 헤겔 철학이고, 같은 말이지만 헤겔의 철학사이다. 들뢰즈가 지금껏 외면당해 왔던 즉자적 차이와 (차이 나는 것이 반복적으로 계속 생성되는 창조적인 과정으로서의) 반복을 부각하고자 한다는 것은, 곧 지금까지의 철학사

---

2) Kant, I., *Fortschritte der Metaphysik*, 340. 국내 번역본으로는 Kant, I.(2022), 『비판기 저작 Ⅱ (1795－1804)』를 참조했음.

3) Deleuze, G., 앞의 책, 17.

를 지배해 왔던 헤겔의 철학이 차이와 반복의 반대항인, 동일성과 (개념을 매개로 한) 재현을 중심으로 사유했다는 것을 시사한다. 이런 사유 방식을 관철하고 있는 헤겔의 철학사는 단순히 특정한 시대에 속한 한 철학자의 주관적 서술의 차원을 넘어서서 서구를 내내 지배해 온 철학사이며, 후대의 철학자들의 철학사도 (약간의 변주가 있다 하더라도) 여전히 그것의 자장(磁場)을 벗어나기 힘들 만큼 철학사를 평가하고 해독하는 데 있어 철학적 사유의 대표적인 전범의 지위를 차지하고 있다는 것이다.

철학사를 철학의 본격적인 주제로 삼은 최초의 철학자들이 독일의 관념론자인 칸트와 헤겔임은 주지의 사실이다. 다른 주제와 관련해서도 그랬듯이, 철학사에 대한 칸트의 입장은 헤겔에 의해 비판적으로 계승되었다. 헤겔에 따르면, 철학의 역사란 기존의 철학적 견해에 새로운 견해가 출현하고 덧붙여지는 단순한 지식의 축적 과정이 아니다. 그렇다면 무엇인가? 한마디로 "철학사는 발전하는 체계"[4]이다. 철학사는 정신이 발전해 나가는 일련의 체계적 도정 전체로 간주될 수 있다는 것이다. 그에게 철학사란 각 철학이 유기적으로 맺고 있는 필연적인 연관성을 개념적으로 파악함으로써 철학사가 이성적으로 진행된다는 것을 보여주는 마당이다. "사유하는 정신의 운동 속에는 본질적으로 연관성이 깃들어 있다. 말하자면 이는 이성적으로 진행된다는 것이다. 이러한 세계정신에 대한 믿음을 안고 우리는 역사에, 특히 철학의 역사에 다가서지 않으면 안 된다."[5] 이런 점에서 철학사란 사유하는 정신의 새로운 자기 발견과 성장을 의미하는 것이기도 하다. 정신은 자기와 무관한 우연적이고 외적인 대상이 사실은 자기와 관계하는 인식 대상임을 깨달으면서 좀 더 고차적인 단계로 발전한다. 타자란 알고 보면 자기 관계적

4) Hegel, G. W. F., *VGP Ⅰ*, 47.
5) Hegel, G. W. F., 앞의 책, 38.

인 타자이며, 그래서 타자가 자기임을 사유로써 포착하는 것, 그것이 바로 사유하는 정신의 발전이라고 헤겔은 보았다. “정신의 발전은 밖으로 나가 자기를 떼어놓으면서 동시에 자기에게로 귀환하는 것이다.”[6] 천상과 지상에서 벌어지는 모든 사건이나 현상은 정신이 자기를 타자로 밀쳐냈다가 자기로 복귀하는 것임을 개념적으로 포착함으로써 정신은 성숙해진다는 것이다. 외적 타자가 자기라는 것, 달리 표현하면 정신이 자기 자신을 대상화하여 다시 자기를 발견한다는 것, 그리고 그 성취를 자기의 것으로 포섭해 나가는 일련의 유기적이고 필연적인 발전 과정으로 헤겔은 철학사를 사유했던 것이다.

자기 외화(소외)와 자기 복귀라는 과정을 거쳐서 마침내 정신은 자유를 온전히 획득하는 경지에 들어설 수 있다. 자유란 주관이 자기 멋대로 하는 우연적이고 자의적인 사태를 의미할 수 없다. 그럴 경우 자유는 곧장 자기와 맞서고 자기를 구속하는 타자에 의해 제약받기 때문에 자유롭지 못할 것이다. 따라서 자유로우려면 어떤 타자와 관계하지도 않고 타자에 결코 의존하지도 않아야 한다. 일체의 타자와 관계하지도 않고 의존하지도 않을 수 있는 근거는 그 타자가 자기와 무관계한 독립적 타자가 아니라 자기 자신에게로 귀환하는 매개적 항임을 인식하는 데에 있다. 즉, 타자 속에서도 자기 자신을 고수하는 데에 있는 것이다. “물질은 그의 실체를 자기의 외부에 가지지만 정신은 [타자 속에서도] **자기 자신의 곁에 있는 것**(das Bei-sich-selbst-Sein)이며, 바로 이것이 자유이다.”[7] 헤겔의 철학하는 철학사는, 김상봉의 표현을 빌리면, “그리하여 어떤 타자에게도 의존할 필요가 없는 신적인 자족성을 실현한 정신, 간단히 말하자면 절대자요 신이 된 나를 그리는 철학, 그것이

6) Hegel, G. W. F., 앞의 책, 41.
7) Hegel, G. W. F., *VPG*, 30.

더는 오를 곳이 없는 봉우리에 도달한 서양적 나르시시즘의 완성"[8]을 상징하는 독일관념론의 표본이라고 말할 수 있다. 결국 철학사를 통해 헤겔이 서술하고자 했던 바는 자기 자신을 인식의 대상으로 설정하면서 또다시 이를 갱신해 나가는 정신의 자기 준거적 활동성과 이에 기초하여 "정신의 유일한 진리인바 자유"[9]를 성취해 나가는 과정이다. 철학사를 일종의 정신의 발전적 모형으로 그리는 모든 종류의 저술의 배후에는 헤겔의 철학사가 놓여 있으며, 어떤 식으로든 헤겔 철학사와 관련되어 있다고 해도 과언이 아니다.

그렇지만 우리가 본격적으로 헤겔 철학사를 논하기 전에도 철학사를 정신의 자기 발전적 체계로 파악하고 있다는 데서 그의 철학사의 한계를 어느 정도는 예상해 볼 수 있다. 먼저, 헤겔의 철학사는 비유럽 세계인 동양철학을 철저하게 배제하며 설사 고려한다고 하더라도 가장 초보적인 단계에 속하는 것으로 평가한다는 것이다. 독일어권 철학사 저술에서 비유럽 철학의 비가시화는 이미 18세기부터 나타나고 있는 현상이지만 "세계사의 정합성을 통해 비유럽 철학의 배제를 이론적으로 최종적으로 정당화한 것은 헤겔"이다.[10] 이성이나 정신만을 안중에 두게 되면, 로고스 중심주의의 패러다임으로는 제대로 이해될 수 없는 동양철학에 대한 폄하나 무시는 당연하게 뒤따라 나오는 결과일 것이다.

동양철학에 대한 헤겔의 폄하는 그의 철학사에 대한 비판이 어떤 방향에서 제기될 수 있는지를 암시한다. 철학사를 설명하고 이해하는 데 있어 헤겔은 정신이 필연적인 도정을 거쳐 전진해 가며 하나의 유기적인 총체성을 구축한다고 보고 있는데, 이런 주장은 수많은 현대철학자

8) 김상봉(1999), 「독일관념론과 나르시시즘의 변천」, 344.
9) Hegel, G. W. F., 앞의 책 30.
10) 박술(2023), 「최근 독일어권에서 세계 철학사의 새로운 기획과 한국철학사 연구 전통의 변화」, 256.

들의 반감을 사고 있다. 이 모든 반대를 이 글에서 다 다룰 수는 없다. 다만 가장 극단적인 것에 속하는 들뢰즈의 비판에 주목하려고 한다. 이런 극단은 헤겔의 사유를 정반대로 몰고 가서 오히려 헤겔이 철학사에서 펼치고 있는 사유의 특징을 극명하게 드러낼 수 있을 것이다.

들뢰즈의 눈에는, 헤겔의 철학적 사유에 의해 정립된 철학사란 정신의 필연적인 도정 안으로 (포섭될 수 없고 또 되고자 하지 않는) 타자(차이)들을 필연적으로 편입시키고자 하는 강제성을 갖는다. 타자는 타자로 있을 수 없으며, 개념의 메스에 의해 자기 관계의 타자로 변질되고 왜곡되는 시술을 받아야 하는 것이다. 즉자적 차이는 개념적 차이로 변형됨으로써만 철학사의 차이로 인정받을 수 있다. "이로부터 즉자적 차이는 저주에 빠져 있고 속죄해야 한다는 결론이 나온다."[11] 즉자적 차이, 즉 개념 없는 차이는 그것이 즉자적이라는 이유로 죗값을 치르고 개념을 통해 사유 가능한 재현의 대상이 되어야 한다는 것이다. 들뢰즈에게 이런 사태는 헤겔의 철학사가 "자유롭고 야생적인 혹은 길들여지지 않은 차이들"[12] 자체를 거세한 철학사라는 것을 가리킨다. 헤겔의 철학사에서는, 신지영의 표현을 빌리면, "즉자적 차이의 이질성으로부터 내적으로 생산되는 순수한 다수성을 근거 짓는 형이상학"이 사라져 버린다.[13] 헤겔 철학사가 그 속성상 불가피하게 반쪽의 형이상학을 박탈했다는 혐의는 강력한 힘을 얻고 있는 것처럼 보인다.

나는 철학사를 정신이 발전하는 체계라고 보는 헤겔의 철학하는 철학사를 간략하게 소개했고, 철학사를 관통하는 헤겔의 사유가 어떤 면에서 비판에 직면할 수밖에 없는가도 들뢰즈를 통해 대략적으로 암시하였

---

11) Deleuze, G., 앞의 책, 554.
12) Deleuze, G., 앞의 책, 132.
13) 신지영(2009), 「철학사에서 사라져버린 나머지 반쪽의 형이상학」, 46.

다. 헤겔의 철학사와 관련해서 논의를 진전시키기 위해서는 먼저 헤겔의 철학사를 좀 더 구체적으로 살펴보는 일이 선행되어야 할 것이다. 2장에서 나는 그의 철학사가 함축하고 있는 여러 의미를 간취하고자 한다. 그가 철학사를 통해 말하고자 하는 바를 경청하고 나서 그를 비판해야 논의는 겉돌지 않고 문제의 핵심으로 들어갈 수 있을 것이다. 3장에서 헤겔이 왜 그런 식으로 철학사를 파악하고 서술했는가에 대한 배후 동기를 추적해 보고자 한다. 헤겔은 그가 해명하고 있는 대로 철학사를 파악하지 않으면 철학 자체가 붕괴할 것이라는 불안을 지니고 있었다. 철학사를 포함해서 모든 학문이 의심에 노출될 수밖에 없으며 이를 해결하지 못하면 어둠과 혼란에 휩싸일 수밖에 없다는, 데카르트부터 흄, 칸트를 거쳐 헤겔에까지 이어져 내려온 문제의식 속에 헤겔의 철학사가 놓여있다는 점을 논구할 때야 그의 철학사에 좀 더 심층적으로 접근할 수 있을 것이다. 4장에서는 과연 현재 독일에서 헤겔 철학사의 구조 틀이 그대로 계승되고 있는가, 아니면 어떤 새로운 흐름이 나타나고 있는가를 현대 독일 철학자들이 저술한 몇몇 대표적인 철학사를 통해 실증적으로 검사해 보려고 한다. 5장에서는 들뢰즈가 헤겔의 철학사에 대해 제기하고 있는 핵심적인 혐의나 비판을 추출하면서 헤겔 철학사가 지닐 수 있는 한계에 대해 논할 것이다. 6장에서는 들뢰즈가 제기한 비판들에 대해 헤겔이 어떤 식으로 (물론 완전하게는 아니지만) 답변할 수 있는지를 예상해 보면서 앞으로 철학사에서 전개될 대결적 양상을 전망해 보려고 한다. 최소한 이런 문답을 통해 헤겔의 철학사를 두고 첨예하게 충돌하는 지점이 어디인지를 분명하게 도출할 수 있고, 그럼으로써 우리는 철학사와 관련하여 좀 더 생산적이고 경쟁적인 담론을 펼 수 있는 지평을 얻을 수 있을 것이다.

## 2. 헤겔의 철학하는 철학사

헤겔에 앞서서 "철학사 자체가 철학의 한 부분일 수 있는가?"를 물은 철학자는 칸트이다. 철학사를 단지 경험적으로 그리고 현상하는 대로 인식하는 것은 아직 '철학하는 철학사'가 아니다. 칸트가 볼 때, 철학은 경험적인 방식으로 진행되거나 시작할 수 없는 것이다. 순전한 개념들이 있어야 가능하다. 우리가 사물들로부터 인식하는 것은 우리 자신이 이미 사물들 안에 집어넣은 것만을 선험적으로 인식하는 것과 마찬가지로 "철학사에서 무엇이 발생해야만 하며 따라서 또한 무엇이 발생할 수 있는지를 먼저 알지 않고서는 무엇이 발생했는지 설명할 수 없다."[14] 이런 의미에서 철학적인 철학사는 경험적으로 가능한 것이 아니라 이성적으로, 즉 아프리오리하게 가능하며 "우연히 여기저기서 생겨난 의견들의 역사가 아니라 개념들에서 전개된 이성의 역사"이다.[15] 칸트에 따르면, 철학적인 철학사는 철학들을 시대순으로 나열하는 역사학의 박물관과 같은 철학적 의견들의 전시가 아니라 이성의 자기 인식의 역사다.

헤겔은 칸트의 철학사에 관한 이런 입장을 받아들였으며 변증법을 통해 정치화하였다. 칸트에게서와 마찬가지로 헤겔에게서도 철학사란 갖가지 철학적 견해들이 저장되어 있는 역사적 창고가 아니다. 철학들이 상호 간에 유기적으로 맺고 있는 필연적 연관을 파악하지 못한 채 갖가지 철학적 견해들을 열거할 경우, 철학사란 철학의 역사에서 등장한 철학적 견해들을 한갓 호기심의 대상이거나 자기의 박식함을 내세우는 자료로 취급하는 것밖에 안 된다. 철학사를 두고 나열식으로 소개하고 과시하는 것은 철학함이 아니다. "철학은 진리를 향한 객관적 학문이고,

---

14) Kant, I., *Fortschritte der Metaphysik*, 343.
15) Kant, I., 앞의 책, 같은 곳.

진리의 필연성을 추구하는 학문이며, 동시에 개념적으로 파악하는 인식의 학문"[16]이기 때문이다. 철학사를 다르거나 대립하는 의견들이 무질서하게 우연적으로 늘어서 있는 것으로 보는 철학자란 기실 철학적 사유를 할 수 있는 역량을 결여하고 있기 때문에 그렇게 보는 것이다. 그는 사태 자체의 필연적 전개에 대한 변증법적 인식을 결여하고 있는 자이다.

각 철학은 그 철학이 필요했던 시대의 제약에 갇혀 있다. "모든 철학은 [구체적인 시간으로서] 그 시대의 철학"[17]이고 "자기의 피부를 벗겨낼 수 없듯이 어떤 누구도 자기의 시대를 참으로 벗어날 수는 없다."[18] 이렇게 철학사의 보편적인 이념은 시간을 떠나서 있지 않다. 그것은 특정한 시대 속에서 나타나는 구체적이며 역사적인 철학들의 문제의식을 서술함으로써만 성립되는 것이다. "이 점에서 헤겔의 철학사는 현실 사회의 조건들을 반영하지 못한 추상적 관념의 역사에 불과하다는 비판은 온당치 못하다."[19]

철학사의 전개를 이끌고 나가는 것은 갖가지 철학에 깃들어 있는 변증법이다. 모든 철학은 그 철학을 필요로 했던 특정 시대에 합당한 관심사에 대해서는 진리, 즉 제대로 된 답일 수 있다. 그렇지만 그것이 지닌 유한한 진리를 진리로 고수하려고 하면 할수록 그것만으로는 새로운 사태나 시대정신을 설명하거나 이해할 수 없는 모순적인 사태에 직면하고, 그리하여 자기를 부정하여 좀 더 이성적으로 폭넓게 사태를 해명할 수 있는 고차적인 형태의 철학으로 전진해 갈 수밖에 없게 된다. 이런 점에서, 각각의 철학은 스스로가 자기를 부정하고 좀 더 고차적인 새로

---

16) Hegel, G. W. F., *VGP* Ⅰ, 30.
17) Hegel, G. W. F., 앞의 책, 65.
18) Hegel, G. W. F., 앞의 책, 74.
19) 임홍빈(1999), 「헤겔의 사변적 철학 이념과 철학사의 문제」, 166.

운 형태의 철학을 등장시키는 필연적인 계기로 작동하는 것이다. 모든 철학은 새로운 국면으로 나아갈 때마다 전체 발전의 필연적인 연관 계열을 정립하는 동시에 그 계열 속에서 재배치되고 재서술된다. 온갖 종류의 철학을 포섭해 나가는 이런 전진적이며 나선형으로 이어지는 거대한 필연적인 발전 계열의 체계야말로 시대를 넘어서는 헤겔 철학사의 (구체적인 추상으로서) 보편적인 이념이라고 할 수 있다. "철학사 전체가 자체 내에서 필연적이며 수미일관한 전진이다. 이 전진은 자체 내에서 이성적이며, 그것의 이념을 통해 규정된다."[20] 이런 철학사의 변증법적 연관을 파악하지 못하는 이는, 헤겔의 비유적 표현에 의하면, 여전히 "[신의 섭리나] 신의 세계 지배에 대한 믿음을 진지하게 받아들이지 않는 사람"이다.[21]

헤겔의 철학사에서 나올 수 있는 귀결은 그 어떤 철학도 의미 없는 것은 없다는 것이다. 모든 철학이 철학사 전체 발전 연관에 있어서 고유한 역할을 담당하고 있다. "역사상에 나타난 그 어떤 철학도 필연적인 것이었고, 또 지금도 여전히 필연적인 것이다."[22] 모든 철학은 설사 그것이 가장 저급한 단계에 있는 것이었다 하더라도 그 저급한 일면성을 깨뜨리는 생산적인 부정의 계기로서 기능한다. 전체 연관에서 보자면 그것도 총체적인 철학사를 구성하는 하나의 고리인 셈이다. 이런 의미에서 아무것도 아니었던 그리고 아무것도 아니며 아무것도 아닐 철학은 없다. "총체성이야말로 비로소 진리이다."[23] 모든 철학이 전체 철학

---

20) Hegel, G. W. F., 앞의 책, 55. 다음 대목 역시 참조. "철학사란 우연히 생겨난 견해들을 수집해 놓은 것이 아니라 그 최초의 **출발 단계**에서부터 풍부한 형성기에 이르기까지 하나로 이어진 필연적 연관이다."(Hegel, G. W. F., 앞의 책, 15).

21) Hegel, G. W. F., 앞의 책, 54.

22) Hegel, G. W. F., *VGP Ⅰ*, 56.

23) Hegel, G. W. F., *VGP Ⅱ*, 387.

사에서 긍정적으로 보존되고 있으며, 이렇게 전체 연관을 파악하는 사변 철학에서는 무(無)로 돌릴 수 있는 철학이란 아예 없기에 "어떤 철학도 몰락하지 않는다."[24] 그것들은 제각각의 단계에서 고유한 생산성을 담지하고 있기 때문이다.

또 다른 중요한 귀결은 각 철학은 고립된 채로 있지 않고 유기적 체계 전체를 이루는 하나의 철학에 속한다는 것이다. 변증법적 사유에 의해 파악된 철학은 타자로서 있는 것이 아니라 이미 자기 관계 속에서의 타자일 뿐이다. 이런 의미에서 모든 철학은 하나의 철학 전체를 이루는 구성 요소이고 계기들이다. 헤겔은 기나긴 『철학사 강의』를 끝내면서 다음과 같이 결론짓고 있다: "모든 시대에 걸쳐 단지 **하나의** 철학만이 존재했으며, 동시에 그 내부의 차이들은 단 **하나의** 원리에 따르는 필연적인 측면들을 구성한다."[25] 헤겔의 사변 철학에는 아무리 새로운 형태의 철학이 등장한다고 하더라도 원리적으로 단 하나의 철학만이 존재한다. 하나의 철학이 아니라 여러 철학의 존립을 용인할 경우, 헤겔이 볼 때, 사변 철학은 아니 철학 자체는 위험에 처하고 말 것이다.

## 3. 철학사를 통해 철학하는 철학사를 위협하는 적(敵)

헤겔은 철학사란 정신의 자기 발전의 체계이며, 각각의 철학은 전체 철학사의 계열에서 필연적인 고리이고, 그래서 모든 철학은 하나의 철학 안에 지양된 형태로 포섭되는 것이라고 서술하였다. 이런 철학사의 개념적 이해와 서술을 하게 된 배후의 동기는 무엇인가? 만약 정신이

24) Hegel, G. W. F., *VGP Ⅰ*, 56.
25) Hegel, G. W. F., *VGP Ⅲ*, 461.

이렇게 총체적으로 철학사의 체계를 파악하지 못한다면 철학사는 어떤 치명적인 인식론적 위험에 노출되는가?

**(1)** 철학사의 진행에 대한 칸트의 평가는 이 위험을 몰고 오는 것의 정체를 알려준다. 『1791년 베를린 왕립학술원이 공모한 현상 과제: 라이프니츠와 볼프의 시대 이후 독일에서 형이상학이 이룬 실질적 진보는 무엇인가?』에서 칸트는 지금까지 철학이 형이상학을 위해 거쳐야만 했던 세 단계를 다음과 같이 정리하고 있다: "첫째는 독단주의의 단계이고, 둘째는 회의주의의 단계이며, 셋째는 순수 이성의 비판주의라는 단계다."[26] 칸트는 자기 이전 시대까지 독단주의와 회의주의가 전장에서 치열한 싸움을 벌였으나 어느 한쪽이 영구적인 승리를 얻지 못한 채 일진일퇴의 "내전"[27]을 벌이고 있다고 진단하였다. 칸트가 보기에, 독단주의나 회의주의는 이성의 자기 능력에 대한 선행적 비판을 결여하고 있다는 점에서 똑같이 '독단적' 수준에 머물러 있다. 그러나 신, 자유 그리고 불멸성이 문제가 되는 초감성적 영역에서 당면하는 이율배반의 사태 앞에서 독단주의자는 회의주의자들을 당해낼 재간이 없다. 회의주의자의 특출난 능력은 제시된 독단적 주장에 대해 그것과 동등한 권리를 갖고 맞서는 반대 주장을 자유롭게 제시할 수 있는 데에 있다. 이것이 바로 칸트가 철학사의 발전 단계에서 회의주의를 독단주의보다 더 진전된 단계로 둔 이유이다. 칸트는 철학의 역사에서 회의주의를 거쳐 마지막으로 와야 할 단계를 비장하게 다음과 같이 천명한다. "형이상학의 운명을 결정져야 하는 것으로서, 형이상학이 내디딘 가장 최근의 셋째 걸음이 순수 이성 자체의 비판이다."[28] 이것은 칸트가 그 자신의 비판

26) Kant, I., 앞의 책, 264.
27) Kant, I., *KdrV*, A Ⅸ.

철학이 없다면 회의주의에 대한 인식론적 방어망이 불가능하다고 여겼다는 것을 뜻한다. 그 자신의 비판 철학이 없다면 철학사는 회의주의에 유린당하고 말 것이다. 우리의 인식이 어떤 범위에서 타당성을 지닐 수 있고 동시에 어떤 한계를 지니는가를 구명하려는 칸트의 작업은 철학하는 철학사의 구축과 맞물려 있다. "여기[칸트의 성찰]에서 최초로 역사에 대한 회의주의의 긍정적인 극복을 위한, 그리고 이로써 철학사를 철학으로 끌어 올리려는 원칙적인 시도가 이루어지고 있는 것이다."[29]

**(2)** 이런 칸트의 우려와 대응은 헤겔에서 좀 더 체계적이고 구체적으로 전개된다. 철학사는 독단주의에서 회의주의로, 그리고 회의주의에서 (이번에는 비판 철학이 아니라) 그 자신의 사변 철학으로 전개되며 그럴 수밖에 없다고 헤겔은 보았다. 칸트가 비판 철학을 그렇게 생각한 것과 같이, 철학을 발전하는 하나의 체계로 파악하는 사변 철학이 성립되지 않는다면 철학하는 철학사는 물론이고 철학 자체도 회의주의에 의해 붕괴하고 말 것이다. "지금도 마찬가지이지만, 회의주의는 언제나 철학의 가장 두려운 적으로 간주되고 극복될 수 없는 것으로 치부되었다."[30] 그런데 헤겔이 극복할 수 없을 만큼 가장 두려운 적으로 지목하고 있는 회의주의는 흄이나 슐쩨로 대표되는 근대의 회의주의가 아니라 헬레니즘 시대 기승을 부렸던 고대 피론주의이다. 고대 피론주의자들은 독단주의자를 공격하기 위해 자신들의 어떤 이론적인 거점도 마련하지 않았다는 점에서, 그리고 특정한 진리론이 아니라 모든 종류의 독단론을 무력화할 수 있는 보편적인 논변 형식을 구사하고 있다는 점에서 최고로

---

28) Kant, I., *Fortschritte der Metaphysik*, 263.
29) 강정민(2009),「칸트와 철학사」, 246.
30) Hegel, G. W. F., *VGP Ⅱ*, 358.

성숙한 회의주의라고 헤겔은 높게 평가하였다.[31)]

그렇다면 피론주의자들이 전개한 논변은 어떻게 철학사를, 나아가 철학의 터전을 무화(無化)할 수 있는가? 철학사에 무수하게 상이하거나 대립적인 의견들이 등장했다는 것은 부정할 수 없는 사실이다. 철학자마다 하나의 사태를 보고도 다르거나 상충하는 의견들을 펼쳤고 지금도 그러하며 미래에도 그러할 것이다. 각자마다 정신의 측면에서뿐만 아니라 신체의 측면에서도 다 다르기 때문에 의견이 불일치할 것이고, 그들이 속한 학파에 따라 모두 다를 것이다. 가령 "플라톤주의자는 '플라톤의 말에 따라야 한다'라고 주장할 것이고, 에피쿠로스주의자는 에피쿠로스의 말에 따를 것을 요구할 것이며, 다른 이들도 이와 비슷한 주장을 전개할 것이다."[32)] 이런 의견의 불일치나 모순적인 사태 앞에서 논의를 통해 의견의 일치에 도달하기란 난망하다. 왜냐하면 상이하거나 대립적인 의견들을 평가하거나 정리해 줄 수 있는 메타적 기준에 대해서도 여전히 의견이 갈리기 때문이다. "모든 의견의 불일치는 기준에 대한 의견의 불일치로 인도되고 이 의견의 불일치는 해소되지 않는다. 그런데 이 기준에 대한 의견의 불일치가 해결되지 않을 경우, 사람들은 기준을 사용할 수 없으며, 따라서 모든 논쟁은 결정되지 않은 채로 있게 된다."[33)] 결국 철학사에 등장하는 철학적 의견들의 불일치 앞에서 우리는 판단을 유보할 수밖에 없다. 이런 미결정의 상태를 해소하기 위해 누군가, 가령 자아도취에 빠진 독단주의자들이 자기의 철학이 진리이며 다른 사람의 철학은 의견에 불과하다고 주장한다고 하더라도 사정은 변하지 않는다.

---

31) 고대 피론주의에 대한 헤겔의 높은 평가가 매우 정당한 것이라는 데에서 Forster, M. N.(1996), "Hegel on the Superiority of Ancient over Modern Skepticism", 64–66 참조.

32) Sextus Empiricus, *Outlines of Pyrrhonism*, 1.88.

33) Barnes, J.(1990), *The Toils of Scepticism*, 27.

"왜냐하면 그들 자신이 논쟁의 당사자이기 때문이다."[34] 논쟁의 당사자가 심판자가 될 수 있는 근거를 제시해야 할 터인데, 이 근거마저 다시 의견들이 불일치할 수밖에 없는 사안일 것임이 틀림없다.

피론주의자는 진리를 발견했다고 내세우는 독단주의자의 주장에 대해 그것과 동등한 비중을 갖고 맞서는 또 다른 독단적 주장을 쉽게 찾아 내세울 수 있었다. 철학사에는 너무나 다양하며 상반되는 견해가 등장하여 왔고, 또 앞으로도 그럴 것이기 때문이다. 예컨대, 무신론을 내세우는 이에게는 유신론을, 경험론을 내세우는 이에게는 이성론을, 성선론을 내세우는 철학자에게는 성악설을 주장하는 철학자를 맞서 세울 수 있다. 이렇게 동등한 권리를 갖고 맞서 세우는 등치의 방법을 사용함으로써 피론주의자는 어떤 고정된 입장이나 이론을 견지하지 않고서도 모든 독단적 철학을 원리적으로 무력하게 만들 수 있었다. 섹스투스 엠피리쿠스가 천명하고 있듯이 "회의주의를 구성하는 기본 원칙은 모든 논의(logos)에는 그것과 동등한 논의가 대립한다는 것이다."[35] 이제 상반되는 철학적 의견들에 직면할 경우 "상반되는 의견 모두에 동의하는 것은 불가능하므로"[36] 합리적인 사람이라면 어떤 의견을 받아들여야 할 것인지에 관해 판단을 유보할 것이다.

이로써 왜 헤겔이 피론주의를 철학사의 가장 두려운 적으로 간주하고 이것을 극복하기 어려운 것으로 보았는지를 알 수 있다. 피론주의자들에 의하면, 철학사는 하나로 통합될 수 없는 불일치한 의견들의 우연적인 연속이다. 이 철학이 저 철학과 다르다는 것만을 즉자적으로 설명할 수 있을 뿐이다. 무엇보다 상충하는 의견들의 난립은 결국 어떤 것도

34) Sextus Empiricus, 앞의 책, 1.90.
35) Sextus Empiricus, 앞의 책, 1.12.
36) Sextus Empiricus, 앞의 책, 3.33.

진리로 정립될 수 없다는 것을 입증해 주는, 즉 철학사 자체가 철학적 인식이 아무것도 아니라는 것을 입증해 주는 훌륭한 전거가 되고 마는 것이다. 피론주의자들은 철학사에 나타난 무수한 철학들을 통해 철학적인 철학사가 불가능하다는 것을 논증하기에 "진리를 향한 객관적 학문이고, 진리의 필연성을 추구하는 학문"으로서 철학과 이에 기초한 철학사는 그 앞에서 극도로 두려움에 떨게 된 것이다.

헤겔의 철학사에 관한 입장은 그가 어떻게 이런 인식론적 곤경에 대응했는가를 알려준다. 철학사의 과정을 우연적인 사건의 집적이나 서로 싸우면서 아무런 결실도 보지 못한 채 "정처 없이 헤매는 기사(騎士)들의 여정"[37]이 아니라 하나의 총체적인 발전의 체계로서 파악할 경우, 피론주의자가 파놓은 늪에서 벗어날 수 있다. 피론주의자는 각각의 철학들을 서로 상이하거나 대립적인 것으로서 맞서 세워 놓았다. 그럼으로써 철학사에 등장하는 철학들에 의거해 철학하는 철학사를 소멸시키려 하였다. 등치의 전략에 의해 타자를 타자와 충돌하게 함으로써 모든 철학을 아무것도 아닌 것으로 만들 수 있었던 것이다. 그러나 "[사변적] 이성에게는 타자에 맞서는 타자란 존재하지 않는다."[38] 각각의 상이한 철학 견해들은 서로 무관하게 독립적으로 있는 타자가 아니라 유기적인 전체 발전의 계열 속에 포섭된, 말하자면 자기 관계의 (지양된) 계기들이다. 낮은 단계의 지성의 수준에서 보면 각 철학은 독립적으로 분리되어 존립하는 타자들일 뿐이다. 그러나 사변적인 긍정적 이성의 차원에서 고찰할 경우, 모든 상이하거나 대립적인 철학은 하나의 철학이라는 보편적 이념 속에서 전개된 자기 관계적 타자일 뿐이고, 그래서 동일하다. "이성적인 것은 영원히 어느 곳에서나 자기 자신과 동등하다. 순수

37) Hegel, G. W. F., *VGP I*, 38.
38) Hegel, G. W. F., *VSP*, 247.

하게 부등한 것은 지성에게만 존재하며, 모든 부등한 것은 이성에 의해 하나[의 동일한 것으]로 정립된다."[39]

피론주의자는 철학들 하나하나의 즉자적이고 개별적인 차이에만 주목하여 그것들을 맞서 세우는 데에 골몰했을 뿐이다. 철학사 전체를 관통하는 정신의 자기 발전의 통일성을 간파하지 못하는 피론주의자를 헤겔은 다음과 같이 어리석은 환자에 비유하고 있다. "의사로부터 과일을 먹도록 권유받은 환자에게 앵두나 복숭아 또는 포도가 제공될 경우, 그는 자기의 지성을 과시하려는 나머지 과일들에 손을 대려고 하지 않는다. 왜냐하면 그에게 그것은 과일이 아니고 하나는 앵두, 다음 것은 복숭아나 포도이기 때문이다."[40] 그는 각각의 사물이나 사건에 꽂혀서 그것들이 맺고 있는 관계를 파악하지 못한다. 그에 반해, 사변적 이성은 자기 관계 자체 이외에 아무것도 아니다. 이 관계를 벗어난 독립적인 타자란 이 이성에게는 존재하지 않는다. 모든 철학은 전체 철학의 유기적이고 필연적인 계열 내에 포함되고, 그리고 그 속에서 일정한 의의를 차지하고 있기에 "어떤 철학도 몰락하지 않는다." 한 방울의 눈물도 의미 없는 눈물은 없는 것이다. 요컨대 "사변적인 것에는 [대립하는] 타자가 이미 그 자체에 포함되어"[41] 있음으로써, 타자를 타자와 맞서 세우는 전략으로 모든 독단주의를 마음껏 요리했던 피론주의는 그 위력을 발휘할 수 없게 된다. 사변적인 이성에게 타자란 더는 존재하지 않기 때문이다. 이리하여 사변 철학 앞에서는 피론주의는 무력해지고, 철학

39) Hegel, G. W. F., 앞의 책, 246.

40) Hegel, G. W. F., *VGP Ⅰ*, 37.

41) Hegel, G. W. F., *VGP Ⅱ*, 397. 같은 쪽에서 헤겔은 다음과 같이 달리 표현하기도 한다. "오히려 사변적인 이념은 … 자기 자신 안에서 대립을 갖는다. 그것은 자기 내에서 둥글고, 이 규정된 것과 더불어 이 규정된 것과 대립하는 것을 자기 곁에 포함한다."

적인 철학사는 건재할 수 있으며, 모든 철학은 철학 전체의 계열 속에서 영생을 얻는다. 거꾸로 말하면, 사변적인 철학사처럼 모든 철학을 하나의 철학 전체의 구성 계기로 정립하지 않으면 철학적인 철학사는 붕괴할 수밖에 없는 것이다. 헤겔은 사변적인 철학사를 통해 피론주의가 야기한 불안을 잠재울 수 있었다. 말하자면, 헤겔의 철학사는 인식론에서 난제로 여겨졌던 회의주의의 논변에 대응하고 있는 것이다. 이런 배후의 동기를 앎으로써 우리는 철학사를 통해 헤겔이 말하고자 했던 진의에 좀 더 접근할 수 있다.

## 4. 몇몇 현대 독일 철학사 저작에 대한 단평

지금까지 헤겔 철학사의 요점을 살펴보았고, 그의 철학사가 철학사를 무(無)로 돌리려는 회의주의에 대해 매우 정치한 이론적 대응의 맥락 속에 있음을 보았다. 철학사에 대한 헤겔의 서술에 따르면, 철학사를 자기 발전적인 체계로 파악하는 것은 단순히 (헤겔과 같은) 어떤 철학자의 제멋대로의 주관적인 해석이 아니라, 정신 자체가 스스로를 부정하고 다시 풍부한 형태로 돌아가는 존재론적 사태의 운동이다. 이런 헤겔의 철학사야말로 앞에서 들뢰즈가 "그토록 오랫동안 유지되어 온 방식으로 철학책을 써 온 낡은 스타일"이라고 비판한 그것에 속한다. 들뢰즈의 주장처럼 과연 현재도 헤겔 철학사의 기조가 수용되고 있는지, 그 영향력의 추이는 어떤지를 대표적인 몇몇 현대 독일 철학사 저술을 통해 간단히 개관해 보면 다음과 같다.

**(1)** 1949년 출판된 힐쉬베르거의 『서양철학사(上)』, 『서양철학사(下)』는 "현재 독일에서뿐만 아니라, 서양의 모든 나라에서 가장 높이 평가받고 있는 철학사로서"[42] 그 명성이 자자하다. 헤겔의 철학사에 대한 힐쉬베르거의 평가는 얼핏 이중적인 것처럼 들린다. 그는 철학사를 여러 가지 의견을 무질서하게 끌어모아 놓은 것이라고 보는 일반적인 생각에 반대한 점에서 헤겔이 옳았다고 본다. 하지만 철학사가 곧 "발전하는 체계"라고 여기는 것도 마찬가지로 옳지 않다고 한다. 그것은 너무 극단적이다. 왜냐하면 "철학사에는 진리의 이정표(里程標) 이외에도, 오해라는 둘러 가는 길이 있고, 오류라는 잘못된 길도 있고 우연이라는 방해하는 장난도 있기" 때문이다.[43]

그렇지만 정작 힐쉬베르거 자신이 철학사를 저술하면서 역점을 두고 있는 점을 설파할 때 우리는 기시감을 느끼게 된다. "다만 특별히 강조하고 싶은 것은 철학의 철학적인 역사는 하나하나의 사실들을 쌓아 올리기만 해서는 안 되고, 정신사(精神史)의 커다란 과정 속에서, 그 하나하나가 지니고 있는 본질적인 것을 밝히려고 애쓰지 않으면 안 된다는 것이다."[44] 그는 철학사를 진리 자체로 접근하는 통로로 간주하고 있고, 철학사에서의 가장 기본적인 전제들과 궁극적인 가정들을 발견해 내 "이것[개념과 사상]들을 보다 커다란 사상 계열과, 체계적인 연관과 포괄적인 정신적인 조류에다 … 끼워 넣고"자 한다.[45] 비록 그의 철학사가 그 내용적인 측면에서 (당연히) 헤겔의 『철학사 강의』와 다르고 또 새로운 점들을 부가했다 하더라도, 정신의 체계적이고 객관적인 발달사의 지평에서 철학들을 서술하고 있다는 점에서 헤겔의 철학사에 대한

---

42) Hirschberger, J.(1983), 『서양철학사(上)』, 7.
43) Hirschberger, J., 앞의 책, 39.
44) Hirschberger, J.(1987), 『서양철학사(下)』, 9.
45) Hirschberger, J.(1983), 『서양철학사(上)』, 37.

보편적 이념을 충실히 계승하고 있다고 보아도 그리 엇나간 평가는 아닐 것 같다.

**(2)** 1950년에 첫 출판된 슈퇴리히의 철학사는 1999년 17판이 나오기까지 독일어권에서만 60만 부나 출간되었고, 여러 언어로 번역된 대표적인 철학사 저술이다. 그런데 그가 철학사를 통해 주창하고자 하는 바는 거의 그대로 헤겔의 것이다. 그에 따르면, "전체적이고 포괄적인 것을 추구하는 경향이야말로 철학을 다른 개별과학들과 구별 짓는 특징"[46]이고 "철학이[란] 단번에 확정될 수 있는 추상적 개념이 아니라 역사적으로 생성되고 꾸준히 발전하는 개념"[47]이다. 그렇다면 이런 철학을 통해 점차 발전하는 통일적인 세계상 또는 세계관을 조망하고 서술하는 것을 철학사의 목표로 삼는 것은 당연한 귀결이라고 볼 수 있다. 헤겔 사후의 여러 현대 철학의 내용들을 부가하였다 하더라도 역사적으로 생성되고 꾸준히 발전하는 개념을 통해 철학사의 발전을 추적하는 한에 있어서 슈퇴리히의 철학사는 헤겔 철학사 이념의 자장 안에서 한 치도 벗어나 있지 않다.

**(3)** 『세상을 알라: 고대와 중세철학』, 『너 자신을 알라: 르네상스에서 독일관념론까지』, 『너 자신이 되어라: 헤겔 이후부터 세기 전환기 철학까지』의 총 3권으로 구성된 방대한 프레히트의 철학사는 2007년 발간된 이후 큰 반향을 일으켰다. 2013년까지 32개 언어로 번역되었고 100만 부 이상 판매된 것으로 집계되고 있다.

프레히트에 따르면, 헤겔 이후의 철학사가의 내면에는 "철학사를 진

---

46) Störig, H-J.(2008), 『세계철학사』, 34.
47) Störig, H-J., 앞의 책, 35.

리로 나아가는 영원한 진보의 역사로 보는 시각"[48]이 깊이 자리 잡고 있으며, 그렇기에 (힐쉬베르거나 슈퇴리히에서 볼 수 있듯이) "그들은 항상 비슷비슷하게 철학사를 이야기한다."[49] 프레히트는 철학사의 무게중심을 바꾸고 다른 선택을 하고자 한다. 그는 철학자의 사유를 그들이 살았던 문맥 속에서 논의한다. 물론 헤겔도 모든 철학이 각 시대의 아들이며 당대의 문제를 풀기 위한 지적인 시도임을 인정했지만, 그런 작업은 어디까지나 정신의 자기 발전과 성숙이라는 틀 속에서 고찰되었다. 하지만 프레히트가 보기에, 인간의 사고란 사고 자체의 내적인 발전에 추동된다기보다는 정치나 사회, 경제 상황에 오히려 더 큰 영향을 받았으며, 따라서 "정치, 사회사, 경제사와의 관련성을 고려하지 않는 사상과 관념은 상당 부분 밀교적일 수밖에 없다."[50] 이런 이유로 프레히트의 철학사는 어떤 철학사보다도 각 철학이 등장한 시대 배경에 어떤 정치 사회 경제 문제가 있었는지를 주목한다.

프레히트는 자기 철학사는 완벽하지 않으며 완벽함을 도모하려고 하지 않는다고 고백한다. 왜냐하면 헤겔은 인정하지 않겠지만 역사를 쓴다는 것은 선별을 의미하고 "[전승된 텍스트 수(數)의 한계와 그 의도의 불투명성으로 인해] 철학사의 저자가 누구를, 어떤 내용을 선택해서 다룰지는 더더욱 주관적일 수밖에 없[기 때문이]다."[51] 철학사를 해석하려는 철학자는 개별적인 문제들에 집중하여 "매번 특정한 관점을 결정하고"[52] 자신의 관점에서 해석할 뿐이다. 이럴 때 마치 프레히트는 각 철학이 철학자의 처지와 관점마다 어쩔 수 없이 상이하고 대립할 수밖

48) Precht, R. D.(2018), 『세상을 알라: 고대와 중세철학』, 12.
49) Precht, R. D.(2018), 『너 자신을 알라: 르네상스에서 독일관념론까지』, 10.
50) Precht, R. D.(2018), 『세상을 알라: 고대와 중세철학』, 16.
51) Precht, R. D., 앞의 책, 29.
52) Precht, R. D., 앞의 책, 18.

에 없음을 갈파하는 피론주의자가 된 듯하다. 저 고대의 회의주의자들이 독단주의의 딱딱한 인식 틀을 깨부수고자 한 것처럼, 그는 철학사를 진리를 획득하는 도정으로서가 아니라 인간이 오랫동안 고민해 온 근본 문제들을 탐색함으로써 "우리의 생각과 삶의 틀을 넓히며 … 우리의 사고 기관을 날카롭게 벼리는"[53] 것을 목표로 삼는다. 가령, 그는 중세철학을 설명할 때도 단순히 신학적 논의를 나열하는 것이 아니라 오늘날에도 여전히 유효한 도덕적이며 윤리적인 문제와 연결하며, 19세기 독일관념론을 다룰 때도 그것이 현대인의 자아 정체성의 문제와 어떻게 연결될 수 있는지의 맥락에서 논의를 전개한다.

특기할 만한 점은 칸트나 헤겔이 철학사에 덧씌운 진리를 향한 의무라든지 이성의 보편사라는 짐을 덜어냄으로써 프레히트의 철학사는 독자에게 경쾌함과 흥미를 제공한다는 것이다. 들뢰즈가 추천하고 있는 "상상의 책, 위조된 책인 것처럼 말하는 데까지"는 아니지만, 기존의 학술적이고 건조한 철학사와는 확연히 다른 결을 갖는다. 그는 솔직하게 (철학 전공자들이 아니라) 일반 독자들이 이해하기 쉽지 않은 부분은 "자세히 언급하지 않을 생각"이고, "슬쩍 훑고 지나갈 생각"이며, "자세히 언급하지 않을" 것이고, "단편적으로만 다루고", 부득이 등한시할 것이고, "제외"했다고 말하고 있다.[54] 그래서 골치가 아프지 않고 재미있다. 문화사에 대한 박식한 지식을 종횡무진 늘어놓음으로써 그 스스로가 재미있는 철학사의 이야기꾼임을 자처한다.

이런 점에서 그에게 철학사 전체가 그 자체 내에서 변증법적으로 필연적인 전진을 획득한다고 주장하는, "모든 철학자 가운데 가장 위대한 철학자인 헤겔 자신을 따르는 한 진리가 드러난다."라고 말하는 것은

53) Precht, R. D., 앞의 책, 20.
54) Precht, R. D., 앞의 책, 30.

"오늘날엔 다른 별나라 이야기처럼 들린다."[55] 철학사의 서술이란 하나의 관점에서의 해석이고, 그것도 사안에 따라 "매번 특정한 관점을 결정하는" 주관적인 선택의 문제이다. 따라서 철학사에 관한 헤겔의 서술도 이런 주관적인 지위를 벗어날 수 없다. 헤겔의 철학사도 그저 많은 철학사 중의 하나일 뿐이다. '모든 철학자 가운데 가장 위대한 철학자'인 헤겔에게 그래도 미안했던지 프레히트는 다음과 같은 부언을 달고 있다: "헤겔 본인에게는 참으로 <부당한> 평가이자 깊은 모욕으로 들리겠지만 말이다."[56]

위의 대표적인 독일 철학자들이 저술한 철학사를 통해 우리가 확인할 수 있는 사실은 현대에도 여전히 헤겔이 철학사에서 서술한 담론의 형식이나 구조가 비교적 충실하게 계승되고 있다는 것이다. 힐쉬베르거나 슈퇴리히의 철학사는 헤겔의 사변 철학의 이념을 (정도는 다르지만) 충실하게 구현하고 있고, 이는 헤겔 철학사가 오랫동안 철학사를 지배해 온 위상을 잃지 않고 있음을 나타낸다. 다른 한편, 프레히트의 철학사로 미루어 보건대, '**사유하는 이성**의 영웅들이 도열해 있는 회랑(回廊)'에서 이 영웅들이 마련해 주고 있는 이성적 인식의 길에서 기꺼이 일탈하려는, 헤겔에게 '깊은 모욕감'을 주는 시도도 행해지고 있다.[57]

내 생각에, 가장 위대한 철학적인 철학사가로서 헤겔은 사후에 자신이 (틀림없이) 받을 이런 모독을 예상하여 그것을 되갚을 거의 같은 수준의 "부당한" 언사를 준비하고 있었다. 정신의 자기 전개의 필연사를 파악하지 못한 채, 그저 새로운 철학이라는 미명 아래 종교, 정치, 국가체제, 예술 등을 닥치는 대로 다루면서 "비단 유성(流星)뿐만 아니리 심

55) Precht, R. D.(2018), 『너 자신을 알라: 르네상스에서 독일관념론까지』, 677.
56) Precht, R. D., 앞의 책, 같은 곳.
57) Hegel, G. W. F., *VGP* Ⅰ, 20.

지어 까맣게 타버린 양초의 심지까지도 태양으로 간주하거나 [호기심을 불러일으키는] 어떤 말짓거리도 철학이라고 외치며 파는" 철학을 그는 "유행 철학"(eine Modephilosophie)이라 비하하고 있다.[58] 헤겔이 볼 때, 프레히트 류의 철학자란 진정한 의미에서의 철학을 가볍게 취급하면서 여러 가지 영역을 철학과 뒤섞고 특이한 것들을 잡다하게 소개함으로써 대중의 인기에 영합하는 유행 철학자에 지나지 않는다. 그는 진리를 추구하는 철학자가 아니라 철학을 진열 상품으로 내놓은 잡화상에 불과하다. 헤겔의 분은 이것으로도 풀리지 않는다. 산더미같이 많은, 그것도 박식한 내용으로 가득 찬 철학사를 저술한 철학자라 할지라도 철학사가 자체 내에서 전진하는 유기적인 전개를 개념적으로 파악하지 못한 경우 "결국 이런 철학사의 저자들이란 어떤 음악 속의 모든 음을 다 듣고 나서도 이 모든 음이 하나의 조화를 이루는 의미에는 도달하지 못한 짐승에 비교될 수 있다."[59] "인간이 이성적 동물"이라면 마땅히 철학사의 이성적 전진을 파악할 수 있어야 하는데, 이것을 하지 못한다면 당연히 동물로 간주할 수밖에 없다고 헤겔은 생각한 것이다. 프레히트는 졸지에 헤겔에 의해 '짐승'으로 전락하고 만다. 그리고 들뢰즈의 철학사에 대해서도 헤겔이 고운 눈길을 보내지 않으리라는 것은 특별한 통찰력을 요구하지 않는다.

58) Hegel, G. W. F., 앞의 책, 61.
59) Hegel, G. W. F., 앞의 책, 17.

## 5. 헤겔의 사변 철학적인 철학사에 대한 비판: 들뢰즈의 경우

프레히트가 비록 헤겔의 철학사에서 빗겨 난 철학사를 저술했다 하더라도, 아직 그의 철학사와 헤겔의 것과는 정면으로 대치하지 않는다. 프레히트처럼 헤겔의 철학사를 (그나마 미안해하면서) 전혀 다른 '별나라 이야기처럼' 취급하는 것이 아니라, 반-헤겔주의를 표방하면서 헤겔의 철학사를 정면에서 무산시키려는 이는 들뢰즈이다. 헤겔의 철학사를 고구한 후, 듀징은 "헤겔이 보기에 아류적인 철학은 엄밀한 반박을 통해서가 아니라 역사적인 변화를 통해서, 특히 세계정신 자신의 진보를 통해서 타당성을 상실해 버린다."라고 염려했다.[60] 헤겔의 철학사에서는 실로 독창적이고 창조적인 철학이나 체계의 의미가 상대화되거나 은폐화되는 일이 발생할 수 있다는 것이다. 들뢰즈를 통해 듀징의 염려는 발현된다. 들뢰즈는 철학사를 사변적으로 철학하는 헤겔을 니체의 입을 빌려 가장 수치스러운 이름으로 부르고 있다. "변증법을 원하는 그 의지는 무엇을 원하는가? … 누가 변증법주의자인가, 누가 관계를 변증법화하는가? 그것은 노예이고, 노예의 관점이며, 노예의 관점에서의 사유이다."[61] 헤겔 철학이 노예적 사유라는 비판은 헤겔에는 생뚱맞은 것이고, 그것이 의미하는 바를 알면 헤겔은 그것을 자신의 철학사에 대한 치명적인 명예훼손으로 여길 것이다.

**(1)** 헤겔의 철학사에 대한 들뢰즈의 비판은 니체 철학을 거쳐 지나는 우회로를 걷는다. 니체에게 말하게 하면서 그는 자신의 이야기를 한다.

---

60) Düsing, K.(1983), *Hegel und die Geschichte der Philosophie*, 39.
61) Deleuze, G., 『니체와 철학』, 32.

니체는 철학사, 나아가 역사 전체를 로마 대 유대의 싸움으로 간주하였다. “[인간의 역사 전체에 걸쳐 벌어진] 이 싸움의 상징은 ‘로마 대 유대, 유대 대 로마’를 의미하는 것이다. – 인간의 역사 전체를 거쳐 지금까지 **이** 싸움보다, **이** 문제보다, **이** 불구대천의 적의를 품은 대립보다 더 큰 사건은 없었다.”[62] 니체의 저작에서 로마인들이란 현실의 시련을 극복해 나갈 힘이 있는 자들로서 자기 삶에 자부심을 지니고 있고 자신이 삶의 주인인 그런 사람들을 가리킨다. 그들은 “**스스로를** 가치를 결정하는 자라고 느꼈기에”[63] 타인과 자신을 비교하여 평가하지 않으며 “우리 고귀한 자, 우리 선한 자, 우리 아름다운 자”[64]라고 자칭한다. 반면에 니체가 지칭하는 유대인의 유형이란 삶에 피로를 느끼고 삶을 살아가는 데 항상 허덕이는 무력한 약한 자들이다. 그들은 자신들의 삶에서 언제나 비루함을 느끼고 자신의 삶을 한탄하기 바쁘다. “내가 다른 어떤 존재였으면 좋았을 것을!”이라고 탄식하거나 “**나는 나 자신에 진저리가 난다!**”라고 염증을 낸다.[65] 이 부정적인 인간들은 새로운 가치를 창조하지 못하고 수동적으로 기존의 가치를 추수하며 근근이 살아가는 족속인 것이다. 그러니까 니체가 ‘로마 대 유대’의 싸움으로 대조하고 있는 항(項)은 강한 자 대(對) 약한 자, 새롭게 가치를 창조하는 자 대 기존의 삶의 가치를 그냥 추수하는 자, 자신이 자신의 삶에 주인인 자 대 자신의 삶이 타인의 삶에 종속된 노예인 자이다.

이 싸움이 정직하게 벌어졌다면 당연하게 로마가 승리를 거두었을 것이다. 로마인은 강한 자이고 유대인은 약한 자이기 때문이다. 그러나 불행하게도 유대의 노예들이 로마의 주인들을 짓밟는 데에 성공하였다.

62) Nietzsche, F., *GM Ⅰ*, 16, 287.
63) Nietzsche, F., *JGB*, 260, 209.
64) Nietzsche, F., *GM Ⅰ*, 10, 272.
65) Nietzsche, F., *GM Ⅲ*, 14, 368.

**‘로마에 대한 그리스도교의 복수’**[66]가 멋지게 들어맞았던 것이다. 그렇다면 어떻게 해서 약한 유대의 노예 반란이 성공을 거두었는가? 노예들은 정면으로 싸워서는 강한 주인들을 이길 수가 없다는 것을 간파하였다. 즉, 그들은 자신들이 약하다는 것, 지쳐있다는 것을 잘 알고 있었던 것이다. 그들의 기막힌 전략은 저 로마인들을 악한 자로, 자신들은 선한 자로 세뇌하기 시작했다는 데에 있다. 들뢰즈는 이를 다음과 같이 정식화하고 있다: “맹금은 악의가 있다. (말하자면, 맹금은 모두 악의가 있다. 악의가 있는 것은 맹금이다.) 그런데 나는 맹금과는 반대이다. 그러므로 나는 선량하다.”[67] 노예들은 이렇게 삼단 논법에서 이중의 부정을 통해 자신을 긍정적인 존재로 변신시킨다. 그들은 앙심을 품고 자신들이 비참한 삶을 사는 것에 대해 주인의 탓을 하면서 강한 자(주인)를 악한 자로, 약한 자(자신들)를 선한 자로 둔갑시켰으며, 이것이 대성공을 거두었다는 것이다. 세상 사람들 모두 그렇게 생각하도록 만들었고, 심지어 이런 사태를 날조한 스스로도 이것을 믿는 지경까지 이르렀다. 세뇌의 성공사, 이것이 바로 세계사이다. 니체는 초기 그리스도교에서 바울이, 종교개혁에서 루터가, 프랑스혁명에서 루소가 이런 노예 반란의 승리를 견인한 주역들로 뽑았다. 그리고 이제 들뢰즈는 이 선상에 헤겔을 집어넣는다. 그에게 헤겔의 변증법은 “원한의 이데올로기로서의 변증법이다.”[68]

이런 비판은 헤겔로서는 이해하기도 수용하기도 힘든 것이다. 헤겔의

---

66) Nietzsche, F., *M* 71, 69. 니체에게 로마 대 유대의 싸움은 ‘로마 대 그리스도교’의 싸움이기도 하였다. 니체는 유대와 그리스도교를 섬세하게 구별하지 않았다.

67) Deleuze, G., 『니체와 철학』, 220. 들뢰즈는 로마인 대 유대인의 정식을 다음과 같이 표현하기도 한다. “‘나는 선량하다. 그러므로 너는 악의가 있다’ [대(對)] ‘너는 악의가 있다. 그러므로 나는 선량하다.’”(214).

68) Deleuze, G., 『니체와 철학』, 218.

유명한 『정신현상학』의 '주-노 변증법'을 보면 그의 분노를 이해할 수 있다. 헤겔은 주인과 노예의 변증법적 역전 관계를 통해 어떻게 예속적인 존재가 주체적인 자기의식으로 필연적으로 발전해 가는가를 서술하였다. 이에 따르면, 주인은 노예를 지배하며 그로부터 일방적인 인정을 받는 존재이고 자신의 욕망을 노예의 노동을 통해 충족시킨다. 반면 노예는 주인에게서 자기 의식적인 존재로서 어떤 인정도 받지 못한 채 주인의 향유를 위해 봉사하지 않으면 안 되는 예속적인 상태에 매여 있다. 그런데 역전이 일어난다. 주인이 노예가 되고 노예가 주인이 되는 것이다. 즉, "**노예의 의식**이 자립적인 의식의 **진리**가 된다."[69] 그 이유는 주인이 주인이었기 때문이고 노예는 노예였기 때문이다. 주인은 향유만 할 뿐 노동할 필요가 없었던 반면에, 노예는 죽지 않기 위해 강제적인 노동을 해야 했다. 노예는 노동하는 가운데 인내를 익히고 자신의 주체적 역량을 깨닫게 되고 자신의 창조적 힘을 발전시킨다. 그는 사물을 가공 변형시킬 뿐만 아니라 마침내 자신마저 부정하고 창조할 수 있는 존재가 되는 것이다. 그는 주인이 된다. 반면 주인은 그저 소모하고 향유함으로써 아무것도 제힘으로는 할 수 없는 퇴화한 존재가 되고 마침내 노예의 노동에 전적으로 의존하는 예속적인 노예가 된다. 노예가 노예임으로써 주인의 주인이 되고, 주인이 주인임으로써 노예의 노예가 되는 것, 이것이 주-노 변증법의 골자이다. 이런 변증법적 구조 때문에 꼬제브는 다음과 같이 단정적으로 말할 수 있었다: "노예는 최소한 언젠가는 절대적 주인으로 군림하게 될 것이다. … 그러므로 역사적인 미래는 승리자인 주인에게가 아니라 노동자인 노예에게 속하는 것이다."[70]

주-노 변증법에서 드러난 것처럼 헤겔 철학의 핵심적인 주제의 하

---

69) Hegel, G. W. F., *PhdG*, 152.
70) Kojève, A. V.(1981), 『역사와 현실 변증법: 헤겔 철학 입문』, 53.

나는 자기 의식적인 인간들 간의 인정 관계이다. 이것은 자기의식의 장을 넘어서서 구체적인 사회와 현실 속에서도 관철되어야 하는 핵심적인 기제이기도 하다. '주-노 변증법'에서 그려진 상호 인정의 계기는 이후 현실 속에서 상대방이 저지를 수밖에 없는 악에 대한 용서와 자기 자신이 범할 수밖에 없는 악에 대한 타자의 용서로까지 나아간다. 악에 대한 상호 고백과 용서를 통해서 마침내 절대정신이 현현한다고 헤겔은 보았다. "화해의 말은 현존재하는 정신으로 (…) 대립자가 서로 간에 상대방을 인정하는 것이 절대정신이다."[71]

여기에서 나타나는 것처럼 헤겔은 노예를 니체나 들뢰즈처럼 부정적으로 보지 않았다. 그는 노예의 노동과 이로 인해 획득되는 주체적 역량을 높이 샀으며, 상호 인정과 용서와 화해로 나아가는 긍정적인 정신의 필연적인 경험으로 간주하였다. 요컨대, 그에게 있어서 노예는 당당한 주인이 되는 것이다. 그런데 들뢰즈는 주인뿐 아니라 주인이 된 노예마저 노예로 규정한다. 왜 그런가? 그에게 문제의 관건은 모순이 해소되면서 나아가는 변증법적 화해가 아니라 가치 전환에 있기 때문이다. "발전되고, 해소되고, 제거된 모순보다 더 고귀한 것은 가치 전환이다."[72] '주-노 변증법'을 통해 노예가 주인이 되지만, 그렇다고 가치와 관련해서 변한 것은 아무것도 없다. 하나의 주어진 가치 체계나 틀에서 주인공만 바뀌었을 뿐이다. "**재인식의 대상, 표상의 재료, 경쟁의 목표로서만 권력을 이해하며, 따라서 투쟁이 끝난 후 단순히 기존 가치들에 결부시키는 것은 바로 노예이다.**"[73] 노예가 그토록 동경했던 것은 가치의 전환이 아니라 그가 속한 체제 내에서의 주인의 지위였을 뿐이다. 헤겔

---

71) Hegel, G. W. F., 앞의 책, 493.
72) Deleuze, G., 앞의 책, 46.
73) Deleuze, G., 앞의 책, 33.

의 변증법적 전개가 아무리 의식의 반동이고 격변이고 전도인 것처럼 보여도 그것은 "프롤레타리아의 무기라기보다는 차라리 부르주아가 자신을 방어하고 보존하는 방식이고, (…) 진정한 행동자, 진정한 연기자의 변질이자 타락이다."[74] 그러므로 들뢰즈에게 주인이 된 노예란 '기껏해야 출세한 노예'[75]이고 판을 뒤엎는 듯이 흉내만 낸 타락한 노예일 뿐이다. 이제 이것을 철학사와 관련짓는다면, 변증법적 발전으로 보는 헤겔의 "철학사는 복종의 역사이며, 그러한 복종을 정당화하기 위해서 인간이 자신에게 부여하는 이유들의 역사"에 다름없다.[76]

들뢰즈는 헤겔의 주-노 변증법을 니체 철학의 지평에서 노예 도덕으로 독해함으로써, 즉 가치 전환의 프레임 속에서 저 변증법이 지닌 철학적 의의를 전도시키고 무효화시켰다. 이로써 헤겔의 철학사에 대한 들뢰즈의 비판의 성격이 날것 그대로 드러난 것 같다. 그는 헤겔 철학사의 특정 부분을 문제 삼으려는 것이 아니라 헤겔이 서술한 철학사 전체를 깡그리 노예와 복종의 역사로 낙인찍으려는 것이다. 헤겔의 철학사에는 적극적으로 저항하며 새로운 가치 창조의 길을 내는 실천적 요소는 없고, 그저 머리를 조아리며 화해의 손길을 내미는 비자립적인 노예의 정신만이 있을 뿐이다. 그래서 헤겔의 철학사는 니체에게, 즉 들뢰즈에게는 "어떤 타협도 불가능한" 전면적인 타도의 대상이 된다.[77]

**(2)** 헤겔은 노예가 자유로워질 때만 주인도 완전히 자유로워질 수 있으며, 이럴 때 전제적 지배를 극복할 수 있고, 사회, 정치, 경제 체제에서의 불평등을 넘어설 수 있다고 주창한다.[78] 그렇지만 주-노 변증법

74) Deleuze, G., 『차이와 반복』, 565.
75) Deleuze, G., 『니체와 철학』, 33.
76) 박찬국(2012), 『들뢰즈의 『니체와 철학』 읽기』, 127.
77) Deleuze, G., 앞의 책, 334.

의 진의는 들뢰즈에게는 전달되지 않고, 헤겔 쪽에서 보면 타협의 여지 없이 거부당한다. 헤겔이 철학사를 통해 그토록 공들인 회의주의에 대한 지양과 관련해서도 사정은 마찬가지이다. 전통적인 의미에서의 회의주의(피론주의)나 헤겔의 사변 철학이나 어느 것이 승리하건 그것은 들뢰즈의 관심사가 아니다. 이것들은 모두 진리, 즉 "주체가 어떻게 사물을 있는 그대로 아는가?" 하는 동일한 문제 틀 내에서 엎치락뒤치락하는 인식론적 싸움일 뿐이다. 이 문제 틀 자체에 대한 근본적인 의심이나 항거는 수행되지 않는다. 철학사를 발전하는 체계로 간파하지 못하는 철학자를 경멸조로 가리켜 "하나의 조화를 이루는 의미에는 도달하지 못한 짐승"이라 헤겔은 불렀는데, 이는 역설적으로 그가 무엇을 놓쳤는가를 정확히 알려주는 것이기도 하다. 즉, 헤겔의 철학사에서는 짐승들, "자유롭고 야생적인 혹은 길들여지지 않은 차이들", "바다같이 자유로운 차이들, 유목적 분배들, 왕관을 쓴 무성부주의자들의 상태"79)들은 제외되어 있다. 이 박탈된 세계에 들뢰즈는 주목하고자 한다. 그것은 헤겔이 철학사를 통해 시도했던 회의주의에 대한 이론적인 근거나 논박의 제시가 아니라, 그런 대응의 틀 아래서 사라져야 했던 철저한 이질성의 세계이고 "상상의 책이고 위조된 책"의 세계다. 이제 진정으로 새로운 철학사의 창조는 저 변증법에 의해 매개되지 않는 차이, 부정 없는 차이, 개념 바깥에서 성립하는 차이, 비유기적인 차이에 의해서야 가능할 것이다. "이렇게 철학이 실재를 있는 그대로 재현하는 것이 아니라 개념들을 지어내는 발명의 작업이라면, 철학사 연구도 역시 창조적

78) 헤겔의 입장에 서서 들뢰즈의 주－노 변증법을 비판한 논의로는 Williams, R. R.(2001), "Hegel and Nietzsche: Recognition and Master/Slave", 164－179 참조.
79) Deleuze, G., 『차이와 반복』, 559.

인 방식으로 이루어져야 한다."[80]

(3) 헤겔의 철학사에서 모든 철학은 하나의 철학을 구성하는 필연적인 계기들로 자리 잡고 있으며, 이 철학사 밖에 타자는 존립할 수 없었다. 들뢰즈는 이런 사변 철학의 철학사를 가능하게 했던 원인을 모든 타자의 차이를 동일성에 봉사하게 하는 '논리적 괴물'[81]에서 찾았다. 하나의 전체 연관의 필연적인 계기로 지양되어 편입될 수 없는 차이가 존재한다면 헤겔의 철학사는 붕괴하고 말 것이다. 이것이 뜻하는 바는 헤겔의 철학사에서는 차이가 있는 듯이 보이지만 이 차이는 다시 동일성으로 돌아가는 차이이고, 이렇게 지양되는 한에서만 차이라는 것이다. 즉, "[헤겔 철학에서] 차이는 동일자에 종속되는 한에서만 부정적인 것을 함축하고 마침내 모순에까지 이른다."[82] 요점은 이렇다. 헤겔은 사변 철학에서 제 딴에는 차이를 고려하고 있다고 주장하나 실제로 그가 고려하는 차이란 "흉내에 불과하다"[83]는 것이다. 직접적이고 무매개적인 차이는 헤겔 철학사에서는 훼손되고 배신당한다. 차이는 미리 설정된 동일성의 길 위에 놓여 있으며 이 길을 벗어나지 못하는 노예의 차이이다. 그것은 동일자에 대한 관계 안에서만 차이이고 모순이며, 따라서 어떻게 해도 하나의 동일성을 이념으로 삼는 사변적 이성을 벗어날 수 없는 운명에 처한다. "재현에는 어떤 수렴하는 세계, 어떤 단일 중심의 세계가 있어야 한다. 하지만 이 세계는 그저 외양으로만 도취하는 세계, 이성이 술주정뱅이가 되고 디오니소스의 노래를 부르지만 여전히 '순수한' 이성인 세계에 불과하다."[84] 바로 이런 지점이 들뢰즈를 역겹

80) 차건희(2005), 「철학과 철학사」, 166.
81) Deleuze, G., 앞의 책, 131.
82) Deleuze, G., 앞의 책, 17.
83) Deleuze, G., 앞의 책, 556.

게 만든다. 말하자면 헤겔 철학은 '척한다'는 것이다. 실제로는 전혀 허용하지 않으면서도 광기를, 마비를, 도취를, 잔혹성, 야생을 용인하는 척한다. 헤겔의 철학사에 들뢰즈는 철퇴를 박는다. "헤겔은 이념들을 드라마로 극화(劇化)하는 대신 어떤 개념들을 재현한다. 어떤 거짓 연극, 거짓 드라마, 거짓 운동 등을 만들어 내고 있는 것이다."[85] 헤겔 편에서 생각해 보면 이것보다 더 모욕적인 언사는 없을 것이다. 진리의 필연성을 추구하는 철학자 앞에서 당신은 거짓 연극을 하고 있고, 거짓 드라마를 쓰고 있다고 비판하다니. 헤겔은 『철학사 강의』에서 "[진리에 대한 용기, 그리고 정신의 위력에 대한] 이런 믿음 앞에서 인간에게 활짝 열리지 않을 만큼 거칠고 딱딱한 문이라곤 결코 있을 수가 없다."라고 확신했는데, 지금 열리지 않은 문을 만난 것이다.[86] 들뢰즈는 헤겔과 타협할 수 없을 정도로 맞서고 있고, 또 그렇게 하고 싶어 한다.

## 6. 철학사에서 벌어질 대결에 대한 전망

들뢰즈는 동일한 것이 드러나기 위한 심연으로서의 개념적 차이에 맞서 개념 없는 차이, 매개되지 않는 차이를 내세웠다. 이 차이는 "그 자체로 긍정되는 차이, 사물들 간에 외재하는 차이가 아니라, 사물 자체에 내재하는 차이"이다.[87] 들뢰즈는 변증법적 차이가 아닌 이런 긍정적인

---

84) Deleuze, G., 앞의 책, 556－557.
85) Deleuze, G., 앞의 책, 44. 131도 참조. "[헤겔 변증법에서 광기란] 동일자의 휴식과 평온을 전혀 깨뜨리지 못하는 거짓 광기에 불과하다."
86) Hegel, G. W. F., *VGP* Ⅰ, 14.
87) 윤성우(2004), 「포스트구조주의에서의 헤겔 변증법 비판: 질 들뢰즈를 중심으로」, 290.

차이를 드러내기 위해서 니체를 앞세웠으며, 그리하여 니체와 헤겔 사이에 어떤 타협도 있을 수 없는 적대 관계를 형성하게 했다. 그렇다면 과연 니체는 들뢰즈가 바라고 있는 대로 헤겔을 적으로 여겼을까? 들뢰즈에 의해 매개되거나 해석되지 않은 니체와 헤겔의 관계는 어떤 것인가? 나아가 들뢰즈가 해석하고 있는 대로 헤겔 변증법은 차이를 배려하는 척만 하는, "아폴론의 유기체적 혈관 속에 디오니소스의 피 몇 방울이 흐를 수 있도록 만드는" 고약한 거짓 구조를 갖고 있는 것인가?[88] 사변 철학의 입장에서 들뢰즈에게 할 말이 있다면 그것은 어떤 것일까? 이런 문답을 통해 앞으로 전개될 철학사 서술에 대한 윤곽을 그릴 수 있을 것이다.

**(1)** 놀랍게도 니체 전체 저작에서 니체가 (여타의 철학자들, 가령 칸트나 쇼펜하우어와는 달리) 헤겔을 직접 언급하는 경우는 드물며, 설사 있어도 짧고, 대부분은 다른 철학자들과 한데 묶어 언급하는 경향이 있다. 니체가 헤겔 철학을 본격적으로 주제화한 곳은 없다.[89] 이것은 우리가 들뢰즈를 통해 예상했던 양자의 대치 국면과는 매우 다른 것이다. 오히려 들뢰즈와는 반대로 카우프만은 헤겔은 정신을, 니체는 힘에의 의지를 내세움으로써 양자가 자기를 창조해 나가고 전개해 나가는 단일한 기본적 힘을 상정한 형이상학적 일원론자라는 점에서 "참으로 놀라운 유사성이 양자에 존재"한다고 주장한다.[90] 니체 철학이 다른 어떤 철학

---

88) Deleuze, G., 앞의 책, 555.

89) 전예완(2013), 「'바그너의 경우'를 통해서 본 니체 대(對) 헤겔」, 215-250 참조. 전예완에 의하면, 니체는 헤겔과는 철학 내용이 아니라 아예 어떤 정조가 다르다. 이것이 바로 헤겔 철학에 대해 니체가 구체적 논의를 하지 않은 이유일 것이다.

90) Kaufmann, W.(1974), *Nietzsche: Philosopher, Psychologist, Antichrist*, 236.

자보다 헤겔 철학을 통해 가장 잘 해명되는 이유를 카우프만은 이런 유사성에서 찾는다. 나아가 침머만은 니체나 헤겔 모두 현실과 동떨어진 채 피안만을 동경하는 그리스도교에 대해 지독한 비판을 퍼부었다는 점에 주목하면서 "니체가 헤겔주의자라는 것은 명백해 보인다."라고까지 양자의 일치를 내세운다.[91] 그렇지만 들뢰즈는 이런 견해들과 병존할 수도 타협할 수도 없다. 그는 헤겔과 니체 양자 사이에 흐르고 있거나 있을 수 있는 교감의 다리를 모조리 끊어 놓았다. 양자 사이에는 근본적인 단절 또는 대결만이 있어야 했다. 그러나 들뢰즈의 이런 단호한 처사는 싸울 의사가 없는 양자에게 검투사의 옷을 입혀서 강제로 격투장에 집어넣은 것은 아닌가 하는 혐의를 강하게 불러일으킨다. 브리질리가 "들뢰즈는 헤겔에 대한 니체의 반대와 공격을 지나치게 강조함으로써 오히려 그것이 지니는 의미를 설득력 있게 전달하지 못했다."라고 평가하면서 "두 철학자의 관계들 조명하는 작업은, 양자가 기본적으로 형이상학적, 도덕적, 그리고 인식론적 이원론에 대한 비판에 있어 동지라는 점을 인정하는 데서 출발해야 한다."라고 피력할 때, 그것은 상당히 공정하고 설득력 있는 논의로 받아들일 수 있다.[92]

**(2)** 헤겔과 니체를 극단적으로 대결시킨 데서 유추할 수 있듯이 들뢰즈가 헤겔 철학을 공격하는 데에 너무 골몰한 나머지 그것을 평면화하거나 왜곡한 것은 아닌지, 또는 헤겔 입장에서 개진할 수 있는 해명이나 반론에 너무 일찍 문을 닫은 것은 아닌지 하는 문제도 따져 보아야 한다. 들뢰즈의 핵심은 개념 없는 즉자적 차이와 변증법적인 개념적 차이를 대조시키는 데에 있었다. 그러나 이런 대조 속에 등장한 헤겔의

91) Zimmerman, R. L.(1968), "On Nietzsche", 280.
92) Breazeale, D.(1975), "The Hegel-Nietzsche Problem", 162.

개념적 차이란 들뢰즈에 의해 각색된 것이라는 반론이 곧장 전개되었다. 과연 들뢰즈가 정리하고 있는 대로, 헤겔의 긍정이란 형식적인 이중부정으로 설명될 수 있는 것인지, 부정에 의해 매개되는 차이가 무매개적인 직접적 차이를 무시하거나 제외한 것인지에 대한 의심이 제기된 것이다. 들뢰즈는 헤겔 철학에서 차이가 즉자적이라는 이유로 죗값을 치르고 나서야 차이로 인정받을 수 있다고 여겼지만, 혹시 들뢰즈는 헤겔의 매개된 차이가 매개적이라는 이유로 죗값을 물리는 것은 아닌가?

헤겔의 『논리학의 학』을 깊게 이해할 경우, 어떻게 이 저서에서 등장하는 차이를 들뢰즈처럼 동일성을 산출하기 위한 단순한 매개 수단이나 경로로 이해할 수 있는지 매우 의아하게 여길 것이다. 헤겔 변증법에서 제시되는 모든 동일성은 부정의 부정에 의해 단순히 동일성으로 돌아가는 순환의 운동이 아니라, 자기 관계적 부정에 의해 새로운 개념을 산출하는 나선형의 원환 운동이다. 말하자면 이 운동 속에서 진정한 새로움이 산출될 수 있는 것은 "모든 동일적인 것은, 그것이 자기 자신과 동일하지 않는 한에서만, 자기 자신과 동일할 수 있기"[93] 때문이다. 사변철학이 헤겔 스스로가 비판하는 '추상적 동일성'을 벗어날 수 있는 체계를 구축할 수 있는 이유는, 부정이 자기 자신과 동일하지 않은 차이를 인정하고 있기 때문이며, 이럴 때만 개방적인 역동적인 체계라고 명명될 수 있을 것이다. 만약 그렇지 않다면, 이 체계는 들뢰즈가 주장한 대로 재현의 거짓 드라마에 불과할 것이다.

자기 관계적 부정성은 우리의 사유를 규정하는 근본적인 사유규정(개념)들을 하나의 전체 연관 속으로 정립하는 사변 철학의 원칙적인 방법적 규정이다. 이 부정성에 의해 개념들은 인간의 주관적인 차원을 넘어

---

93) 조종화(2023), 「부정성과 차이: 헤겔과 들뢰즈의 철학을 중심으로」, 128.

서서 그 스스로가 필연적으로 운동하며 전진해 나가는 존재론적 사태의 차원을 획득하며, 거꾸로 우리들의 사유를 규정하고 또 할 수 있는 것이다. 헤겔의 다음 진술은 그의 사변 철학에서 이 부정성의 중요성을 단적으로 나타낸다: "자기 관계적 부정성은 … 생명적이고 정신적인 자기 운동의 가장 내적인 원천이며 변증법적 영혼이다."[94)]

헨리히는 이 영혼을 가장 깊이 탐색한 연구자 중의 한 명이라 할 수 있다. 그는 부정의 부정, 자기 관계적인 부정성, 절대적 부정의 형식적 구조를 분명하게 그려 보였다. 그의 분석에 의하면, 헤겔의 부정은 고전적인 이중부정과는 다르다. 사변 철학에서는 두 항이 상호 타자로서 맞서지 않으며, 부정이란 자기 준거적이다. 즉, 부정이 부정을 부정한다. "자율적인 부정에서 부정은 자기를 부정하면서 자기에 의해 부정당한다."[95)] 부정이 부정을 부정하여 소멸시켰으므로 부정이 완전히 탈락한 논리적 상태가 출현한다. 부정의 자기 관계는 동시에 부정의 자기 지양으로 나아갈 수밖에 없고, 그래서 헤겔의 이중부정에는 '부정이 없어진 상태'[96)]로 서술되는 그런 단계로 진입하게 된다는 것이다. 여기에서 헨리히가 강조하고 싶은 바는 헤겔의 이중부정은 들뢰즈가 주장한 대로 이미 항상 매개된 부정이 아니라, 어떤 부정이나 매개도 포함하지 않는 순수한 직접성, 즉 즉자적 차이의 상태를 반드시 거쳐야 한다는 것이다. 이것은 사변 철학의 동일성이 포함하고 있는 것은 즉자적 차이의 비동일성이라는 것을 시사한다. 도식의 위험을 무릅쓰고 이를 표현한다면, 사변 철학의 동일성이란 (동일성와 비동일성의) 동일성과 (동일성과 비동일성의) 비동일성의 동일성으로, 이중부정이 두 번 사유되는 "두 번 이중

94) Hegel, G. W. F., *WL II*, 563.
95) Henrich, D.(1976), "Hegels Grundoperation: Eine Einleitung in die Wissenschaft der Logik", 216.
96) Henrich, D., 앞의 글, 217.

화된 부정의 사상(der Gedanke der zweimal verdoppelten Negation)"이 전개된 것이다.[97] 헨리히에 따르면, 결국 완성된 자기 관계의 부정성이란 자기 관계의 탈락(즉자적 차이)과 자기 관계의 존립을 함께 지닌 그런 구조를 의미한다. 그렇기에 헤겔의 이중적인 이중부정의 구조를 갖는 부정의 "자기 관계는 단순한 차이를 넘어서거나 혹은 차이가 종결된 채 생산된 것으로 생각해서는 안 된다."[98] 사변 철학의 자기 관계적 부정성의 지니는 이런 복잡한 이중적인 이중구조는 헤겔의 변증법적 전개가 모든 이질적인 타자나 차이를 억압하거나 변형시켜 자기 관계의 타자로 삼는다는 들뢰즈 식의 비판이 지닌 과도함을 폭로한다. 사변 철학의 편에서 좀 더 적극적으로 이런 사태를 옹호해 본다면, 자기 관계적 부정성에 의해 확보되는 동일성이나 통일은 '논리적 괴물'을 동원하여 타자를 자기 틀에 맞춰 포식해 가는 과정이 아니라, 오히려 타자를 억압적인 구조의 관계에서 해방시킬 때만이 진정한 모순을 해결할 수 있음을 가리킨다.

강순전은 헨리히보다 더욱 적극적으로 헤겔의 부정성을 해명한다. 그에 따르면 "헤겔은 들뢰즈가 하려는 작업을 개념적으로 표현하고 있다고 할 수 있다."[99] 사변 철학에서 자기 관계적 부정성이란 그 부정이 외부의 타자에 의해 부정됨으로써 규정되는 것이 아니라 자신을 부정하여 스스로가 자신의 규정을 마련해 나가는 운동을 하는 것이다. 따라서 그것은 스스로 타자를 산출하면서 자기의 정체성을 확보해 나가는 자립적인 것이고, 이 자립성이야말로 노예가 아니라 주인의 특성이기 때문

97) Henrich, D., 앞의 글, 219.
98) Henrich, D.(1978), "Hegels Logik der Reflexion: Neue Fassung", 307. 헨리히의 이러한 주장은 단순히 들뢰즈를 향하지 않는다. 그것은 헤겔 철학을 비판하는 데리다나 료타르에 대한 응답으로도 읽을 수 있다.
99) 강순전(2006), 『포스트구조주의의 헤겔 비판과 반비판』, 84.

에 "헤겔의 모순은 들뢰즈적 의미에서 노예의 논리가 아니라 주인의 논리"라는 것이다. 그는 "들뢰즈의 **차이**는 … 헤겔식으로 개념적으로 말하자면 **자기 관계적 부정성**과 같은 것이다."[100]라고까지 주장한다. 헤겔 철학에서 동일성이 구별보다는 먼저 발견되지만, 실제로는 부정성으로서의 관계성인바 구별이 논리적으로 선행하며, 따라서 동일성은 구별 운동을 통해 파생된 것이라는 것이다. 이렇게 자기 관계적 부정성의 주체적 역동성에 주목해 볼 경우 "헤겔은 들뢰즈가 말하는 **차이의 철학자**"라는 강순전의 주장을 과격한 것으로만 치부할 수는 없을 것이다.

들뢰즈의 입장에서 보면, 헤겔이 그의 비판을 보고 당황한 것만큼 받아들이기 어려운 헤겔일 것이다. 내가 여기에서 말하고 싶은 바는 자기 관계적 부정성에 대한 평가가 헤겔 연구자들 사이에서 일치하지 않는다 하더라도, 적어도 들뢰즈가 열거하고 있는 사변 철학의 부정의 특성에 대해서 동의할 연구자를 발견하기는 쉽지 않으리라는 것이다. 들뢰즈가 그리고 있는 헤겔은 동일성의 원리에 종속된 본질주의적 관념론자이고, 정－반－합이라는 형식적인 이중부정의 논리를 고수하는 자이다. 달리 말해서 "들뢰즈가 비판의 대상으로 삼은 헤겔은 (쇼펜하우어 이후로) 통속화된 헤겔상에서 벗어나지 않는다."[101] 그런데 이런 고집스러운 도그마에 빠진 철학자야말로 헤겔이 그의 철학을 통해 내내 비판하고자 한 대상이었다. 이 점에서 헤겔은 들뢰즈야말로 사변 철학에 대해 가짜 뉴스를 유포했다고 항변할 것임이 틀림없다.

---

100) 강순전, 앞의 책, 77. 들뢰즈의 차이 철학이 헤겔에서 크게 멀어지지 못한 것이라는 지적에 대해서는 문성원(2007), 『차이와 갈등에 대한 철학적 성찰』, 34－36 참조. 문성원에 따르면, 들뢰즈가 내세우는 내재성과 일의성 속의 차이는 어떤 의미에서건 같음을, 즉 하나의 틀을 전제하고 있고, 이런 점에서 들뢰즈의 차이 철학은, 그 발산적이고 해체 지향적인 반(反)목적론의 특성에도 불구하고 헤겔에서 벗어나지 못한 것이다.

101) 김성우(2022), 「들뢰즈의 헤겔에서 지젝의 헤겔로」, 129.

철학사에 관련해서 논점은 다음이 될 것이다. 헤겔의 사변 철학에서 부정이 품고 있는 계기(타자)들의 차이의 성격은 어떤 것인가? 동일성으로 귀환하는 차이의 매개의 강도는 어느 정도인가? 헤겔의 사변 철학에는 아무리 새로운 형태의 철학이 등장한다고 하더라도 원리적으로 단 하나의 철학만이 존재하지만, 이때 포섭되는 차이의 흡수 정도나 (동일성과의) 거리 간격을 두고서 계속해서 헤겔의 철학사는 논란의 중심에 서게 될 것이다. 내가 생각할 때, 헤겔의 철학사는 들뢰즈의 철학마저도 사변 철학 전체의 한 계기로 지양하려고 할 것이다. 헤겔에 따르면, 철학 전체의 발전 계열에서 최후에 등장하는 철학이 가장 먼저 나타난 철학보다는 우위에 있다. 왜냐하면 가장 최근에 나타난 철학은 이전의 온갖 철학들을 지양된 형태로 포함하고 있고 모든 이전 철학을 매개로 한 최종적인 생산적 결과물이기 때문에, 그 철학은 "그 자체가 전체 철학사의 거울"이기 때문이다.[102] 헤겔의 사변 철학은 아무리 이질적이고 즉자적인 차이도 개념을 통하지 않고서 어떻게 사유가 가능할 것이냐를 계속 문제 삼으면서, 들뢰즈의 철학을 포함하여 새롭게 등장하는 모든 새로운 철학을 철학 전체를 이루는 (최후의) 계기로 받아들일 준비가 되어 있고, 상호 인정의 맥락에서 악수를 건넬 것이다. 물론 이런 화해의 제스처가 더욱 역겹게 여겨질 것이므로 들뢰즈는 더욱 완강하게 이런 철학사의 흐름에 저항하겠지만 말이다. 앞으로 독일 철학사는, 아니 나아가 서양철학사는 이런 투쟁의 선상에서 전개되리라고 예상해 볼 수 있다.

102) Hegel, G. W. F., *VGP I*, 61.

# 참고문헌


강순전(2006), 『포스트구조주의의 헤겔 비판과 반비판』, 이학사.

강정민(2009), 「칸트와 철학사」, 『가톨릭 철학』 제13호, 한국가톨릭철학회.

김상봉(1999), 「독일관념론과 나르시시즘의 변천」, 『철학사와 철학: 한국철학의 패러다임 형성을 위하여』, 철학과현실사.

김성우(2022), 「들뢰즈의 헤겔에서 지젝의 헤겔로」, 『헤겔연구』 제52호, 한국헤겔학회.

문성원(2007), 『차이와 갈등에 대한 철학적 성찰』, 철학과현실사.

박술(2023), 「최근 독일어권에서 세계 철학사의 새로운 기획과 한국철학사 연구 전통의 변화」, 『한국사상사학』 제75호, 한국사상사학회.

박찬국(2012), 『들뢰즈의 『니체와 철학』 읽기』, 세창미디어.

신지영(2009), 「철학사에서 사라져버린 나머지 반쪽의 형이상학」, 『현상학과 현대철학』 제41호, 한국현상학회.

윤성우(2004), 「포스트구조주의에서의 헤겔 변증법 비판: 질 들뢰즈를 중심으로」, 『대동철학』 제24집, 대동철학회.

임홍빈(1999), 「헤겔의 사변적 철학 이념과 철학사의 문제」, 『철학사와 철학: 한국철학의 패러다임 형성을 위하여』, 철학과현실사.

전예완(2013), 「'바그너의 경우'를 통해서 본 니체 대(對) 헤겔」, 『헤겔연구』, 제33권, 한국헤겔학회.

조종화(2023), 「부정성과 차이: 헤겔과 들뢰즈의 철학을 중심으로」, 『근대철학』 제22집, 서양근대철학회.

차건희(2005), 「철학과 철학사」, 『대동철학』 제29집, 대동철학회.

Barnes, J.(1990), *The Toils of Scepticism*, Cambridge: Cambridge University Press.

Breazeale, D.(1975), "The Hegel–Nietzsche Problem", *Nietzsche–Studien*, Bd.4.

Deleuze, G.(2004), 『차이와 반복』, 김상환 옮김, 민음사.

(1998), 『니체와 철학』, 이경신 옮김, 민음사.

Düsing, K.(1983), *Hegel und die Geschichte der Philosohie*, Darmstadt: Wissenschaftliche Buchgesellschaft.

Forster, M. N.(1996), "Hegel on the Superiority of Ancient over Modern Skepticism", *Skeptizismus und spekulatives Denken in der Philosophie Hegels*, hrsg. von H. F. Fulda and R–P. Horstmann, Stuttgart: Klett–Cotta.

Hegel, G. W. F.(1969ff), *Theorie Werkausgabe in zwanzig Bänden*, Red. von E. Moldenhauer & K. M. Michel, Frankfurt am Main: Suhrkamp. (약칭: TW)

, *Verhältnis des Skeptizismus zur Philosophie. Dars–tellung seiner verschiedenen Modifikationen und Vergleichung des neuesten mit dem alten*, in *TW* 2. (약칭: VSP)

, *Phänomenologie des Geistes*, *TW* 3. (약칭: PhdG)

, *Wissenschaft der Logik* Ⅱ, *TW* 6. (약칭: WL Ⅱ)

, *Vorlesungen über die Philosophie der Geschichte*, *TW* 12. (약칭: VPG)

, *Vorlesungen über die Geschichte der Philosophie* Ⅰ, *TW* 18. (약칭: VGP Ⅰ)

, *Vorlesungen über die Geschichte der Philosophie* Ⅱ, *TW* 19. (약칭: VGP Ⅱ)

, *Vorlesungen über die Geschichte der Philosophie* Ⅲ, *TW* 20. (약칭: VGP Ⅲ)

Henrich, D.(1978), "Hegels Logik der Reflexion: Neue Fassung", *die Wissenschaft der Logik und die Logik der Reflexion*, hsrg. von D. Henrich, Hamburg: Felix Meiner.

(1976), "Hegels Grundoperation: Eine Einleitung in die Wissenschaft der Logik", in *Der Idealismus und seine Gegenwart: Festschrift für Werner Marx zum 65.*

*Geburtstag*, hrsg. von  U. Guzzoni , B. Rang/L. Siep, Hamburg: Felix Meiner.

Hirschberger, J.(1983), 『서양철학사(上)』, 강성위 옮김, 이문출판사.

(1987), 『서양철학사(下)』, 강성위 옮김, 이문출판사.

Kant, I.(1900ff.), *Gesammelte Schriften*, hrsg. von der (Königl.) Preußischen Akademie der Wissenschaften (ab Bd.23 von der Deutschen Akademie der Wissenschaften zu Berlin), Berlin: Georg Reimer/Walter de Grunter. (약칭: AA)

, *Über die von der Königl. Akademie der Wissenschaften zu Berlin für das Jahr 1791 ausgesetzte Preisfrage: Welches sind die wirklichen Fortschritte, die die Metaphysik seit Leibnizens und Wolffs Zeiten in Deutschland gemacht hat?*, in *AA* 20. (약칭: Fortschritte der Metaphysik)

(1998), *Kritik der reinen Vernunft*, Hamburg: Felix Meiner. (약칭: KdrV)

(2022), 『비판기 저작 Ⅱ (1795-1804)』, 정성관/배정호/홍우람/염승준/이진오/이상헌 옮김, 한길사.

Kaufmann, W.(1974), *Nietzsche: Philosopher, Psychologist, Antichrist*, Princet-on/New Jersey: Princeton University Press.

Kojève, A. V.(1981), 『역사와 현실 변증법: 헤겔 철학 입문』, 설헌영 옮김, 한벗.

Nietzsche, F.(1988), *Sämtliche Werke: Kritische Studienausgabe in 15 Bänden*, hrsg. von G. Colli/M. Montinari, München/Berlin/New York: Deutscher Taschenbuch. (약칭: KSA)

, *Morgenröte*, in *KSA* 3. (약칭: M)

, *Jenseits von Gut und Böse*, in *KSA* 5. (약칭: JGB)

, *Zur Genealogie der Moral*, in *KSA* 5. (약칭: GM)

Precht, R. D.(2018), 『세상을 알라: 고대와 중세철학』, 박종대 옮김, 열린책들.

(2018), 『너 자신을 알라: 르네상스에서 독일관념론까지』, 박종대 옮김, 열린책들.

(2024), 『너 자신이 되어라: 헤겔 이후부터 세기 전환기 철학까지』, 박종대 옮김, 열린책들.

Sextus Empiricus(1933), *Outlines of Pyrrhonism*, translated by R. G. Bury, Cambridge, MA: Harvard University Press.

Störig, H-J.(2008), 『세계철학사』, 박민수 옮김, 이룸.

Williams, R. R.(2001), "Hegel and Nietzsche: Recognition and Master/Slave", *Philosophy Today*, Bd.45(5).
Zimmerman, R. L.(1968), "On Nietzsche", *Philosophy and Phenomenological Research*, Bd.29(2).

# 프랑스 철학계는 세계철학사를 어떻게 적었는가?
## : 쿠쟁을 중심으로

손영창

## 1. 들어가며

프랑스 철학을 규정하고자 할 때, 이 철학의 경계를 어디까지로 한정해야 하는지에 관한 질문이 제기될 수 있다. 가령 독일철학을 논할 때, 독일이라는 한 국가의 영토로 한정해서 논의하는 것이 일반적이다. 하지만 프랑스 철학을 단지 프랑스의 영토에 한정하기에는 한계가 있다. 프랑스 문화와 연결해서 살펴보면, 프랑스 가까이의 벨기에부터 남아메리카의 귀얀, 그리고 북아메리카의 퀘벡과 아프리카대륙까지 다양하며, 각 대륙에 다양한 프랑스어 철학회가 있으며, 특히 캐나다의 프랑스어 철학학회는 현대 프랑스 철학의 주요한 주제를 다루는 등 활발히 활동하고 있다. 이처럼 프랑스 철학과 문화는 세계의 다양한 지역에 영향력을 미치고 있다. 이러다 보니, 프랑스 정부는 지역마다 존재하는 문화적 다양성을 존중하면서도, 공화국의 이념 아래 통일성을 유지하고자 한다. 특히 프랑스의 공화주의는 단일 공화국 내의 시민들은 동등한 권리와 의무를 지니고 있다는 점에서 평등을 전제로 하면서, 동시에 구성원들의 인종, 종교, 문화적 배경에 앞서 시민권을 강조하기에 이들을 동일한 국가적 통일성이나 문화적 정체성을 심어주는 것이 중요하다. 이런 이유로, 프랑스 정부는 통일된 역사와 기억을 유지하기 위해서 철학 교육에도 큰 관심을 기울였다. 그렇기에 문화적 정체성의 측면에서 프랑스의 철학교육은 대학 내에만 머무는 것이 아니라 교육제도 내에서 영향을 미치고 있다.[1] 그런데 철학을 프랑스 문화의 정체성을 위해서 제도화하는 것은 제국의 운영이라는 정치적 목적과 연결되어 있기에 언제나 위험성을 내포하고 있다. 이로 인해, 철학자들은 국가 철학의 형태를 띠는 철학적 경향에는 매우 비판적이다.

프랑스의 이런 문제 상황과 다르게 우리에게 프랑스 철학은 주로 현대 프랑스 철학자들을 통해서 소개되었다. 이런 이유로, 우리에게 프랑스 철학은 대개는 이질성과 차이의 철학으로 여겨진다. 특히 우리의 주제와 연결된 철학사 혹은 역사철학을 살펴볼 때, 대표적으로 푸코(M. Foucault)의 역사철학과 철학사에 대한 게루(M. Gueroult)의 비판적 성찰을 떠올려 볼 수 있다. 게루는 헤겔의 철학사 혹은 관념사로서의 철학사를 체계화하려고 했다는 점에서 전통적인 철학적 입장을 취했다.[2] 이에 반해 푸코는 기존의 역사철학이 주로 역사적 주체나 역사적 이성이 자신을 전개해 나가는 관점과 다르게, 각 역사적 시기마다 존재해

---

1) 1937년에 설립된 프랑스어권 철학학회의 창립을 기념하여서 열렸으며, 그 이후에 학술대회는 루뱅, 스위스 퀘벡, 코티부와르, 그리스 등에서 개최되었다.
2) 게루의 철학사 연구는 대표적인 것이 Gueroult, M.(1984), *Dianoématique, histoire de l'histoire de la philosophie*, Paris, Aubier-Montaigne이고, Gueroult, M.(1956). <Le problème de la légitimité de l'histoire de la philosophie>, dans *La philosophie de l'histoire de la philosophie*, Paris, Vrin, 45-68 역시 기념비적 연구라 하겠다.

왔던 시대의 에피스테메(Episteme)를 찾는 작업에 집중하면서 연속성보다 단절과 비동일성을 강조했다. 우리는 이와 관련된 연구를 『말과 사물』에서 읽을 수 있다[3]. 특히 이 책이 출간되었던 시기에 프랑스의 지적상황은 헤겔철학의 강력한 영향 아래 있었다. 코제브(A. Kojève)는 주—노 변증법 개념을 중심으로 헤겔철학을 학계에 알리면서, 기존에 없던 철학적 분위기를 만들어 내고 있었고 당연하지만 헤겔의 역사철학도 이런 분위기에서 관심의 대상이 되었다. 이렇게 헤겔철학이 강력한 영향력을 발휘하던 시기에 푸코의 철학은 새로운 철학적 방향을 제시했다.[4] 말하자면 푸코는 역사적 이성이나 역사적 주체를 더이상 전제하지 않고서, 역사의 다양한 담론들의 층위에서 생긴 개념과 지식들의 분산과 연결을 고고학적으로 탐구하면서 기존의 역사적 주체를 에피스트메로 대체한다. 이 에피스테메 개념은 담론의 이질적 요소들이 모여서 한 시대의 역사적 층위를 만들어 내는 것으로 푸코의 박사학위 논문인 『말과 사물』의 중심개념이다. 하지만 푸코의 이런 역사관도 유럽적 문제의식에서 시작했기에, 유럽의 역사를 비판적으로 검토하는 수준에 머물러 있다. 말하자면 그의 연구는 세계의 다른 문화권이나 다른 대륙에서 일어난 철학적 문제에 대해서는 상대적으로 관심이 덜할 수밖에 없는 한계를 갖고 있다.

이에 반해서 오늘 우리가 다루게 될 쿠쟁(V. Cousin)은 프랑스 혁명기를 거치면서, 그 시대의 다른 사상가들처럼 사상적 진공을 경험하게 된다. 기존의 앙시앵 레짐에서 가르쳤던 철학과 종교들은 혁명 이후에 새로운 철학으로 대체되어야 했다. 하지만 이 시기에 철학자들은 기존 철학 이론들처럼 단단한 이론 체계를 만들기보다 다양한 지식을 소개하

3) Foucault, M.(2012), 『말과 사물』.
4) Eribon, D.(2012), 『미셸 푸코, 1926~1984』.

는 백과사전적 수준이었거나 아니면 감각론에 기반한 인식론적 이론을 주로 발전시키는 정도였다.

이 시기에 쿠쟁은 철학을 당대의 사회적 문제에 대한 직접적인 대안을 제시하는 방식으로 현실 정치에 뛰어들기보다 오히려 철학을 철학사로서 재규정하면서 새로운 방식의 철학함을 제시하면서 혼란한 시대에 프랑스 철학의 기틀을 마련했다.

물론 이런 쿠쟁의 학문적 방식은 새로운 사상체계를 정립한 것은 아니지만 일정 정도 사회정치적 요구를 반영하고 있다. 철학이 제도화되기 위해서는 철학 이론을 가르치기보다 소위 승인된 철학과 철학사를 선별하고 확립하는 과정이 우선해야 한다. 이를 위해 쿠쟁은 철학의 역사론(historiography)을 확립하면서 철학의 교육과정을 제도화하고자 한다. 하지만 다양한 시대의 철학 이론을 하나의 일관된 관점에서 조망하고 기술하는 것에는 분명 한계가 있다. 쿠쟁은 철학사의 구분방식에 대해서 자신의 방법론 자체를 근거 짓지 않았지만, 그럼에도 예시적으로 다양한 철학이론의 분류과정을 보여줌으로써 철학 이론의 연속적 발전과 통합적 관점에서 파악할 수 있게 했다. 그러나 다양한 철학 사유를 이렇게 연속성과 통일성의 관점에서 해석하면서 그것들 사이의 변화와 단절을 제대로 밝히지 못한 한계를 지니고 있다. 물론 그는 기존의 서양철학에 한정되었던 내용에 인도철학에 대한 내용을 넣음으로써 이후의 어느 시대의 철학사 연구보다 더 포괄적인 내용을 담았다. 또 프랑스에서 철학사의 중요한 기틀을 낳았다. 그렇다면 이러한 점에서 우리는 그의 기여를 높이 평가할 수 있겠다.

## 2. 프랑스 혁명과 철학사의 요구

쿠쟁 이전의 프랑스 철학자, 혹은 프랑스어로 글을 쓴 철학자들은 철학을 전개한 방식에서 철학사를 참고하지 않고서 자신의 철학 이론을 펼쳤다. 이들은 주로 과학적 성찰이나 논증적 절차에 의존했으며, 철학사와 무관하게 자신의 이론을 구성하고자 했다. 물론 기존 철학자들도 논쟁을 하면서 앞선 철학자들과 그들의 사상을 참조하는 경우도 있다. 이를테면 데카르트는 '『성찰』에서 자신에 대한 반박'을 제시하면서 교회 철학의 중요성을 언급하였으며, 라이프니츠도 『변신론』의 관점에서 로크의 철학을 비판한다. 하지만 이런 다양한 시도들은 철학을 역사적 관점에서 비판하고 논증하는 것이 아니라 하나의 이론 체계 내에서 다른 이론과의 차이를 비교하는 정도에 머물러 있다. 말하자면 쿠쟁 이전의, 정확히는 프랑스 혁명 이전의 프랑스 철학자들은 국가적 정체성이라는 자신의 조건에 대해서는 역사적 의식이 약했다. 이 때문에 철학자들은 철학을 역사철학적 관점에서 체계화하기보다 개별철학 이론에 만족한다. 말하자면 혁명 이전에 철학을 통시적으로 사상사 혹은 이론사로서 반성의 대상으로 다루지는 않았다. 이는 1789년 혁명 이전의 프랑스의 철학은 그 자체로 역사의 참조 없이도 충분히 존재할 수 있었기 때문이다.

그렇다면 프랑스 혁명 이후에는 왜 철학사에 대한 새로운 이해가 필요했을까? 혁명 이후에, 권력을 행사하는 자들(기득권세력)과 변혁을 열망하는 그들의 반대자들(혁명세력 또는 개혁세력)은 때때로 극심한 정치적 투쟁과 권력 쟁탈을 거치면서 어느 한 정파나 세력이 사상적 헤게모니를 완전히 장악할 수 없는 상황이었다. 그 때문에 이 시대의 사상가들은 어느 한 정파의 사상가일 뿐 시대를 통합한 사상가로서 받아들여지지 않았다. 같은 이유에서 프랑스 사회는 사상적 진공 혹은 사상적 합의의 부재 속에 빠져 있었으며, 다양한 정치 세력들이 자신을 정당화하기 위해서 사상적 정통성을 필요로 했다. 특히 프랑스 혁명이 발발하면서, 앙시앵 레짐의 이념들은 그대로 수용될 수 없었기에, 그 이념들을 가르쳤던 교육 기관들도 위기에 처하게 된다. 이것은 분명 교육의 역사적 전통성이나 사상적 통합에 있어 큰 문제였다. 물론 혁명 이후에 들어선 나폴레옹 정부는 새로운 교육기관과 교육내용을 확립하기 위해서 다양한 노력을 기울였다. 이를테면 나폴레옹 정부는 대학을 혁신하고, 에콜 노르말 등의 여러 고등교육기관과 중등교육기관을 설립했다. 하지만, 이 정부는 아직 공인된 철학을 만들어내지는 못했고, 라틴어와 수사학과 같은 학교 교육의 기초과정을 제공하는 정도로 만족했다.[5]

이런 혼란의 시대에 프랑스의 새로운 철학교육과 연구의 방향을 제시한 이가 빅토르 쿠쟁이다. 쿠쟁은 사람들이 기존의 교회 철학의 이데올로기적 유산을 없애고 싶어 한다는 것을 잘 알고 있었다. 특히 그는 혁명세력이나 나폴레옹 정부뿐 아니라 자유주의자들도 성직자에게 전적으로 복종하는 철학을 원하지 않는다는 상황을 잘 알고 있었다. 당시의 해결책은 1811년 소르본 대학에서 철학 교수로 임명된 루아이에－콜라르(P. P. Royer Collard)가 제안한 교과목과 교과과정의 개편이었다. 하지만 이 시대의 철학 교수는 앙시앵 레짐에서 가르치던 교과 내용을 가르칠 수 없었기에, 새로운 철학을 갑자기 가르쳐야 하는 압력에 시달렸으며, 자유주의자, 계몽주의자(백과사전학파 및 혁명세력)의 요구를 적절히 충족시킬 철학 내용을 찾고자 노력했지만 쉽지는 않았다. 이 시기의

---

5) Moreau, P.－F.(2019), “Victor Cousin, la philosophie et son histoire”, 12.

혼란에 대해서는 텐너(H. Taine)가 다음과 같이 말한다. 루아이에－콜라르는 "자신이 모르는 과목을 가르쳐야 하는 절박한 상황에 처해 있었으며, 이 과정에서 우연히 스코틀랜드 철학을 접하게 되었다."[6] 그는 자신의 고유한 학설을 갖고 있지 않았기에, 정치적으로 중립적인 기존의 학설을 가르쳐야 하는 상황에 직면했다. 이때 우연히 발견한 것이 스코틀랜드의 리드(T. Reid)의 철학이었다.[7]

1815년 루아이에－콜라르의 자리를 물려받은 쿠쟁은 독일철학에서 새로운 영감을 받았고, 독일 철학계와 교류하면서 자신의 시대에 필요한 철학을 정립하고자 한다.[8] 하지만 그의 시도는 많은 지지와 함께, 교회와 정부 당국의 불안도 야기했다. 1821년 나폴레옹의 죽음과 함께 왕당파들이 권력을 되찾자 쿠쟁의 노력은 중단되었다.[9] 더욱이 얼마 지나지 않아, 그는 독일을 여행하는 중에 드레스덴에서 체포되어 감옥에 갇히는 위험에 빠지게 되었다. 이 시기에 왕당파는 쿠쟁을 불온한 사상가로 보았기에, 가능하면 그의 귀국을 지연시키고자 했다. 그는 프랑스로 돌아와서 7월 혁명 이후에 교육계의 권력을 행사한다. 그럼에도 그는 독일에 거주하면서 체험한 다양한 철학적 사조를 프랑스에 적용하고

---

6) Taine, H.(1857) "M. Royer－Collard", in *Les philosophes classiques du XIXe siècle en France*, Ch.II. 텐너는 루아이에－콜라르가 새로운 철학을 가르쳐야 하는 상황에 대해서 다음과 같이 말한다. 어느 날 콜라르는 헌책방의 진열대에서 로마역사와 요리 관련 연감들과 같은 책들이 진열되어 있는 선반에서 아주 낡고 오래된 외국 서적을 발견한다. 그 책이 바로 리드의 책이었다. 텐너는 콜라르가 발견한 이 책에 대해서 "바람 외에는 어느 누구도 넘긴 적이 없을 정도로" 낡은 책이었다고 말한다. 이렇게 우연히 만난 책이 1800년대의 프랑스의 강단철학에 중요한 영향을 미치게 된다.

7) Moreau, P.－F., 앞의 글, 20.

8) 1815－1820년 사이에 쿠쟁은 대학 교과과정에 '철학사'라는 분야(la 'discipline' <histoire de la philosophie>)를 도입한다.

9) 이 시기에 쿠쟁은 대학 강의를 중단할 수밖에 없었다. 이후에 그는 온건파로서 다시금 대학에 복귀해서 강의를 재개한다.

자 한다. 사람들은 그가 독일에서 스피노자와 헤겔의 범신론을 영향을 받았다고 하여 반기독교주의자로 의심을 하면서 비판한다.[10] 특히 그가 교수와 교육부 장관을 거치는 와중에도 성직자들은 지속적으로 공격했다. 이들의 주장은 독일의 관념론이 신성을 피조물 속에 용해시켜서 외형적으로는 범신론이지만 실제적으로는 무신론으로 프랑스 국민을 현혹하고 있다고 보았다. 이런 상황에서 쿠쟁은 적대자로부터 자신을 방어할 수 있는 방법이 두 가지뿐이라는 사실을 깨닫게 된다.[11] 첫 번째는 매우 독창적인 자신만의 철학을 만드는 것이었다. 하지만 쿠쟁은 그의 동료들의 기대와는 달리 이를 실행하지 않거나 사실상 실행할 수가 없었다. 두 번째는 관념론과 경험론을 적절히 조화를 이루는 것이었다. 그래서 그는 절충주의라는 입장을 취한다.

무엇보다는 쿠쟁은 절충주의[12]를 관념의 차원만이 아니라 철학의 교과과정에도 적용하고자 한다. 이런 그의 시도는 철학을 대학과 중등교육 기관에 안착시켜 제도화하는 결과를 낳는다. 쿠쟁과 그의 제자들은 이런 절충주의적 입장을 취하였기에, 한편으로는 유물론 사상가들과 사회주의자들이 주장하는 사회 변혁적 사상의 공격에 대해서 대응해야 했으며, 다른 한편으로는 국가와 교회의 기초를 훼손했다고 비난하는 성직자들의 공격으로부터 철학(제도로서의 교육과 이론의 독립성)을 지켜내

10) 7월 혁명은 입헌군주제로의 변화를 의미하는데, 쿠쟁의 제자인 다미존은 이 시절에 교회권력이 복권되면서 생겨난 많은 변화 가운데서 스피노자와 독일 관념론이 범신론적으로 해석된다는 것에 별 관심이 없었다. 쿠쟁은 이것은 향후 자신에게 심대한 위험이 될 수 있음을 깨달았다(Cotten, J. P.(1980), *la constitution de l'histoire de la philosophie en France au XIXe siècle*, 54).

11) Moreau, P.-F., 앞의 글, 59 참조.

12) 쿠쟁에게 절충주의는 당시에 프랑스에 퍼져 있던 감각주의와 독일의 관념론을 절충하려는 시도를 의미한다. 하지만 콩디약의 감각론에 반대해서 새로운 경험론 이론을 제시하려는 의도가 담겨 있다.

야 하는 이중적 과제에 직면하게 된다.[13] 이를 위해 그는 직접적으로 자신의 주장을 말하기보다 '역사로서 철학을 가르치는 방식'을 채택한다. 이때부터 프랑스에서 철학교육은 철학사에 대한 교육과 같은 것으로 여겨지게 된다. 이렇게 철학의 역사 서술이 중요한 위치를 차지하게 되면서, 철학사는 이제 철학의 곁가지가 아니라, 오히려 철학을 구성하는 중심축이 된다.

위에서 논했듯이 쿠쟁의 철학사에 관한 관심은 한편으로 당대의 역사적 조건에 기인한다. 즉, 그 시대의 상황이 극단적인 정치 진영의 대립과 반목으로 인해 어느 사상을 절대적으로 지지하기 힘들었기에, 철학을 역사적으로 정리하는 것에 중요성을 두는 것이 당연한 처사였다.[14] 하지만 전기적 관점에서 보자면, 그의 철학사에 관한 관심은 독일여행에서 기인한 결과다.[15] 쿠쟁은 독일을 여행하면서 독일 낭만주의자들과

---

13) Moreau, P.－F., 앞의 글, 60.

14) 쿠쟁의 사상을 이해하기 위해서는 당대의 역사적 조건을 살펴보아야 한다. 1789년 프랑스 혁명 이후, 나폴레옹이 정권을 장악하고 이후에 황제가 되지만, 나폴레옹은 1815년 워털루 전투에서 패배한 뒤에 몰락한다. 그 뒤 1815년에 루이 18세가 온건하게 통치하고, 샤를 10세에게 왕위를 물려주게 되는데 샤를 10세는 혁명 이전의 왕처럼 절대 왕정을 펼치려 하다가 시민들의 반발로 쫓겨나게 된다. 이것이 1830년 7월 시민혁명이며, 이 혁명으로 부르봉 왕정이 무너진다. 1830년에 루이 필립 1세가 입헌군주정으로 국왕이 되지만, 1848년에 2월 혁명으로 7월에 왕정 자체가 무너진다. 1848년 4월 제헌의회가 성립되고 12월에 보편선거로 대통령 직선제가 치러져 나폴레옹 3세가 선출되지만, 1871년 프로이센과 전쟁으로 인해 민중들이 봉기하여 파리코뮌을 조직한다. 그러나 결국 처참한 말로를 겪게 된다. 1789년부터 근 백 년간 프랑스는 왕당파의 왕정 복귀의 시도와 부르주아, 노동자들, 자유주의자들의 급진적인 정치적 요구 사이에서 극심한 사회적 혼란을 겪게 된다. 이런 혼란을 염두에 두면 쿠쟁이 취한 철학적, 정치적인 입장이 이해가 될 수 있다.

15) 마담 스텔의 영향으로 프랑스 지식인들은 독일을 '관념적이고 미학적이며 순수한 사상의 나라'로 보는 경향이 생기게 되었다. 이런 인식에 대한 마담 스텔의 대표적인 언급은 다음과 같다. "독일에는 반성으로 향하는 그런 경향이 있고, 독일 국가는 이런 경향으로 인해 탁월한 의미에서 형이상학적 나라로

독일 관념론자들을 만났으며 특히 헤겔의 철학사에서 많은 영감을 받았다.[16] 이런 점에서 쿠쟁의 철학사는 독일에서 유래한 사상사를 수입하여 프랑스에 이식한 것이라 할 수 있다. 그런데 그는 헤겔의 철학사를 단순히 수용한 것이 아니라 자기의 방식으로 전유한다. 이를테면 사상사의 활용(혹은 오용)에서 쿠쟁은 역사의 모든 시기에 철학사적 주체를 전제하고서, 이 주체가 어떻게 개인의 발달처럼 철학적 인식의 발전을 이뤄가는지를 해명하고자 한다. 따라서 각 철학이론은 역사적 주체의 발전 단계에 따라 다시금 정리된다.

이를테면 최초의 철학은 외부 세계에 주의를 기울였다면, 그 다음으로 내면으로 주의를 돌렸고, 이어지는 단계에서는 선행하는 단계의 철학의 진리주장을 의심하면서, 회의주의가 발흥하게 된다. 그리고 회의주의를 극복하고자 철학자들은 존재와 인식의 일치를 추구하는 신비주의적 신앙을 수용하게 된다. 쿠쟁에 따르면 이런 방식으로 철학사는 전개된다. 이처럼 철학은 인간 정신의 발전과 서로 조응해서 발전하게 된다. 이런 발전을 사상의 유형으로 보자면, 감각주의, 관념주의, 회의주의, 신비주의로 정리할 수 있다. 철학사를 전체에서 살펴보자면, 철학 자체는 어떤 의미에서 전혀 새로운 것이 없다. 각 철학은 이런 유형의 체계들이 시대마다 다양하게 변화되어 발전하는 변주에 불과하다.

> "[철학사는] … 이들 체계 각각에서 무엇이 진실인지를 끌어내고, 그것들로부터 모든 체계보다 우월한 철학을 구성하여 모든 체계를 지배함으로써 모든 체계를 지배하며, 더 이상 이런 철학이나 저런

---

여겨질 수 있다."(Staël, Mme de(1968), *De l'Allemagne*, Paris, 141).

16) Gérard A.(1998), "Le grand homme et la conception de l'histoire au XIXe siècle", 38.

철학이 아니라 본질과 통일성 면에서 철학 그 자체가 된다."[17]

쿠쟁은 철학을 제도화하면서 온건함과 공정성이 주도하는 절충주의의 태도를 취하였기에 언제나 당대성보다는 지나간 이론을 정리하는 것에서 철학의 의의를 찾았다. 나아가 쿠쟁은 철학사를 기존 철학의 한 분야로 보는 것이 아니라 다양한 철학의 통일된 체계로서 규정하여, 기존의 다양한 철학이론을 하나의 통일된 전체 속에서 정리한다는 점에서 철학에 대한 철학적 이해, 즉 메타 철학적 접근으로 이해한다.[18] 또 이런 쿠쟁의 영향으로 인해, 프랑스에서 철학교육은 언제나 철학사교육을 근간으로 하고 있다. 즉, 철학자가 되려면 우선 철학사가의 소양이 반드시 요구된다.

실질적으로 쿠쟁의 교육정책에 의해 철학 교수자격시험(agregation)이 교육과정에 도입되었을 때, 관련한 시험문제는 철학사에 대한 문제로 방향 지어졌다. 철학 연구자가 되거나 철학교육을 담당하려는 대부분의 학생이 이 시험을 보았기에 철학사에 대한 지식뿐 아니라 철학사로부터 철학을 이해하고 해석하려는 태도는 프랑스에서는 너무나 당연한 것으로 받아들여지게 되었다. 따라서 철학은 이제 단순한 이론 체계가 아니

---

17) 우리는 텐느만의 철학사에서 그것을 읽을 수 있으며, 특히 이 책에 나오는 쿠쟁의 서언에서 그것을 읽을 수 있다. (Cousin, V., Préface de Cousin à la traduction de Tennemann, in *Manuel de l'histoire de la philosophie de Tennemann*, V(https://gallica.bnf.fr/ark:/12148/bpt6k201012r/f9.item#, 검색일자: 2025. 05. 20)).

18) 쿠쟁은 "직접적인 장관직 외에도 자신의 제자들을 배치하고 교과서 및 교육과정 전반을 철저히 통제함으로써, '국가 철학자'로서의 역할을 수행"했다고 볼 수 있다(Moreau, P.－F., 앞의 글, 64). 말하자면 쿠쟁은 1832년을 기점으로 하여 왕립 교육평의회의 주도자였으며, 철학교육의 설계자였고, 다양한 고등교육기관의 인사·검열권을 행사하는 중심인물로서 프랑스 교육정책에 절대적 영향력을 행사했다.

라, 자기 자신의 과거와 대화로 나타난다. 철학함을 시도할 때, 우리는 언제나 현재의 철학적 문제를 과거로부터 가져와서 해석하고 이해하는 것이 중요한 문제가 된다.

> "… 이 철학[절충주의]은 마치 새로운 역할을 맡게 될 것 같다. 겉보기에는 가장 겸손해 보이지만 실제로는 가장 훌륭하고 위대한 존재, 모든 체계에 대해 정의를 제공했으며 어떤 체계에도 속하지 않는 것으로서 존재한다. 이 철학은 그들 모두[철학자들]를 연구하고서, 그중 하나만 따르는 것이 아니라, 그들 모두를 자신의 깃발 아래 모으고, 진실을 추구하고 정복하기 위해 선두에 서서 행진하는 것이다. 이 철학은 어떤 체계도 거부하지 않았으며, 또한 어떤 것도 온전히 받아들이지 않는다는 주장이며, 이것을 무시하고 저것을 취하지 않는다는 주장이고, 모든 것에서 진실하고 좋은 것으로 보이는 것, 따라서 지속 가능한 것으로 보이는 것을 선택한다는 주장으로서, 이것이 바로 절충주의(l'éclectisme)다."[19]

사실 절충주의 철학은 기존의 철학을 절충한다는 점에서 이미 철학사를 전제로 하고 있다. 이 때문인지, 쿠쟁과 그의 제자들은 철학적 저작에 대한 관심이 지대했다. 먼저 쿠쟁 자신이 데카르트를 편집하고 플라톤을 번역했으며, 그의 동료와 제자들인 바르텔레미-생-틸레르(Barthélémy-Saint-Hilaire)는 아리스토텔레스를 번역했고, 자크(A. Jacques)는 라이프니츠를 편집했고, 세세(Saisset)는 스피노자를 번역했다.[20] 철

---

19) Tennemann, W. G., *le Manuel de l'histoire de la philosophie*, XII-XIII.(https://gallica.bnf.fr/ark:/12148/bpt6k201012r/f9.item#, 검색일자: 2025. 05. 20).

학 텍스트에 대한 이러한 번역 및 편집은 철학의 문제를 철학사에서 해결책을 찾고자 할 때 필요한 지침서의 역할을 했으며, 이런 점에서 철학 연구에 있어 기존 철학자의 이해는 필수적이라 하겠다.

데카르트도, 라이프니츠도, 스피노자도, 디드로도 선배들의 텍스트를 편집할 필요성을 느끼지 않았지만, 쿠쟁은 본인이 철학사에서 주요한 철학자를 번역했으며, 그의 동료와 제자들도 주요 철학자들의 저서를 번역함으로써 철학적 논증을 전개해갔다. 하지만, 후대에 연구자들은 데카르트 저작에 대한 쿠쟁의 편집보다 아담(C. Adam)과 태너리(P. Tannery)의 편집을 학문적으로 더 인정했으며, 쿠쟁 제자들의 번역도 마찬가지의 운명을 겪게 된다.[21] 이것은 교육적인 열정보다 서지적인 정확성과 확실성이 더 중하게 여겨진다는 것을 의미한다. 그럼에도 쿠쟁과 그의 제자들이 이후에도 철학사의 중심적 철학자들을 선별하고 정리해서, 하나의 승인된 철학사를 확립했다는 점에서 그들의 역사적 중요성을 인정해야 한다. 이런 철학사 연구의 필요성으로 인해 1820년대 이래로 프랑스의 철학 연구자들은 주요한 철학자의 작품을 출판해야 한다는 의무감을 느끼는 경우가 많았다.[22]

특히 19세기 전반 (그리고 그 후 얼마 동안은 다양한 변형이 있었지만) 철학자의 일반적인 경로를 살펴보면, 이 시대의 철학 연구자들은 에콜 노르말에서 쿠쟁과 그의 후계자들의 강의를 듣고, 이들이 심사위원장으로 관장하는 철학 교수자격시험을 치러야 했다. 그리고 이 과정에서 제도적으로 도덕 및 정치 과학 아카데미의 철학 시험에 원고를 제출하는 경

---

20) 세세의 번역에 대한 서지사항은 다음과 같다. Spinoza, B.(1842), Œuvres, É. Saisset (trad.), Paris, Charpentier, 1842, 2 vol.

21) 이는 델보스, 질송, 게루의 업적이다.

22) 당시 철학책의 출판은 전문연구자와 비연구자의 경계를 정하는 수단으로 사용되었다.

우도 있었다.[23] 쿠쟁과 그의 제자들은 유물론이거나 감각주의의 저자를 꺼려했기에, 자신의 관념체계에 부합하는 사상을 다루고자 했다.[24] 특히 쿠쟁의 관점에서 보자면, 철학 이론들은 언제나 고대로부터 근대에 이르기까지 어떤 연속성을 가지고 있다. 철학의 역사를 통해 철학을 읽는 이러한 정신, 사상의 역사를 정신사적 주체나 이런 주체의 정신으로 환원하려는 시도는 관념론적 전통이 강한 프랑스에서 현재까지 상당 부분 유지되고 있다.

정리하면 앙시앵 레짐하의 교육과 비교해 보면, 쿠쟁의 역할은 한편에서는 종교에 기반을 둔 철학교육이나 철학 사조와의 단절하는 것이었고, 새로운 철학연구방식(철학사 중심의 연구)을 확립했다는 것이다. 이런 쿠쟁의 철학적 기여는 무엇보다 철학의 전반적 흐름을 정리하고 질서를 잡았다는 점에서 그 의의가 있다고 하겠다. 하지만, 철학을 승인된 철학 사상과 그렇지 않은 것으로 이원화했다는 점에서 철학적 사유의 다양성을 약화시킨 부분도 분명히 있다. 현재에는 프랑스 철학에서 쿠쟁의 영향력에 대한 관심과 비판은 확실히 사라져 가고 있지만, 지금까지도 여

23) 1833년의 철학교사자격시험의 첫 시험문제는 아리스토텔레스의 형이상학에 대한 비판적으로 검토하는 것이다. 문제 지침은 1. 분석을 통해 저작을 파악하게 할 것, 2 이 저작의 영향사를 고대에서부터 현재까지 체계적으로 이해하게 할 것, 3. 이 저작에서 나오는 문제점을 탐구하고 분석하여 어떤 개념이 우리 시대까지 존속하는지를 파악하는 것으로 요약될 수 있다(*Mémoires de l'Académie royale des sciences morales et politiques*, Firmin Didot, t. II, 2e série, 1839, CCXXV. Moreau, P.-F., 앞의 글, 62에서 재인용).

24) "쿠쟁과 이어지는 빌맹은 같은 흐름을 따른다. 쿠쟁이 지배하는 왕립교육평의회, 브로이유의 표현을 빌리면 그는 '철학의 작은 교황'이었다."라고 말한다. Trénard, L.(1965), "L'enseignement sous la Monarchie de Juillet", 127. 이 구절은 1830년대 후반부터 쿠쟁이 '왕립교육평의회(Conseil royal de l'Instruction publique)'를 실질적으로 장악하고 있었음을 보여준다. 이 평의회는 당시 프랑스 교육정책의 중심 기관으로, 이를 통해 쿠쟁은 사실상 프랑스 교육제도의 실질적 통제권을 행사한 셈이라 하겠다.

전히 그가 세워놓은 철학의 제도화(대학 내의 교육과정)는 영향력을 발휘하고 있다고 하겠다. 프랑스에서 철학자가 자신의 이론을 펼치기 위해서는 자신 이전에 여러 입장을 거친 후에야 자신의 독창적 철학이론을 제시할 수 있으며, 그럴 때에야 비로소 그는 정당하게 철학적 지식의 경지에 도달했다고 인정받곤 한다. 우리는 그 대표적인 예로 들뢰즈나 데리다와 같은 이들을 생각해 볼 수 있다.

## 3. 쿠쟁의 철학사 분석

### 3.1. 철학사의 유형론

앞에서 언급했지만, 쿠쟁은 역사 속에서 철학의 유형을 네 가지(감각주의, 관념론, 회의주의, 신비주의)로 구분한다. 우리는 간단히 고대 그리스 철학에서 나오는 유형의 형태를 살펴보고, 이들 유형 간의 유기적 관계를 철학사적 주체의 정신적 발전의 형태로 추적해 볼 것이다. 그리고 그것이 유럽 외에 아시아권에 어떻게 적용되는지를 살펴볼 것이다.

일차적으로 쿠쟁의 철학의 유형학은 고대 그리스 철학에서 헬레니즘으로 이어지는 철학사와 연결되지만, 지면의 관계로 간단히 고대 그리스 철학을 살펴보는 정도에서 만족하고자 한다. 쿠쟁에 따르면, 철학적 사유는 감각주의로 시작해서 관념론으로 발전하고 이어서 회의주의에 직면하게 된다. 고대 그리스도 마찬가지로 감각주의의 발흥에서 시작하는데, 대표적인 예가 바로 이오니아학파, 즉 탈레스, 아낙시만드로스 등의 철학자들이다. 이들은 우주를 이루는 구성 요소와 그 원리를 자연에 찾고자 했으며, 물, 공기 등등 감각 가능한 사물을 실재의 원리로 보았다. 그리고 원자론자들이 생기면서 "감각적으로 인식되는 물질세계를 원자라는 불가분의 물질로 설명하며 감각주의를 극단적으로 밀고 나가게 된다."[25)]

이어서 나오는 것이 관념론인데, 대표적인 학파는 피타고라스학파와 엘레아학파다. 이들은 앞의 원자론자나 이오니아학파와 달리 추상적인 존재, 즉 수와 조화를 통해 세계를 설명하고자 한다. 이는 우주와 세계의 원리를 감각적 단계에서 감각을 초월한 형이상학적 원리로 설명하고자 한다는 점에서 한 차원 발전된 단계라 하겠다. 쿠쟁은 여기서 관념론의 시원을 본다. 그리고 좀 더 극단적으로 관념론을 완성한 학파로는 엘레아 학파의 파르메니데스가 있으며, 이 학파는 "감각의 세계를 불신하고 이성적 직관을 강조"한다.[26)] 이런 관념론에 반대해서 나오는 것이 바로 회의주의자들인 소피스트들이다.

이런 방식으로 쿠쟁은 서구의 철학을 그 발전을 유형화한다. 하지만 그의 철학사의 유형적 구분은 인간 정신의 순차적 발전과도 일정 정도 상응한다. 인간은 이 세계에 살아가면서 일차적으로 외부 세계를 감각으로부터 받아들이고, 이렇게 받아들인 감각 지식을 가장 확실한 것으로 이해한다. 이런 감각 지식에 대한 확신에 기반한 사유가 바로 '감각주의'(sensualisme)다.[27)] 감각주의는 우리의 모든 지식, 모든 관념은 감각에서 유래하며, 의식 속의 현상 중 단 하나도 이 기원을 피할 수 없다고 주장한다. 따라서 감각주의는 지성에 중요성을 두기보다 감성만을

---

25) Cousin, V.(1864), *Histoire générale de la philosophie,* 241.
26) Cousin, V., 앞의 책, 같은 곳.
27) 프랑스 철학은 그 당시 스코틀랜드 철학에 영향을 받았지만, 또한 콩디약이라는 프랑스의 감각주의 전통이 내려오고 있었음을 잊지 말아야 한다. 이 때문에 일부 학자는 쿠쟁의 절충주의에서 감각주의에 대한 강조가 콩디약, 리드 그리고 로크를 중심으로 형성되었다고 본다.(Cotten, J. P., 앞의 글, 54).

모든 지식의 원천으로 인정하고, 감각지각을 과도하게 중시한다. 이와 같은 감각주의는 이후에 나오게 될 다양한 사상들의 가장 초보적인 형태이다. 쿠쟁에 따르면, 이런 감각주의는 인상과 인상들 사이의 관계에 대해서 어떤 것도 말할 수 없다. 흔히 흄이 지적한 감각인상과 인과율 사이의 단절을 쿠쟁은 자신의 언어로 지적한다.[28]

> "우리는 감각적 관념으로부터 모든 관념을 생성하고, 이런 관념은 감각으로부터, 감각에 대한 인상으로부터, 인상은 외부 대상의 직접적인 작용으로부터 작용하여 생성된다. 감각주의도 모든 것을 원인과 결과라는 개념 위에 구축한다. 하지만 당신의 감각의 세계에서는 아무런 원인도 찾을 수 없다."[29]

이어서 쿠쟁은 "감각의 각 항목/조건에 선행하는 것과 후행하는 것 사이를 연결하는 관념을 어떻게 감각에서 빌려올 수 있겠는가? 이는 감각, 즉 단순한 사실이 그 자체 외의 다른 것을 제공한다는 것을 의미한다. 자연은 결과와 원인의 관계를 가지고 모든 일을 하지만, 이 관계를 설명하거나 정당화한 적은 없다."[30]라고 말한다. 요컨대 감각주의는 인상들 사이의 관계를 습관과 같은 자연적 원인에서 찾을 뿐 합리적 설명을 하지 못한다. 감각 외적인 요소로부터 감각내용의 관계에 대한 기원을 설명해야 한다. 감각주의는 철저히 감각의 단계에만 머물 수 없다. 이것이 감각주의의 약점이다.

---

28) 쿠쟁은 로크에 대한 책도 저술했음을 기억해야 한다. 현재 우리는 영국의 경험론자라 부르지만, 쿠쟁은 경험주의의 원조를 콩디약으로 보았기에 경험주의로 부르기보다 '감각주의'로 부른다.

29) Cousin, V., 앞의 책, 155.

30) Cousin, V., 앞의 책, 157.

이 때문에 관념론은 감각주의가 존재의 개념적 통일성을 해명할 수 없음을 비판한다.[31] 우리는 반성적 의식활동을 전제하지 않고서 감각의 다양성으로부터 대상과 세계의 통일성을 끌어낼 수 없다. 이런 "감각에서 나올 수 없는 것"이 "바로 반성이다."[32] 칸트처럼 쿠쟁도 공간 직관이 단순히 지각 활동의 결과로부터 귀납적으로 추출되는 것이 아니라 지각의 가능 조건으로서 미리 전제되어야 함을 강조한다. 그의 논증은 다음과 같다. 우리의 "의식은 언제나 외부 감각대상을 특정 공간에 위치시키고, 이 공간을 대상 자체와 구별한다. 이런 우리의 공간 직관에서 공간개념은 언제나 주어진 공간보다 더 큰 공간으로 향한다. 그리고 이렇게 공간을 증대시키면, 그것은 동일하게 무한히 증가한다. … 이것은 감각이 줄 수 없는 무한의 개념이다."[33] 공간의 직관은 단순히 외부 세계의 지각이 축적되어 형성되는 것이 아니라 선험적인 관점에서만 논해질 수 있다. 이처럼 어떤 직관은 감각 활동과는 다르게 우리의 선험성이나 이성에서 그 기원을 찾아야 한다. 이런 점에서 관념론자는 우리의 인식이 관념에서 시작한다고 주장한다. 또 반성으로서의 "사고는 모든 판단, 모든 명제의 필연적인 형태에 있어 통일성의 기반을 제공해준다."[34] 물론 어떤 관념은 감각과 독립적이기 때문에 감각보다 앞서 있을 수 있다.[35]

그런데 관념론의 문제는 관념이나 이성을 감각 현상과 완전히 분리시키면서, 관념 자체를 독립적이고 완결된 존재로 주장하면서 발생한다. 이에 대해 쿠쟁은 다음과 같이 말한다. "관념론은 감각주의가 통일의

---

31) Cousin, V., 앞의 책, 153.
32) Cousin, V., 앞의 책, 152.
33) Cousin, V., 앞의 책, 같은 곳.
34) Cousin, V., 앞의 책, 같은 곳.
35) Cousin, V., 앞의 책, 153.

개념을 제시할 수도 설명할 수도 없다고 비판한다. 그리고 실제로 다양성으로부터는 어떤 방법으로도 통일성을 이끌어 낼 수 없다." 하지만 그 반대도 사실이다. "다양성에서 통일성을 이끌어 낼 수 없듯이 통일성에서 다양성을 [관념적으로] 추론해 낼 수 없다."36) 여기서 쿠쟁이 비판하는 것은 바로 관념론이 현실의 "다양성을 무시하거나 부정"한다는 점이다.37)

이런 방식으로 감각주의와 관념론 모두 독단주의에 빠지게 된다.38) 즉, 이 두 사상은 기실 모두 독단론이라는 점에 공통점을 가지고 있다. 먼저 관념론의 한계에 대해서 쿠쟁은 다음과 같이 비판한다. "관념론은 감각주의, 즉 감각을 지식의 유일한 원리로 보는 것을 올바르게 거부한 후, 어떤 지식도 감각으로부터 나오지 않는다고 주장한다. 나아가 관념론은 유물론, 즉 물질의 배타적 존재를 올바르게 거부한 후, 물질의 존재 자체를 부정하게 되었다." 결국 "관념론은 정신주의의 광기 속으로 사라질" 수밖에 없다.39) 관념론의 독단이 물질적 존재나 감각적 세계를 거부하면서 자신 속에서 완벽한 체계를 만듦으로써 자기폐쇄적 존재로 퇴락하게 된다.

이런 비판에 기반해서 새로운 철학의 형태, 즉 회의주의가 탄생한다. 여기서 우리는 회의주의를 파악하기 위해서 다시금 감각주의를 살펴보고 그것의 한계를 확인해야 한다. 먼저 감각주의는 언제나 의식의 현상에 대해서만 말할 수 있다고 주장한다. 그러기에 감각주의는 자연의 원리에 대해서는 말할 수 없다고 생각한다. 그런데 우리가 세계를

36) Cousin, V., 앞의 책, 같은 곳.
37) Cousin, V., 앞의 책, 같은 곳.
38) Cousin, V., 앞의 책, 154. 여기서 쿠쟁은 "감각주의와 관념론 둘 다 독단주의"에 빠진다고 말한다.
39) Cousin, V., 앞의 책, 153.

하나의 통일성 속에서 말하기 위해서는 감각의 다양성을 정리할 수 있는 무엇이 있어야 하며, 그것을 바탕으로 우리는 세계의 질서에 대해서 논할 수 있게 된다. 만약 우리의 감각이 단지 어떤 질서도 없이 다수로만 머문다면, 우리는 무질서한 감각을 가질 뿐 감각 대상에 대해서 어떤 것도 말할 수 없다. 쿠쟁은 회의주의의 문제에 대해서 다음과 같이 말한다.

> "감각이 그 자체에 의해 검증되든, 감각에서 유래된 이성에 의해 검증되든, 오류의 가능성은 동일하다. 그리고 감각에 개입하는 마음의 작용은 감각과 다르며, 이것은 실제로 감각을 바로잡을 수 있다. 감각주의에 내재된 권위(비감각적 차원)가 있어야 하며, 그렇다면 감각주의는 종말을 맞이하게 된다. 어느 경우든, 회의주의의 첫 번째 공격에 의해 감각주의의 기반은 무너진다."[40]

감각주의와 관념론의 독단주의에 대해 회의주의가 맹위를 떨치면서 앞선 두 사상의 자리를 차지한다.

> "회의주의는 모든 체계가 거짓이라고 말할 뿐만 아니라, 인간이 이해할 수 있는 진실은 없다고 말한다. 그리고 우리는 여기 과장의 심연에 빠져 있다. 감각주의와 관념론의 심연과 마찬가지의 심연에 빠지게 된다. 여기에는 유지될 수 없는 모순이 존재한다."[41]

말하자면 인간이 파악할 수 있는 진리는 없다는 것이 회의주의의 주장이다. 그런데 쿠쟁에 따르면, 결국 회의주의도 그 자체의 모순에 직면

---

40) Cousin, V., 앞의 책, 154.
41) Cousin, V., 앞의 책, 157.

하게 된다. "회의주의의 마지막 결론을 가장 단순한 형태로 표현하면, 진실도 없고, 확실성도 없다." 이것이 회의주의의 문제점이다. 그런데 회의주의는 "진리가 존재할 수 없고, 확실성도 존재할 수 없다는 것은 확실"해야 한다는 점에서 자체의 모순에 직면한다. 이를테면, 회의주의는 독단적 태도를 비판하지만, 지속적으로 판단을 유보하는 입장을 버리고 어떤 진리의 형태를 주장하게 된다. 회의주의는 진리주장을 하던 기존의 독단적 철학의 입장과 유사한 입장에 빠지게 된다. 회의주의 자체가 적극적으로 진리의 형태를 띠게 되면서, 회의주의의 주장은 어떤 의미의 확실성을 필요로 한다. 여기에 회의주의의 근본적 한계가 있다. 결국 쿠쟁은 회의주의도 감각주의와 합리론처럼 독단적인 모습을 취하고 있음을 비판한다.

이런 회의주의의 대안으로 나오는 것이 바로 신비주의다. 신비주의에 선행하는 회의주의는 감각주의와 관념론의 한계를 적절히 드러냄으로써 기존의 철학적 독단주의의 한계를 보여준다. 하지만 회의주의는 철학의 한계를 폭로하는 측면이 있지만, 그 자체로는 신비주의적 원초적 진리로 나아가지 못한다. 철학이 진리의 추구이고 그 근원에 형이상학적 진리(근원적이고 최종적인 제일의 근거)에 대한 탐구가 근원적 동력이라면, 그것은 단지 개별적 사물에 대한 앎이 아니라 세계와 존재에 대한 통일된 진리에 대한 탐구이어야 한다. 이런 점에서 종교와 철학은 본질적으로 동일한 진리에 대한 탐구이며, 진리와의 합일을 추구한다.

여기서 쿠쟁은 주관에서 진리로 나아가는 계기를 주체의 자발성에서 찾는다. "자발성은 종교를 직접적으로 낳은 현상이며, 간접적으로는 이에 기초한 반성을 통해 철학을 포함하고 낳았다. … 반성은 바로 근원에, 종교와 철학의 한계에 놓여 있다."[42] 무엇보다 진리에 대한 반성은

---

42) Cousin, V., 앞의 책, 160.

최종적으로 신비주의를 필요로 한다. 여기서 쿠쟁이 말하는 신비주의는 '신성한 권리'를 주장하는 방식으로, 감각이나 추상, 추론이 제공할 수 없는 영감(inspiration), 열정, 믿음, 원초적 진리에 대한 추구를 의미한다. 우리는 여기서 앞선 철학들의 철학의 한계를 살펴볼 수 있다.

이런 관점에서 쿠쟁은 신비주의에 선행하는 철학체계를 비판한다. "감각주의는 자발성과 원초적 영감을 설명하지 못했다. 감각주의는 그것을 지배적인 감각으로 해결함으로써 비감각적인 것을 파괴했다. 관념론도 더 이상 자발성과 원초적 영감을 설명하지 못한다. 만약 관념론이 이런 것들을 고려했다면, 관념론은 감각으로부터 구별할 수 있었지만 나중에 추상 개념과 가설로 억눌렸던 모든 진리의 생생하고 심오한 근원을 영감에서 발견했었을 것이다."[43] 또한 "날카로운 변증법을 지닌 회의주의(le scepticisme)는 관념(les idées)처럼 감각도 먼지로 만들어 버리고 보편적인 무관심과 조롱으로 이끈다."[44] 이런 기존 철학의 한계를 극복할 수 있게 해준 것이 바로 신비주의다. 왜냐하면 "신비주의는 감각이나 추상, 추론이 제공하지 못하는 영감, 열정, 신앙, 원초적 진실에 대한 신성한 권리를 주장하기 위해 존재"하기 때문이다.[45] 신비주의는 참된 진리에 대한 갈망과 종교적 신념의 충동을 다시 살리는 기회를 만들어 주었다.[46] 이것을 제대로 살린 것이 역사적으로는 플로티누스, 포르피리오스, 프로클로스 등으로 알렉산드리아학파(École d'Alexandrie)에 속한다. 철학은 이제 합리적 주장에 대한 탐구가 아니라 계시, 상징, 신적 도약의 체계로 전환되며, 여기서 그리스 철학은 종말을 맞는다. 우리는 다음의 어떻게 다양한 고대철학과 헬레니즘 철학들이 하나의 질서 체계 속에서 정리되는가를 확인할 수 있다.

---

43) Cousin, V., 앞의 책, 160-161.
44) Cousin, V., 앞의 책, 167.
45) Cousin, V., 앞의 책, 같은 곳.
46) Cousin, V., 앞의 책, 282.

그리스 헬레니즘 시대의 철학 분파[47)]

| 시대 | 철학 사조 | 철학 학파 | 대표 인물 | 특징 |
|---|---|---|---|---|
| 고대 그리스 | 감각주의 | 이오니아학파 | 탈레스, 아낙시만드로스, 아낙시메네스, 데모크리토스, 루크레티우스 | 자연과 감각적 원소를 철학의 근거로 삼고 물질을 실재의 원리로 봄. |
| 고대 그리스 | 관념론 | 피타고라스학파, 엘레아학파 | 피타고라스, 파르메니데스, 제논 | 감각을 초월한 형이상학적 원리를 강조, 존재의 불변성과 이성적 직관을 주장. |
| 고대 그리스 | 회의주의 | 소피스트들 | 프로타고라스, 고르기아스 | 진리와 도덕의 상대주의를 주장하며, 인식의 확실성 자체를 문제 삼음. |
| 헬레니즘 | 감각주의 | 에피쿠로스주의 | 에피쿠로스, 티토 루키우스, 세네카 | 감각, 쾌락, 고통 회피를 윤리의 기준으로 삼음. |
| 헬레니즘 | 관념론 | 스토아주의 | 클라우디우스, 에픽테투스 | 자연법과 이성의 질서를 절대화하며, 도덕적 자율성과 내적 자유를 강조. |

47) 쿠쟁은 <소크라테스, 플라톤, 아리스토텔레스>는 분파로 구별하지 않고 '철학의 갱신'이라는 장을 만들어 이들의 철학을 설명한다. 하지만 플라톤은 이데아론을 통해 관념론을 정초하였으며, 아리스토텔레스는 우리의 지식이 감각을 통해 경험에서 출발하여 형상과 목적에 대한 인식으로 나아가는 과정을 그리면서 감각주의의 틀을 마련한다. 이런 점에서 쿠쟁에게 플라톤과 아리스토텔레스는 각각 관념론과 감각주의를 정초한 철학자라 하겠다(Cousin, V., 앞의 책, 241).

| 시대 | 철학 사조 | 철학 학파 | 대표 인물 | 특징 |
|---|---|---|---|---|
| 헬레니즘 | 회의주의 | 신아카데미학파, 피론주의 | 카르네아데스, 아이네시데모스, 섹스투스 엠피리쿠스 | 관념론과 감각주의의 붕괴에서 회의주의 발생, 진리에 대한 회의적 접근(10개 회의논증 제시), 회의주의 체계의 정립. |
| 헬레니즘 | 신비주의 | 알렉산드리아학파(École d'Alexandrie) | 플로티노스, 포르피리오스, 프로클로스 등 | 인간 영혼은 신적 원천과 연결되어 있으며, 철학은 그 통일을 회복하는 길. 철학적 앎은 논증이나 추론이 아닌, 신과의 직관적 합일 체험을 통해 완성됨. |

### 15세기와 16세기의 철학자들의 분류

| 철학 학파 | 대표 인물 | 특징 |
|---|---|---|
| 플라톤적 관념주의 학파 | 마르실리오 피치노(Marsile Ficino), 피코 델라 미란돌라(Pico de la Miran-dola), 니콜라우스 쿠자누스(Nico-las de Cusa), 라무스(Ramus), 파트리치(Patrizzi), 조르다노 브루노(Giordano Bruno) | 플라톤의 이데아론과 영혼의 불멸을 강조하며, 신적 통일성과 수학, 신학, 형이상학의 융합을 추구. |
| 순회적인 감각주의 학파 | 폼포나치(Pomponazzi), 아킬리니(Achillini), 세살피노(Cesalpino), 바니니(Vanini), 테레시오(Telesio), 캄파넬라(Campanella) | 아리스토텔레스주의의 세속화된 형태로 감각과 경험에 기반한 인식론을 강조하며, 물질주의와 결정론적 성향을 띰. |

| 철학 학파 | 대표 인물 | 특징 |
|---|---|---|
| 회의론자 | 몽테뉴(Montaigne), 샤롱(Charron), 프란수아 산체스(Sanchez) | 진리와 도덕에 대한 의문을 제기하며, 인간 이성의 한계와 신뢰성 문제를 비판. 반도그마주의적 태도와 회의적 관용을 주장. |
| 신비주의자 | 마르실리오 피치노(Marsile Ficino), 피코 델라 미란돌라(Pico de la Miran-dola), 요하네스 로이힐린(Reuch-lin), 하인리히 아그리파(Heinrich Agrippa), 파라셀수스(Paracelsus), 장미십자회(Société des Rose Croix), 로버트 플러드(Robert Fludd), 얀 바프티스트 반 헬몬트(Jan Baptist van Helmont), 야콥 뵈메(Jacob Böhme) | 영적 통합과 신비주의적 체험을 통해 신적 실재와의 결합을 추구하며, 신성과 직관적 지식의 결합을 강조. |

## 3.2. 쿠쟁 철학사에 나타난 인도철학

### 3.2.1. 동양철학의 기원과 발전: 인도철학의 다양한 접근

쿠쟁에 따르면 동양은 문명과 철학의 출발점으로서, 그리스, 로마, 이집트, 페르시아와 같은 고대 문명과 밀접한 관계를 맺고 있다. 그러기에 동양문화는 일찍이 사상적으로 크게 발전하였다. 특히 철학의 분야에서 동양철학은 그 자체로 중요한 철학적 전통을 형성하고 있으며, 인도철학은 특히 독립적인 형태로 존재해 왔다. 이 때문에 "동양은 문명과 철학의 요람(berceau)이다."라고 쿠쟁은 말한다.[48] 이 표현에서 알 수 있

48) Cousin, V., 앞의 책, 174.

듯, 동양철학은 그 자체의 독특한 철학적 기틀을 다져왔다. 말하자면 쿠쟁은 동양철학의 독창성과 깊이를 인정한다. 하지만, 그는 중국철학에는 공자 철학 외에는 독창적인 철학이 없으며 공자의 철학도 관료제도나 행정체계와 깊이 연결되어 있기에, 형이상학적 깊이는 약하다고 평가한다.[49)]

이에 반해 인도철학은 자신의 철학적 유형학에 적절하게 상응하는 사상적 다양성과 깊이를 가지고 있다고 본다. 물론 인도철학의 연구에 있어 몇 가지 약점이 있는데, 그중에 제일 큰 난점은 각 사상의 연대기적 정리가 힘들다는 것이다. 말하자면 인도철학은 명확한 연대기적 기초가 부족한 상태에서, 각 철학 체계는 서로를 인용하거나 반박하는 방식으로 발전해왔다. 이로 인해 정확한 시간 순서를 파악하는 데 어려움이 있다. 많은 철학 체계들이 지속적으로 수정되고 발전해 온 결과, 인도철학의 체계들은 마치 동시적으로 나타나는 것처럼 보인다. 그래서 그는 "인도의 철학 체계들은 확정된 날짜는 물론, 상대적인 연대조차 갖고 있지 않다."라고 말하면서, 인도철학의 복잡성을 지적한다.[50)]

그런데 인도철학은 주로 베다(Védas)를 중심으로 발전해 왔으며, 베다는 신이 저술한 것으로 간주되어 신성한 권위를 가지고 있다. 그러나 베다에만 머무르지 않고, 인도의 철학자들은 다양한 형태로 인간의 삶과 우주의 원리를 철학적으로 탐구해 왔다. 그럼에도 베다는 인도철학의 중심이라 하겠다. "베다는 어떤 인간이 저술한 것이 아니며, 신, 즉 브라만(Braman) 자체가 저술한 것으로 여겨진다."라고 볼 수 있듯, 인도철학에서 베다의 영향력은 막강하다.[51)]

---

49) Cousin, V., 앞의 책, 176.
50) Cousin, V., 앞의 책, 177.
51) Cousin, V., 앞의 책, 181.

우리는 먼저 미만사학파(Mimansa)에 대해 살펴볼 수 있다. 미만사 학파는 베다의 의미를 확정하고, 그로부터 도덕적·종교적 의무를 도출하는 데 중점을 두었다. 이 학파는 주로 신학적인 성격을 띠고 있으며, 이후 베단타(Védanta) 철학은 베다의 형이상학적 원리로 나아가며 참된 철학적 체계를 형성하게 되었다. 이러한 발전을 통해 인도철학은 깊은 형이상학적 사유를 이루어 나갔다.

인도철학의 전통에는 많은 부분이 상징으로 감춰져 있다. 이러한 특성은 철학 체계들이 주로 신학적 테두리 안에서 발전했기 때문에, 철학적 사유의 깊이를 이해하는 데서 장벽을 형성하는 요소로 작용했다. 하지만 "인도철학은 매우 광대해서 모든 철학적 체계가 그 안에 공존하며, 하나의 전체 철학 세계를 형성하고 있다."라는 쿠쟁의 말에서 알 수 있듯이, 인도철학은 단일한 체계라기보다는 다양한 체계들이 서로 얽히고 연결된 복합적인 성격을 지니고 있다.[52] 그래서 쿠쟁은 "인도철학의 역사는 철학 전체의 역사 그 자체의 축소판이라 해도 과언이 아니다."라고 말하면서, 인도철학이 세계철학사의 중요한 축을 형성했음을 알려준다.[53]

### 3.2.2. 쿠쟁의 유형학으로 본 인도철학

우리는 좀 더 구체적으로 쿠쟁이 어떻게 인도철학을 자신의 유형학 속에 적용하는지를 살펴보고자 한다. 쿠쟁은 자신의 철학적 유형학을 인도철학에 적용해서, 인도의 철학도 합리론, 감각주의, 회의주의, 신비주의라는 네 가지 형태로 해석한다.[54] 쿠쟁은 통상적으로 힌두철학의

52) Cousin, V., 앞의 책, 179.
53) Cousin, V., 앞의 책, 같은 곳.
54) Colebrooke, H. T.(1858), *Essays on the Religion and Philosophy of the Hindus*. 이 책은 콜브룩이 *Asiatic Researches*와 *Transactions of the Royal*

정통학파라 불리는 삼키아학파, 요가학파, 니야야학파, 바이세시카, 미맘사학파 그리고 베단타학파에 대한 철학을 정리하고 있다. 특히 니야야와 요가 그리고 베단타에서 대해서 주로 다룬다.

니야야학파(Nyāya)는 브라만 계통의 육파철학(六派哲學)에 속한 학파였다. 고대 브라만교에서는 <베다>를 연구할 때 여러 가지 변론이나 사유에 있어 논증상의 법칙을 정하였고, 이에 관한 연구와 교의가 이후에 한 학파(니야야학파)를 이룬 것으로 생각된다. 그런데 니야야는 물질이 원자로 구성돼있는 이론이기 때문에 원자론(atomism)이라 부를 수 있다. 나아가 니야야는, 유물론적이거나 유심론적이거나 이원론(monism)을 거부하고, 우주의 궁극적 구성 요소가 단일이 아니라 물질적, 정신적인 실체들이라고 주장했기 때문에 다원론(pluralism)의 성격을 띠고 있다.

이에 반해서 베단타학파는 관념론의 형태를 띤다. 베단타학파는 베다의 경전 가운데서 우파니샤드를 중시하였으며, 『베다』와 『우파니샤드』의 여러 사상을 조화시키고 통일하고자 했다. 무엇보다 이 학파는 절대자인 브라만이 참된 실재이며, 개인이 자신의 진정한 본성을 직관하게 될 때, 최고 존재인 브라만과 동일하다고 주장한다. 이처럼 베단타 학파는 순수한 영적 실재이며 영구 불멸하는 존재를 상정한다. 베단타는 베다의 형이상학적 원리를 바탕으로 세상과 인간의 궁극적인 본질을 이성적으로 탐구하려 했다. 그래서 쿠쟁은 "베다에 담긴 계율의 형이상학적 원리로 거슬러 올라가고자 한다."라고 말한다.[55]

쿠쟁은 인류의 첫 사상이 인도에서 시작되었다고 주장하면서, 이들 사상이 감각론에서 관념론으로 발전했다고 본다. 물론 고대 인도에서는

---

*Asiatic Society*에 발표한 논문들을 모아 엮은 것으로, 쿠쟁은 다른 책들은 고려하지 않고 단지 이 책에 기반해서 인도철학을 분석한다.

55) Cousin, V., 앞의 책, 182.

관념론적인 철학이 상당히 발달했지만, 그에 비해 회의주의는 희소한 상황이다. 그나마 회의주의의 형태로 있는 것이 카리카(Kārikā) 정도였다. 특히 그가 카리카에 주목하는 것은 카리카의 사상이 회의주의와 니힐리즘의 중첩된 양상을 보이기 때문이다. 카리카에 나오는 구절에는 "나는 없다. 나의 것이었던 '나', 나의 것이었던 그 어떤 것도 존재하지 않는다."(Je ne suis pas ; ni moi, ni rien qui soit mien n'existe)가 있다. 이 구절에 대해 쿠쟁은 카리카가 인도에서 보기 드문 회의주의이며, 회의주의의 최종 결론으로서의 절대적 니힐리즘(le nihilisme absolu, dernier fruit du scepticisme)이라고 말한다.[56)]

엄밀한 의미에서 회의주의는 인도에서 하나의 학파를 형성했다기보다 『베다』 곳곳에 나오는 정도이다. 특히 샹키야의 카필라(Kapila)의 몇 구절에도 회의주의적 내용이 있지만, 어떤 표현에는 감각주의의 내용이 있기에, 일정 정도 섞여 있다고 보아야 한다.

그런데 고대 인도 사상에서 회의주의는 찾아보기 힘들었던 반면, 신비주의는 매우 확산되어 있었다. 요가학파의 대다수가 신비주의와 연결되어 있었다고 쿠쟁은 판단한다. 하지만 상카라의 일부는 감각주의에 몰두하는 경우도 있고, 신비주의에 몰두하는 경우도 있었다. 하지만 신비주의의 큰 틀을 확립한 것은 요가학파였으며, 쿠쟁은 이 요가학파 중에서 파타잘리(Pantandjali)에 관심을 갖는다.

파타잘리는 『요가 수트라』(*Yoga Sutras*)의 편찬자로서, 심신의 수양을 통해서 정신적 진리에 도달할 수 있다고 주장한다. 쿠쟁에 따르면 "파타잘리는 과학보다는 명상을 중시하고, 활동보다는 비활동성을 중시하며, 모든 것 속에서 신을 찾고, 신을 보고자 했다." 그리고 "신과의 일

---

56) Cousin, V., 앞의 책, 214.

치를 망아(extase)를 통해서 이루고자 했다." "망아적 명상(contemplation extatique)이 주는 보상은 모든 일상적 조건으로부터의 이탈(l'exemption)이다."[57] 또 쿠쟁은 요가의 신비주의가 브라흐만에 대한 헌신 등을 포괄하는 수행의 체계라는 점을 지적한다.

하지만 쿠쟁은 인도의 신비주의는 주술적 성격이 강하다고 보았으며, 이것은 가장 높은 정신적 위치에 도달했다기보다는 철학이 인도적 상상력에 깊은 영향을 받고 있다고 보았다. 결국 파타잘리의 유신론은 운명론(un fanatisme)에 속한다고 말하는 것에서, 우리는 쿠쟁이 어떻게 파타잘리의 신비주의를 평가하는지를 볼 수 있다.

## 4. 쿠쟁 철학사의 한계

빅토르 쿠쟁은 역사적 맥락에서 철학을 이해하고자 했다. 그런데 그는 역사적으로 적대적인 이론들이 하나의 이론 체계로 수렴해서 완벽한 사상 체계를 확립하려고 하기보다 서로 대립하는 이론들의 절충에 더 많은 관심을 기울였다. 특히 그는 관념론이나 유물론 혹은 감각론의 독단화를 경계했기에, 자연스럽게 양극단의 이론들 사이에 공존을 도모하는 '절충주의'의 태도로 귀결되었다. 말하자면 쿠쟁은 철학사를 해석하면서 관념론과 감각주의를 비판하였고, 이 둘을 종합하거나 극복하는 방안을 찾고자 했다. 이런 쿠쟁의 철학적 태도는 과거의 철학적 전통을 '절충'하는 방식으로 현재를 정당화하고, 정치적 이념을 안정시키려는 시도와 일치한다.

---

57) Cousin, V., 앞의 책, 237.

하지만 반대의 관점에서 쿠쟁을 비판하기도 한다. 비판자들에 의하면, 쿠쟁에 의해 지지받았던 철학 이론들은 대개 18세기 철학의 본질, 즉 사상이 기존 질서를 전복시킬 수 있는 혁명적 성격을 도외시한 채 철학을 전적으로 학부 철학으로 축소시켰다는 것이다. 이것은 혁명의 시기인 18세기를 특징짓는 모든 비판적, 도덕적, 정치적 성찰을 희생시키는 결과를 가져왔다.[58] 쿠쟁에게 철학사는 인식론과 형이상학에 머물고 있으며, 당대의 정치적 주제들은 매우 미미한 수준에서 다뤄진다. 일군의 비평가들은 그의 철학에 대한 해석이 단지 철학을 단지 공적이고 국가적인 교리로 만들려는 욕구에서 기인한 것으로 본다. 이는 쿠쟁이 장관으로 복무한 정권에서 입헌군주제를 옹호했던 것과 일치한다.[59]

쿠쟁의 18세기 철학사에 대한 명확한 비판을 살펴보기에 앞서, 그의 철학사에서의 일반적인 독해 체계가 정치 사상가들에게 어떤 영향을 미치는지 살펴보는 것이 필요하다. 쿠쟁은 철학사를 역사적 주체의 발전과 같이 기술함으로써, 이런 주체를 모든 철학의 기초로 삼았으며, 철학을 인식론과 형이상학과 동일시했다. 특히 그는 1855년에 출판된『데카르트 철학 단편집』서문에서 18세기 철학의 무효성을 주장하는데, 이는 데카르트와 18세기 철학의 비교에서 잘 드러난다. "진실을 말해 보자. 위대한 인물이 넘쳐나는 18세기 프랑스는 철학에서 단 한 명의 인물도 배출하지 못했다. 적어도 철학이란 형이상학을 뜻하는 것이라면 말이

---

58) 쿠쟁은 "혁명의 시대가 끝나고 새로운 세기가 열린 것"은 19세기라고 말한다. "국가 내에서 모든 시민들은 동일한 권리를 가지게 되었고, 더 이상은 혁명과 같은 혼란은 없다."라고 말한다. 물론 쿠쟁은 혁명 자체를 부정하는 것은 아니다. 그 또한 시민의 권리에 대한 투쟁이 이뤄진 것은 혁명에 의해서임을 인정하지만 혁명의 혼란은 지나가야 할 어떤 과정으로 생각한다 (Cousin, V. "Défense de l'Université et de la philosophie", 33).

59) 관련 내용은 Rey, L.(2013), *Les enjeux de l'histoire de la philosophie au XIXe siècle. Pierre Leroux contre Victor Cousin* 참조.

다."[60] 하지만 18세기가 과연 그렇게 철학자들이 빈곤했던 시기인가에 대해서는 의문의 여지가 있다.

쿠쟁의 평가는 철학을 형이상학과 동일시하는 입장에 근거하고 있기 때문에, 자연스럽게 그는 몽테스키외, 볼테르, 디드로, 루소, 콩도르세와 같은 철학자들의 도덕적, 정치적 사상을 철학의 영역에서 배제하고자 했다. 그 결과 이들 철학자들도 역시 당대의 자연과학자들이나, 경제학자들, 그리고 역사가들처럼 사회적인 영향력을 미쳤음에도 쿠쟁 학파에 의해 적절한 평가를 받지 못했다.

우리는 쿠쟁의 이런 태도를 그의 철학사 유형론과 연결해서 생각해 볼 수 있다. 쿠쟁의 철학사적 논증은 철학사를 역사적 흐름으로 보는 것이 아니라 역설적이게도 비역사적인 유형으로 환원하는 특징이 있다. 우리는 철학사에 대한 쿠쟁의 다음의 언급에서 유형화의 특징을 살펴볼 수 있다. "… 역사는 끊임없이 같은 네 가지 체계로 분해되어 왔으며, 통합되지 않고 긴밀하게 유지되면서, 조화롭게 발전하고, 항상 현저한 진전을 이루어왔다."[61].

실제로 프랑수아 모로가 '19세기의 스피노자주의와 유물론' 논문에서 매우 명확하게 지적했듯이[62], 쿠쟁은 철학사를 단순한 이론의 나열과는 다른 방식으로 구성하고자 했고, 이를 위해 그는 다양한 철학 이론을 유형화의 가설에 종속시킨다. 말하자면 철학의 이론들은 시간의 흐름 속에서 예측 못한 철학이론에 직면하는 것이 아니라 경험론에서 관념론으로, 관념론에서 회의주의로 그리고 존재와 실재의 일치라는 신비주의로의 상승이라는 철학적 발전의 과정을 거친다. 또한 쿠쟁의 역사적 유

60) Cousin, V.(1845), *Fragments de philosophie cartésienne,* VIII.
61) Cousin, V.(1829), *Histoire générale de la philosophie*, 509.
62) Moreau, P.－F.(1979), "Spinozisme et matérialisme au XIXe siècle", 85－94.

형화(감각주의, 관념주의, 회의주의, 신비주의의 유형성)는 주로 인식론과 형이상학에 집중되어 있다. 그렇기에 이런 유형화에 속하지 않는 철학들, 예컨대 몽테스키외나 디드로는 18세기의 철학자 명단에서 배제된다. 유사한 맥락에서 우리는 루소 사상에 대한 쿠쟁의 평가에 주목할 필요가 있다. 쿠쟁은 루소를 양심과 사심 없는 미덕을 가진 영혼으로, 그리고 정신의 자유와 비물질성을 옹호했다는 점에서 18세기 프랑스 관념론을 대표하는 사람으로 제시하지만, 정치철학자로서의 그의 위상은 평가절하된다. 이처럼 쿠쟁은 자신의 유형화 체계에서 루소를 제대로 평가할 수 없었기 때문에 그에게 적실한 자리를 부여할 수 없었다. 루소와 비교해서, 쿠쟁은 튀르고를 "작가로서는 『에밀』의 저자보다 훨씬 열등하지만 철학자로서는 훨씬 우월한 사람이라고 하여, 튀르고를 또한 감각주의의 명시적 반대자"로 규정한다. … "[63] 이런 관점에서 쿠쟁은 루소의 저작을 "사부아 목사의 신앙 고백"에 불과하다고 폄하한다. 루소의 『사회 계약론』, 『인간 불평등의 기원론』, 『에밀』에 대한 철학적 분석이나 고려는 그의 철학사 책에는 보이지 않는다.

쿠쟁이 혁명기 철학자들에 대해 이렇게 평가를 했던 이유는 그의 철학사가 일종 관념론적인 철학에 기반하고 있었기 때문이다. 또 그는 철학사를 하나의 체계적 관점에서 구성하면서 하나의 보편사, 일반사의 형태로 보았기 때문이다. 그는 '철학사' 과정이라는 명칭을 1829년의 강의에서 제시했으며, 이후에 이 강의 내용을 『철학의 일반사』(*Histoire générale de la philosophie*)로 출간한다.[64] 그런데 쿠쟁이 철학사를 이렇게 일반사로 규정하는 것은 그것이 하나의 통일된 과정으로 수렴될 수

63) Cousin, V., 앞의 책, 515.
64) Cousin, V.(1829), *Cours de l'histoire de la philosophie*; *Histoire générale de la philosophie* 참조.

있다는 확신이 있었기 때문이다.[65)]

그는 인간의 정신발전이 개인의 차원과 사상의 차원이 서로 상응한다는 관점에서 철학사를 구조화하고자 한다. 말하자면 한 개인의 정신적 발전이 감각 경험의 확신에서 추상적 관념의 단계로 나아가고, 이어서 이런 지식들에 대한 회의하는 시점을 지나 실재와 합일을 추구하는 수준에 이르듯이, 철학사도 이에 상응하는 발전의 단계를 거친다는 것이다. 이 때문에 비판가들은 쿠쟁이 '철학사를 심리학과 동일시하는' 오류를 범했다고 말하기도 한다.[66)] 또 쿠쟁의 철학사는 철학 이론에 있어 다양한 이론적 충돌과 우발적 발생의 과정이 아니라 일종의 유형학적 체계로 구조화되었기에 이론의 우발적 발생이나 단절적 전개는 생각되지 못하는 단점이 있다. 이런 점에서, 그의 철학사는 역사적 차원에서 존재했던 다양한 철학 이론들에 대한 고찰이라기보다는 인간 정신(개인의 차원뿐 아니라 사상의 차원)의 보편적 발전이라는 틀에 갇혀있다. 즉, 개별 철학 이론은 언제나 유형에 의해서 분류되고, 구분되어야지만 철학사의 한 위치를 점할 수 있다. 이런 점에서 쿠쟁의 철학사는 역사적 흐름보다 비역사적인 유형화나 계층화에 의해 구조화된 것으로 보인다.

하지만 쿠쟁의 철학사 연구가 철학 이해에 가져온 기여도 있다. 쿠쟁은 대부분의 강의와 저서에서 '철학사'라는 표현을 중시해서 사용했다.

---

65) A. Gérard는 당시 헤겔류의 독일철학의 영향력에 대해 다음과 같이 말한다. "독일 역사철학의 일부가 프랑스 문화에 유입되었는데, 그 두 가지 핵심 주제는 인간의 의식에서 벗어나 변증법적 경로를 따라 발전하는 역사 속에 숨겨진 계획이라는 관념과, 각 역사적 시대를 인류의 전진을 보장하기 위해 그 "이념(Zeitgeist)을 실현해야 하는 유기적 실체"를 실현하는 것이었다(Gérard, A.(1998), "Le grand homme et la conception de l'histoire au XIXe siècle", 34).

66) Rey, L.(2013), "Victor Cousin et l'instrumentalisation de l'histoire de la philosophie", 46–47.

이로 인해 그의 비판자들조차도 그를 19세기 프랑스의 철학사를 근대화했다는 점을 인정한다.[67] 그런데 우리는 이러한 철학 사상의 변화에서 중심 계기가 무엇인지를 물을 수 있다. 쿠쟁에 따르면, 그것은 바로 자발성–반성성이다.[68] 이 두 계기는 인간이 철학의 매 국면을 비판하는 핵심 동력이 된다. 즉, 인간은 주어진 진리를 비판하고 반성하면서 그것을 극복할 수 있는 새로운 철학을 추구하였으며, 이것이 철학사에 있어 변화의 요인이 된다. 여기서 우리는 철학자의 임무를 확인할 수 있다. 쿠쟁의 철학은 여전히 19세기의 철학들, 개인의 정신적 발전과 철학사상의 발전 사이의 유비적 관계로 보고 있기에, 개인의 발전과 사상의 발전이 서로 조응한다는 입장을 취하고 있다.

정리하면 쿠쟁은 차례로 모든 위대한 철학적 시대를 설명했으며, 어떤 중요한 학파도 빠뜨리지 않았다고 확신한다. 하지만 우리가 18세기를 해석하고 평가하는 쿠쟁의 철학분류방식에 대해 일정한 혐의를 두고 수용하기를 주저하는 이유는 바로 그의 원칙 때문이다. 앞서 말했듯이 그는 각 세기의 사상의 유형에 따라 다양한 철학을 구분하고, 그 역사의 법칙을 적용한다. 이를 통해 쿠쟁은 덜 알려진 작가들을 어떤 시대의 철학사에서 최상단에 위치시키고, 결정적인 영향을 미친 사회사상가들은 오히려 소외시키는 역설적인 상황에 직면한다. 그는 18세기에 특유의 정치 및 도덕 철학의 흐름은 전혀 고려하지 않았기에, 정작 이 시대의 중요한 사회 철학자들을 특수한 사례로 분류하여 언급하였다. 쿠

67) 이와 관련하여 다음 언급 참조. "하지만 우선 쿠쟁은 철학사에 기여한 의심할 여지 없는 공헌을 제쳐두고 강조해야 한다. 비록 그가 정리했던 체계적인 연결이 그의 손에서 끊어졌음에도 불구하고 말이다."(Lerminier, E.(1832), *Lettres philosophiques adressées à un Berlinois,* 75).

68) Antoine–Mahut, D./Whistle, D.(2024), "Editors' Preface. Victor Cousin, Eclectic Philosophy and its Legacies", 15.

쟁은 이런 한계로 인해 18세기를 살아간 위대한 정치 사상가들에 대한 적절한 평가를 제시할 수 없었다.

## 5. 나가며

프랑스에서 철학의 제도화를 이루고 철학사라는 영역을 확립한 것이 쿠쟁이다. 쿠쟁 자신은 노동자 계급 출신이고, 에콜 노르말에 들어가기 전에는 철학이 무엇인지 몰랐으며 철학에 대한 지식이 전무할 정도로 일천했다고 전해진다. 무엇보다 쿠쟁이 정규적인 교육을 받을 수 있었던 것은 바로 나폴레옹이 만든 근대적 교육기관 덕분에 가능했다. 그렇기에 그 자신이 혁명의 수혜자라고 볼 수 있다. 하지만 19세기의 격변 속에서 그는 종교로부터 철학의 독립과, 정치 이데올로기와 거리를 둔 강단철학의 확립이라는 두 가지 시대적 소명을 감당해야 했다. 그 가운데서 그는 프랑스 철학을 철학사 속에서 정립함으로써 프랑스의 민족적, 문화적 정체성을 확립하고자 했다. 이런 맥락 속에서 그는 인도와 같은 비서구권 철학을 탐독하였으며, 라인강 너머의 독일철학도 적극적으로 수용하였다.

이런 점에서 그의 업적은 분명히 있지만, 일정한 유형론의 형태로 철학사를 재단함으로써 프랑스의 18세기 19세기 당대에 있었던 다양한 사상들을 간과하는 우를 범했다. 그럼에도 이후에 나오는 근현대 철학자들도 결국 쿠쟁의 철학사적 전통 속에서 철학을 교육받았고 철학을 연구했기에 쿠쟁의 영향력을 여전히 지대하다고 하겠다.

## 참고문헌


Antoine-Mahut, D./Whistle, D.(2024), "Editors' Preface. Victor Cousin, Eclectic Philosophy and its Legacies", *Victor Cousin: Philosophical Fragments*, edited by D. Antoine-Mahut/D. Whistler, translated by D. Whistler, Oxford: Oxford University Press.

Cousin, V.(1829), *Cours de l'histoire de la philosophie*, Paris: Pichon et Didier.

(1829), "Préface", *Manuel de l'histoire de la philosophie de Tennemann*, Paris: Pichon et Didier.

(1844), *Défense de l'Université et de la philosophie.*, Paris: Fain et Thunot.

(1845), *Fragments de philosophie cartésienne*, Paris: Charpentier.

(1864), *Histoire générale de la philosophie*, Paris: Didier.

Eribon, D.(2012), 『미셸 푸코, 1926~1984』, 박정자 옮김, 그린비.

Foucault, M.(2012), 『말과 사물』, 이규현 옮김, 민음사.

Gérard, A.(1998), "Le grand homme et la conception de l'histoire au XIXe siècle", Romantisme.

Gueroult, M.(1956), "Le problème de la légitimité de l'histoire de la philosophie", *La philosophie de l'histoire de la philosophie*, Paris: Vrin.

(1984), *Dianoématique, histoire de l'histoire de la philosophie*, Paris: Aubier-Montaigne.

Lerminier, E.(1832), *Lettres philosophiques adressées à un Berlinois*, Paris: Paulin.

Mémoires de l'Académie royale des sciences morales et politiques(1839), 2e série, t. II, Paris: Firmin Didot, p. CCXXV.

Moreau, P.-F.(1979), "Spinozisme et matérialisme au XIXe siècle".

(2019), "Victor Cousin, la philosophie et son histoire", *Le Télémaque*, no. 54.

Rey, L.(2013), *Les enjeux de l'histoire de la philosophie au XIXe siècle. Pierre Leroux contre Victor Cousin*, Paris: L'Harmattan.

(2013), "Victor Cousin et l'instrumentalisation de l'histoire de la philosophie".

Staël, Mme de(1968), *De l'Allemagne*, Paris: Garnier-Flammarion.

Taine, H.(1857), "M. Royer-Collard", *Les philosophes classiques du XIXe siècle en France*, Paris: Hachette, ch. II.

Tennemann, W. G.(1829), *Manuel de l'histoire de la philosophie*, translated by V. Cousin, Paris: Pichon et Didier.

# 철학의 역사와 형이상학의 귀환
## : 이정우의 『세계철학사』에 관한 소고(小考)*

송석랑

## 1. '새 보편'의 길

철학의 역사가 철학상의 사건이나 사실을 그저 확인의 수준에서 기술하거나 각 시기를 산 철학자들의 사상을 연대순으로 배치해 나열하는 것이 아니라는 것은 분명하다, 중요한 것은 각 시기에 제출된 철학의 내용을 '그 당대의 상황'을 반영해 읽는 해석에 있을 것이다. 사실상 한 저자가 철학사에서 다룰 철학 모두에 정통하기 어렵기에, 철학사는 많은 저자의 전공논문들로 구성되어야 한다는 주장이 문제가 있는 것도 이 해석의 관점을 간과하기 때문이다.

러셀에 따르면, "역사에 어떤 통일성이 있다면 그리고 이전의 사실과 미래에 올 것 사이에 밀접한 연관이 있다면, 이를 밝히기 위해서 보다

* 이 글은 "세계철학사, 어떻게 옮기고 어떻게 쓸 것인가?－과거, 현재, 그리고 미래"라는 주제로 전북대학교에서 열린 <한국동서철학회 2025 춘계학술대회>에서 「이정우는 『세계철학사』를 어떻게 썼는가?」라는 논제로 구두 발표한 내용을 토대로 작성, 『동서철학연구』(116호)에 게재된 것이다.

앞선 시기와 뒤 시기는 하나의 정신 안에서 종합되어야 한다. 하지만 대부분의 철학사에서는 각 철학자가 마치 진공에서 나온 듯이 나타난다. 그리고 그들의 견해가 별 연관 없이 기껏해야 앞 시대 철학자들의 의견[이론]과 연계되어 논급된다. … 그러나 헬레니즘 시대에 대한 지식 없이 아무도 스토아학파와 에피쿠로스학파를 이해할 수 없고, 5세기부터 13세기 사이의 교회 성장에 대한 상당한 이해 없이는 스콜라철학을 이해할 수 없다."[1] 『세계철학사』[2]를 쓴 이정우의 관점 역시, 한 철학자의 삶과 시대의 상황을 엮어 고찰하는 철학사의 한 전형을 보인 『서양철학사』에서 러셀이 취한 관점과 달리 시대적 상황과 철학자의 사유를 직접 이야기함으로써 그에서 읽히는 '사(史)적 수사'의 문체가 보이지 않지만, 해당 철학자들의 사유를 그들의 환경의 산물로서 밝히려 시도하며 그들의 사유를 그들 시대의 지리적, 역사적, '정치/사회'적 조건들과 결부시킴으로써 한 시대를 사로잡았던 사유의 '이유와 효과, 그리고 궁지'를 짚어낸다는 점에선 러셀의 철학사에서 읽히는 그 전형의 관점과 다르지 않다.

한 시대가 떠안고 있던 난제들과 여기에 도전한 사상가들의 모험을 포착함으로써 철학사 속에서 출현하는, 나아가 철학사를 읽는 우리 안에서 출현할, 새로운 질문과 사유가 성립할 수 있도록[3] 이전의 철학들

---

1) Russell, B.(1988), *The History of Western Philosophy*, 11－12.
2) 이정우(2011/2018/2021/2024), 『세계철학사 1권: 지중해세계의 철학』, 『세계철학사 2권: 아시아세계의 철학』(『세계철학사 3권: 근대성의 카르토그라피』, 『세계철학사 4권: 탈근대 사유의 지평들』. [이하 (권수 쪽수)로 본문에 표기].
3) '철학사'(a *History* of philosophy)의 서술에 요구되는 이 속성은 헤겔, 니체, 하이데거, 들뢰즈 등과 같이 새로운 사유를 펼친 철학자가 '자신만의 철학사'를 갖는 이유가 된다. "철학은 개념을 창출(créer)하는 학문"으로서 철학의 진보와 변화는 "자기의 개념을 스스로 창조"하는 철학자들로 인해 가능하며, 이 가능성은 철학사를 읽는 고유한 관점을 통해 실현될 수 있을 것이다. Deleuze, G./Guattari, F.(1995), 『철학이란 무엇인가』, 13－14.

을 '이해/서술'하는 것은 철학사의 부정할 수 없는 주요 속성이다. 문제는 '철학'과 '역사'의 균형일 것이지만, 『세계철학사』는 저자의 말대로 "역사와 철학 중 어느 하나로 기울 때 나타날 수 있는 철학사상 고유의 높이를 해치거나 철학을 역사와 괴리"시키는 결과를 피하며(1권 14), 역사와 철학을 유연히 배치한 역작이다. 이정우의 『세계철학사』가 주목받는 이유는 "우리 철학자의 손으로 쓴 최초의 세계철학사"라는 기념비적 위상도 위상이지만, 그 '속성'과 '균형' 위에서 이룬 성취의 의의에 있을 것이다. 무엇보다도, 기존 철학사의 한계인 동양 혹은 서양철학 중심의 서술에서 벗어나, 양자를 통합하는 것을 넘어 이슬람권을 포함한 '지중해세계'로 서구 철학의 범위를, 그리고 인도의 철학을 아우르는 '아시아세계'로 동양철학의 범위를 넓혀 다룬 서술의 확장을 통해 우리 인간의 "사유 세계의 얼굴"을 보다 가까이에서 만날 수 있게 해주는 시각이 돋보인다. 하지만 정작 기꺼운 것은 그 시각의 넓이가 아니라, 과거를 경유해 새로운 비선을 찾는 이해의 깊이에 있을 것이다. 말이 넓고 깊은 시각이지, 『세계철학사』가 이 경지를 보일 수 있었던 것은 '우리의 미래'를 위한 철학자의 책무에 대한 저자의 남다른 의식과 지적 실천의 생산성 때문이었다: 저자가 자신의 책무를 저술의 목적, 즉 "과거의 음미와 현재로의 회귀를 경과해 장래의 비전을 확보"하는(1권 8) 일로서 피력했을 때, 그것은 "강대국과 초국적 기업들의 헤게모니"가 빚은 "비인간적 세계화"를 넘어설 "진정한 세계화"를 위한 철학의 토대("진정한 보편성과 객관성") 구축의 필요에 응하는 수고였다.

철학의 "과거로 돌아가 그 시대를 역으로 음미한 뒤에 현재로 돌아오는 거시적인 지적 성찰"(같은 곳)을 위해 동서양을 가로지르는 고단한 여정을 끝내 감당하며, 우리가 미처 보지 못했던 새로운 것들을 발견하는 이 수고에는 우리의 미래를 향한 '새로운 보편'의 길을 가리키는 성취가 있다. 이 글은 이정우의 『세계철학사』가 철학의 역사에 대한 고찰을 경유해 제시하는 '귀환의 새로운 형이상학'의 방향과 요체, 즉 '지금의 우리'가 가져야 할 미래 비전과 이 비전의 원리인 '사유의 세계 내재성'에 대해 살펴봄으로써 철학의 보다 올바른 '사회-정치적 책무'에 대한 반성의 한 계기를 제공하려 한다. '넓고 깊은' 이 책의 흐름을 다 좇아가기에는 주어진 독서의 시간이 너무 짧았던 까닭에 이 시도는 『세계철학사』의 방대한 내용을 일관하는 '서술의 끈'에 대한 필자 나름의 독해와 추론을 서술하는 데에서 그칠 것이다.

## 2. 『세계철학사』: '내재성'과 '형이상학의 귀환'

『세계철학사』의 한 곳에서 저자(이정우)는 책을 쓰게 된 계기와 단서에 대해 이렇게 말한다. "내가 꿈꾼 것은 내가 짧은 시간에 압축적으로 경험했던 세계들, 어린 시절 할아버지 세대와 함께 살았던 전통의 세계, 그 후 아버지 세대와 함께 살아온 근대의 세계, 그리고 지금 내가 아이들 세계와 함께 살아가고 있는 탈근대의 세계, 이 세 가지 세계를 모두 이어서 사유하는 것이었다. 그랬기에 내가 써야 할 철학사는 서양철학사도 동양철학사도 아닌 세계철학사여야 했고, 그 구성의 실타래는 전통과 근대 그리고 탈근대여야 했다."(4권 722). 한 시대의 난제들과 여기에 도전한 '사상가들의 모험을 포착, 그 사상들의 이유와 효과, 궁지를 짚어내는 것'이 철학사의 한 중요한 속성이라면, 그 사상들을 바라보는 현재의 자리는 그것들의 흐름을 통찰할 어떤 개념을 기준으로 취한 자리여야 한다. 탈근대의 자리에서 근대와 전통을 아우르는 철학사를 위해 저자가 취한, 아니 취한 것으로 읽히는, 개념은 "내재성"(immanence)이다.[4)]

## 2.1. 서술의 끈: 내재성

'내재성'이 동서양의 철학(지중해세계의 철학과 아시아세계의 철학)을 꿰는 '끈의 개념'으로 적용될 수 있는 것은, 그것이 갖는 각별한 탈근대적 의미가 있기 때문이다. 근대와 전통의 철학이 비롯한 자리지만 그것들이 '초월적(transcendent) 태도'로써 초월하거나 온전히 머무르지 못했던 자리, 명확히 말하면 시간과 공간에 처한 '경험의 세계'를 떠나지 않고 철학의 사유를 다시 세워야 하는 것이 탈근대의 철학자들에게 주어진 과제라면, 내재성은 철학의 역사를 다시 읽고 평가할 수 있는 현재의(탈근대의) 자리를 표상하게 된다. 따지고 보면, 철학의 흐름 속에서 나타나는 철학의 문제는 늘 '내재성'의 이탈과 연관된 '초월'(transcendence)의 문제였다. 따라서 우리는 이렇게 말할 수가 있다. 우리의 지금 이 시대에서 철학시를 쓴다는 것은 '내재성'과 '초월'이 빚는 '탈근대의 아포리아'를 전통과 근대의 철학에 대한 사(史)적 통찰을 통해 나름의 방식으로 해결, 철학의 비전을 달리 정립하는 일이다.

『세계철학사』는 이 난제에 매달린 현대의 철학, 즉 탈근대 철학의 미래를 위해 "과거에 대한 역사적 음미를 현재로 끌어와"(4권 8), 우리에게 더 나은 철학의 비전을 제공하려는 의지로 끓는다. 내재성은 한 철학의 논리를 가늠하고, 그 한계와 가능성, 사회 정치적 의의와 가치를 따져 이해할 수 있는 하나의 척도다. 시간과 공간으로 사물과 얽힌 우리의 자연적 세계를 가리킨다는 점에서 내재성은 모든 철학의 기점이다. 그러니까 철학은 내재성의 자리에서 취하게 되는 사유의 사건, 즉 '초월의 사건'이 된다. 철학의 역사는 '초월'의 역사이며, 따라서 사유의

4) Cilliam, C.(2017), *Immanence and Micropolitics: Sartre, Merleau-Ponty, Foucault and Deleuze*, 4-14.

그 내재성은 '초월로서의 철학'의 역사를 관통하고 있다. 철학들과 관련해 이야기되는 숱한 역사적 사실이나 사회-정치, 그리고 문화적 사태들은 이 내재성의 개념이 철학에서 어떻게 작용하는지, 또는 어떻게 취급되는지를 해명할 수 있는 요체로 작용한다.

내재성의 강도는 철학의 시대를 특징지으며 그와 연관된 조류를 형성한다. 『세계철학사』의 1권~3권은 이 내재성에 대해 '전통/근대'의 철학이 갖는 '부정성 혹은 미완성'과 연관된 고찰과 해명으로 구성된다. 그리고 그 해명의 대체는 다음의 사태를 가리킨다. 즉, 전통과 근대의 철학들에서 '내재성'에 대한 수용의 양상 정도는 그 거부의 양상에서와 달리 온전히 나타나는 것이 아니라 '미완의 가능성으로 나타난다. 따라서 내재성을 초월하거나 '초월적 실재'와 절충된 내재성을 펼친 이유와 논리를 추적하는 단계를 거쳐 선명한 내재성의 철학이라 할 수 있는 '탈근대의 철학'으로 회귀하며 '형이상학의 귀환'을 말하는 『세계철학사』(4권)의 논리를 고려하면, 우리는 이 책의 구성에 대해 이렇게 말할 수 있다. 즉, 이 책은 '초월로서의 철학'의 역사 속에서 나타나는 내재성의 '제한적' 양상과 전개를 기술함으로써 탈근대의 과제를 해소, 이념의 시대를 넘어 "동일자의 장소를 벗어난" 비-주체의 사유, "타자의 사유"(4권 646 이하)를 다듬는 시간, 그래서 "진보의 새로운 조건들"(4권 693)을 해결하는 현대의 시간에 정위(定位) 되어 있다. 총 4권으로 구성된 『세계철학사』는 다음의 구도를 취한다,

우선, 철학이라는 행위가 주로 유라시아 대륙에서 앞서 진행되었고, 근대 이전에는 동과 서의 철학 전통이 따로 전개되었다는 점에서, 1권은 "지중해세계의 철학"에, 그리고 2권은 "아시아세계의 철학"에 할애되었다. 3권에서는 지리적 여건이 아니라 시대적 상황으로 양자를 수렴, 근대 시기의 철학을 살펴본다. [이 중 2권은 '아시아세계'의 철학을

'지중해세계'의 철학과 함께 비교의 관점에서 논하는데(1권 11−13), 이 논의는 인도, 동남아시아, 중앙아시아, 중국, 한국, 일본의 철학들이 보이는 특성, 차이, 의의, 연관 등을 고려한 '통합'의 고찰을 수반한다. 그리고, '지중해세계'의 철학과 '아시아세계'의 철학은 근대에 들어와서 만나게 된다는 점이 고려되어 3권의 제목은 지역이 아니라 시대를 기준으로 동서양을 아우르는 "근대성의 카르토그라피"로 붙인다.] 이어, 전통과 근대, 그리고 탈근대가 중층으로 압축된 관점에서 서술된 4권은 3권에서 논해진 내용을 바탕으로 현대철학의 주요 성취들을 다루며 '탈근대 철학의 가능한 지평'에 대해 기술한다."(4권 7).

요컨대 '지중해세계의 철학'의 발생지 그리스의 철학에서 "세계는 '생성'이며 이 생성의 근저는 '동일성'"이다. 그래서 이 철학적 사유는 동일성의 이념으로써 생성을 넘어서는 곳에서 성립한다. "'생성하는 퓌지스'(자연)에서 '생성하지 않는 퓌지스'(본성)를 발견해 내는 것, 그렇게 함으로써 자신을 둘러싼 세계를 '합리적으로' 이해해 '삶의 최종 근거'를 찾아가는 것"(1권 846), 그것이 지중해세계에서 최초의 철학자들을 사로잡은 주제였다. 따라서 "자연철학의 흐름에서 가장 예민했던 사건은 파르메니데스가 '퓌지스'와 '존재'를 가르고 후자의 이름으로 전자를 격하했을 때 발생한다. 'physica'와 'metaphysica'의 이런 구분과 위계화는 이후 지중해 세계의 길고 긴 그림자를 드리우게 된다. 자연개념의 격하는 플라톤에서 확인되고(자연철학은 '그럼직한 이야기'일 뿐이다), 일신교 사상들에 의해 결정적으로 굳어진다. 그러나 다른 한편 이런 흐름과 대조되는 자연주의적 흐름 역시 면면히 내려왔음을 아리스토텔레스, 에피쿠로스학파와 스토아학파, 스피노자 등에서 확인할 수 있다. 자연과 초자연의 문제, 자연철학과 형이상학의 문제는 지중해세계 철학을 이끌어간 기본 문제들 중 하나다."(1권 847).[5] 반대로 아시아세계의 철학, 예컨대 고대 동북아 철학은 세계의 근저를 세계의 구조나 실체를 "모든 것이 그것으로부터 연역되는 아르케"(2권 129)가 아니라, '생성'[기화(氣化)]으로 파악했는데, 여기에서는 "세계의 심층은 '생성'이 되며, 오히려 현상세계의 물(物)이 동일성"(4권 705)이 된다.

"지중해 세계에서 자연철학이 모든 사유의 근간(형이상학)이 되었다면, 동북아세계에서는 역(易)학과 기(氣)학이 그 역할을 맡았기"(2권 189) 때문이다. 지중해세계의 철학과 아시아세계의 철학, 특히 동북아철학의 차이는 "자연철학과 역학의 차이"로 나타난다(2권 128). "동북아시아의 역학은 헬라스의 자연철학과는 달리 자연의 관찰은 어디까지나 현상의 의미를 얻어내기 위한 것이었다. 그리스 자연철학이 현상적인 것을 넘어서 본체적인 것을 찾으려 했고, 다(多)를 넘어 일(一)을, 시간을 넘어 영원을, 차이 생성을 넘어 동일성을 찾으려 했다면", 역학의 관심사는 현상적인 것(기의 변화)에 맞추어져 있다. "지중해세계의 철학이 현상세계의 실재성을 부정하는 데에서 출발한 데 비해, 아시아세계의 철학 특히 동북아세계의 철학은 현상세계의 실재성(생성 변화하는 기의 세계성)을 긍정하는 태도를 취하면서 출발했다"(2권 26). 동북아 자연철학에는 처음부터 그리스 특유의 환원주의는 배제된다. 역학의 핵심이 '현-상'(現-象)에 있기 때문이다(2권 125-6), 하지만 이 말이 전통의 동북아철학이 온전한 내재성을 취한다는 것을 뜻하진 않는다. 그것 역시 '아리스

---

5) 『세계철학사』는 하나의 갈래, 회의주의를 더 제시한다. "인식에 대한 집착 그 자체를 포기하고 판단중지로 나아간 회의주의 학파는 지중해 세계에서 제3의 길"을 보여준다, 이러한 사실은 지중해세계의 철학이 다음 세 물음에 상응하는 흐름들로 전개된다는 것을 뜻한다. 즉, "삶의 최종 근거는 자연에 있는가? 초자연에 있는가? 아니면 판단중지에 있는가?"(1권 847) 사실이 그러하다면, 이 철학의 역사는 그중 마지막 물음에 대한 명시적 혹은 암묵적 수용, 아니면 그에 대한 적극적 극복의 관점에서 첫 번째 혹은 두 번째 물음을 취해 전개된 사유의 역사라 할 수 있다.

토텔레스에서 스피노자, 라이프니츠로 이어지는 지중해세계 철학의 자연주의적 경향'에서 보이는 '초월적' 추상의 문제를 달리 갖고 있다. 이를테면 '형이상학적인 것'에 대한 '초(hyper)-현상'학적인 '수동적 초월'의 경험이 '능동적 인식'의 자리에서 변주된 것으로 이해할 수 있을 "현-상"에는 초월의 관념성(이것은 '기의 이(理)'가 아닌 '기에 대한 이'에 치중한 데에서 나온다)이 있다.[6] 그러나 일종의(미완의 '기의 이'라는 점에서 약

6) 『세계철학사』가 '동북아세계'와 '지중해세계'의 철학이 보인 차이를 중세의 철학에 대한 다음과 같이 빼어난 관점에서 해명한 것은 이러한 사실에서 나온다. 즉, "동북아세계의 사유는 지중해세계 사유와는 달리 존재론적 분열로부터 사유를 시작하지 않았다. 지중해세계의 경우 철학적 사유의 탄생 지점에서 이미 실재와 현상의 날카로운 이분법이 작동하고 있었다. 그러나 동북아세계의 경우 현상과 세계는 애초부터 화해하고 있었고, 바로 이 때문에 그리스에서와 같은 수준 높은 존재/인식론적 투쟁이 일어날 수 없었다. 그 대신에 이들은 난세라는 분열증 겪는다. 따라서 그 노력이 윤리와 정치로 쏠렸다"(2권 189). 동북아세계의 철학은 세계 초월적인 원리로서의 "아르케를 구하는 것이 아니라" 진리의, 도(道)[혹은 이(理)]의, 나타남을 어떻게 기(氣)의 세계에서 '경험/사유'하고 실천해야 하는지에 집중한다. 동북아세계의 철학은 "현실에 대한 충실성. 세계에서 가시적인 것들로 나타나는 것들(현상)이 뜻하는 바가 무엇인지에 대한 고민과 탐색"(2권 27)의 사유며, "지중해세계의 철학은 기본적으로 자연철학, 형이상학(과 인식론)을 기반으로 하고 그 위에서 인문학적 논의가 이루어졌다. "지중해에서의 철학이 퓌지스의 탐구로부터 시작했다는 것은 곧 그것이 인도의 철학에서 두드러진 내면 지향이나 동북아의 철학에서 두드러진 정치 지향이 아니라 자연 지향의 성격을 띠었음을 함축한다. 때문에, 이 철학은 자기의식과 실존의 성찰이나 타인들과의 관계 및 정치적 실천이 아니라 자연세계에 대한 지적인 탐구에서 그 실마리를 찾은 철학이었다. 이 철학은 경이롭게 다가오는 자연(퓌지스)을 대상화하고, 그 대상을 탈신화화 하는 방식으로 포착할 수 있는 개념들/원리들을 구성하고, '생성하는 퓌지스'에서 '생성하지 않는 퓌지스'를 발견"해 낸다(1권 846). 따라서 자연철학과 형이상학의 성격이 무엇인가에 따라 철학의 전체적 성격이 결정되었다. 그러나 동북아세계의 철학은 처음부터 끝까지 인문학적 사유다. 설사 자연이나 다른 차원을 논한다 해도 그 논의 성격은 전적으로 인문학적이다."(2권 828). 힌두교든 불교이든 도교이든. 유교이든 아시아세계의 중세철학은 마음을 길로 삼은 철학들. 인문학적(인간적, 역사적)인 지혜, 즉 사람의 마음을 탐구한 철학들이다, 또한 이로써 세계에 대한 회의의 태도는, 지중해세계에서와 달리, 실재의 본질

한)[7] '세계의 사유 내재성'을 가리킬 이 초월의 관념성은 뒤에 우선은 '근대 내부'에서 근대를 극복하는, 그리고 더 뒤에는 탈근대에서 연결되어 '근대 밖'(현대)에서 근대를 극복하는 계기가 된다. 그렇게 된 것은 무엇보다도, 동서를 막론하고, '전통의 형이상학이 인식론의 수준에서 수렴된 근대철학'에서 전통의 형이상학이 결국은 거부되었기 때문이다.

"근대적 과학기술이 탄생하려면 자연철학은 형이상학으로부터 독립하여야 한다."(3권 33)라는 생각을 따른 근대철학의 기획은 "자연철학을 형이상학에서 분리"함으로써 근대 자연철학이 초래한 문제들, 이를테면 "과학기술의 근저에 존재하는 존재론적 정향들"("기계론, 정신/신체 이원론, 갈릴레오 이래의 고전적 역학적 세계관에서 비롯해 근대 사유 전반을 관류한 '등질화, 환원주의, 일방향적 인과론', 아울러 헤겔 이래 전개된 목적론적 진화론" 등)을 드러냈다(4권 19). '근대 안'의 탈근대 철학과 ―이 철학에서는 '초월적' 차원이 자연 내재적, 즉 자연 자체 안으로 들어온다.―, '근대 밖'(현대)의 탈근대의 철학은 ―이 철학은 근대 내부의 탈근대철학 안에서도 남은 근대의 인식론적 한계, 즉 '초월적' 차원과 절충된 미완의 내재성을 극복한다.― 그러한 배경에서 나타난 것이다. 이는 결국 '형이상학의 귀환'으로 나타나는 탈근대 철학, 근대의 한계와 엮인 현대 형이상학의 형성 과정을 함축한다. 인식론적 태도, 이원론에서 오는 한

---

로서의 '아르케'(arche)의 결함 및 부재가 아니라 (실재의)'현-상'의 도(道) 또는 이(理)의 결함 및 부재에서 기인한 것이 되며, 회의 극복의 역사로서의 철학의 역사는 더욱 올바른 '도' 내지 '이'의 마음을 주장하는 다양한 '윤리/정치'적 사유의 역사가 된다.

7) 이 미완의 '세계의 사유 내재성'은 이후 후설의 '초월론적 내재성'으로 강화되며 베르그송, 메를로퐁티, 들뢰즈 등을 거치면서 '사유의 세계 내재성'으로 전환됨으로써 탈근대의 "순수한(pure) 내재성"(Cilliam, C., 앞의 책, 76 이하)에 대한, 혹은 동양의 관점에서 보면 순수한 '기의 이'에 대한, 현대 철학의 다양한 존재론적 논리가 펼쳐지게 된다.

계("등질화, 결정론, 일방향적 인과론, 환원주의, 발생적 오류" 등)를 보이는 "근대 형이상학으로부터 현대 형이상학으로 나가는 결정적 계기는 서구 사유가 그 전통으로부터 탈피해 동북아적 사유(예컨대 17~19세기의 왕부지, 대진, 최한기 등에서 '양명학의 주관주의, 주자학의 선험주의'를 논박하면서 펼친 '기의 형이상학')의 흐름과 공명하는 국면"(3권 291)으로 나타난다.[8)]

'기의 형이상학'과 공명하며 데카르트의 대척점에서 그의 자연철학을 대체할 새로운 형이상학을 구축한 지중해세계의 철학은 17~19세기의 스피노자, 라이프니츠, 칸트와 헤겔을 거쳐 20세기의 베르그송으로 이행하는 과정"의(4권 706) 양상으로 이어진다. 이들의 사유와 아시아세계의 철학자들(왕부지, 대진, 최한기 등)의 기 일원론적 형이상학은 모두 근대의 한계를 돌파하기 위해 근대 안에서 세운 '새로운 형태의 자연철학'을 토대로 나타난 새로운 형이상학이었다. 『세계철학사』는 "피지카(physica)에 기반을 두면서도 메타피시카(metaphysica) 수준의 사유를 펼친" 동서의 철학자들이 말하는 이 형이상학을 "표현주의 형이상학"으로 명명한다(3권 176). 이 형이상학이 탈근대의 '초월론적(transcendental) 경험의 사유로서의 형이상학' 혹은 '존재론적 형이상학'의 모습을 온전히 갖추기 위해서는 그 '초월적' 관념성 내지 추상성과의 절충 문제를 기일원성('기의 이') 또는 내재성('세계 내재적 사유' 혹은 '사유의 세계 내재성')의 강화로 해소하는 길이 남아있긴 하지만, "고대에 새로운 자연상

8) 하지만 이 '공명'은 하나의 차이를 전제로 한다. "기학(氣學)의 '기'에 대한 객관적인 사유는 아시아세계의 철학이 갖는 근대성의 중요한 특징을 이룬다. 하지만 과학과 형이상학의 간격이 멀어져 버린 지중해세계의 근대 자연철학의 경우에서와 달리, 여기서는 과학과 형이상학 사이의 거리가 최소화된다. 기학적 세계관은 구체적 현상으로부터 자연철학적 이치 그리고 형이상학적 원리의 차원까지를 연속적으로 파악하기 때문이다."(3권 1장 참조). 이러한 차이는 서구와 동양의 모더니티 차이로 나타난다.

의 등장이 문명의 거대한 분절을 가져왔듯이 17–20세기 초 등장한 새로운 자연 이해와 그 이해를 추동한 새로운 방법의 등장은 사유의 역사를 다시 한번 크게 분절"(3권 22)하는 계기가 된다. 데카르트의 기계론적 자연철학은 고중세의 자연철학['존재–신–론'(Onto–Theo–Logie)[9)]적 '아르케 철학'의 연역 논리]과 대비되는 새로운 패러다임의 자연관을 제시했으며, 이후 자연철학은 이 패러다임을 부단히 개혁해 탈근대 철학의 토대를 정초했다.

17–19세기 사이의 근대철학의 전개 양상에서 '근대 내부'에 존재하는, 따라서 미완의 것으로 나타난 '근대극복의 계기'를 살려 현대(탈근대)철학의 논리를 정초한 20세기 중반 이후의 철학자들(이를테면 들뢰즈)은 20세기 초반의 베르그송 사상을 정치하게 '심화/계승'하는 성찰[10)], 즉 "시간과 생명에 대한 성찰, 다원성과 이질성 중시, 단순한 인과론에 대한 비판과 우연의 역할에 대한 분석, 주객의 통합적 이해 등에 대한 참신한 성찰들을 통해 (근대 극복의)과제를 수행해 나갔다. 이 모든 사유들의 근저에는 무엇보다도 우선 '생성'에 대한 새로운 존재론적 음미가 깔려있었다. 이런 맥락에서 이 시점에 이르러 서구철학은 역(易)의 기(氣)를 근간으로 사유해 온 동북아 철학사, 화(化)의 사유를 전개해 온 인도철학사와 (탈근대의 사유로)만나게 된다. 우리는 이러한 흐름을 '생성존재론'이라 부를 수 있으며, 현대의 철학은 이 '생성존재론'으로서의

---

9) Heidegger, M.(1972), *Identität und Differenz*. 31.

10) "서양철학사는 동일자들을 사유해 왔고 베르그송에 이르러 비로소 이런 전통에서 완전히 벗어났다. 이 사유는 동일자들의 조합의 사유가 아니라 지속으로부터의 분화의 사유다." 역(易)이나 화(化)에 근거한 동북아 철학의 자리에서 보면 이 사유는 기(氣)로부터 물들이 분화하는 과정에 집중한다. 이 사유에 대한 정치한 개념화는 들뢰즈에서 나타난다. "오늘날 동양의 '기학'(氣學)은 서양의 '베르그송–들뢰즈'의 사유 갈래와 융합함으로써 새로운 생명력"을 얻을 수 있을 것이다(2권, 188).

'존재론적 전회'에서, 보다 넓은 시각에서 보면 형이상학의 부활에서 시작한다"(4권 20). 물론 이 부활의 시작은 내재성의 자리, 시간의 끈으로 사물과 묶인 공간, '경험의 세계'다. 그러니까 과거로의 여정을 통해 회귀한 '현재의 이타카(Ithaca)'는 처음 초월의 자리였던 셈이다. 우리는 다시 원점으로 돌아왔다. 그리고 여전히 문제는 '존재'다.

## 2.2. 내재적 사유와 형이상학의 귀환

"현대철학은 형이상학의 부활을 통해서 '존재'에 대한 새로운 사유의 문을 연다. 하지만 이때의 형이상학은 고전적인 형이상학의 체계들과는 다른 방식으로 문제를 제기한다." 현대 형이상학의 출발점은 그것은 '존재'에 대한 사유이되, 그 출발점이 '초(超)-시간'[의 "존재, 필연"]이 아니라 '시간'[에 걸려있는 "무, 우연"]이 된다(4권 21). 이러한 사실은 철학의 흐름에서, 초월적 차원이 이제 '자연 내재적인 것'으로서 자연 자체 안으로 들어오며, 세계가 이중적으로 파악된다는 것을 뜻한다. 즉, "자연은 그 표면적 차원과 심층적 차원으로 구분되어 이해되고, 형이상학의 차원은 그 심층에 들어앉는다. 인간은 이 차원과 근본적으로 같은 세계 내에 존재하는 것으로 파악되고"(1권 848), 그에 따라 우리의 이론적 실천적 지표로 작용할 가치, 즉 진리의 토대 역시 "초월로의 상승으로서가 아닌 심층적 차원의 현실화"(같은 곳)로서 파악된다.

현대의 철학이 전통의 형이상학과 단절하고도 여전히 초월의 관점에서 진리의 근거를 말할 수 있는 이유는 '사유의 세계 내재성' 때문이다.[11] 사유의 세계 내재성은 '우리'가 사는 '세계의 시간'을 뚫고 나가는

11) 이하 내용은 필자의 근간, 『현상학의 관점에서: 진리의 시간성과 정치성에 대하여』(충남대학교 출판부)의 '머리말'에서 현상학의 관점을 준거로 삼아 현대

'외재적 초월'이 아니라, 그것의 깊이로 파고들어 자신의 외부가 자신의 내부인 동시에 자신의 내부가 자신의 외부가 되는 사유의 초월이라는 의미에서의 '내재적 초월'을 가리키는 말이다. 따라서 이 말은 오랫동안 진리의 지평을 초-시간에 두었던 전통의 형이상학적 사유, 요컨대 세계의 모든 것을 차이의 바다로 내모는 '시간의 위력'에 말과는 달리 굴복('도피/투항')한 채 결국은 세계에 대한 자신의 무력함을 감추거나 대놓고 말하는 외재적 초월의 사유에 대한 극복을 함축하지만, 그 극복이 '진리의 근거를 묻는 형이상학' 자체와 단절하거나 세계를 사유하는 우리의 주관의 태도, 즉 초월 자체를 폐기하는 것은 아니다. 『세계철학사』가 "형이상학의 귀환"을 말하며(4권 19이하), 우리의 장래를 맡길 비전을 기대하는 것은 이 때문이다.

초월의 메타적 차원을 '세계의 시간' 외부가 아니리 내부에 둔다는 점에서 분명 전통의 형이상학과 단절하지만 어쨌든 초월의 관점을 취하는 이상, 세계 내재성을 갖는 사유를 말하는 현대의 철학 역시 형이상학이기는 마찬가지일 것이다. 하지만 "실재(reality)의 궁극적 성질을 묻는 형이상학"의 물음이 "경험된 바의 것으로서의 실재"[12)]에 대한 논증 위에서 수행될 이 형이상학은 전통 형이상학과의 변별성을 고려하면 대안의 형이상학으로 호명될 수 있다. 내재적 초월을 통해 진리의 존재론적 근거를 시간 속에서 발생하는 <세계의 '실재'>로서 전혀 달리 알려줄 이 형이상학의 사유는 초시간적 원리로써 타자를 동화시키는 전통의 형이상학적 주체가 치워진 자리에 들어선, 그러나 그것과 전혀 무관한 것

(탈근대)의 '새 형이상학'의 양상을 이야기한 내용의 일부를 가져와, 『세계철학사』에 대한 필자의 공감(이해)을 말하는 수준에서 재구성한 것이다.

12) Stewart, D./Mickunas, A.(1974), *Exploring Phenomenlogy: A Guide to the Field and its Literature*, 106-107.

이 아니라 그 아래에 숨겨졌던 전혀 다른 모습의 새로운 주체, 이른바 '비-주체'(a-subject)의 '초월론적 초월'의 사유가 된다. 그러나, '주체 없는 주체성'(가변의 주체성)을 갖는 '주체 아닌 주체'로 불리며 경우에 따라 탈근대(비-인간주의) 주체, 존재론적 주체, 미학[시(詩)]적 주체 등을 가리키기도 하는 '비-주체'의 사유가 곧바로 '사유의 세계 내재성'을 띤 대안의 형이상학을 말하진 않는다. 전통 형이상학의 세계 초월성을 비-인간주의적, 초월론-존재론적, 미학적 차원에서 변주하며 마침내 다시 세계를 초월하는 '비-주체'의 사유도 있기 때문이다.

세계 내재성을 띤 '비-주체'의 사유는 전통의 형이상학을 능가할 새로운 형이상학의 사유일 수 있지만, 그렇기 위해서는 그것이 시간의 위력을 시간 속에서 기꺼이 감내할 시간성을 취하는 동시에, 시간의 표면에 놓인 인식의 상대성과 회의(허무)의 덫에 걸려 다시 시간에 투항하지 않을 새 역량, 달리 말하자면 전통 형이상학의 사유 주체가 '외재적 초월'로써 취한 동일성의 초시간적 원리 없이 '세계의 시간' 내부에서 진리의 보편성을 만들어낼 경험의 "힘"(force)을 갖고 있어야 한다. 이는 '영원'의 길을 포기한 내재적 초월의 주체, 즉 '비-주체'의 시간성에 '정치성'이 더해져야 한다는 것을 의미한다. 이때 정치성은 어떤 정치 이념 이전에 우리의 사회적 체제와 질서의 구성에 필요한 진리의 보편을 시간에 처한 '여기 이 세계'의 깊이에서 '타자와의 관계'를 통해 앞서 취할 수 있게 해주는 사유의 존재론적 원리로서의 힘을 가리킨다. 내재적 초월의 사유가 삶의 '장소'(topos)에서 '우리'의 시간이 빚는 보편적 진리를 취할 수 있는 것은 '존재와 필연'이 아닌 '무와 우연'의 형이상학 위에서 성립하는 이 '경험의 힘' 때문이다. 진리는 아르키메데스의 점과 같은 어떤 특정의 토대나 이상의 자리가 아니라 시간 속에서 발생하며,

"진리의 언어는 언제나 방언적"이라는 주장은 여기에서도 유효하다.13)

그러니까 사유의 시간성에 '사유의 정치성'이 저절로 더해지는 것은 아니다. 이를테면, '외재적 초월의 어떤 가치를 취한 정치 이념에 매달린 사유'의 시간성이라는 것도 가능하며, 이때의 시간성 역시 정치성을 가질 수 있지만, 그것은 세계에 '주장/주지'된 외재적 사유로 인해 첨부된 정치성일 뿐 세계 내재적 사유의 시간성 자체가 갖는 정치성을 뜻하지 않기 때문이다. 그러므로 문제는 '어떤 시간성인가'에 있다. 그저 '세계의 시간'에 개입하는 사유가 아니라, 어떤 형태로든 그것을 초월하지 않고, 그렇기에 끝내 어떤 외재적 초월의 보편을 취하지 않는 사유가 있고 나서야 비로소 사유의 정치성도 성립할 수 있기에 그러하다.

요컨대, 사유의 세계 내재성은 '시간성'과 '정치성' 모두를 가리키지만, 전자가 반드시 후자를 뜻하는 것은 아니다. 사유의 시간성이 정치성으로 뻗으려면, 보편의 원리를 위해 취한 세계 초월의 형이상학적 사유 태도를 지우는 동시에 시간의 위력에 '도피/투항'하지 않을 때 가능하다. 이를테면, 칸트와 경험론자들에서처럼 시간을 인식의 배경에 놓은 경우는 차치하고, 인식의 전면에서 사유의 시간성을 말하며 진리와 시간을 묶은 헤겔의 철학과 이후의 독일역사주의, 마르크시즘, 생(生)철학, 실존주의 등에서 선명히 나타난 사유의 '시간성'들이 '세계 내재성'으로 이어지지 못한 것도 결국 사유의 시간성이 어떤 형태로든 <'세계의 공간을 뚫는 구멍(hole)'이 될 외재적 초월 '주체'>에 걸려있는 까닭에, 양상과 정도의 차이를 보일 뿐 그 보편의 원리가 정치성으로 뻗지 못한 채 '전통 형이상학의 객관주의적 관념성'을 달리 반복하거나 그것의 대극에서 주관주의적 관념성에 빠지는 사유의 사태에서 연유한다.

---

13) Rancière, J.(2008), 『정치적인 것의 가장자리에서』, 117.

『세계철학사』는 이 내재성을 회복하는 철학, 형이상학의 역사를 담고 있다. 무엇보다도 외재적 초월의 주체에 세계의 시간성을 묶는 '절충의 논리'가 문제였지만, 이 문제에 대한 극복의 관점에서 보면 이 논리는 다음의 물음을 세우며 사유의 세계 내재성으로 수렴될 현대철학의 입구가 된다; '주/객'관주의적 관념성을 지운 사유의 세계 내재성에 맞물릴 '비-주체'의 시간성은 어떻게 가능한가? 그리고 이 시간성의 정치성, 즉 '시간을 초월한' 혹은 '시간과 절충된' 주체의 형이상학적 원리가 아니라 시간 내부에서 '시간의 위력'에 투항하지 않고 진리의 보편성을 취할 사유의 '보편을 빚는' 힘이 어떻게 가능한가?

주관주의와 이것의 대극에 놓인 객관주의는 외재적 초월 주체의 인식론적 태도를 공유하는 대칭적 표현으로서, 세계의 시간을 초월하는 형이상학적 주체의 사유이기는 마찬가지다. 이 경우 주체의 사유가 시간성을 갖는다고 해도, 그것은 시간을 초월한 주체의 사유가 '시간에 개입'하는 것일 뿐, 그 주체의 사유가 시간성을 갖는 것은 아니다. 주체의 사유가 시간성을 갖는다는 것은 일차적으로 시간에 투항하는 '주/객'관주의적 주체의 상황(상대주의 회의주의)을 뜻하는 동시에, 이 상황을 극복한 새로운 주체, 즉 '비-주체'에 대한 모색을 부르는 사태를 이른다. 사실은 전통 형이상학의 '주/객'관주의적 주체가 취한 세계 초월('외재적 초월')의 계기였던 그 상황에서 '비-주체의 사유' 내지 '대안의 형이상학적 사유'가 가능할 수 있었던 이유는 이 상황을 초월('도피')하지 않고 이 상황 속에서 인식론적 태도의 한계를 넘어 새로운 보편의 원리를 찾아낸 대안의 형이상학적 초월, 즉 '내재적 초월'에 있다.

사유의 세계 내재성은 시간 초월적인 '주/객'관의 주체가 와해 된 곳에서 되찾은 '시간성'의 한계 내에서 인식의 상대성과 회의의 허무를 극복할 힘의 '정치성'을 갖는 '비-주체'의 사유를 특징짓는 말이 된다. 관건은 '세계의 시간' 내부에서 시간을 감내하는 사유의 역설들, 이를테면 세계 내부에서 '세계의 내부가 되는 세계의 외부'로 초월하는 역설과 <주체 아닌 주체('비-주체')>로써 <타자의 차이성을 수용하며 보편을 취하는 힘>의 역설을 '해소'할 논리다. 정치성 없는 사유의 시간성은, 비록 세계 내재적 사유의 시간성이라 해도, '우리'의 진리에 걸었던 해방의 꿈과 열정을 이 세계의 공간을 초월한 관념의 허구로 만드는 전통 형이상학의 우(愚)를 극복할 수 없다. 그 우를 딛고 해방의 꿈과 열정을 되살릴 '우리'의 진리를 달리 이야기해줄 '사유의 세계 내재성'은 타자와 함께 '우리'의 삶을 펼쳐내는 구체의 '장소', 그 사회적 현실의 시간과 공간을 초월하지 않는 '비-주체'의 내재적 초월과 이로부터 생겨날 보편의 원리가 있을 때 성립한다.

현대(탈근대)의 철학은 근대철학을 이으면서도 근대인식론적 형이상학에 내재한 한계(등질화, 결정론, 일방향적 인과론, 환원주의, 발생적 오류)를 극복하며 형이상학의 부활을 알린다. "경험적 주체와 선험적 주체라는 근대철학의 화두"를 물려받아 그것들의 초월성을 극복하고 생성의 '순수한 세계 내재성'을 취할 수 있게 된 것은 현상학적 사유에서 비롯한다(4권 350). 이정우의 『세계철학사』가 역설하는 "베르그송-들뢰즈의 사유 갈래"(2권, 188)라는 것도 따지고 보면 현상학의 매개가 있어 가능했던 사태라 할 수 있다. 특히 퐁티는 후설, 하이데거, 사르트르의 현상학적 초월에 든 사유의 관념성[14]과 단절한 채 줄곧 거기에 거주하

14) 진리의 '시간성과 정치성'으로 귀결될 사유의 세계 내재성이 제대로 논구된 것은 메를로퐁티의 현상학에 와서였다. 헤겔 이후 사유의 시간성을 대놓고 취한 철학들이 남긴 문제, 즉 '세계의 시간'과 '사유의 세계 초월성'을 묶는 절충으로 인해 끝내 메우지 못한 세계의 균열 및 이에 수반한 '정치성의 결여'를 해소하며 사유의 '세계 내재성'을 온전히 펼쳐 보인 그의 현상학의 요체는 <'주/객'관주의의 인식론적 태도의 관념성을 지운 존재론적 사유의 '장소'>

는 '비–주체의 경험'을 "세계에 바쳐진 주관"(un sujet voué au monde)이 될 "세계–내–존재"의 초월로서 취하며 '세계의 시간'을 초월하지 않는 사유의 '세계 내재성'을 온전히 현실화한다. 그들에 함축된 <공간에 대한 시간의 인식론적 혹은 존재론적 사유의 초월론적 관념성>을 들어내고, 그것에 묻히거나 손상된 '비–주체'의 <세계 내재적 초월, 즉 '초월론적 경험'>을 '복구/재건'해 사유의 <온전한> '세계 내재성'의 일단(一段), 즉 '사유의 세계 내재성'에 맞물린 '비–주체'의 시간성을 정초한다.

메를로퐁티 이후 '사유의 세계 내재성'을 주제로 취한 현대의 철학은 그가 말한 '세계의 주름'[15], 즉 시간의 한계를 무릅쓰며 '감각의 힘'으로 진리의 보편을 빚어낼 '비–주체'('몸/신체', 살)의 사유를 취하되 그

---

를 발하는 '위상학'(topology)의 논리다. 사실은 후설[주체]과 하이데거[비–주체]의 현상학에서 먼저 취해지고, 이어 사르트르[주체]의 현상학에서도 수용된 이 논리는 이들의 단계에서 사유의 '세계의 시간성'을 취한 '주체' 또는 '비–주체'의 '세계 내재적 초월'에 접하는 초월론적 성취(주관주의와 객관주의를 넘어선 인식론적 '주체'의 사유와 존재론적 '비–주체'의 사유)를 보였지만, 보편을 위해 다시 '세계의 공간'을 초월하는 인식론적 혹은 존재론적 행보로 인해 그 초월의 의의를 간과, 정치성을 갖지 못하거나[후설, 하이데거] 미완의 정치성에 그치는[사르트르] '주체' 또는 '비–주체'의 관념성을 남기게 된다. 후설, 하이데거, 사르트르의 현상학이 '내재적 초월'의 사유에 접하면서도 사유의 정치성에 미처 혹은 제대로 주목하지 못했던 이유 역시 외재적 초월의 사태를 허용하는 절충의 논리에 있었다. 실제로 그들의 내재적 초월은 보편을 위한 또 한 번의 초월(즉, 세계 속에서 사유의 보편을 위해 주관의 내부로 파고드는 초월)로 인해 '세계의 시간'성을 묻거나 손상하며 또 다른 절충, 즉 '사유의 시간'으로 환원된 '세계의 시간'을 가리키는 인식론적 혹은 존재론적 절충에 그친다. 이러한 사실은 그들의 '주체' 또는 '비–주체'("순수자아", "실존/탈존", "즉자–대자")가 말하는 초월의 '내재성'이 '세계의 사유 내재성'에 빠져 있거나 걸쳐있음을 뜻한다. Husserl, E.(1962), *Die Krisis der europäi–schen Wissenschaften und die transzendentale Phänomenologie*; Heidegger, M., *Sein und Zeit*; Sartre, J.–P., *L'Êter et Le Néant* 참조.

15) Merleau–Ponty, M.(1945), *Phénoménologie de la Perception*, 249.

힘의 가변성을 강화해 낙관성을 넘어서려는 논리의 다양한 표출로 전개된다. 이와 연관해 『세계철학사』는 이렇게 기술하고 있다. 즉, "현상학적 사유의 초점은 '나타남'의 차원에 있다. … 그러나 인간의 진상은 나타남의 차원이 아니라 그것의 바깥에서 볼 때 비로소 드러난다고 하면 어찌할 것인가?"(4권 347). 이 물음은 메를로퐁티가 이야기한 '감각의 힘'('세계의 로고스') 내면에 놓여있던 더 깊은 힘에 주목, 약한 정치성을 강화해 '사유의 세계 내재성'을 더 견고히 하려는 모색을 부른다. 그리고 이 모색의 양상은 '세계의 주름' 내면에 있는 감각의 또 다른 힘들을 통해 타자성을 강화하는 "타자론"(hét-érologie), 또는 "인간의 존재를 바깥에서 보고자 한 사유"(4권 347)의 관점에 따라 갈라진다.

이를테면 들뢰즈의 경우가 그렇듯, 메를로퐁티가 '세계의 로고스'라 말한 '감각의 힘'을 '세계의 욕망', 즉 '세계-내-존재'인 '몸/신체'(살)의 감각에 직접 작용하는 '욕망의 리듬'(신경 시스템, 기질, 본능, 생명의 운동 등)으로 대체한 '비-주체'(생성의 욕망이 빚는 주체가 된 '세계의 주름')의 사유를 취하거나, 아니면 『세계철학사』에서는 논급되지 않았지만 랑시에르에서처럼 '세계의 '로고스'를 <조화의 낙관성이 제거된 불화의 로고스>로 대체한 '비-주체'["주체화"(subjectivization)[16]를 통해, 배제된 잉여(剩餘)의 감각에 임하는 주체가 된 '세계의 주름']의 사유를 취한 시도는 그 갈래의 한 형국이다. 하지만, 현상학의 극단에서 이루어진 이들의 성취가 가능한 '사유의 세계 내재성의 문제'를 다 해소하는 것은 아니며, 메를로퐁티의 현상학적 성취를 과거의 것으로 만드는 것도 아니다.

'대체/강화'된, 때문에 '고정의 주체성'과 말끔히 단절할 수 있는 '감각

16) Rancière, J., 앞의 책, 16-18.

의 힘'에 달리 부여된, 보편의 기재들로 인한 그들의 한계, 즉 "타자-되기"와 "타자와의 불가능한 동일시"의 에토스로 보편의 힘을 더욱 선명히 자연화 및 '사회/역사'화한 까닭에 '욕망'과 '불화의 로고스'가 갖게 된 한계 [무엇보다, 가늠키 쉽지 않은 '탈주(脫走)와 연대의 텔로스(telos)']가 '상호주관성/가역성'의 성취[진보에 대한 역사주의적 믿음]를 소환하기 때문이다. 시간에 걸려있는 모든 행위가 그렇겠지만 철학의 흐름에도 절대의 성취나 절대의 실패는 없다. 차라리 모든 귀결은 미완에 그친다. 중요한 것은, 앞선 이들이 남긴 문제를 또렷이 인지하고, 이를 통해 우리의 것이 될 타자 해방의 논리를 모색해 나갈 사유의 역량과 그 해방의 방도를 체계적으로 '기획/수행'할 실천의 역량을 더 단단히 다지는 일에 있을 것이다.

## 3. 희망의 서사(敍事)

이정우의 『세계철학사』는 '지중해세계'의 철학을 두고 "결국은 현실과 이상 사이에서 움직이는 사유의 운동"(1권 848)이라 했지만, 이는 '아시아세계'의 철학이나 이후 '근-현대의 철학'에서도 사실은 마찬가지다. 다른 것이 있다면, 그 운동의 양상(현실과 이상의 사이 혹은 관계)이 보이는 차이일 것이다. 세계 내재적인 '비-주체'의 사유가 '감각의 사유'라는 점에서, 그리고 이 감각에 작용하는 보편의 원리가 힘이라는 점에서, '사유의 세계 내재성'〔현실〕을 통해 '우리'의 해방〔이상〕에 바쳐질 진리의 근거를 이야기하는 현대의 철학, '귀환의 형이상학'은 미학이자 정치학, 달리 쓰자면 "미학의 정치학"이 된다. 하지만 '힘'과 감각' 위에서 진리의 발생(생성)과 사유의 문제를 다룸으로써 현실과 이상 사이에 그어진 초월의 경계를 지운 이 철학은 '앞서 사유에 각인된 진리' 위에서 '힘'과 '감각'의 문제를 다루는 종래의 정치철학이나 미학과는 사뭇 다르다.

우선, 이때의 "정치학"은 미시적이다. 전통의 철학이나 마르크스, 니체의 철학에서처럼 <특정한 '주체'의 끈으로 묶은 '우리'의 사유>로써 '진리의 힘'이나 '힘의 진리'를 논하는 것이 [이것은 '헤게모니를 쥔 주관'(주체)이 빚은 진리로써 실제 현실의 정치에 대해 말하는 종래의 정치철학이나 미완의 '미학의 정치학'이 된다[17]] 아니라, "고유하지 않은 고유함"(un propre impropre)을[18] 갖는 숱한 '나'들('비-주체')의 '장소'(시간과 공간)에서 연유하는 '우리'의 초월론적 경험의 사유로써 '힘의 진리'를 논하기 때문이다. 그리고, 이때의 "미학"은 역설적이다. 마찬가지로, <특정한 '주체'의 끈으로 묶은 '우리'의 사유>로써 '감각의 진리'를 논하는 것이 [이것은 헤게모니를 쥔 주관(주체)이 빚은 진리로써 '감각의 진리'를 부정하거나 '규정/제한'하는 전통의 제도(制度)적 미학이 된다] 아니라, 감각의 본질을 사유의 본질로 취한 까닭에 어떤 '주체'의 의식으로 이행되지 않은 '주관'('비-주체', '몸/신체' 또는 '살', "기관 없는 신체", "고기"[19] 등)의 전(前)의식 혹은 무(無)의식의 '경험'에서 [이 경험은 굳이 말하려 든다면 <아직 의식이 개입되지 않은, 때문에 세계의 '침묵' 혹은 '암호'에 처한 "비이성"(déraison)의 사유>라 말할 수도 있

17) 『세계철학사』 4권의 4부 "세 이념의 시대"의 "자유주의와 자본주의, 사회주의의 이상과 현실, 파시즘 시대의 철학자들"은 이 같은 '근대적 주체'의 의의 및 결함과 연관된 정치사상들에 대한 고찰로 읽힐 수 있다. (4권 549 이하) 이 고찰은 '정치철학'의 새 모색을 넘어, '진리의 정치성'과 연관된 타자론(hétérologie)적 '미학의 정치학, 혹은 미시정치학'으로서의 탈근대 철학을 향해있다.

18) Rancière, J., 앞의 책, 115-116.

19) Deleuze, G.(2003), *Francis Bacon, The Logic of Sensation*, 19 이하.

다] 발생하는 의미의 사유로써 '감각의 진리'를 논해야 하는 까닭에서다.

물론 '미학의 정치학'으로서 현대의 철학이 말하는 사유, 즉 '비-주체'의 '세계 내재적 사유'는, 메를로퐁티나 들뢰즈, 랑시에르의 철학이 그렇듯이, '힘'에 관한 제반의 거시 담론들(실제 현실의 정치를 논하는 '사회과학으로서의 정치학'을 포함한)과 단절하지 않으며 이성적 의식 이전의 비이성적 의미의 영역에 그치는 것도 아니다. '세계의 주름'['몸/신체'(살)]으로 해명된 비-주체의 초월로써 입증된 '세계 내재적 사유'는 개인을 전체로 환원치 않는 '우리'의 사유인 동시에 '이성적 의식의 개념' 이전의 '비이성적 감각의 의미'와도 단절하지 않는 '의식'의 사유다. 이렇게 말할 수 있는 이유는, 이제야 말하게 되었는데, '사유의 세계 내재성'이 어떤 임의의 조작이 아니라 '언어의 고유한 규칙으로의 귀환'을 통해 가능한 것이기 때문이다. 요컨대, '비-주체'의 사유는 세계와 인간을 분리하는 '재현의 신화'에 빠진 채 '말해지지 않은 것들'을 '은폐/제거'하며 '세계의 침묵 또는 암호'와 난절한 두명한 의식의 '이성'에 매달린 '주체'의 언어를 '시(詩)적 본질'의 언어, 즉 <'침묵과 소리'('암호와 기호')가 하나로 묶인 불투명한, 그러나 더 진정한 의식의 '이성'에 매달린 언어>로 변형해 취한 사유다. '감각과 이성', '의미'와 '개념', '전/무의식'과 '의식'의 단절을 꿰매어 봉합한 '비-주체'의 사유는, 따라서 '몸/신체'(살)로서 생각하는 '주름'의 사유로서, '주체'의 사유와 달리 의식의 깊이에 놓여있던 '감각의 경험을 의식으로 끌어들인 '육화된 의식'의 초월론적 사유다.

사실은 현상학적 관점이 있고서야 비로소 선명한 논리를 얻게 된, 그러나 그 관점이 '순수 의식' 주관의 것에서 '몸/신체'(살)의 감각의 '육화된 의식' 주관의 것으로 바뀐 이후에 가시화된 이 '비-주체'의 사유는 의식[의 이성과 개념, 나아가 이것들로 이루어지는 '관념'] 자체를 부정하지 않는다. 현상학이나 현상학의 문제를 해소하는 초-현상학적 논리를 취하는 초월론적 철학은 처음부터 극단에 이르기까지 '좋은 이성'의 의식을 정립하기 위한 철학이기 때문이다. 그러니까 '비-주체'의 사유가 세계 내재성을 취한다는 것은 의식의 배제가 아니라, 감각의 '로고스'나 '욕망'(말이 달라서 그렇지 사실 이 욕망은 '세계의 욕망'으로서 이성의 본질이 된다는 점에서 세계의 '이치, 로고스'와 다르지 않다)의 '힘'을 통해 전통의 철학들이 말하는 의식이 갖는 한계('주/객관'주의적인 이성의 개념과 관념)를 돌파한 주관의 의식, 곧 '세계의 의식'을 취한다는 것을 뜻한다: 우리 주관의 의식이 취할 "최상의 이성은 비이성에 닿아있는 이성이다."[20] 어떤 의미에서 『세계철학사』는 이 이성을 향해 세계의 모든 철학이 내재와 초월의 긴장 속에서 변화해 왔음을 알려준다.

현대의 '탈근대 철학'은 "형이상학의 부활"로 특징지어지며, 이 새로운 부활의 형이상학은 근대의 인식론과 형이상학에 내장된 문제점들과 대결하면서 펼쳐진다. 물론 이 펼침의 방식이 '생성존재론'의 초월론적 형이상학의 길에만 있는 것은 아니다. 근대의 "경험주의 및 실증주의의 편협함을 넘는 고도의 수학적인 새 유형의 합리주의적 형이상학"의 길도 있으며, 이 길 역시 근대의 인식론적 형이상학의 문제와 대결하면서 전개된다(3권 719). 이 경우 관건은 전통의 '유물론-관념론'적 인식론의 이원성을 지양하는 형이상학, 달리 말해 세계가 물질로 환원되지 않는 비환원적 물리주의나 유물론의 '과학적 형이상학'의 확보일 것이다. 아마도 이는 '생성존재론'의 초월론적 형이상학과의 상호 보완적 대화를 통해 가능할 것인데, 이 대화가 필요하기는 세계에 대한 의식의 주관성(인간주의적 관념성)을 온전히 넘어서야 하는 후자('초월론적 생성의 형이상

20) "la plus haute raison voisine avec la deration."(Merleau-Ponty, M.(1948), *Sens et Nonsens*, 9).

학')의 경우에서도 마찬가지라 할 수 있다.

우리의 환경이 우리의 사유를 규정하지만, 동시에 우리의 사유가 우리의 환경을 규제하기도 한다. 철학이 초월이되 '재귀의 초월'이라는, 그래서 '사악한 희망'과 좋은 희망을 우리에게 동시에 줄 수 있는 것이라면, 철학의 책무는 부단히 더 나은 '희망의 원리'를 우리의 현실 내부에서 찾는 데에 있을 것이다. 이정우의 『세계철학사』에는 '타자의 사유'로서 진보의 새로운 조건을 철학의 역사적 귀결을 통해 이야기하는 '희망의 서사'가 있다.

## 참고문헌

이정우(2011), 『세계철학사 1: 지중해세계의 철학』, 도서출판 길.
(2017), 『세계철학사 2: 아시아세계의 철학』, 도서출판 길.
(2021). 『세계철학사 3: 근대철학의 카르토그라피』, 도서출판 길.
(2024), 『세계철학사 4: 탈근대 사유의 지평들』, 도서출판 길.

Cilliam, C.(2017), *Immanence and Micropolitics: Sartre, Merleau-Ponty, Foucault and Deleuze*, Edinburgh University Press.
Deleuze, G./Guattari, F.(1995), 『철학이란 무엇인가』, 이정임 외 옮김, 현대미학사.
(2003), *Francis Bacon, The Logic of Sensation*, translated by D. W. Simith, Minneapolis, University of Minnesota Press.
Heidegger, M.(1972), *Sein und Zeit*, Tubingen, Max Niemeyer.
(1978), *Identität und Differenz*, Pfullingen, Gunter Neske.
Husserl, E.(1962), *Die Krisis der europäischen Wissenschaften und die transzendentale Phänomenologie*, The Hague, Martinus Nijhoff.
Merleau-Ponty, M.(1945), *P*hénoménologie de la Perception, Paris, Gallimard.
(1948), *Sens et Nonsens*, Paris: Nagel.
Rancière, J.(2008), 『정치적인 것의 가장자리에서』, 양창렬 옮김(2008), 도서출판 길.
Russell, B.(1988), 『서양철학사(상-하)』, 최민홍 옮김, 집문당.
Sartre, J.-P.(1943), *Being and Nothingness*, translated by E. H. Barnes(1957), London, Methuen & Co Ltd.

Stewart, D./Mickunas, A.(1974), *Exploring Phenomenlogy: A Guide to the Field and its Literature*, Chicago, American Library Association.

# 일본 치쿠마출판사는 세계철학사를 어떻게 썼나?
## : 세계철학에서 지구철학으로*

조성환

## 1. 치쿠마출판사 『세계철학사』 시리즈

최근 일본의 치쿠마출판사에서 나온 『세계철학사』 시리즈가 이신철에 의해 번역되어 국내에 출간되었다. 이 시리즈는 2018년 무렵에 기획되었고, 코로나가 막 시작되던 2020년에 일본에서 간행되었다. 총 9권으로 되어 있고, 100명이 넘는 저자가 참여한 대작이자 야심작이다. 각 권은 10개의 장으로 이루어져 있고(단, 별권은 13장), 전 9권 중에서 마지막 권은 별권으로, 그 내용은 철학사가 아니라 편집자들의 대담과 특

---

* 이 글은 2025년 5월 31일에 전북대학교에서 개최된 <(2025년 한국동서철학회 춘계학술대회) 세계철학사, 어떻게 옮기고 어떻게 쓸 것인가? 과거, 현재 그리고 미래>에서 발표한 필자의 원고 「일본 치쿠마출판사는 세계철학사를 어떻게 썼나?－World Philosophy에서 Global Philosophy로」를 수정한 것이다. 당시의 발표 원고는 이후에 약간의 수정을 거쳐서 「세계철학(World Philosophy)에서 지구철학(Global Philosophy)으로」라는 제목으로 『문학 사학 철학』 제81호(2025년 여름)에 수록되었는데, 이 원고는 그것을 다시 약간 수정한 것이다.

집 논문들이다. 문체는 평이하고 간결하여 가독성이 높고, 각 장이 끝날 때마다 참고문헌을 서너 권 정도 제시하고 있다. 또 각 권마다 철학을 주제로 한 짧은 칼럼이 3~5개가 들어가 있다. 편집자는 이토 구니타케(미국철학), 야마우치 시로(서양 중세철학), 나카지마 다카히로(중국철학), 노토미 노부루(서양 고대철학) 총 4명이다.

이 철학사의 문제의식은 기존의 철학사가 서구 중심으로 서술되어 왔다는 편향성에 대한 반성에서 출발한다. 즉, 철학사의 유럽중심주의에서 탈피하여 균형잡힌 서술을 지향한다. 그래서 20세기 초에 야스퍼스가 제기한 '세계철학의 필요성'이라는 문제의식을 잇고 있다. 야스퍼스는 1930년대에 '세계철학'을 구상하고 있었고, 1950년대에 쓴 논문에서는 "우리는 유럽 철학의 황혼으로부터 세계철학의 여명에 이르는 길 위에 서 있다."라고 썼다(1:34).[1] 하지만 이 시리즈의 편저자 중 한 사람인 노토미 노부루에 의하면, 야스퍼스의 세계철학 기획에는 "그 근저에 유럽중심주의가 뿌리 깊게 남아 있다는 비판도 있다"(1:36). 즉, "야스퍼스 역시 고대 그리스 철학을 높이 받들어 숭배하는 한 사람의 서양철학자로서, 그 한계를 충분히 벗어나지 못한" 한계를 지니고 있다(1:36–37).

그래서 이 시리즈는 야스퍼스의 문제 제기에 공감하면서, 그 한계를 뛰어넘으려는 취지에서 기획되었다. 이러한 문제의식에서 종래의 세계철학사에서 주목받지 못했던 동아시아철학은 물론이고 이슬람철학이나 아프리카철학 등도 다루고 있다. 번역자인 이신철에 의하면, 중국철학에 대해서는 총 8개의 장이 할애되고 있고, 인도철학과 이슬람철학은

1) '1:34'는 치쿠마판 세계철학사의 '제1권 34쪽'을 말하며, 이하에서도 마찬가지의 방식으로 표기하였다. 단 '별권'의 경우에는 '별'로 표기하였으며, 번역서를 인용한 경우 가독성을 위해 약간의 윤문을 가하기도 하였다.

각각 4개의 장에서 다루고 있다. 이 외에도 '현대의 아프리카 철학'(제8권 제10장)을 비롯하여 '조로아스터교와 마니교'(제2권 제7장), '중세 유대철학'(제4권 제10장), '페미니즘의 사상과 여성'(제8권 제4장), '몽골의 불교와 샤머니즘'(별권 제12장) 등의 장도 마련되어 있다.

또한 일본에서 나온 세계철학사이니만큼 '일본철학'의 서술 비중이 단적으로 높은 것도 특징적이다. 이신철에 의하면, 모두 5개 장이 일본철학에 관한 내용이고, 이 외에도 3개의 장이 일본철학과 관련된다(1:15). 이러한 구성에는 '일본철학의 독자성'을 강조하면서 일본철학을 '세계철학'에 자리매김하려는 의도도 담겨 있다(실제로 별권에는 나카지마 다카히로의 「세계철학으로서의 일본철학」이라는 논문이 실려 있다). 이에 반해 한국에 관한 서술은 전체 9권 중에서 단 한 챕터에 머물고 있다(중세(3)의 제8장 「근대 조선 사상과 일본」, 5:231－260). 그것도 근대나 일본과의 관계 속에서 다루어지고 있다. 과거에 한일 간의 사상 교류가 활발하였고, 최근에 전 세계적으로 '한류'가 유행하면서 한국철학에 대한 관심이 조금씩 생기고 있는 현상에 비하면 아쉽다고 하지 않을 수 없다.

이 외에도 집필자 중에 젊은 학자들이 많이 참여한 것도 이 시리즈의 특징이다. 편집자의 한 사람인 야마우치 시로(山内志朗)는 편집자 대담에 실린 ＜일본철학의 가능성＞이라는 글에서 다음과 같이 밝히고 있다.

> 이번에는 가능한 한 젊은 분들에게 써줄 것을 부탁한다는 방침을 세웠고, 30-40대의 분들도 많이 써주셔서 좋았다고 생각합니다. 이번으로 각각의 분야에 관한 연구가 끝나는 것이 아니라, 젊은이들에 대한 숙제라고 할까 '나는 이러한 일을 하고 싶다'라는 선언과 같은 형태로 써주셨습니다. 이후 그와 같은 젊은 분들께서 새로운 기획 아래 좀 더 나아간 철학사를 쓰기 위한 하나의 발판이 되면 좋지 않겠나 생각합니다. (1:127)

이에 의하면, 학계의 원로나 중진보다는 '학문후속세대'에게 가급적 집필 기회를 줌으로써 차후에 이 시리즈의 후속편을 기대하고자 하는 '미래지향적인' 기획 의도를 엿볼 수 있다.

각 집필자에게 자신의 연구 분야를 객관화해서 서술할 것을 부탁한 점도 특징적이다. 노토미 노부루(納富信留) 편집자는 이 점에 대해 다음과 같이 밝히고 있다.

> 젊은 분들도 포함하여 이번에 기고를 부탁할 때 "세계철학사 속에서 당신은 자신의 연구 대상을 어떻게 자리매김하십니까?"라고 하는 편집자들의 질문을 드렸습니다. 그런데 지금까지 이런 물음을 들은 연구자는 한 사람도 없지 않았을까 생각합니다. 예를 들어 근대의 데카르트를 연구하는 사람은 "세계철학사 속에서 데카르트가 한 일은 무엇이었는가?"라고는 생각하지 않습니다. 대신 "데카르트의 『성찰』 몇 쪽 몇째 줄에 이러한 논의가 있습니다"라는 이야기로 시종일관하고 있었습니다. 현대의 우리가 대학에서 하는 철학이 모종의 자가 중독에 빠져 있었던 것은 우리가 던진 물음이 반드시 명료하게 의식되지 않았기 때문입니다. … [이러한 질문도] 이번의 성과였다고 생각합니다. 앞으로도 계속해서 물음으로써 세계철학 · 세계철학사가 시작되는 것이 아닐까요? 저 자신은 선생님들로부터 그러한 질문을 받은 적이 없습니다. … 저 자신의 전문 분야도 포함하여 그와 같은 물음을 대단히 많은 분에게 제기하여 이 넓은 마당으로 초대한 것은 하나의 성과이고, 이것은 앞으로도 계속되어야 한다고 생각합니다. (별:128~129)

자신이 전공하는 철학자의 텍스트에 매몰되지 않고, 그것이 세계철학사의 어느 지점에 위치하는지를 가늠할 수 있는 거시적인 시야를 가져야 한다는 것이다. 대단히 중요한 지적이라고 생각한다. 한국철학이나 동학을 연구하는 필자도 이러한 비판에서 자유로울 수는 없다. 다행히 10여 년 전에 아프리카 영문학자 기타지마 기신(北島義信) 교수와 대화를 나누면서, 그의 '토착적 근대'(indigenous modernity) 개념으로부터 영감을 받아서 동학이나 천도교를 20세기에 라틴아메리카나 아프리카에서 전개된 탈식민철학의 일환으로 자리매김할 수 있는 시각을 얻게 되었다.[2] 하지만 이것으로는 여전히 부족하다. 개인적으로 일본의 이슬람 연구자인 이타가키 유조(板垣雄三) 교수와 얘기를 나눈 것이 있는데, 동학을 세계사적인 지평 위에서 이해하려는 질문을 마구 던져서 진땀을 흘렸던 기억이 있다.

마지막으로 전체 분량 중에서 '중세' 부분이 가장 많은 것도 이 시리즈의 남다른 구성이다. 즉, 고대와 근대가 각각 2권으로 되어 있고, 현대는 1권으로 되어 있는 반면에, '중세' 부분은 총 3권을 차지하고 있다. 하지만 중세편 제3권(14세기-17세기)은 중세에서 '근세'로의 이행기로 보고 있다. 즉, 중세와 근대 사이에 '근세'라는 시대 구분을 설정하고 있는 것이다. '근세'는 일본에서 나온 동아시아사상사 연구서에서도 종종 사용되는 개념으로, 영어로 바꾸면 '초기 근대'(early modern)에 해당할 것이다. 따라서 '근세'라는 시대 설정도 일본에서 바라본 세계사의 일환으로 볼 수 있다.

이상에서 알 수 있듯이, 이 시리즈는 여러 장점과 실험을 겸비한 하나의 '철학 운동'(별:132)의 성격을 지닌다. 그런 점에서 우리가 배울 점

---

2) 조성환(2018), 『한국 근대의 탄생』, 120-129.

도 많다고 생각한다. 이하 본문에서는 이상의 특징과 장점을 상술하면서 필자가 생각하는 이 시리즈의 한계나 향후의 과제에 대해서 간단히 언급하고자 한다.

## 2. 탈유럽중심주의: 서양철학을 지방화하기

본 철학사는 기존 철학사에 대한 반성에서 출발하고 있다. 이 책의 대표 편집자인 이토 구니타케(伊藤邦武)는 근대편 제1권 「머리말」에서 다음과 같이 말하고 있다.

> '철학사'는 지금까지 서양만을 대상으로 하고, 거기서 벗어난 지역과 전통을 그 틀 밖에 두어왔다. 그러나 현재 우리가 살아가는 세계는 서양 문명의 틀을 넘어서서 다양한 가치관과 전통이 교차하면서 일체를 이루는 새로운 시대를 맞이하고 있다.
>
> 이로 인해 새롭게 구상된 '세계철학'은 단지 이런저런 지역들의 철학적 영위를 모아 놓는 것이 아니라 철학이라는 장에서 '세계'를 묻고, '세계'라는 시야로부터 철학 그 자체를 다시 묻는 시도이다. 아시아의 한 부분에 있으면서 서양 문명을 받아들여 독자적인 문화를 구축해 온 일본에서 이와 같은 커다란 시야에 서서 '세계철학사'를 생각하여 발신하는 것은 철학 그 자체에 대해 커다란 역할을 할 것이다. (6:11)

이에 의하면 치쿠마 세계철학사의 기획은 1990년대 이래로 진행된 '지구화'(globalization)로 인한 다양한 세계관들의 접촉과 만남이라는 시대적 변화를 반영하고 있음을 알 수 있다. 그리고 그러한 다양성의 시대에 “세계란 무엇인가?”를 다시 묻고자 하는 의도에서 ‘세계철학사’가 기획되었음을 알 수 있다. 즉, ‘지금’ 시대의 문제의식을 가지고 세계철학사를 다시 쓰려는 시도이다.

이러한 기획 의도는 이 시리즈의 첫머리에서부터 강조되고 있다. 제1권의 서장 「세계철학사를 위하여」에서 노토미 노부루는 <‘철학사’에 대한 반성>이라는 소제목의 글에서 다음과 같이 밝히고 있다.

> 지금까지 ‘철학사’는 서양에서 전개된 이런저런 사상과 사상가들을 다루는 것이 통례였다. 요컨대 고대 그리스 · 로마에서 시작하여 그리스도교 중세와 르네상스를 거쳐 근대로부터 현대까지의 2,600년간에 걸친 서유럽과 북아메리카를 범위로 하는 철학이 그것이다. 거기서 벗어난 사상 전통은 중국 사상사나 인도 사상사 또는 이슬람 사상사와 같은 형태로 독립적으로 다루어지고, 서양철학사와 같은 것으로 여겨지는 ‘철학사’로부터 구별되어 왔다. (1:21)

> 현재 우리가 살아가는 세계는 서양 문명의 틀을 넘어서서 다양한 가치관과 전통이 교차하는 가운데 하나를 이루는 새로운 단계를 맞이하고 있다. 철학을 세계화(世界化)하여 다원적 사유의 가능성을 찾기 위해서는 이러한 많은 서양 이외의 철학들이 중요한 시사점을 던져줄 것이다. (1:24)

따라서 이 시리즈의 기획 의도는, 철학자 가다머(H.-G. Gadamer)와 역사학자 차크라바르티(D. Chakrabarty)가 사용한 “유럽을 지방화하기”(provincializ

–ing Europe)라는 표현을 원용하면, "유럽철학을 지방화하기"(provincia–lizing Europian philosophy)라고 표현할 수 있을 것이다.[3] 실제로 서두에서도 소개하였듯이, 구성이나 분량으로 보면 비유럽권의 철학이 상당 부분을 차지하고 있다. 다만 이러한 의도가 과연 어느 정도 성공적이었는지는 논자에 따라 생각이 다를 수 있다. 가령 근세일본사상사 연구자인 다카야마 다이키(高山大毅)는 제6권 「에도 시대의 '정(情)'의 사상」에서 다음과 같이 지적하고 있다.

> 그러나 이 제6권의 절반 이상의 장을 서양사상이 차지하고 있는 것에서 볼 수 있듯이 '세계철학사'라는 시도는 서양 중심의 견해에서 벗어나는 도상에 놓여있다. (6:261)

여기에서 "도상에 놓여있다."라는 말의 원문은 "途上にある(도죠니 아루)"(일본어판 6:259)로, 아직 "과정 중에 있다."라는 뜻이다(가령 '발전도상국'이라는 표현이 "아직 발전 중에 있는 나라"라는 의미이듯이). 따라서 "아직 서양철학 중심의 세계철학사 서술에서 완전히 벗어나지 못했다."라는 말이다. 실제로 이 시리즈의 편집자 4명 중 3명이 서양철학 전공자이다. 만약에 기획 의도에 좀 더 철저했다면 최소한 4명 중 2명은 비서양철학 전공자(가령 라틴아메리카 철학이나 인도철학)가 되어야 하지 않았을까? 이런 시각에서 보면 이 시리즈는 '절반의 성공'이라고 할 수 있다.

---

3) 가다머는 1977년에 쓴 「마틴 하이데거」라는 글에서 "유럽은 이미 1914년부터 지방화되었다."라고 지적하였다. 차크라바르티는 이 표현을 빌려서 2000년에 『유럽을 지방화하기』(*Provincializing Europe*)라는 책을 썼다(Chakrabarty, D.(2024), 『인류세에 대해 인문학이 답하다』, 25).

## 3. 탈이성중심주의: 감정의 세계철학

서구중심주의로부터의 탈피와 함께 이 책의 또 다른 지향은 근대철학사 서술에서 이성편중주의로부터의 탈피이다. 그리고 이러한 시도의 일환으로 '감정철학'을 중심으로 동서를 연결하는 작업을 하고 있다. 편집자인 나카지마 다카히로(中島隆博)는 이에 대해서 다음과 같이 말한다.

> 제6권은 근대인데, 우리는 이성 중심이 아니라 감정을 중시한다는 방침을 세우고 이것을 상당히 강조했습니다. 감정에 관한 논고가 이 정도로 줄을 잇는 일은 드물지 않을까 생각합니다. … 여기서는 스코틀랜드 계몽이 하나의 축이 된다고 생각합니다. … 중국에서는 흄의 스코틀랜드 계몽과 거의 같은 시기에 감정론이 철저해져 갔고, … 일본에서도 주자학을 독해해 나가는 가운데 주자학 비판이 나오는데, 그 근거가 되는 것은 역시 정(情)의 문제였습니다. 이처럼 아주 흥미로운 것은 18세기에 유라시아 대륙의 동서에서 감정의 문제가 거의 같은 시기에 등장했습니다. (별:80~81)

실제로 제6권 근대편(1)에는 제2장 「도덕감정론」, 제9장 「중국에서의 감정의 철학」, 제10장 「에도 시대의 '정(情)'의 사상」과 같이, 서양과 중국 그리고 일본에서의 감정철학을 다루고 있다. 이러한 구성에는 한편으로는 '이성' 중심으로만 보아 왔던 근대를 새롭게 이해하고, 다른 한편으로는 '감정'을 매개로 동서양 근대철학의 접점을 찾고자 하는 의도가 담겨 있다. 이 점에 대해서 이토 구니타케는 다음과 같이 말하고 있다.

> 독자들은 이러한 (감정과 관련된) 장들을 통해 동양에서의 감정론의 내실에 대해 새롭게 눈을 뜰 수 있게 되겠지만, 말할 필요도 없이 중요한 것은 그러한 지식을 익힘으로써 세계 각 지방의 철학적 전통의 다양성을 아는 것만이 아니다. 다양성과 함께 중요한 것은 서로 겹치는 철학적 사유 경향의 존재이다. 우리는 계몽주의의 서양 근대와 동양의 사상적 전통이라는, 언뜻 보아 가장 거리가 먼 사유 경향으로 생각되는 것 속에서도 실제로는 연민과 동정심과 공감 등 '가족 유사성'을 지닌 여러 개념 아래 표현될 수 있는, 눈에 잘 띄지 않지만 대단히 풍부한 내실을 수반한 사상적 수맥이라고도 할 만한 것을 찾아낼 수 있을 것이다. (6:38~39)

이것은 실로 이 세계철학사 시리즈의 전체 의도에 부합하는 사례라고 할 수 있다. 앞서 소개했듯이, 이 시리즈는 특정 지역이나 철학에 치우치지 않고 균형 있게 철학사를 서술하자는 문제의식에서 출발했는데, 이때 중요한 것이 동서양 철학에 모두 걸쳐있는 '공통 개념'이기 때문이다. '감정'은 실로 그런 조건에 잘 부합되는 예이다.

또 이 시리즈에서는 동서양의 유사점을 지적하는 데 머물지 않고, 국가 간 차이점에도 주목하고 있다. 가령 일본의 감정철학에 대해서는 다음과 같이 주자학과의 차별성을 지적한다.

> 第10장 「에도 시대의 '정'의 사상」은 이토 진사이(伊藤仁齋)와 오규 소라이(荻生徂徠)의 '인정(人情) 이해론'이 주자학과는 달리 타자의 정에 대한 이해를 중시하고, 정(情)의 유형들을 앎으로써 올바른 인간관계를 기르고자 한 것이었다. (6:39)

진사이(仁齋), 도가이(東涯) 부자와 소라이(徂徠)는 모두 선악의 '정'의 구별보다 타자의 '정'의 이해를 중시하고 '정'의 유형들을 앎으로써 사람은 타자에게 혹독하고 박정하지 않게 된다고 이야기했다. 이와 같은 논의를 '인정(人情)' 이해론이라고 부르고자 한다. (6:267)

여기에서 '인정'이란 단순히 '사람의 감정'이라는 의미가 아니라 '타인의 감정'을 가리킨다(한문에서 人(인)이 己(기)와 대비되어 쓰이면 '타인'을 의미한다). 위의 인용문에 의하면 일본의 감정철학에서는 남의 감정을 이해하는 것을 좀 더 중시했고, 바로 이점이 주자학과의 차이라는 것이다. 그렇다면 여기에서 우리는 다음과 같은 질문을 던질 수 있을 것이다. "한국의 성리학에서는 감정을 어떻게 이해했을까?" 이 질문에 대해서 한국인이라면 누구나 '사단칠정론'을 떠올릴 것이다. 사단칠정론에 대해서는 이 시리즈의 유일한 한국철학편인 제6권 제8장 「근대 조선사상과 일본」에 한 페이지 정도 서술되어 있다. 다만 지면의 제약상 중국이나 일본의 감정철학과 비교하는 시도는 없고, 퇴계와 고봉의 논쟁을 중심으로 간략하게 소개되고 있는 정도이다. 그렇다면 이 물음은 우리에게 남겨진 과제라고 할 수 있다.

이에 대한 시론적인 답으로서 위의 인용문에서 힌트를 얻자면, "선악의 '정'의 구별"은 주자학의 특징이라기보다는 사단칠정론이 일어난 조선성리학의 특징으로 볼 수 있을 것이다. 왜냐하면 조선성리학을 대표하는 퇴계의 경우에는 사단은 칠정과 달리 그 기원이 순수한 천리(天理)에 있다고 보았는데, 이것은 달리 말하면 사단은 순수한 선(善) 그 자체라는 말이기 때문이다. 이에 반해 칠정은 욕망이 섞인 감정이고, 그런 점에서 순수한 선은 아니라고 보는 것이 퇴계의 입장이다. 반면에 중국

주자학의 경우에는 선악의 감정의 구별이나 타인의 감정에 대한 이해보다는, 감정이 일어나기 전의 알아차림, 즉 미발(未發) 찰식(察識) 쪽에 중점이 있었다고 말할 수 있지 않을까?

이 외에도 한중일 비교철학과 관련해서 또 하나 생각해 볼 수 있는 문제는 '유학'에 대한 태도이다. 「에도 시대의 '정(情)'의 사상」에 의하면, 18세기의 모토오리 노리나가(本居宣長)는 다음과 같이 생각하였다: "부모와 자식, 다스리는 자와 다스림을 받는 자가 서로의 심정을 헤아리고 행동한다면, 밖에서 들어온 유학의 교설 따위는 필요 없다. 오히려 중국 사람들과 같이 '정'(情)을 감추고 리(理)를 내세우며 지혜로운 사람인 체하는 방식은 이와 같은 질서의 방해가 된다."(6:271) 이러한 입장을 중국과의 거리두기를 통해 일본의 독자성을 확립하려는 태도의 발로라고 볼 수 있다면, 조선의 경우에는 정반대에 해당한다. 즉, 조선성리학자들은 오히려 밖에서 들어온 중국의 유학을 철저하게 내면화화고 자기화하는 방식을 통해서 자신들의 아이덴티티를 확립해 나갔다. 그리고 그 결과로 나온 조선성리학에서는, 가령 퇴계의 '활리'(活理)나 '리도'(理到)와 같이, 주자학에서는 생각하기 어려운 개념과 철학이 등장하기도 하였다. 바로 이런 점도 한국철학과 일본철학의 차이라고 볼 수 있지 않을까?

## 4. '세계철학' 개념의 한계

지금까지의 고찰로부터 알 수 있듯이, 이 시리즈는 '유럽중심주의'나 '이성중심주의'와 같은 종래의 세계철학사의 한계를 극복하기 위해서 다양한 변화와 실험을 시도하고 있다. 이 점은 대단히 높게 평가할 만하다.

실제로 종래의 세계철학사에 비해서 비유럽철학이 많은 부분을 차지하고 있고, 이성이나 계몽이라는 주제 이외에도 '감정'을 설정하여 동서철학의 접점을 모색하고 있다. 그럼에도 필자가 보기에는 여전히 아쉬운 점이 있다. 무엇보다도 최근에 대두되고 있는 '인간중심주의'에 대한 성찰이나 비판은 찾아볼 수 없다. 이러한 한계는 '세계철학사'라는 개념 자체에 내포되어 있다. 이 점은 역사학계의 최신 동향과의 비교를 통해서 알 수 있다.

20여 년 전부터 서양의 역사학계에서는 '세계사'(world history)를 대신하는 개념으로 '지구사'(global history)가 제안되었다. 관련 연구서는 국내에도 번역되었는데, 크로슬리(P. K. Crossley)의 『글로벌 히스토리란 무엇인가: 세계사에서 지구사로, 역사학의 최전선』(*What is Global History?*, 2008)이 대표적이다. 2010년에는 조지형과 김용우가 국내외 역사학자 10명과 함께 『지구사의 도전: 어떻게 유럽중심주의를 넘어설 것인가』를 출간했다. 2022년에는 박혜정이 『하나의 지구, 복수의 지구사』를 간행하였다. 이 외에도 지구사와 유사한 명칭으로 '빅히스토리'가 있는데, 국내에 번역된 연구서로는 2009년에 출간된 브라운(C. S. Brown)의 『빅히스토리: 자연과 인간, 과학과 역사를 아우른 진정한 통합적 지구사』(*Big History: From the Big Bang to the Present*)가 있다.

지구사의 문제의식은 『지구사의 도전』의 부제 "어떻게 유럽중심주의를 넘어설 것인가"에 나타나 있듯이 '유럽중심주의로부터의 탈피'로 압축된다. 이 외에도 '인간중심주의'로부터의 탈피도 지구사의 지향성 중의 하나인데, 이 점은 브라운의 『빅히스토리』의 부제 "자연과 인간, 과학과 역사를 아우른 통합적 지구사"에 잘 나타나 있다.[4] 종래에 인간의

---

4) 참고로 이 부제는 한글 번역판을 내면서 수정한 것이다. 원래의 부제는 "from the Big Bang to the present"이다.

역사만 서술했던 역사 서술 방식에서 탈피하여, 인간의 역사를 자연의 역사와의 관계 속에서 다시 서술하려는 것이 빅히스토리나 지구사의 입장이다. 이러한 역사 서술 방식은 『지구사의 도전』에 실려 있는 차크라바르티의 논문 「역사의 기후: 네 가지 테제」에서, "인간이 기후를 변화시키는 지질학적 행위자가 되었다는 인류세의 도래는 인간의 역사와 자연의 역사를 구분해서 서술했던 종래의 근대적 역사 서술 방식의 전제를 근본적으로 뒤흔들고 있다."라는 지적과도 상통하는 것이어서 주목할 만하다.

이외에도 역사학자 콘라드(S. Conrad)는 2016년에 출판한 『지구사란 무엇인가?』에서 지구사의 문제의식을 다음과 같이 소개하고 있다.

> '지구사'는 그동안 역사가들이 과거를 분석하기 위해 사용해 왔던 도구들이 더 이상 충분하지 않다는 확신에서 탄생하였다. … 특히 근대 사회과학과 인문학이라는 두 개의 '태생적 결함들'이 우리로 하여금 전 세계적으로 진행되고 있는 과정들을 체계적으로 이해하는 데 방해가 되고 있다. 이 결함들의 기원은 19세기 유럽에서의 근대 학문의 형성으로까지 거슬러 올라갈 수 있다.
>
> 첫 번째 결함은 사회과학과 인문학의 탄생이 (국민) 국가에 얽매여 있었다는 것이다. … 역사는 대부분의 지역에서 국사(國史)에 한정되어 있었다.
>
> 두 번째 결함은 근대 학문 분야가 지극히 유럽중심적이었다. … 국가, 혁명, 사회, 진보와 같은 분석적 개념들은 구체적인 유럽의 경험을 어디에나 적용할 수 있다고 하는 (보편적인) 언어의 이론으로 전환시켰다. …
>
> 지구사는 근대 학문의 두 개의 태생적 결함을 극복하기 위한 하나의 시도이다.[5)]

여기에서 콘라드는 근대의 사회과학과 인문과학은 '국민국가의 탄생'과 같은 유럽적 경험을 바탕으로 하고 있다는 점에서 지역적 한계가 있다고 지적한다. 이에 반해 지구사는 국가 중심과 유럽 중심이라는 두 가지 한계를 극복하기 위해 시도되는 새로운 역사 서술 방식이라고 말한다.

이처럼 지구사 연구자들이 '세계'(world)라는 말 대신에 '지구'(globe)라는 용어를 선호하는 이유는 '세계'와 달리 '지구'는 서구중심주의에 오염되지 않았고, '국제적'(international)이나 '초국가적'(trans–national)에서와 같은 '국가'를 전제로 하지 않기 때문이다.[6] 그렇다면 우리는 이러한 역사학계의 흐름을 참고하여 '지구철학사'라는 새로운 분야를 다음과 같이 제안할 수 있을 것이다.

> 종래의 세계철학(world philosophy)이 유럽과 백인을 '철학이라는 세계'의 중심에 두고 서술되어 왔다면, 이에 대한 대안으로 '지구철학'(global philosophy) 개념을 생각해 볼 수 있다. 치쿠마 세계철학사는 유럽중심주의와 근대중심주의에서 벗어나려는 시도는 하고 있지만, 인간중심주의에서 벗어나려는 노력은 보이지 않는다. 바로 이 점이 '세계철학사' 개념의 태생적 한계이다. 여기서 '세계(world)'는 인간들만의 세계를 가리키기 때문이다. 마치 전통시대 동아시아철학에서 '天下(천하)'라고 하면 인간들의 사회를 가리킨 것과 유사하다. 반면에 '천지(天地)'는 인간과 만물을 포함하면서 그것을 둘러싼 우주 전체를 가리킨다. 지구사(global

5) Conrad, S.(2016), *What is Global History?*, 3–4.
6) 허남진 외(2023), 『어떤 지구를 상상할 것인가』, 27–30 참조.

history)는 인간의 역사를 천하사(天下史)가 아닌 천지사(天地史)나 천인사(天人史)의 지평에서 서술하려는 시도이다. 그렇다면 철학사도 세계철학사가 아닌 지구철학사의 차원에서 서술되어야 하지 않을까?[7)]

실제로 최근에는 이러한 시도가 국내외에서 조금씩 행해지고 있다. 2006년에 나온 메이야수(Q. Meillassoux)의 『유한성 이후』는 지구의 역사 이야기로 시작된다. 2021년에 나온 돌피언(R. Dolphijn)의 『지구와 물질의 철학』[8)]과 2024년에 나온 이진경과 최유미의 『지구의 철학』에서는 아예 '지구'를 철학서의 제목으로 삼고 있다. 특히 후자의 '지구의 철학'은 "지구에 대한 철학이 아니라 지구를 주어로 하는 지구에 의한 철학"이라는 의미이다. 즉, 인간뿐만 아니라 지구나 물질도 철학의 주제로 다루고 있고, 나아가서는 그것들을 철학의 대상이 아니라 주어로 삼는 것이다. 반면에 지금까지의 철학에서는 지구와 사물이 소외되어 왔다고 저자들은 지적한다.

지구도 사물도 인간의 공격을 조용히 받아들이는 무감각한 대상이 아니며, 인간의 착취를 말없이 감수하는 무력한 대상이 아니다. 그들은 이미 오래전부터 말하고 있었고, 언제부터인가 소리치

---

7) 참고로 박술의 논문 「최근 독일어권에서 세계철학사의 새로운 기획과 한국철학사 연구 전통의 변화」(2023)의 영어 제목은 "Recent developments in Glo−bal History of Philosophy and History of Korean Philosophy in the Ger−man speaking World"이다. 여기에서는 "Global Philosophy"가 "World Philosophy"와 같은 의미로 사용되고 있다.

8) 『지구와 물질의 철학』의 원제는 "The Philosophy of Matter: A Meditation"인데 번역서에는 '지구'를 추가하였다. 실제로 본문 내용도 '지구'가 주를 이루고 있다.

> 고 있었다. 그러나 우리는 그것을 듣지 못했고, 들으려 하지 않았으며, 들려도 무시해 왔다. 그 소리에 주어가 있을 것이란 생각 또한 하지 못했다. 그건 그저 '로고스'(Logos)로서의 자격을 결한 소리들이었고, 의미를 갖지 못한 소리들이었다. 소음에 지나지 않는 소리들일 뿐이었다.[9]

이처럼 지구와 사물이 철학의 주제에서 소외되어 온 것은 특히 유럽의 근대철학에서 두드러진다. 반면에 최근에 기후변화와 생태위기가 현실화됨에 따라 비근대적 세계관에 대한 관심이 고조되고 있다. 일찍이 베리(T. Berry)가 1988년에 쓴 『지구의 꿈』에는 아메리칸 인디언들이 지구와 '친교'를 맺으며 사는 이야기가 나온다. 2022년에 나온 유네스코 교육보고서 『교육의 미래』에서는 기후위기에 대처하기 위해서는 근대화 이전의 토착적 세계관으로부터 배워야 한다는 주장을 하고 있다. 이에 의하면 우주와 만물은 전 근대적 세계에서는 '삶의 철학'의 중요한 부분을 차지하고 있었음을 알 수 있다. 그리고 그러한 철학과 세계관이 생태위기와 기후변화 시대에 다시 요청되고 있는 것이다. 치쿠마 세계철학사(The history of world philosophy)가 세계화/지구화(globalization)라는 시대적 문제의식을 반영해서 기획되었다면, 이제는 '지구온난화'(global warming)라는 시대 상황을 반영한 '지구철학사'(The history of global philosophy)가 나와야 하지 않을까?

다만 세계철학을 대신하는 개념으로서 '지구철학'을 영어로 옮길 경우에 'global philosophy'가 적절할지에 대해서는 좀 더 논의가 필요하다. 왜냐하면 'global'은 'national'과 대비되는 개념으로, 차크라바르티

9) 이진경/최유미(2024), 『지구의 철학』, 11.

에 의하면, 이 역시 인간중심적이라는 비판에서 자유롭지 못하기 때문이다. 'global'이 'nation'(국가)의 한계를 넘어서는 것은 분명하지만, 'globalization'이라는 개념으로부터 알 수 있듯이 인간이 기술과 자본을 활용하여 '개조'할 수 있는 지구의 극히 일부만을 가리키기 때문이다. 반면에 인간이 다가갈 수 없고 통제할 수 없는 지구의 대부분의 측면을 차크라바르티는, 스비팍(G. C. Spivak)으로부터 통찰을 받아 '행성'(planet)이라고 부를 것을 제안한다.[10] 이러한 비판을 고려한다면 '지구철학'의 영어 번역은 'planetary philosophy'(행성철학)가 적절할 것이다. 또한 들뢰즈의 개념을 원용한다면 'geo-philosophy'도 가능할 수 있다. 다만 'global'을 인간(human)과 비인간(nonhuman) 존재를 모두 아우르는 의미로 쓰는 경우도 아예 없는 것은 아니다. 1994년에 김대중이 쓴 'global democracy'(지구민주주의) 개념이 그러한 예이다. 이러한 문제들을 인식한 상태에서, 이 글에서는 잠정적으로 'global philosophy'를 사용하기로 한다.

한편 동아시아에서는 지구나 자연이 천지(天地)와 만물(萬物) 개념으로 사유되었다. '만물'의 경우에는 비록 최근의 신유물론과 같은 정도로 철학의 주제가 되지는 못했지만, 적어도 '지구'에 관한 철학적 논의는 '천지'라는 개념으로 활발하게 전개되었다. 『노자』나 『장자』, 『주역』이나 「서명」(西銘) 등이 대표적인 예이다. 그리고 천지의 속성은 '도덕'이라는 개념으로 제시되었고, 이 '천지도덕'은 인간 행위의 준거로 작용하였다. 다만 이 '도덕' 개념이 근대에 들어오면, '도덕감정론'이나 '윤리도덕'과 같이 인간의 영역으로 축소되게 된다. 치쿠마 『세계철학사』의 제8권에는 니시무라 시게키의 『일본도덕론』(1887)이라는 책이 나온다(8:237).

---

10) Chakrabarty, D.(2024), 『인류세에 대해 인문학이 답하다』, 제1강 「시대의식으로서의 기후변화」.

이 '일본도덕'이 바로 '천지도덕'을 '국민도덕'으로 전환시킨 '근대 일본의 도덕' 개념이다.

하지만 이 시리즈에서는 이와 같은 거대한 전환에 대한 관심이나 언급이 없다. 그것은 이 시리즈의 제7권: 근대(2)의 제10장 「'문명'과 근대 일본」이라는 제목에서 알 수 있듯이, 일본이 어떻게 서양을 수용해서 '문명개화'로 나아갔는지에 관심의 초점이 맞춰져 있기 때문이다. 다시 말하면 근대를 여전히 서구적인 관점에서 이해하고 있고,[11] 동아시아의 근대를 서구 수용의 관점에서 바라보고 있다. 다시 말하면 서구 수용의 선구자라는 '일본'의 관점에서 동아시아 근대를 이해하고 있는 것이다.

반면에 한국의 경우에는 그와 같은 일본의 근대를 한편으로는 수용하면서, 다른 한편으로는 저항하였다. 즉, 일본을 통한 서양 근대문명에 대해서는 수용과 해석을 하면서, 일본에 의한 제국주의 지배에는 저항한 것이다. 그리고 그 과정에서 나온 것이 동학과 같은 '개벽철학'이다. 동학과 천도교 그리고 원불교에서는 종래의 동아시아적 '도덕' 개념에서 '영성'을 강화하고, 그 대상을 인간 이외의 존재에까지 확장하면서 서구 근대문명에 대응하고자 하였다. 그 과정에서 나온 것이 물질개벽에 대한 '인심개벽'이나 '정신개벽'과 같은 개념들이다. 이것들은 이후의 봉우 권태훈의 개념을 빌리면 '도덕개벽'이라고 할 수 있다.[12] 물질개벽이라는 새로운 시대에 요구되는 새로운 천지도덕을 제시한 것이다.[13]

---

11) 단적으로 근대(1)의 제목은 '계몽과 인간감정론'이고 근대(2)의 제목은 '자유와 역사적 발전'이다. 여기에서 '계몽'이나 '자유' 또는 '발전'은 유럽의 계몽주의자들에 의해 발명된 개념이다.

12) 권태훈 지음/정재승 엮음(1989), 『봉우일기(2)』, 453.

13) 이상의 '도덕론'에 대한 좀 더 상세한 설명에 대해서는 조성환(2025), 176－182 참조.

그렇다면 앞으로 한국에서 세계철학사를 쓴다면 그것은 어떤 형태가 되어야 할까? 먼저 '인류세'라는 시대 상황을 반영한다면, '세계철학사'(The history of world philosophy)가 아닌 '지구철학사'(The history of global philosophy나 The history of planetary philosophy)가 되어야 할 것이다. 이제는 이성이나 감정과 같은 인간의 능력에만 초점을 맞추는 철학사가 아니라, 지구와 만물, 가령 동물, 식물, 땅, 바다, 대기(大氣), 사물, 기술 등이 인류 역사에서 어떻게 사유되어 왔는지에 대한 서술도 포함되어야 마땅하다. 단지 포함되는 정도가 아니라 인간에 대한 서술보다 훨씬 더 많은 비중을 차지해야 할 것이다. 왜냐하면 그것들이 우리를 존재하게 하는 기본 '조건'이기 때문이다. 이에 더해서 우리가 근대를 수용하는 과정에서 무엇을 잃어버리고(가령 '도덕'), 무엇이 탄생했는지('개벽') 등에 대한 내용도 포함되어야 할 것이다. 이런 관점의 철학사야말로 '치쿠마 세계철학사'를 넘어서는 '인류세의 지구철학사'가 아닐까 생각한다.

## 참고문헌

권태훈 지음/정재승 엮음(1989), 『봉우일기(2)』, 정신세계사.

박술(2023), 「최근 독일어권에서 세계철학사의 새로운 기획과 한국철학사 연구 전통의 변화」, 『한국사상사학』 제75집, 한국사상사학회.

이진경/최유미(2024), 『지구의 철학』, 그린비.

조성환(2018), 『한국 근대의 탄생』, 모시는사람들.

조성환(2025a), 「봉우 권태훈의 도덕평화사상」, 『제2회 봉우학술대회: 봉우사상의 올바른 이해와 계승』, (사)한국단학회연정원.

(2025b), 「일본 치쿠마출판사는 세계철학사를 어떻게 썼나?－World Philosophy에서 Global Philosophy로」, 『2025년 한국동서철학회 춘계학술대회: 세계철학사, 어떻게 옮기고 어떻게 쓸 것인가? 과거, 현재 그리고 미래』, 한국동서철학회.

(2025c), 「세계철학(World Philosophy)에서 지구철학(Global Philosophy)으로」, 『문학 사학 철학』 제81호, 한국불교사연구소.

(2025d), 「종교한류와 한국문화」, 『한국불교사연구』 제27호, 한국불교사연구소.

조지형/김용우 엮음(2010), 『지구사의 도전 : 어떻게 유럽중심주의를 넘어설 것인가』, 서해문집.

허남진 외(2023), 『어떤 지구를 상상할 것인가』, 모시는사람들.

Chakrabarty, D.(2024), 『인류세에 대해 인문학이 답하다』, 조성환/이우진 옮김, 군자출판사.

Dolphijn, R.(2023), 『지구와 물질의 철학』, 우석영 옮김, 산현재.

Conrad, S.(2016), *What is Global History?*, New Jersey : Princeton University.

# 제3부

## 서사의 창조
## —철학사의 재구성과 현대적 서술

# 이슬람 신학을 어떻게 쓸 것인가?
## : 이슬람 신학 전통에서 '정통'(orthodoxy) 개념을 중심으로

김요한

## 1. 21세기 이슬람 철학 연구

이슬람 신학 전통에서 '정통'(orthodoxy) 개념은 오랫동안 학문적 탐구의 중심이자 논쟁점이었다. 종교 공동체의 경계를 설정하고 구원(salvation)의 조건을 규정하는 데서 정통과 이단성의 구분은 분명 중요하게 작동해 왔다. 그러나 랑게(C. Lange)가 지적하듯[1], 이러한 구분은 단순하거나 고정된 실체라기보다 정치적, 담론적, 역사적 맥락 속에서 끊임없이 재구성되고 협상되어 온 개념이다. 본 논문은 정통의 개념이 고전 이슬람 신학의 내적 다양성을 어떻게 포착하지 못하는지를 지적하고, 대안적인 해석 틀을 통해 이슬람 신학의 더욱 다층적이고 유동적인 성격을 조망하고자 한다.

1) Lange, C.(2016), "Power, Orthodoxy, and Salvation in Classical Islamic Theology", 133－153.

랑게는 크니쉬(A. Knysh), 윌슨(B. Wilson), 반 에스(J. van Ess) 등의 연구를 토대로, 이슬람에서 '정통'이라는 개념이 서구 기독교적 분류 체계를 이식한 결과일 수 있으며, 이를 비판적으로 성찰해야 한다고 주장한다. 실제로 아샤리(Ash'ari)학파는 전통적으로 정통이라 간주되어 왔으나, 그 역시 한발 물러선 "칼람"(kalām, 철학적 신학)적 입장이며, 많은 비판자에게 지나치게 사변적이고 그리스 철학의 영향을 받은 것으로 지적되어 왔다. 이는 정통의 기준이 단일하거나 절대적인 것이 아니라, 오히려 다양한 신학적 입장들이 충돌하고 타협하며 형성된 일시적 합의의 산물임을 보여 준다.

나아가 랑게는 초기 이슬람의 '구원받는 무리'(al-firqa al-nājiya)에 대한 논쟁이 정치적·신학적 이해관계 속에서 어떻게 서로 다른 해석과 재구성으로 나타났는지를 반 에스의 분석을 통해 조명한다. 이 논의는 단순한 교리적 문제라기보다는 공동체의 정체성을 둘러싼 담론적 권력 투쟁의 일환으로 해석될 수 있다. 예컨대 하디스 전통주의자들이 자신들을 구원받는 유일한 무리로 설정하거나, 아바스조 시기의 무르지아파가 구원의 범위를 폭넓게 규정하려 했던 사례들은, '누가 안에 있고, 누가 밖에 있는가'에 대한 정의가 특정 정치·사회적 맥락에 따라 달라졌음을 시사한다.

이러한 맥락에서 연구자는 정통이라는 개념 자체의 불안정성과 권력성과 함께, 그것이 어떻게 특정 신학적·정치적 입장을 정당화하거나 배제하는 도구로 작동해 왔는지를 이 글에서 분석하고자 한다. 그 다음으로 아사드(Asad)가 제안한 "담론적 전통"(discursive tradition) 개념을 통해, 정통을 고정된 교의가 아니라 지속적인 해석과 실천의 장으로 이해할 가능성을 탐색하고자 한다. 이러한 논의는 이슬람 신학사를 서술하는 과정에서 이슬람 신학 내부의 다양한 목소리를 더욱 공정하게 조명하고, 정통과 이단성이라는 이분법을 넘어서서 신학적 다양성과 역동성을 새롭게 이해하는 데 기여할 수 있을 것이다.

## 2. 정통 문제

21세기 초 정통 이슬람 신학에 대한 학문적 연구를 간략하게 살펴보는 것은 쉽지 않은 작업이다. 국내뿐만 아니라 서구 유럽에서도 이슬람 신학은 여전히 극소수 연구자들의 연구 영역으로 남아있다. 그럼에도 이 연구는 급속도로 성장하고 있다. 현대 이슬람 신학 전문가들은 다양한 측면에서 역사적인 사건들을 매우 깊고 세부적으로 탐구하고 있다. 한 가지 주목할 만한 사실은 최근 이슬람 신학 연구자들이 "종교학"(study of religion)이라는 더욱 포괄적인 측면에서 "게토화된"(ghettoized)[2] 이슬람 신학을 극복하려고 시도하고 있다는 점이다. 이런 연구 방식을 통해서 이들은 이슬람 신학의 계보와 구성에 관한 메타-비판적 성찰을 시도하고 있음을 볼 수 있다. 본 연구자도 이 글에서 이러한 추세에 따라, 정통 이슬람 신학에 대한 최근 연구 결과를 바탕으로 이슬람 신학에 대한 메타 비판적 기술을 제시하고자 한다.

기본적으로 가장 큰 논쟁점은 "정통"의 개념 정의이다. 이슬람 신학 분야에서 "정통"이라는 용어 사용은 호지슨(M. Hodgson)이 이슬람사의 "후중기"(Later Middle Period, 1258년~1500년경)라고 부른 시기의 신학 활동이나 오스만(Ottomans) 제국, 사파비(Safavids) 왕조, 무굴(Mughals) 제국 등 소위 "화약 제국"(gundpowder empires) 시대에 일어난 신학 활

2) Jamal, J.(2010), "Introduction", 2.

동을 배제하는 경향을 함의하기 때문이다. 수 세기 동안 이어진 이런 활발한 신학 활동들은, 만일 이슬람사에서 어떤 특정한 신학을 "정통" (즉, 확정된) 신학으로 간주하게 되면, 이단으로 전락하게 되어 이해 불가능한 것으로 남게 된다. 여전히 많은 이슬람 신학 학자는 이 후기의 지적 역사에 대해서 다양한 연구를 시도하고 있다.

이처럼 "이슬람 신학" 개념 자체가 난제로 가득 차 있기 때문에, 이슬람 전통에 일반적으로 적용되는 "신학"이라는 기표가 그 기의를 적절하게 포착하는지에 관한 물음이 제기될 수밖에 없다. 이와 관련해서 제기되는 물음들은 이슬람 신학 연구가 전통적으로 "이슬람 신학 교리"의 내적 역동성과 발전에 초점을 맞춰 왔고, 지금도 계속해서 이를 강조하고 있다는 사실에서 비롯한다. 이를테면 "이슬람 신학사 연구에서 과연 이런 교리적 연구 경향만이 정당한가?"라는 문제가 제기된다. 이러한 연구는 미국 철학자 러브조이(A. Lovejoy)에 따르면 "이념사"(history of ideas) 접근 방식과의 관련되어 있다. 이 학파의 창시자로 널리 알려진 러브조이는 "단위 이념"(unit-ideas) 연구를 제안했다. 이는 인간 사고의 포괄적인 "개념" 또는 "주제"에 해당한다. 단위 이념 연구는 시간이 지나면서 이 개념들이 어떻게 발전하고 다른 "단위 이념"과 변화하는 관계를 맺게 되는지를 연구하는 분야이다.[3]

러브조이의 비판자들은 러브조이가 이러한 "단위 이념"을 마치 논쟁자들의 정신 밖에서 작동하는 것처럼, 그리고 마치 평행하고 영원하며 순수한 우주에 존재하는 것처럼 취급한다고 지적한다. 러브조이의 관점에 보면, 스키너(Q. Skinner)가 주장하듯이, "이념은 스스로 전투를 벌이기 위해 분기한다."[4] 하지만 스키너의 주장에 따르면, "우리는 '영구적

3) Lovejoy, A.(1965), *The Great Chain of Being*, 3-23.
4) Skinner, Q.(2002), *Visions of Politics*, 62

인' 논쟁이 아니라 특수하고 이데올로기적인 언어 행위를 다루고 있다."[5] 결과적으로 "이념사" 접근법은 맥락의 중요성을 경시하고, 그 이념이 실제 상황에서 실제 사람들에게 무엇을 의미하는 알 수 없게 된다. 따라서 스키너는 "기록되어야 할 유일한 이념사는 논쟁에서 이념이 사용된 역사이다."라고 주장하고 있다.[6]

러브조이와 스키너 간의 논쟁의 근간이 되는 "헤겔-마르크스주의 논쟁"은 현재에도 고전 이슬람 신학자들에게 계속해서 도전적 과제를 제기하고 있다. 최근 수십 년 동안 종교성(religiosity)에 관한 학문적 연구를 개념화하려는 활발한 시도들이 있었다. 이는 종교에 관련된 "개신교적 편견"(Protestant bias)을 비판함으로써, 즉 육체보다 정신, 실제 사물보다 이상적 본질, 맥락보다 텍스트, 그리고 종교 생활의 공동체적 외면적 형태보다 개인의 내적 종교성을 우선시하는 고집에서 벗어나는 것이나. 오르시(R. Orsi)는 "침된" 또는 "옳은" 종교의 구성에 대한 "개신교적" 이념에 대한 신학사들의 지속직인 집착이 "종교의 모든 복잡한 역동성을 박탈시키고, 경계를 모호하게 하고 경계를 넘나드는 성향이 제거하는" 상황을 초래했다고 주장하고 있다.[7] 따라서 그는 이슬람 연구자들이 고전 자료에 대한 텍스트 내재성 연구의 비중을 줄이고 더욱 더 심층적인 맥락화 작업에 집중할 필요가 있다고 생각한다. 이는 텍스트 연구의 중요성을 부정하는 것이 아니라, 텍스트 연구를 분석하는 데 요구되는 자료의 필요성을 강조하는 것이다.

그러나 이슬람 신학에 대한 서구식 연구를 전체적으로 "객관적 관념주의"(detached idealism)로 매도하는 것은 올바르지 못하다. 이와 병행

5) Skinner, Q., 앞의 책, 83-84.
6) Skinner, Q., 앞의 책, 86.
7) Orsi, R.(1998), "Snakes Alive: Resituating the Moral in the Study of Religion", 209-210.

해서 맥락화된 접근법에 대한 요구가 활발하게 이루어지고 있기 때문이다. 아르쿤(M. Arkoun)에 따르면, 이슬람에 "순수하고 오염되지 않은 지성사"란 존재하지 않았다. 오히려 그가 주장하듯이, "작가들은 항상 시대의 산물이다."[8] 신성(to theiko)은 항상 특정한 시공간적 환경이라는 렌즈를 통해서만 전달된다. "인간의 사회적, 정치적 조건과 언어라는 매체 밖에서는 절대적인 것을 찾을 방법이 없다."[9] 이슬람 신학 연구에서 여전히 지배적인 패러다임으로 남아 있는 것은 "칼람" 사상이다. 그러나 이슬람의 신학적 표현의 전 영역에 대한 이해를 발전시키기 위해서는, 전통적인 칼람 영역인 신과 창조와의 관계에 대한 체계적이고 형식주의적인 추론에만 주의를 기울이는 것이 아니라, 종교 신화, 종말론, 종말론적 사고, 즉 이슬람의 종교적 상상력과 같은 영역도 포함해야만 한다. 그러나 이슬람 전통은 신화나 종교적 상상력 측면에서 종종 빈곤하다고 간주되었다. 그러나 이런 평가가 서구 연구자들의 무지에서 비롯한 것인지, 아니면 이슬람 전통에 그러한 종교적 표현 영역이 정말로 부족하기 때문인지는 판단하기 어렵다. 이슬람 신학은 단순하게 전통적인 칼람에 집중하는 것을 넘어서 훨씬 더 풍부한 내용을 가지고 있다.

---

8) Arkoun, M.(1970), "Révélation, vérité et histoire après l'oeuvre de Gazali", 59.

9) Arkoun, M.(1988), "The Notion of Revelation: From Ahl al-Kitāb to the Society of the Book", 81.

## 3. 이슬람 신학의 정의

그렇다면 "이슬람 신학"이라는 용어를 얼마만큼 포괄적으로 적용해야 할까? 이슬람에 대한 논의 가운데 이슬람 신학은 이슬람에서 특히 샤리아 법의 영역을 포함해서 신과 관련된 모든 활동을 포괄하고 있다는 인상을 보여 준다. 그러나 학자들은 샤리아(shari'a)를 "신성한 법"(divine law)으로 이해하는 것이 더 나은지, 아니면 제한된 기본 법규를 해석하고 발전시키려는 인간의 노력(피크, fiqh, 이슬람 법학)에서 비롯된 "법학자의 법"(jurists's law)으로 이해하는 것이 더 나은지에 대해 계속해서 논쟁을 벌이고 있다. 왜냐하면 무슬림의 "신정 정치"(theocracies)에 대한 공포심은 사실상 "피크-크라시"(fiqhocracy, 이슬람 법학지배)에 대한 공포심에서 비롯하기 때문이다. 이는 신의 완전성과 해석에서 인간의 오류 가능성에 대한 공포심이다. 따라서 이러한 인식의 기저에 있는 "이슬람 신학"을 너무 포괄적으로 해석하는 것은 이슬람 신학 연구에 큰 도움이 되지 못한다.

"이슬람 신학"의 정의에 접근하는 더욱 효과적인 방법은 고전 무슬림 사상가들이 사용한 용어를 살펴보는 것이다. 이는 칼람 중심 접근법의 한계를 보여 주는 사례가 된다. "일름 알-칼람"('ilm al-kalām, science of discourse)의 문자적 의미는 "신학"이 아니라 "합리적 변증법적 말에 대한 지식"이다. 칼람은 신과 우주의 창조 순간부터 시간의 종말까지의 관계에 대한 사변적이고 논쟁적인 담론이었다. 칼람은 헬레니즘 사상, 특히 아리스토텔레스 논리학의 영향을 받았기 때문에, 역사적으로 여러 차례 심각한 타격을 입었다. 첫 타격은 10세기에 칼람을 지배하게 된 학파인 아샤리즘(Ash'arism)의 부상으로 이루어졌다. 아샤리즘은 철학적 신학인 칼람의 범위를 제한하고 축소하는 데 큰 역할을 했다. 두 번째 타격은 칼람을 완전히 거부하고, 사변적 지식보다는 계시적 지식에 의존할 필요성을 강조한 수니-자마이 전통주의(Sunni-Jama'i traditionalism)에 의해 전개되었다. 결과적으로 칼람은 이슬람 고등교육에서 근대 이전 유럽의 대학교육과정에서 신학이 차지했던 중심적인 위치를 갖지 못했다. 오히려 이슬람에서는 법학이 신학보다 더 우위를 차지했다. 법학에 비해 칼람은 점차 주변 학문으로 밀려났다. 하지만 이슬람 신학에 관한 대부분의 서양식 연구는 오랜 동안 오직 칼람에만 집중되었다.

그러나 "일름 알-칼람"은 이슬람 종교 사상에서 "신학"에만 유일하게 관계된 것은 아니었다. 알 가잘리(Al-Ghazāli, 1058-1111)의 저서 『이히야 울룸 알딘』(*Ihyaʾ ʿUlūm al-Dīn*, 종교 과학의 부활)은 고전기 무슬림이 신과 우주와의 관계에 대해 생각했던 방식의 변화와 확장을 예고한다. 알 가잘리에게 '딘'(Dīn)이라는 용어는 신앙의 내적 차원을 나타낸다.[10] 이는 현대 우리가 말하는 "종교성"을 의미한다. 딘에 대한 이러한 쓰임은 알 가잘리보다 앞선 학자들도 제시했다. 특히 무타질라 학파의 압드 알 자바르('Abd al-Jabbar, 1025년 사망)는 딘이 활동(works)과 관련이 없었고, "인간이 활동들을 수용하고 그 활동들을 수행할 필요성을 느끼는 주관적인 종교적 태도"라고 생각했다.[11] 그러나 알 가잘리는 이를 넘어서 딘을 종교적 지식의 핵심 개념으로 부각시켰다. 알 가잘리에게 "종교성의 학문"('Ulūm al-Dīn)은 영원한 신(sub specie aeternitatis)에 관한 지식 그 이상을 포함한다. "종교성의 학문의 부활"을 논하는 40권에 달하는 책은 여러 군데에서 칼람 스타일의 논의를 담

10) Rahman, F.(1979), *Islam,* 106.
11) Van Ess, J.(2011a), *Der Eine und das Andere: Beobachtungen an islamischen häresiographischen Texten,* 1267.

고 있지만, 그 범위는 훨씬 더 넓어 종교적 실천, 정치 및 사회적 이상, 개인적 신앙심, 그리고 영성의 측면을 다루고 있다. 이 책에서는 또한 신화와 종말론 또한 중요한 역할을 담당하고 있다. 40번째이자 마지막 책은 전적으로 내세를 다루고 있으며, 종교적 상상력을 자극하는 다양한 전통으로 가득 차 있다. 이처럼 "이슬람 신학"을 도그마적인 칼람의 좁은 영역으로 환원하는 것이 아니라 "종교성의 학문"으로 이해하는 이러한 폭넓은 시도는 특히 11세기 알 가잘리와 19－20세기 "근대" 이슬람 신학의 도래 사이에 위치한 여러 세기들을 제대로 이해하고자 하는 학자들에게 이슬람 신학의 윤곽을 정의하는 데 도움이 될 것이다.

그렇다면 최근 수십 년간 고전 이슬람 신학 연구자들은 어떻게 이슬람 신학을 탐구하고, 그 윤곽을 확장해 왔을까? 이슬람 신학 개괄 연구서들은 대개 인식론적 노선(합리주의－전통주의), 역사적 구분(형성기－고전기－근대기), 또는 학파적 노선(수니파－시아파 또는 무타질라파－아샤리파－마투리디파－이맘파 등)을 따라 이슬람 신학을 논한다. 그러나 우리는 이슬람 신학에서 종교성의 역할과 정통 개념에 대한 논의들을 중심으로 이슬람 신학을 조망할 것이다. 이러한 주제와 관련된 이슬람 신학 연구는 문학과 인류학에서 종교 연구의 한 형태로 어떻게 이슬람 신학 연구가 확산될 수 있는지에 대한 단초를 생성할 것이다.

## 4. 공동체와 정통

"정통" 개념과 관련해서 종교적으로 구성된 무슬림 공동체, 즉 "움마"(umma)에 대한 "고전적" 정의에 대한 최근 연구를 살펴보자. 이러한 정의를 따르면 누가 "안"이고 누가 "밖"이었을까? 무슬림 신학자들은 이 두 집단 사이에 얼마나 엄격하게 또는 얼마나 유연하게 경계를 긋고 있었을까? 그들에게 이슬람적으로 용인된 것, 즉 "정통"이라고 여겼던 것은 무엇이었으며, 또한 그들에게 "이단"과 "불신"은 무엇이었을까? 이러한 물음의 한 가지 문제점은 이슬람 학자들의 편을 들어 "특정 정통" 정의에 동의하도록 유도하는 경향이 있다는 점이다. 역사적으로 이슬람학 연구에서 "정통"이라는 용어의 적절성에 대해서는 연속적으로 격렬한 논쟁이 있어 왔다. 하지만 이런 논쟁은 여전히 진행중이다. 그럼에도 학자들 사이에서 "정통"이라는 용어가 이슬람에 적합하지 않기 때문에 회피해야 한다는 합의는 존재하지 않는다.

최근까지도 이슬람 법학자들은 이 용어를 여전히 매우 자유롭게 사용하고 있다. 『이슬람 백과사전』(*Encyclopaedia of Islam*) 최신 3판(2007년)에서는 "정통 울라마"(ʿulamāʾ)가 신생아를 공동체에 맞이하는 의식인 "아키카"(ʿaqīqa, 머리 깎기, 연고 바르기 등)에 반대하는 내용을 찾아볼 수 있다. 여기서 "정통"이라는 용어는 지역 관습, 즉 우르프(ʿurf)[12]와 대조되는 4대 정통(수니파) 법학파의 가르침을 가리킨다. 한편 이슬람 신학의 여러 측면을 다루는 항목에서도 『이슬람 백과사전』 저자들은 이 용어를 정기적으로 사용하며, 일반적으로 추가적 설명 없이 사용하고 있다. 예를 들어, 9세기 쿠라산의 아바스 왕조 총독은 "수니파 정통파"[13]를 지지했다고 한다. 알-아샤리(al-Ashʿari, 935년 사망)는 "정통 신학자"[14]로 분류된다. 무굴 제국의 황제 바부르(Babur, 1530년 사망)는 "정통 수니파 무슬림"[15]으로 양육되었다고 한다.

이는 다소 놀라운 사실이다. 서구 이슬람 학자들 사이에서 "정통"이

12) 『이슬람 백과사전』, ʿAqīqa.
13) 『이슬람 백과사전』, ʿAbdallāh b. Ṭāhir.
14) 『이슬람 백과사전』, 불가지론.
15) 『이슬람 백과사전』, Bābur.

라는 용어가 이슬람에 적용하기 어렵다는 인식은 수십 년 전부터 이어져 왔기 때문이다. 루이스(B. Lewis)의 고전적 공식은 다음과 같이 기록하고 있다.

> "사도적 전통과 최고 교황이 없는 상황에서 이슬람의 정통과 이단성은 언뜻 보기에 한 학파의 가르침을 다른 학파를 배척하는 시금석으로 삼는 것으로 판단될 수 있었다. 그러한 기준의 어려움과 부조리는 가잘리에 의해 잘 요약되어 있다. 바킬라니가 아샤리와 의견이 다르다고 이단인가? 아니면 아샤리가 바킬라니와 의견이 다르다고 이단인가? 왜 진리는 한쪽의 특권이 아니라 다른 쪽의 특권이어야 하는가? 진리에는 우선권이 존재하는가? 그렇다면 무타질라 학파가 아샤리보다 우선하지 않는가? 더 큰 덕과 지식 때문일까? 어떤 척도와 기준을 근거로 덕의 정도를 측정하여 특정 신학자의 우월성을 확립해야 할까?[16]

이러한 비판에도 불구하고, 1950년대와 1960년대 이슬람 학자들은 계속해서 "정통"이라는 용어를 사용해 왔다. 이 용어는 종종 부정적 의미를 함축하며, 이슬람의 "자유로운" 철학 운동에 반하는 것이었다.[17] 따라서 1970년대에 와트(W. M. Watt)와 호지슨은 이슬람 신학 연구에서 "정통"이라는 용어 사용에 대해서 경고하고 있다.[18] 이슬람 연구에서 "정통"과 그 반의어인 "이단"이라는 용어의 적절성에 대한 최초의

---

16) Lewis, B.(1953), "Some Observations on the Significance of Heresy in the History of Islam", 58.

17) Lewis, B., 앞의 책, 58.

18) Watt W. M.(1973), *The Formative Period of Islamic Thought*, 5–6; Hodgson M.(1974), *The Venture of Islam*, 67.

본격적인 공격은 1993년에 크니쉬에 의해 제기되었다. 이는 아마도 이 용어의 지속적인 사용, 특히 이슬람 철학과 "정통" 사이의 이분법에 대한 반발에 근거하고 있음을 보여 준다.[19]

크니쉬는 서론에서 서구 이슬람 역사가들이 자신들이 "정통" 이슬람이라고 생각하는 것과 "이단적 경향"을 비교하는 경우가 많다는 점을 지적하고 있다. 하지만 이러한 용어들은 특정 무슬림 신학 학파나 운동에만 국한되는 것은 아니다. 아샤리즘은 종종 이슬람 신학의 "정통"으로 여겨진다. 하지만 수세기 동안 아샤리즘을 맹렬히 비판해 온 무슬림 학자들('ulamā')은 아샤리즘이 지나치게 사변적이고 그리스 논리학에 기반을 둔 칼람식의 논증에 물들어 있다고 간주했다. 전례에 따르면, 알 아샤리는 한발리의 설교자이자 학자인 알 바르바하리(941년 사망)에게 자신이 무타질라, 조로아스터교, 그리고 기독교를 반박했다고 알려져 있다. 그러자 알 바르바하리는 자신은 이 집단들이 무엇을 가르쳤는지 모른다고 반박했다고 한다. 그는 단지 아흐마드 이븐 한발의 가르침만 알고 있다고 주장했다.[20] 크니쉬는 또한 아샤리 학파 사람들 중에도 영적 삶과 관련해서 신비주의 수피(Ṣūfī)파였던 사람들이 있었다고 보고 한다.

크니쉬는 일부 사람들이 아흘 알-하디스(ahl al-ḥadīth), 즉 "하디스 집단"의 움직임을 수니파 이슬람 내의 정통적 흐름으로 파악했다는 점에 주목한다. 서구 학자들은 이 집단이 "전통", 즉 하디스에 가치를 두었기 때문에 이 집단을 "전통주의자"(traditionalist)라고 부르기도 한다.

19) Bello, I.(1989), *The Medieval Islamic Controversy between Philosophy and Orthodoxy*, 17.

20) Knysh, A.(1993), "Orthodoxy and Heterodoxy in Medieval Islam: An Essay in Reconsideration", 61.

이러한 관점에서 볼 때, 이 집단 구성원들을 이슬람 "정통파"로 보는 것은 어쩌면 당연한 일일지도 모른다. 그러나 마셜 호지슨은 "전통주의자"라는 명칭은 잘못되었다고 비판한다. 이는 하디스 집단이 아샤리학파나 무타질라학파보다 더 일반적으로 '전통'이라는 단어의 일반적인 의미에 자연스럽게 부합했음을 시사한다. 그러나 신학적 논쟁이나 그리스 논리학, 그리고 이즈티하드(ijtihād)[21]도 초창기부터 이슬람 '전통'의 일부가 되었음을 부정할 수 없다. 따라서 하디스 집단이 전통으로서 "정통"이라는 용어를 독점했다고 주장하기는 어렵다. 더욱이, 그들의 많은 신학적 입장은 너무 극단적이라는 이유로 거부당했었다. 예를 들어, 그들이 "신인동형론"(anthropomorphism)을 받아들이는 경향을 살펴보자. 그들의 비판자들은 이를 타즈심(tajsīm), 즉 "신에게 몸을 부여하는 것"이라고 부르고 비판했다. 이슬람 "정통파"의 많은 모범적 관점에서 보면, 이븐 타이미야(Ibn Taymiyya, 1328년 사망)는 정경 하디스에 명시된 대로 신이 가장 낮은 하늘로부터 내려온다고 주장했다. 이는 이븐 타이미야가 설교 중에 보여준 것처럼, 신의 강림이 마치 자신이 설교단인 민바르(minbar)에서 내려온 것과 같은 방식으로 설명되었다. 그 결과, 신인동형론에 비판적인 동시대 학자들은 그를 "정신 나간" 사람으로 간주했다. 도널드 리틀은 자신의 연구서에서 "이븐 타이미야에게 나사가 풀린 걸까?"라고 비꼬고 주장한다.[22] 당대 많은 학자들도 이런 신인동형론 표현에 당황했을 것이다.

따라서 크니쉬에 따르면 중세 이슬람에서 우리가 마주하는 것은 "정통"이 아니라 "불변하는 일련의 신학적 문제들에 대한 개별 의견들의

---

21) 박현도(2015), 「"이즈티하드(Ijtihād)의 문 폐쇄"에 대하여: 할락의 비판이 주는 의미와 파장」, 1－19.

22) Little, D.(1975), "Did Ibn Taymiyya Have a Screw Loose?", 93－111.

끊임없는 충돌"이며, 이는 결국 "미래의 불일치의 씨앗을 이미 품고 있는 일시적인 합의로 이어진다."[23] 크니쉬는 중세 이슬람에 "정통"과 "이단"이라는 개념을 적용하는 것은 필연적으로 이슬람 신학의 수많은 미묘한 차이를 상실하게 만든다고 주장한다. 정통을 고집하는 순간 내부 분열은 온전히 이해되기보다는 간과될 수밖에 없다. 그가 독자들에게 경고하듯이, "유럽 중심적인 해석 범주들이 이슬람 현실에 무비판적으로 적용될 때 심각한 왜곡을 초래할 수 있다."[24]

## 5. 담론적 전통과 유효기간

따라서 우리가 해야 할 일은 무슬림 신학자들을 서구 기독교적 관점이 아니라 "그들만의 관점"에서 이해하려고 노력하는 방법을 찾는 것이다. 그 대안으로 크니쉬는 알-샤흐라스타니(1153년 사망)와 이븐 알-아라비(1240년 사망)의 두 가지 사례를 제시한다. 전자는 유명한 이단학자였고, 후자는 이슬람 중세 후기에 가장 영향력 있는 수피 이론가로 평가받는다. 알-샤흐라스타니(Al-Shahrastani)와 이븐 알 아라비(Ibn al-'Arabi)는 모두 이슬람 신학의 다양한 학파에 대해 저술했으며, 누가 무슬림이라고 주장할 수 있는지, 누가 '안'에 있고 누가 '밖'에 있는지에 대해 놀라울 정도로 포괄적인 관점을 가지고 있었다. 크니쉬는 제한적이거나 "자발적인 정통", 즉 이슬람 세계의 특정 시대와 특정 지역에서 발생한 특정 "정통" 사상의 혼합으로 발생하는 "정통"에 대해서는 이야

---

23) Knysh, A.(1993), "Orthodoxy and Heterodoxy in Medieval Islam: An Essay in Reconsideration", 57.
24) Knysh, A., 앞의 글, 62.

기할 수 있음을 인정한다.[25] 크니쉬는 "정통"이라는 용어의 개념적 문제와 함정을 보여 주고 있지만, 학자들이 이 용어 사용을 완전히 중단해야 한다고 주장하지는 않는다. 다만 그는 이 용어 사용이 "서구의 무슬림 사회 담론을 심각하게 왜곡시키게 되리라는 점"을 우려할 뿐이다.[26]

윌슨은 크니쉬의 주장을 이어받아 논리적 결론으로서 "정통"이라는 용어를 완전히 폐기하려 시도했다. 그는 아이러니하게도 탈랄 아사드(Talal Asad)의 연구에 영감을 받은 학자들이 이슬람 연구에서 이 용어를 되살리는 데 기여했다고 지적한다. 그는 이것이 모든 지역적 이슬람 표현에 동일한 수준의 "정확성"을 부여하고 결국 "하나의 이슬람"이나 이슬람의 유일한 "정통파" 대신 여러 "이슬람"에 대해 이야기하는 경향이 있는 서구 인류학자들의 상대주의적 입장에 대한 이슬람의 반발에 기인한다고 주장한다. 이러한 서구적 견해를 반박하기 위해 아사드는 이슬람을 "담론적 전통"이라고 제시하고 있다. 이 개념은 이슬람 전통이 끊임없이 재편되고 재협상되지만, 그 기반이 되는 공통의 토대, 즉 『꾸란』과 『순나』를 가지고 있다는 생각에 기반한다. 아사드에게 정통은 "'올바른' 이슬람 관행의 형태를 지배하는 지식의 (재)정렬"이다.[27] 따라서 아사드의 접근 방식은 이전의 더욱 구체화된 정의들과 구별되는데, 정통은 고정된 신념 체계로 여겨져서는 안 되며, 특정 권력 기관에 내재되어서도 안 된다. 오히려 정통은 사회 모든 계층에서 역동적인 교육과정, 즉 이슬람의 기본 텍스트와 관행에 자신을 연결하는 지속적인 과정을 통해 계속해서 (재)생산된다.

윌슨은 아사드의 유동적이고 역동적인 정통 개념이 이슬람 정통을 명

25) Knysh, A., 앞의 글, 65.
26) Knysh, A., 앞의 글, 66.
27) Asad, T.(1993), *Genealogies of Religion: Discipline and Reasons of Power in Christianity and Islam,* 201.

확히 정의하고자 하는 동양학 학자들의 초기 본질주의적 실수를 피할 수 있다고 주장한다. 동시에 윌슨은 의미론적으로 과부화된 용어에 그러한 "추가적인 '부하'"를 또다시 추가하는 것이 유용한지를 묻는다.[28] 윌슨은 "정통"이라는 용어는 이미 그 쓰임새가 다했으며, 학자들은 이 용어가 지닌 "신학적, 정의로운 함의"가 너무 많기 때문에 폐기해야 한다고 주장하고 있다. 이러한 함의는 "순수한 사회학적 또는 인류학적 용어로서"조차 "용어의 실행 가능성을 복잡하게 만든다."[29] 윌슨에 따르면, 이슬람에서 "정통" 개념은 "우리 어휘에서 출발점보다는 걸림돌이 되어, 해결하는 것보다 더 많은 갈등을 야기한다."[30]

"정통"이라는 용어와 고전 이슬람 신학에 대한 학문적 연구에서의 그 타당성은 반 에스의 저서 『하나와 다른 것들: 이슬람 이단서』(*Der Eine und das andere: Beobachtungen an islamischen häresiographischen Texten*)에서 다루는 주제 중 하나이기도 하다. 이 책은 약 1,500쪽에 달하는 방대한 분량의 논증으로 가득 차 있다. 반 에스는 크니쉬가 제시한 주장을 뒷받침하고 있다. 그는 우리가 이슬람의 정통에 대한 논쟁을 이슬람적 관점에서 이해해야 한다는 크니쉬의 주장을 수용한다. 『하나와 다른 것들: 이슬람 이단서』의 세 번째이자 마지막 부분에서 반 에스는 "firqa", "madhhab", "ṭā'ifa", "fi'a", "ṣinf", "milla", "ahl al－sunna", "ahl al－sunna wa－l－jamā'a", "takfīr"와 같은 용어 목록을 살펴보고 있다. 이 용어들은 모두 "누가 안에 있고, 누가 밖에 있는가"라는 어휘에 속하며, 각 사례에서 이러한 용어들이 어디에서 유래했는지, 그리고 누가 어떤 목적으로 사용하는지 보여 준다.

---

28) Wilson, B.(2007), "The Broken Middle: Orthodoxy, Heterodoxy and the Islamic Tradition", 185.
29) Wilson, B., 앞의 글, 186.
30) Wilson, B., 앞의 글, 185.

반 에스는 자신의 책을 이슬람의 73개 집단(firaq)에 대한 잘 알려져 있지만, 정경이 아닌 하디스(hadith)를 분석하면서 시작한다. 이 하디스에는 "구원받은 집단"(al-firqa al-nājiya) 하나만 구원받고, 나머지 72개는 지옥불에 떨어진다고 기록되어 있다. 60쪽에 달하는 흥미진진한 이 하디스 분석에서 반 에스는 초기 이슬람 신학사에서 다양한 집단이 어떻게 각자의 목적을 위해 "구원받은 집단"을 주장했는지 보여 준다. 그들은 하디스에 설명을 덧붙이거나 암시적인 방식으로 표현을 바꿈으로써 이를 수행했다.[31] 우마이야 왕조 말기에 우마이야 왕조의 칼리프들과 가까운 학자들은 하디스를 다음과 같이 재구성했다. "이 공동체는 73개의 피라크로 구성되어 있으며, 그중 72개는 길을 잃었고, 모두 통치자를 증오한다. 구원받은 자는 통치자 편에 서는 자이다." 초기 아바스 왕조 시대에 하나피-무르지아(Hanafi-Murji'a)는 "구원받은 집단"이라는 개념을 극단적으로 확대하여, 믿는 모든 사람, 즉 "압도적 다수"(al-sawād al-a'ẓam)를 포함한다고 주장했다.

이러한 관대한 입장은 많은 사람들에게 불쾌감을 주었는데, 그중에는 하디스 추종자들도 있었다. 이븐 한발(Ibn Hanbal, 855년 사망)은 "구원받은 집단"은 다름 아닌 하디스 추종자들인 자신이라고 말했다고 전해진다. 그리고 하나피파(Hanafis)에게 반격하기 위해 다음과 같은 하디스가 유포되었다. "나의 공동체는 약 70개 집단으로 나뉘겠지만, 그들 중 가장 큰 위험은 그들 자신의 자유로운 추론[ra'y]에 따라 사물을 판단하는 자들에게서 발생할 것이다." 여기서 "라이"(ra'y)라는 단어는 "자유로운 추론의 사람들"(ahl al-ra'y)로 알려진 하나피파를 가리킨다. 일부 비관적인 사람들은 "구원받은 집단"은 예언자의 동료들이며, 따라서 이후

31) Van Ess, J., 앞의 책, 7-64.

세대는 원칙적으로 파멸할 것이라고 주장했다. 반 에스는 이것이 오늘날까지도 "가장 널리 받아들여지는 해결책"이라고 말한다.[32] 하지만 누군가가 하디스를 "구원받은 집단"은 곧바로 천국에 가고 다른 모든 사람은 먼저 심판의 날의 불을 통과해야 한다는 의미로 해석한다면, 이러한 비관론은 다소 완화될 수 있다. 시아파(Shi'ites), 나중에는 이스마일리아파(Isma'iliyya)도 "구원받은 집단"이라고 주장했다. 마지막으로, 72명의 피라크가 구원받고 단 한 명만 파멸한다는 하디스의 역전된 버전도 있다. 이는 표면적으로는 더 관대한 것처럼 보이지만, 특정 집단을 박해하는 강력한 무기가 될 수 있다. 예를 들어, 하디스 추종자들은 이 고립된 "파멸한" 집단에 무타질라학파를 삽입하고 싶어 했다. 알 가잘리의 "결정적 기준"에 따르면, 그들은 철학자들이었기 때문에 파멸된 집단이다.[33]

이런 반 에스의 하디스 분석에서 흥미로운 결론이 많이 도출된다. 예를 들어, 그는 이런 구원받은 예언자의 동료들에 대한 향수어린 비전은 역사적으로 다소 늦게 9세기 후반에야 형성된 입장이며, 이는 초기 무슬림 공동체가 겪은 여러 실망에 대한 반응이라고 주장한다. 반 에스는 초기 몇 세기 동안 어떤 하디스도 권위 있는 버전으로 자리 잡을 수 없었던 유동적인 상황을 보여 준다. 무슬림 하디스 비판 전문가들은 이러한 상황을 바꿀 수 없었다. 반 에스가 주장하듯이, "전문가의 검열은 중세 이슬람에 거의 영향을 미치지 못했다. 왜냐하면 전문가에게 권력을 부여하는 제도가 없었기 때문이다. 그리고 당시 학계의 영향력은 여전히 제한적이었다."[34]

---

32) Van Ess, J., 앞의 책, 39.
33) Van Ess, J., 앞의 책, 55.
34) Van Ess, J., 앞의 책, 같은 곳.

반 에스는 『하나와 다른 것들: 이슬람 이단서』의 두 번째 부분에서 이슬람 이단서술 장르에 대한 모든 주요 공헌을 다루고 있다. 여기에는 알 아샤리, 알 바그다디, 알 샤흐라스타니, 이븐 하즘의 저작뿐 아니라, 덜 알려진 다른 수많은 작가들의 저작도 포함되었다. 그러나 반 에스는 이슬람의 다양한 신학적 입장에 대한 고전 저작들이 엄밀히 말하면 "이단서술적"이라고 할 수 없다고 지적한다. 알-아샤리의 『마칼라트 알-이슬라미인』(*Maqalat al-Islamiyyin*, 이슬람을 따르는 자들의 교리)이나 알-샤흐라스타니의 『알-밀랄 왈-니할』(*al-Milal wa-l-Nihal*, 고백과 부분)에 따르면, 그들은 특정 집단을 파문, 즉 타크피르(takfīr)를 행하지 않았다. 대부분의 경우, 그들은 72개의 "파멸적인" 종파에 대한 하디스도 무시한다. 이 장르는 다시 말해, 이단서(heresiographical)라기보다는 그리스 철학사(doxographical)였다. 그들은 다양한 집단의 교리와 가르침을 기록하면서도, 그들이 이슬람의 "안"에 있는지 "밖"에 있는지 판단하지 않았다.[35] 따라서 반 에스는 이슬람에서 "이단"이라는 용어를 "교파"로, "이단서"를 "교파주의"(Konfessionskunde)로 대체할 것을 제안한다. 이단서 학자들이 이러한 집단을 지칭하는 용어로 선호한 것은 "밀라"(milla, 복수형: milal)이다. 밀라는 "종파"(sect)로 번역되는 경향이 있는데, 이는 가치 판단이 덜 포함된 "집단"(section)으로 번역하는 것이 더 적절할 것이라고 그는 주장한다. 반 에스가 지적했듯이, 밀라는 매우 관대한 용어이며, 그는 "오랫동안 밀라는 세계의 어떤 언어에서든 '종교'를 지칭하는 가장 중립적인 명칭이었다."라고 주장한다.[36]

반 에스는 『하나와 다른 것들: 이슬람 이단서』의 세 번째이자 마지막 부분에서 더욱 종합적인 관찰을 수행하고 있다. 그는 무엇보다도 이슬

35) Van Ess, J., 앞의 책, 1201-1206.
36) Van Ess, J., 앞의 책, 1264.

람에서 “정통”이라는 개념을 재검토한다. 그는 이 용어가 가치중립적인 사회학적 의미로 사용된다면 유용할 수 있으므로, 특정 시공간적 맥락에서 “지배적인 의견”, 즉 일시적인 “주류 입장”을 나타내는 “은유”로 사용되어야 한다고 주장한다. 이러한 “정통”(반 에스는 복수형을 반복적으로 사용함)은 대개 유효 기간을 갖는다. 이슬람의 교리는 기독교 교회가 선포한 교리만큼 오래 지속되지 않았다. 반 에스의 표현을 빌리자면, 이슬람 역사 속 교리는 “때때로 위대한 전성기를 맞이했지만, 이후 역사의 뒤안길로 빠르게 사라졌다.”[37]

이와 관련해서 현대 정통파가 더 오래 지속될지는 반 에스가 논하지 않았다. 그는 계시의 원래 말씀으로의 복귀를 주장했던 이집트 개혁가 무함마드 압두(Muhammad ʿAbduh, 1905년 사망)와 라시드 리다(Rashid Rida, 1935년 사망)의 경전주의가 바로 그런 “현대” 정통파라고 지적하는 데 그치고 있다.[38] 그러나 2011년 인터뷰에서 반 에스는 좀 더 적극적으로 의견을 피력한다. 그는 “미디어의 도움으로 이슬람에 대한 명확한 이미지를 사람들에게 전달하고 재정적 지원을 통해 이를 주장하는 것이 훨씬 더 쉬워졌다.”라고 지적하며, “이러한 역전은 무함마드 압두와 같이 우리가 높이 평가하는 19세기 후반 개혁가들 사이에서 시작되었다.”라고 주장한다.[39]

이 말은 칼더(N. Calder)가 2000년에 처음 발표한 「이슬람 정통의 한계」(“The Limits of Islamic Orthodoxy”)라는 논문에서 분석한 내용과 일맥상통한다. 칼더는 20세기 이슬람이 공동체 기반 추론, 영지(gnosis) 개념뿐 아니라, 이성과 카리스마라는 개념에 대한 전통적인 무슬림의

37) Van Ess, J., 앞의 책, 1299.
38) Van Ess, J., 앞의 책, 1302.
39) Van Ess, J., 앞의 책, 1302.

관용을 거부하는, 편협하게 인식된 성서주의적 "정통"의 승리를 목격했다고 진단한다. 그것들은 "거대하고 복잡하며 정교한 유산, 풍부한 종교적 성취 방식"을 의미한다.[40] 그러나 칼더와는 달리, 반 에스는 현대 상황에 대한 평가가 상당히 낙관적이다. 그는 "본질적으로 나는 걱정하지 않는다 … 근본주의자들 역시 정통을 확립하는 데 실패할 것이라고 확신한다."라고 말하며 정통이라는 개념은 "종교에 존재하지 않는다."라고 덧붙이고 있다.[41]

## 6. 정통의 다양성

지금까지 우리는 고전 이슬람 신학에서 "정통"이라는 개념이 어떤 방식으로 형성되고, 변화하며, 작동해 왔는지를 크리스티안 랑게의 논의와 주요 연구자들의 비판적 분석을 중심으로 고찰하였다. 서구 기독교 신학에서 유래한 이 개념은 이슬람의 신학 전통에 기계적으로 이식되었을 때 본래의 다층적인 신학적 현실을 왜곡하거나 축소하는 경향을 보인다. 랑게와 그가 인용한 크뉘쉬, 반 에스, 윌슨의 연구는 "정통" 개념이 단순히 교리적 참됨을 나타내는 용어가 아니라, 특정 시공간적 권력구조와 담론 체계 속에서 구성된 일시적 '합의의 산물'임을 강조한다. 이슬람 신학에서 정통과 이단성의 경계는 결코 고정되어 있지 않았다. 예를 들어, 아샤리파는 오늘날 흔히 정통 신학의 대표로 언급되지만, 한때는 지나치게 이성적이며 철학적인 접근을 취했다는 이유로 강한 반발을 산 바 있다. 하디스 전통주의자들과의 갈등은 이를 잘 보여 주는 사

40) Calder, N.(2007), "The Limits of Islamic Orthodoxy", 235.
41) Van Ess, J., 앞의 책, 1302.

례이다. 그들의 갈등은 단순한 신학적 견해 차이를 넘어, 누가 공동체의 대표성을 차지할 것인가, 누가 구원을 받을 자격이 있는가라는 정치적·신학적 권위의 문제로 확장되었다.

반 에스가 분석한 '73개 무리의 하디스'에 대한 다양한 해석은 이러한 권력 투쟁과 담론의 역동성을 선명하게 보여 준다. 이 하디스는 종종 공동체 내의 배제와 포섭의 논리를 정당화하는 도구로 활용되었으며, 각 시대의 종파나 정치 세력이 자신들을 "구원받는 무리"로 재정의하고자 했던 시도는 이슬람 역사 전반에 걸쳐 반복되었다. 이러한 과정을 통해 이슬람 신학은 하나의 고정된 정통이 아닌, 다양한 입장과 해석이 충돌하고 타협하는 유동적 장(場)으로 기능해 왔다. 또한 아사드가 제안한 "담론적 전통"의 관점은 이슬람 신학의 이러한 유동성과 내적 다양성을 포착하는 데 유용한 이론적 틀을 제공한다. 아사드에 따르면, 정통이란 고정된 교의나 제도에 의존하는 것이 아니라, 끊임없이 경신되고 재해석되는 실천적 담론이다. 이는 '올바른 종교적 실천'을 둘러싼 해석과 재해석의 과정이며, 이 과정에서 공동체 구성원들은 『꾸란』과 『순나』를 중심으로 자신들의 행위와 믿음을 정당화하거나 조정한다. 이러한 시각은 정통을 다원적이고 유연한 개념으로 바라보게 하며, 다양한 신학적 입장을 단일한 틀로 환원하려는 시도를 경계하게 만든다.

결론적으로, '정통'이라는 개념은 이슬람 신학의 현실을 포괄하기에는 지나치게 협소하며, 종종 이슬람 내부의 복잡한 논쟁과 갈등을 단순화시키는 도식으로 작동해 왔다. 오히려 우리가 주목해야 할 것은, 이슬람 신학 내부에 존재하는 '정통들의 다양성'이며, 그것들이 형성되고 변화해 온 역사적·담론적 조건이다. 이러한 인식은 현대의 이슬람 담론에 대해서도 중요한 시사점을 던진다. 오늘날 특정 해석이 '정통'으로 절대화되는 현상은 그 자체로 비판적 성찰의 대상이 되어야 하며, 고전 신학의 유산은 오히려 다양한 해석 가능성과 신학적 유연성을 보여주는 사례로 재조명될 필요가 있다. 따라서 본 논문은 '정통'이라는 개념을 비판적으로 성찰함으로써, 이슬람 신학의 복잡성과 유동성을 보다 풍부하게 이해할 수 있는 토대를 마련하고자 하였다. 앞으로의 연구에서는 지역적 맥락에서 형성된 '정통의 구체적 형태'들에 대한 미시적 분석과, 그 담론이 현대 이슬람 세계에서 어떻게 계승·변형되고 있는지를 면밀히 추적하는 작업이 필요할 것이다.

## 참고문헌


박현도(2015), 「“이즈티하드(Ijtihād)의 문 폐쇄”에 대하여: 할락의 비판이 주는 의미와 파장」, 『한국이슬람학회논총』 제25－2집, 한국이슬람학회, 1－19.

Alexander, K.(1993), “Orthodoxy and Heterodoxy in Medieval Islam: An Essay in Reconsideration”, *The Muslim World*, Vol.83.

Bernard, L.(1953), “Some Observations on the Significance of Heresy in the History of Islam”, *Studia Islamica*, Vol.1.

Darryl. G.(1999), *The University Gets Religion: Religious Studies in American Higher Education*, Baltimore/London: Johns Hopkins University Press.

Donald, L.(1975), “Did Ibn Taymiyya Have a Screw Loose?” *Studia Islamica*, Vol.41.

Iysa A.(1989), *The Medieval Islamic Controversy between Philosophy and Orthodoxy*, Leiden: Brill.

Jamal J.(2010), “Introduction”, *Key Themes for the Study of Islam*, edited by J. J. Elias, Oxford: A Oneworld Book.

Lange, C.(2016), “Power, Orthodoxy, and Salvation in Classical Islamic Theology”, *Power, Politics and the Cult of Orthodoxy in the Islamic World*, edited by I. A. Moosa, Oxford: Oneworld Publications.

Lovejoy, A.(1965), *The Great Chain of Being: A Study of the History of an Idea*, New York: Harper.

Marshal, G. S.(1974), *The Venture of Islam. Vol.1: The Classical Age of*

*Islam*, Chicago/London: University of Chicago Press.

McCutcheon, R.(1997), *Manufacturing Religion: The Discourse of Sui Generis Religion and the Politics of Nostalgia*, New York: Oxford University Press.

Mohamed, A.(1970), "Révélation, vérité et histoire après l'oeuvre de Gazali", *Studia Islamica*, Vol.31.

(1988), "The Notion of Revelation: From Ahl al-Kitāb to the Society of the Book", *Die Welt des Islams*, Bd.28.

Molendijk, A./Pels, P. eds.(1998), *Religion in the Making: The Emergence of the Science of Religion*, Leiden: Brill.

Watt, W. M.(1973), *The Formative Period of Islamic Thought*, Edinburgh: Edinburgh University Press.

Norman, C.(2007), "The Limits of Islamic Orthodoxy", *Defining Islam: A Reader*, edited by A. Rippin, London: Equinox.

(2007), "The Limits of Islamic Orthodoxy." *Islamic Interpretations of Christianity*, edited by L. Ridgeon, New York: St. Martin's Press.

Orsi, R.(1998), "Snakes Alive: Resituating the Moral in the Study of Religion", *Face of the Facts: Moral Inquiry in American Scholarship*, edited by R. W. Fox/R. B. Westbrook, Cambridge: Cambridge University Press.

Rahman, F.(1979), *Islam*, Chicago: University of Chicago Press.

Skinner, Q.(2002), *Visions of Politics. Vol.1: Regarding Method*, Cambridge: Cambridge University Press.

Talal. A.(1993), *Genealogies of Religion: Discipline and Reasons of Power in Christianity and Islam*, Baltimore: Johns Hopkins University Press.

Van Ess, J.(2011a), *Der Eine und das Andere: Beobachtungen an islamischen häresiographischen Texten*, Berlin: Walter de Gruyter.

(2011b), "The Origins of Islam: A Conversation with the Germ an Islamic Scholar Josef van Ess", *Fikrun wa-fann* 11. (http://www.goethe.de/ges/phi/prj/ffs/the/a96/en8626506.htm.).

Wilson, B.(2007), "The Broken Middle: Orthodoxy, Heterodoxy and the Islamic Tradition", *Rethinking Islamic Studies*, edited by C. E. Martin/R. Martin, Columbia: University of South Carolina Press.

# 동북아시아 철학사 서술을 위한 제언

서대원

## 1. 들어가는 말

필자는 기존의 철학사나 사상사의 설명과 서술에 매우 큰 불만을 가지고 있다. 가능하다면 멀지 않은 장래에 반드시 세계철학사나 세계사상사가 서술되어 세상에 나와야 한다고 생각한다.

물론 필자가 기존의 철학사나 사상사를 저술한 연구자들의 양심이나 학술 수준을 의심하여서 그런 것은 아니다. 필자는 인류의 문명에 사실상 절대적으로 독립된 문명권은 없으며 — 물론 상대적으로 독립적인 문명권 혹은 특정 문명을 공유하는 지역은 존재한다. 단지 이것은 '상대적'으로 그렇게 보일 뿐이라 생각한다. — 여러 문명이나 문화 지역들의 '교류'에 의해 철학 사상, 문화, 생활 등이 영위되어 왔다고 생각한다. 이런 역사적 혹은 인류사적인 사실을 무시하거나 밝히지 않고 독립적이라는 선입관 혹은 그런 입장 위에 서술된 역사 — 철학사 사상사 포함 — 는 진실일 수 없을 뿐 아니라 제대로 된 설명을 할 수가 없을 것이다. 단지 그럴 듯하게 설명되거나 포장될 수 있을 뿐이다.

그러므로 세계철학사/사상사의 연구는 세계철학/사상에 대한 관점만 보여 주는 것이 아니라 결과적으로 현재 각 문명권이나 지역에서 출간되는 철학사/사상사를 더욱 제대로 이해할 수 있는 토대가 될 수 있기 때문이다. 즉, 각 지역의 철학사/사상사는 세계철학사/사상사의 기초이지만 동시에 세계철학사/사상사는 각 지역 철학사/사상사의 토대이기도 할 것이다. 이런 점에서 실질적 가치를 지니게 될 것이다.

본고에서 세계철학사/사상사를 논하자는 것은 아니니 아주 간단한 몇 가지 질문을 해 보겠다. 우리가 배우는 희랍 철학은 순수하게 희랍인들의 생산품인가? 서구 중세의 사상은 또 어떠한가? 서구 근대의 철학에 중국적인 성분과 인도적인 성분을 제거한다면 도대체 우리가 보는 근대 철학이 가능하였겠는가? 필자는 매우 부정적이라고 생각한다.

거꾸로 인도와 서구의 영향이 전무한 동북아 철학사상 혹은 서구와 중국의 영향이 전무한 인도 철학사상은 가능할까? 근현대 이전의 철학사에서조차 그런 인도, 동북아 그리고 서구의 철학사는 존재한 적이 없었다고 생각한다.

이런 의미에서 보자면 우선 부족한 대로 다급하게 최소한 서구, 인도, 동북아의 철학사/사상사를 아우르는 철학사/사상사가 서술되어야 한다. 우선 첫발이라도 나가야 할 것이다. 여기에서 한 가지 더 논할 것이 있다. 역사란 누군가의, 어느 지역의 혹은 어떤 민족의 영광이나 비애를 서술하거나 장식하기 위해 존재하는 학문이 아니다. 넓게는 인류의 발전에 기여할 수 있는 어느 정도 객관성[1)]을 가진 과거 자료 혹은 인류의 발자취로서 서술이어야 한다.

---

1) 물론 순수한 의미의 객관적인 서술은 불가능할 것이다. 그러나 순수 객관적인 서술이 불가능하다는 것이 임의로 서술해도 된다는 의미와 동일한 것은 아니다.

이런 의미에서 현재 우리가 해야 할 철학사 서술의 가장 중요한 과제는 세계철학사 서술을 위한 기초 작업으로서의 각 문화권 혹은 문명권의 철학사/사상사 서술이 되어야 할 것이다. 이런 서술을 위해서는 다음과 같은 사실을 분명하게 인식하고 그 위서 서술이 시작되어야 할 것이다.

첫째, 세계문화사 그리고 철학사/사상사는 교류와 밀접한 관계를 가지고 있다. 물론 그 해당 문명권 문화권의 노력을 배제하자는 것은 아니다.

둘째, 문명사나 문화사 그리고 철학사/사상사가 그 자체 서술 이외 기타 목적을 위해 왜곡되거나 복무하는 것은 최대한 피해야 한다.

필자가 보기에 크게 보면 위 두 가지 사실에 대한 엄중한 이해나 인식이 없기 때문에[2] 기존의 철학사/사상사가 — 최소한 필자가 보기에 — 객관성이 떨어지고 인과적인 설명에 한계를 보이고 있다고 생각한다.

본고는 이 세계철학사/사상사 서술의 전단계로서 동아시아 철학사/사상사의 서술을 위한 제언을 하고자 한다. 물론 위의 두 기본 원칙을 염두에 두면서 서술이 될 것이다.

## 2. 본고에서 말하는 '동북아시아'는 어디인가?

본 논의를 본격적으로 시작하기에 앞서 본고에서 말하는 '동북아시아'는 구체적으로 어디인지를 말해야 할 것이다.[3] 일반적인 사전적 정의는

2) 그리고 특수한 목적을 가지고 이런 사실을 무시하기에.

3) 사실 필자는 소위 서양철학사 혹은 인도철학사에서 말하는 '서양'과 '인도'도 그것이 구체적으로 어디인지를 철학사 혹은 사상사를 논의하기에 앞서 반드시

"동북아시아는 좁게는 중국과 일본, 한국의 세 나라를 가리키며 넓게는 중국의 동북지방과 몽골, 러시아 극동지역을 포함한다. 세 나라는 한자문화권이고 유교와 불교의 영향을 받은 점, 모두 벼농사를 주로 짓고, 젓가락을 사용한다는 공통점을 지니고 있다."라고 설명한다.[4)]

단지 본고는 철학사 혹은 사상사를 서술하기에는 위의 정의가 별로 유의미하지 않다. 그뿐 아니라 "중국 동북 지역"은 이미 현재의 중국 지역에 속해 있어 협의의 동북아시아에도 소속된다. 또한 현재의 입장에서 보면 "러시아 극동과 몽골"이 한자문화권이고 벼농사 위주이고 젓가락을 사용한다는 점도 받아들이기 어렵다.

우선 일반적으로 말하는 한국, 중국 그리고 일본이 동북아시아에 속하는 것은 그런대로 받아들일 수 있다. 그렇다면 본고에서 상정하는 철학사/사상사에서 '동북아시아'는 어느 지역을 지칭하는가? 그 이전에 한 가지 먼저 살펴보아야 할 것이 있다. '서양철학사'는 어떤 철학사인가? 물론 정확하지는 않지만 거칠게 말한다면 '그리스철학을 기반으로 하는 철학사'를 지칭하는 듯하다.[5)] 이런 의미에서 보자면 철학 혹은 사상의 입장에서 동북아철학사/사상사는 중국철학/사상을 기본 배경으로 하는 철학사나 사상사를 말하며 본고에서 말하는 동북아시아는 이 철학의 영향력 안에 있는 지역이라 할 수 있다.

---

밝혀야 한다고 생각한다. 이 점은 비교적 중요하다. 이것을 구체적으로 밝히면 사상사 철학사가 교류와 밀접한 관련이 있다는 것을 보다 쉽게 알 수 있기 때문이다.

4) 다음 백과.

5) 사실 그리스사상, 즉 헬레니즘(Hellenism) 및 헤브라이즘(Hebraism) 그리고 여타 몇 가지의 조합이라 보는 것이 보다 타당할 것이다. 그럼에도 서양 철학사 서술을 보면 일반적으로 그리스철학이 기본 바탕인 것처럼 서술되어 있는 듯하다. 뿐만 아니라 본고는 서양철학사를 논의하기 위한 것이 아니기에 단순화한 것이기도 하다. 그리고 이것의 시비에 대해 여기서 논할 필요도 없다.

사실상 만일 서양철학사가 그리스철학을 바탕으로 한 것이라면 동북아시아철학은 중국철학을 바탕으로 한 것이라 말해도 무방할 것이기 때문이다. 필자가 보기에, 서양철학에서 그리스철학이 차지하는 비중보다 동북아시아철학에서 중국철학이 차지하는 위상과 역할이 훨씬 크다. 그렇다면 동북아시아 철학사/사상사의 지역은 '중국'과 '중국철학의 영향권 지역'이라 할 수 있을 것이다. 그렇다면 '중국'은 '중국철학의 본거지' 그리고 '한국'과 '일본'은 '중국철학의 영향권' 이렇게 간단하게 정리할 수 있을 듯하다. 그럼에도 지도에 이것을 그려 보라 하면 사실상 그리 쉽지 않다.

우선 '중국'에 대해 논의해 보자. 어느 지역이 '중국'[6]인가? 대략 선진(先秦)에서 한대(漢代)까지의 지역에 대해서는 상대적으로 큰 이론이 없을 듯하다. 그 이후 중국이 분열될 적마다 — 물론 이 문장도 아주 엄밀한 의미의 진술은 아니다. — 철학사에서는 그중 일부만을 중점적으로 서술하는 것이 일반적이다. 예를 들면 남북조에서는 남조에 대한 논의가 더욱 중점인 듯하고, 송·요(宋遼) 시기에는 송대(宋代)만을 서술하는 것이 대부분이다. 그럼 누군가는 이렇게 말할 것이다. 이민족 통치 지역이기 때문에 그렇다. 만일 이 말이 성립한다면 북조(北朝), 수(隋), 당(唐), 원(元)의 철학사/사상사 논의는 중국철학사/사상사에서 배제되어야 한다. 그런가? 사실상 그렇지 않다. 중국 역사를 보면 한대 이후 대략 절반 정도가 이민족 통치를 받은 역사이고 아주 일부 이론(異論)이 있기는 하지만 거의 대부분의 중국사에서 중국사로 편찬이 된다. 그리

6) 사실 '중국'이란 명칭은 오래되었지만 그것은 특정한 영토의 국가를 지칭하는 것은 중화민국 이후, 즉 청대 이후이다. 그러므로 엄격하게 말하자면 '고대의 중국은 어디인가?' 하는 질문은 성립하지 않는다. 단지 여기에서는 덜 엄격한 방식으로 일반적으로 우리가 말하는 의미의 중국(CHINA)을 말한다.

고 그 대부분은 중국 정사에 포함이 된다. 그러므로 우선 중국의 영토는 시기에 따라 커다란 변화가 있고 다국 시대에는 비교적 복잡한 양상을 보인다.

여기에서 상술하지는 않겠지만 지금의 광동/광서가 중국에 들어가는 것은 한대 이후이고 사천(四川)은 삼국시대 이후 문화적으로 편입이 되고 복건(福建)은 남북조 이후 오랜 시간이 흐른 뒤에 중국에 편입된다고 보아야 한다. 그리고 당대(唐代)에는 현재의 베트남도 중국의 영토였었다. 이 외 동남아의 일부 영토도 중국에 복속되었다. 제일 판단이 어려운 부분은 원대(元代)의 여러 한국들에 대한 판단이다. 즉, 몽고족 통치 지역을 대원국(大元國)의 영토로 보아야 할지에 대한 문제이다. 최근의 연구는 비록 느슨하기는 하지만 대원국의 영토로 보는 듯하다. 즉, 여러 한국들은 대원국의 지방 자치 지역들이라는 것이다. 그렇다면 현재의 중앙아시아와 그 외 일부 지역은 모두 중국이라 볼 수도 있을 것이다. 그리고 명대(明代)에는 비교적 좁은 영토만이 중국이 될 것이다. 이런 방식으로 중국의 영토를 이야기할 수 있다. 즉, 시기에 따라 중국 영토가 변화한다.

그렇다면 중국 문화 사상의 영향력 지역은 어떠한가? 이것도 물론 시대에 따라 달라진다. 몇 가지만 대표적으로 이야기해 보자. 필자가 보기에는 베트남은 당연히 동북아시아 사상사/철학사의 영역이 들어와야 한다. 오랜 기간 중국과 관련이 있기 때문이기도 하고 현재에 이르기까지 중국의 영향력이 강력하게 존재하기 때문이다. '고려', '조선' 등이 동북아 철학사/사상사의 영역 안에 들어가는 것이 정당하다면 베트남과 일부 동남아 지역도 들어가야 한다.

그리고 만약 중국불교가 중국철학사/사상사의 중요한 일부라고 인정한다면 한말(漢末)부터 당대(唐代) 후기까지의 중앙아시아도 중국철학사

/사상사의 중요한 부분이라 보아야 할 것이다[7]. 왜냐하면 당시 대승불교의 중심지는 사실상 중앙아시아였고 그것이 중국에 전래된 것이기 때문이다. 필자가 보기에 사실상 중앙아시의 불교에 대한 심도 있는 해명 없이는 우리가 말하는 동북아시아 불교 사상에 대한 정확한 이해나 평가가 불가능할 것이다. 물론 불교에 대해 진정으로 심도 있게 이해하기 위해서는 인도, 동남아, 중앙아시아, 중국(티베트 포함) 등의 불교 현상에 대한 전면적이고 깊이 있는 이해가 반드시 선재해야 한다.[8] 이런 입장에서 보자면 최소한 중국의 대승불교[9]를 볼 때, 중앙아시아는 당시 유사한 불교문화권으로 분류되어야 한다. 물론 현재 문헌상 분명하지는 않지만 다른 사상과 문화도 교류가 있었을 것이다. 당시 중앙아시아에는 적지 않는 중국인들이 거주하였을 뿐 아니라 내부적으로 한문을 해독하고 작성하며 중국을 연구하거나 이해하는 사람들이 대량 존재하였던 것은 분명히다.[10]

---

7) 당시 대승불교의 중심지 혹은 창조 지역은 중앙아시아라고 보는 것이 사실에 보다 부합한다. 중국은 그것을 수입하여 발전시킨 것이며 중앙아시아의 불교 세력이 약화된 후 혹은 중앙아시아가 이슬람의 영향권으로 변한 뒤 우리가 흔히 말하는 중국불교가 발생한 것이라 보아야 할 것이다. 물론 짧은 몇 줄로 자세히 설명할 수는 없지만 그 대략만을 본다면 그렇다.

8) 그러나 사실 어떤 개인이 이런 학문을 심도 있게 진행하거나 성취를 하는 것은 거의 불가능하다.

9) 여기에서는 논의하지 않겠지만 중국에는 대승불교만 있는 것이 아니다. 운남 지역에 가보면 소승불교가 있다. 필자는 중국의 철학사나 불교사에서 이 부분을 다룬 것을 본 적이 없다. 우선 이것이 정당한 것인지에 대한 논의가 있어야 한다고 생각한다. 필자가 눈으로 확인한 2000년대 초기까지만 해도 운남에서는 소승불교와 일반적으로 말하는 중국불교, 특히 선종이 그 지역에서 경합하고 있었다. 소승불교도들은 한문 불경이 아니라 자기들 문자로 된 불경을 보았고 공부를 위해 동남아로 유학을 하는 경우가 많았다. 물론 지금은 변화가 있겠지만 이 상황이 종결된 것은 아닐 것이다. 더욱 중요한 것은 과거 아주 오랜 시간 동안 이 지역은 소승불교가 대세였을 것이다.

10) 이러한 현상은 중앙아시아가 불교에서 이슬람으로 변모한 뒤 변화가 발행하

물론 원대에 중앙아시아 문제는 더욱 복잡하다. 이 부분에 대해서는 지금 짧은 글로 확실한 논의를 하는 것이 불가능하다. 그러나 한 가지만은 분명하게 말할 수 있다. 중국과 중앙아시아 등 여러 지역은 어느 시기보다도 활발한 교류와 유통이 있었다는 점이다. 이것은 일반적인 상상을 초월할 정도라고 예상된다. 여기에서는 자세한 논의를 하지 않겠다.

즉, 중국문화/철학의 영향 및 교류 지역이 시대에 따라 달라지고 복잡하다는 것을 어렵지 않게 알 수 있다. 이와는 좀 다르지만 유사한 다른 논의를 해 보자. 큰 두 가지 문제만 이야기하겠다.

우선 티베트불교, 더 나아가 티베트철학사/사상사는 어떻게 할 것인가? 티베트는 한대 이래 중국과 매우 복잡한 관계를 유지하였고 元淸 시기 중국의 일부가 되었으며 현재의 중국에서도 중국의 일부이다. 티베트불교는 대승불교이지만 중국의 대승불교와는 결을 달리한다. 현재 인도불교 티베트불교 중국불교로 나누어 설명하기도 하지만 일반적으로는 '인도 · 티베트불교', '중국불교' 이런 방식으로 분류하고 연구하는 경향이 강하다. 티베트불교는 자기들 문자로 된 불경이 있어서 그것을 공부 · 연구 · 수행하였으며[11] 중국불교와 교류하였고 청대 중국불교는 티베트불교의 영향도 받았었다. 그러나 필자가 본 중국철학사/사상사에

---

였다. 그리고 이 지역은 이슬람으로 개종 이후 중동과 밀접한 관계로 변모하였고, 중동을 통해 그리스철학과 문화도 전래되었다. 물론 중앙아시아 전부가 이렇다는 것은 아니지만 대략적으로는 그러하다. 서양철학사에도 이 지역 인물에 대한 언급들이 있다. 그러나 설명이 매우 모호하다. 즉, 지역 등에 대한 설명은 매우 소략하다. 그렇다면 이 시기의 학술의 일부는 서양철학사에 편입되는 것이 정당한지에 대해서도 논의가 필요하다고 생각한다. 우리는 일반적으로 그리스철학이 이슬람권을 통과하여 유럽에 전래되었다는 것을 알고 있다. 단지 이에 대한 구체적이고 상세한 서술은 서양철학사에서 찾기가 그리 쉽지 않다.

11) 최근에는 중국어로 된 불경을 보는 경우가 늘어났다.

서 티베트불교를 만나는 일은 거의 없다. 이것은 작자의 한계 때문인지 아니면 분류의 문제인지는 모르겠으나[12] 중국 철학사/사상사 중의 결함 중 하나라고 생각한다. 그렇지 않다면 영토적으로는 중국의 내지이지만 문화적으로는 중국이 아니라고 판단할 수밖에 없을 것이다.

둘째, 중국의 이슬람 사상이다. 대부분의 사람은 중국의 이슬람 하면 그 존재를 잘 모르거나 안다면 신강성의 소수민족을 떠올릴 가능성이 많다. 우선 신강성의 이슬람 사상도 청대 이후 현재까지 존재한다. 더 중요한 것은 중동 혹은 중앙아시아 이슬람교도의 중국 이주는 당대와 원대에 걸쳐 대대적으로 이루어졌으며 그들은 현재까지도 중국의 각지에 거주하고 있으며 그 대부분은 아직도 이슬람을 신봉하고 있다. 매우 오래된 현상이다. 필자가 보기로 중국에서 이슬람은 중국의 섬과 같은 존재, 좀 더 과장하자면 절해고도(絕海孤島) 같은 현상이라 여겨진다. 그럼에도 분명 중국 영토 내 장기간 존재하고 영향력을 행사하는 철학/사상임을 부정할 수는 없다. 그런데도 통행본 중국철학사/사상사에서는 그 그림자도 보기가 어렵다. 중국의 이슬람 철학/사상을 어떻게 해야 하는지도 진지한 고려와 논의가 필요하다.[13]

이상의 논의를 정리해 보면 다음과 같다. 철학/사상사의 입장에서 동북아시아를 보자면 기존에 일반적으로 말하는 한국, 중국, 일본뿐 아니라 시기에 따라 동남아나 중앙아시아도 포괄하여야 한다.[14]

---

12) 서술자의 한계가 보다 큰 요인이라 생각한다.

13) 이렇게 서술하면 다음과 같은 의문이 발생할 것이다. 첫째, 중국기독교는 어떻게 할 것인가? 둘째, 중국 현대의 서양철학이나 공산주의 사상은 어떻게 할 것인가이다. 만일 근현대를 포함한 사상사를 서술한다면 반드시 고려되고 서술되어야 한다고 생각한다. 단지 전통철학사를 서술한다면, 이 둘은 크게 중요하지 않다고 생각한다. 그중 기독교는 어느 정도 서술될 가치가 있다.

14) 그리고 이것은 세계철학/사상 문화의 교류를 이해하는 데도 중요하고 세계철학사/사상사를 연구 기술하는 데도 중요하다.

## 3. 어떤 내용들이 서술되어야 하는가?

앞의 서술을 자세하게 읽었다면 무엇을 서술해야 할지에 대한 대략적인 감을 잡을 수 있을 것이다. 이 문제에 대해 논의하기에 앞서 몇 가지를 논의해야 할 것이다.

우선 동아시아의 철학/사상의 내용은 동북아시아에서 발생한 것을 다룰 것인지 아니면 동북아시아에서 유행하거나 영향력이 있는 것이 서술되어야 하는지에 대한 문제이다. 현재 유행하는 중국철학사를 보면 이 부분은 매우 애매하고 원칙이 없는 듯하다. 엄격하게 본다면 '발생'이란 용어는 매우 확정이 어렵다. 그리고 '발생' 위주로 가면 동아시아 역사·사회와 거리가 있는 철학사/사상사가 형성되기 쉽다. 동아시아 철학사/사상사는 물론 '발생'을 고려하지만 기본적으로는 '영향력' 등이 고려되어야 할 것이다.

좀 더 살펴보자. 불교는 분명 동북아시아에서 발생한 철학/사상이 아님에도 거리낌 없이 동북아시아 사상에 포섭된다. 일반적으로 중국불교 혹은 한전불교(漢傳佛教)라는 이름으로 연구된다. 그렇다면 티베트불교는 동북아시아 지역의 이역(異域) 철학/사상으로 보아야 하는가? 우리나라, 즉 한국에서는 잘 보이지 않지만 중국 등에서 보면 일반적으로 한족불교의 거점이라고 할 수 있는 사찰에서도 어렵지 않게 티베트불교의 영향을 볼 수 있다. 이화원(頤和園)에 들어가 보아도 티베트불교의 흔적을 볼 수 있다. 중국의 근현대 불교사나 생활사에서도 티베트불교의 흔적을 쉽게 찾아볼 수 있다. 동아시아 철학/사상이 아니라고 하기는 어려울 것이다. 그렇다고 인도불교와의 강력한 친연성을 부정할 수는 없다. 그런데 만일 인도불교와의 친연성이 문제라면 三論宗, 法相宗 등도 중국불교에서 배제되어야 할 것이다.

필자가 보기에는 티베트불교는 동아시아 철학사/사상사 안에 포함되어야 한다. 그리고 인도불교의 입장에서도 고찰되어야 하고 그래도 무방하다. 상당한 학문적 수준을 가지고 있는 불교 철학/사상이다. 동아시아 내부에서 천년 이상 공존하고 있는 이슬람, 즉 목사림(穆斯林; Muslim) 철학/사상도 서술되어야 할 것이다.

둘째, 철학사와 사상사의 문제이다. 흔히 사상사 중에 더욱 이성적인 부분을 철학사라 부르는 듯하다.[15] 이 두 범위의 정확한 경계가 애매할 뿐만 아니라 상호 영향도 늘 보인다. 물론 화환이 되지 않는 부분이 있기는 하지만 상호 연결된 부분이 더욱 많다고 생각한다. 이 부분은 사실상 동북아시아만의 상황이 아니라 서구나 인도 등 모든 문명권의 실질적 상황일 것이다. 필자가 보기에는 철학사의 외연에는 사상사의 상당 부분이 포함되어야 한다. 그것은 철학과 사상이 연속적인 특성 때문이기도 하지만 더 중요한 것은 이렇게 서술되어야 철학과 사상을 보다 구체적이고 사실적으로 이해할 수 있기 때문이다. 이 부분은 동북아 철학사/사상사뿐 아니라 다른 지역의 철학사/사상사도 마찬가지라 생각한다.[16] 사상이 일정 기간 발전하여 철학이 되기도 하고 철학이 세력을

15) 물론 다른 입장이 존재할 수 있을 것이다.

16) 또 한 가지를 논해 보겠다. 철학사는 우월한 것이며 사상사는 일반적인 것이라서 그런 이유에서 철학사는 서구에만 존재하고 기타 문명에는 사상사만 존재한다는 의견이다. 만일 진정으로 이 주장을 따른다면 철학사는 보편적인 아니다. 단지 일부 지역의 특산물에 불과하다. 다른 지역에서는 필요 없는 것에 불과하다. 결국 이것은 크게 보면 철학사가 필요성이 없거나 미약하다는 주장에 불과하다. 즉, 서구를 과시하는 것이 아니라 서구 지성사가 인류사에서 큰 필요가 없다는 쪽의 논의를 강화시킬 가능성이 크다. 이와 같은 논리적인 문제뿐 아니라 필자가 보기에 — 물론 필자는 서양철학 전공자가 아니지만 — 서양철학사에 등장하는 많은 이야기들은 '사상사'란 범위에서 다루어도 전혀 이상하지 않아 보인다. 즉, 현실적으로도 철학과 사상의 구별이 그리

잃은 후 사상으로 변모하는 현상은 쉽게 발견되는 현상이다. 그러므로 이 둘을 함께 고찰하여야 철학과 사상을 모두 보다 잘 이해할 수 있다.[17)]

셋째, '국가'의 문제이다. 이 부분에 대해서는 동북아시아 철학사/사상사는 서양철학사를 참고해야 한다. 현재 동북아시아 철학사/사상사라는 책은 없는 듯하다. 최소한 필자는 제대로 된 아니 어느 정도 규모와 내용을 갖춘 동북아시아 철학사/사상사도 본 적이 없다. 여기에는 하나의 커다란 장애물이 있기에 그러하다고 생각한다.[18)] 즉, '국가'이다. 일반적으로 말하는 한국, 중국, 일본 삼국에서는 각기 한국철학사/사상사, 중국철학사/사상사, 일본철학사/사상사는 있지만 동북아시아 철학사/사상사는 보지 못하였다. 필자는 철학/사상은 문화적인 것으로 기본적으로 문화권에 귀속되지 국가의 영향력이 절대적인 것은 아니라고 생각한다. 마치 기후대와 같다. 국경이 존재한다고 기후대가 그에 따라 바뀌지는 않는다. 이런 의미에서 본다면 국가 중심의 철학/사상을 깊이 있게 이해하기 위해서라도 동북아이사 철학사/사상사에 대한 연구와 서술이 되어야 할 것이다. 단지 필자가 보기에 그리 쉬운 작업은 아닐 것이라 생각한다.

넷째, 어디까지 서술되어야 하는가 하는 점이다. 필자가 보기에 이것은 전략적인 문제다. 모든 철학과 사상을 상세하게 서술하는 철학사/사상사는 거의 불가능할 뿐 아니라 그 필요성도 그리 크지 않을 것이다. 우선은 상대적으로 중요하거나 영향력이 큰 것만을 서술하되, 그 이외

---

명료하지 않다.

17) 물론 평가자에 따라 동일한 것은 누군가는 철학, 누군가는 사상이라 볼 수도 있을 것이다.

18) 사실 이 이유만은 아니다. 아직 연구가 부족하고 국가마다 모종의 필요성을 달리 하기 때문이기도 하다. 그럼에도 현재 국가 중심의 철학/사상 서술이 근본적 문제 중 하나일 것이다. 후일 동북아시아 철학사가 객관적으로 서술된다면 그것은 국가 중심 사유의 방해와 저항을 넘어야 가능할 것이다.

의 것에 대한 연구를 장려해야 한다고 생각한다. 이런 의미에서 보자면 중국 내 소승불교는 동북아시아 철학사/사상사에서 다루지 않아도 된다. 그러나 그것은 중국 내 소승불교가 연구 가치가 없다는 의미는 아니다. 개별 연구로서의 가치는 있다고 생각한다. 그 연구결과, 학문적인 가치가 높고 동아시아 역사와 사회에 영향력이 — 직접적이든, 간접적이든 — 크다고 밝혀지면 동북아시아 철학사/사상사의 내용으로 서술할 수 있을 것이다.

이런 점에서 보자면 기본적으로 다음과 같은 것들이 동아시아 철학사/사상사의 내용에 포괄될 것이다.[19]

① (중국) 선진 철학/사상

② 유학

③ 불교

④ 도교

⑤ 이슬람 사상

⑥ 이 내용들에 대한 한국과 일본 그리고 베트남 내지 중앙아시아의 사상. 단지 이것은 상황과 시기에 따른 수정이 필요하다. 한국과 같은 경우 이슬람 사상의 영향은 미미하기에 서술하지 않아도 될 것이다.

⑦ 각국의 고유 사상

(⑧ 외래 사상)

⑨ 기타

위 내용에 대한 간략한 설명을 해 보자.

---

19) 필자의 능력과 시각에 의거하여 서술한 것이다. 만일 실제로 동북아시아 철학사/사상사가 저술된다면 다시 한번 검토를 해야 할 것이다.

### ① (중국) 선진 철학/사상

현재 현실적인 여건상 주대(周代) 이전의 사상에 대한 자세한 서술은 불가능하다. 단지 필자가 보기에 이 부분은 매우 중요하다. 장래 연구가 진행되면 서술되어야 할 것이다. 필자가 보기에는 주대 이전 이미 동북아시아와 중앙아시아는 매우 긴밀한 철학/사상 그리고 문화의 교류가 있었던 듯하다. 주대의 철학/사상으로는 우리가 아는 (유학을 포함한) 제자백가뿐 아니라 최근 출토문헌으로 알게 된 적지 않은 민간사상도 서술되어야 한다. 이 부분은 후대의 민간 사상뿐 아니라 일반적인 사상사와도 관련이 있을 것이다. 물론 이 부분에 대한 동북아시아(앞에서 서술한 중국철학/사상의 영향권)에서의 전개도 서술되어야 한다.

### ② 유학

유학은 제자백가의 일부일 뿐 아니라 후일 삼교(三教)의 하나로서 동북아시아의 근간이라 할 수도 있을 것이다. 중국의 유학뿐만 아니라 한국, 일본, 베트남 그리고 그 이외 지역으로 전파되었던 유학도 서술되어야 할 것이다.

### ③ 불교

최소한 현재 일반적으로 서술되는 중국불교와 티베트불교는 모두 서술되어야 한다.[20] 필자가 약간의 공부를 통해 느낀 것은 흔히들 말하는 두 불교 사이의 차이점도 분명 존재하지만 그에 못지않게 공통점도 많다는 사실이다. 양자 모두 대승불교이며 유래 방식에도 많은 공통점이 있기 때문이다. 유래 방식에는 공통점과 차이점이 모두 존재한다. 이 부

20) 소승불교에 대한 연구와 서술은 후일의 과제가 되어야 할 것이다. 그것은 영향력 광협에 따른 판단이다.

분도 한국, 일본, 베트남, 몽골 및 중앙아시아에 대한 서술이 필요하다. 특히 중앙아시아의 불교 연구는 현재 그리 활성화되어 있지도 않고 그 성과물도 많지 않지만 반드시 보충되어야 할 부분이다.

#### ④ 도교

제자백가에서는 도가가 서술될 것이며, 도가의 발전에 대한 서술도 필요하다. 단지 여기에서 강조하고 싶은 것은 도교에 대한 것이다. 필자가 보기에 '도장'(道藏)은 과학사, 교류사, 민간사상 등등에 극도로 중요한 보물이다. 현재 연구가 많이 부족하지만 차후 심도 있는 연구를 통해 보충해야 한다. 이 부분도 한국, 일본, 베트남 및 몽골, 중앙아시아에서의 도교도 연구되어야 한다. 사실상 서구에서의 도교[21)]도 연구 범위가 될 수 있으나 앞의 연구가 이루진 이후에 서술되어야 할 것이다.

#### ⑤ 이슬람 사상

필자도 동북아시아에서의 이슬람, 즉 목사림의 철학/사상을 연구해 본 적이 없다. 매우 불완전하다는 것을 전제로 약간의 서술을 해 보자. 중국을 보면 여러 지역의 목사림 민족과 신장성(新疆省)의 목사림으로 나누어 볼 수 있을 듯하다. 중국 각 지역 — 신장성 포함 — 에 분포하는 회족(回族)은 2000년 통계 (대만 제외) 대략 천만 명 정도이다. 당대부터 중국에 거주하였고 대부분 이슬람을 신앙하고 그에 의거하여 생활한다. 필자가 그들과 이야기해 보고 느낀 점은 그들이 중국에 대해서도 매우

---

21) 예를 든다면, 필자가 보기에 서양의 연금술과 중국도교의 황백술은 상호 관련이 있는 듯하다. 이 외에도 적지 않은 것들이 서구로 전래된 듯하다. 그렇다면 그 안의 과학 사상 변화 사상 등도 함께 전래되었을 것이다. 도교 안에는 또한 매우 풍부하게 다른 문화권에서 전래되어 들어온 것들이 있다.

잘 알고 있으며, 중국에 나름 흡수되거나 융합되어 있었다는 사실이다. 그들의 이슬람 사상도 나름의 변화가 있었을 것으로 생각된다. 즉, 일찍 중국에 들어와 생활하는 목사림의 철학/사상은 나름 특색이 있을 가능성이 높다. 반면 신장성의 목사림은 청대에 중국에 복속되었으며 중앙아시아의 이슬람과 빈번한 교류가 있었다. 현재까지의 상황은 중앙아시아와 중동의 이슬람과 상대적으로 유사할 듯하다.

이에 대한 연구와 서술이 필요하다. 알게 모르게 중국의 사회와 문화와 교류하고 상호 영향을 주고받았을 것이다.

⑥ 이 내용들에 대한 한국과 일본 그리고 베트남 내지 중앙아시아의 사상. 단지 이것은 상황과 시기에 따른 수정이 필요하다. 한국과 같은 경우 이슬람 사상의 영향은 미미하기에 서술하지 않아도 될 것이다. 이 부분은 이미 앞에서 서술하였다.

**⑦ 각국의 고유 사상**

동북아시아 철학/사상은 중국에서만 발생한 것은 아니다. 한국, 일본, 베트남 등의 고유 사상도 서술되어야 할 것이다. 예를 들면 티베트의 본교(本敎)[22] 등도 서술되어야 한다.

**(⑧ 외래 사상)**

우선 괄호를 친 것은 이 주제가 우선적이고 전문적인 논술이 아니기 때문이다. 그럼에도 각 주제별로 '외래부분'에 대한 검토를 해야 하고 서술되어야 할 것이다. 그리고 전통시기에 기독교의 전래도 어느 정도

22) 불교 전래 이전에 존재하였으며 그 후에서 소멸되지 않고 활약하는 일종의 무속사상이다.

서술할 필요가 있다고 생각한다.

단지 여기에서 강조하고 싶은 것은 현재 적지 않은 것들이 전래된 것인지 아닌지가 불분명하다는 점이다. 이에 대한 검토와 서술이 있어야 할 것이다. 필자가 보기에, 현재 일반적으로 이야기되는 것보다 훨씬 많은 것들이 '전래' 혹은 '교류'와 매우 밀접한 관련이 있을 것이다. 후일의 연구를 기대한다.

### ⑨ 기타

동아시아 철학/사상 어떤 의미로는 세계의 철학/사상을 연구하는 데 실질적으로 '무'(巫)에 대한 연구와 그에 대한 '인류학적 연구성과'가 매우 중요하다. 현재 철학계에서는 이런 점을 간과하고 있다. 이것은 동북아시아 철학/사상의 서술뿐만 아니라 다른 문화권의 철학/사상의 서술에서도 마찬가지이다. 이것은 단순한 첨가나 배제의 문제가 아니라 철학/사상을 객관적으로 살피는 데 매우 중요한 요소라고 생각한다. 현재 연구가 부족하지만 후일 반드시 보충되어야 할 것이다.

이 외 여러 소수민족의 사상도 필요에 따라 보충이 되어야 할 것이다.

## 4. 어떻게 서술할 것인가?

앞에서 서술한 동북아시아의 철학/사상사적 문화권역 내의 여러 철학/사상의 내용을 어떻게 서술해야 할 것인가?

이것을 논의하기에 앞서 동아시아 철학사/사상사는 왜 아직도 제대로 편찬되지 않았나? 더 나아가 왜 본격적인 시도도 하지 않고 있는가? 하는 문제의 일부를 먼저 논의해야 할 것이다.[23)]

필자가 보기에 중요한 원인 중 하나는 각 나라의 국수주의적 혹은 민족주의적인 경향에 있다. 즉, 객관적인 동아시아 철학사/사상사가 거북한 것이다. 일본도 그러하고 우리나라도 그러하다. 베트남 등 기타 국가나 권역도 이런 우려가 있다.

그렇다면 첫 번째로 받아들여야 할 기본적인 전제는 철학사/사상사는 영광이나 비애를 서술하거나 대변하는 것이 아닌 사실(fact)이란 점을 받아들이는 것이다.[24] 그렇지 않다면 동아시아 철학사/사상사의 서술은 발전보다는 갈등과 분열의 원인이 될 가능성을 배제할 수 없다.

여기에서 한 가지를 더 부가적으로 살펴보자. 그것은 강렬한 위세를 떨치고 있는 것처럼 보이는 서양철학과의 관계이다. 현재 동북아시아에는 세 가지 관점이 있는 듯하다. 주류부터 비주류까지 서술하자면 歸順·抵抗·克服이다. 좀 더 자세히 들여다보면 사실상 이보다 훨씬 복잡하다. 필자는 우선 이 문제를 고려하지 않아야 그나마 동북아시아 철학사/사상사가 서술 가능할 것이라 생각한다. 물론 후일에는 고려해야 할 것이다.

이 두 문제를 해결하기 위해서는 우선 실증적인 방식으로 문헌에 근거하여 사실을 서술하는 것을 위주로 하여야 할 것이다. 현재 범람하는 평가 위주의 철학사/사상사로는 위의 두 가지 이유로 여러 지역과 민족 그리고 이해가 다른 상황들 때문에 서술이 어렵고 서술되어도 갈등의 온상이 될 가능성이 많다. 필자는 우선 그 첫발로 동북아시아 철학사/사상사에 대해 공동으로 자료집을 내는 것이 좋다고 생각한다.

---

23) 나머지의 원인은 뒤에 보일 것이다.

24) 그럼 사실이란 무엇인가에 대한 질의가 있을 수 있다. 여기에서는 전문적인 철학적 의미의 사실의 의미라기보다는 일반적인 의미의 사실을 말한다. 물론 후일 이런 작업이 상당히 진척이 되고 성과를 이룬다면 그 후에는 이 사실의 문제에 대해 고민할 시기가 올 것이다.

둘째, 국가와 민족 등 영역에 대한 논의가 없을 수는 없겠지만 이 부분에 대한 논의는 최대한 약화시켜야 한다.[25] 일반적으로 아는 부분을 예로 들어보자. 중국의 주자학이 있다. 그리고 조선의 퇴계, 율곡 등이 있고 일본과 베트남도 마찬가지이다. 사실상 이런 방식의 서술은 상호 영향 관계 혹은 내재적인 논리과정 등을 매우 알기 어렵게 만든다. 주자학의 발생 등을 서술하며 여러 지역의 주자학자들을 설명하고 그 안에 국가를 언급하면 된다. 필자가 보기로 현재처럼 국가를 나누어 서술하는 방식은 근대 국가 성립 이후의 상황이다. 율곡이 주자학자들을 비교할 적에 나정암(중국), 화담 서경덕, 퇴계 이황을 대표 인물로 논한 적이 있다. 거기에 중국과 조선이라는 분계선은 존재하지 않았다. 이와 같은 방식으로 서술되어야 한다. 그래야 명실상부한 동북아시아 철학사/사상사가 될 것이다.

셋째, 현재의 연구성과나 상황을 보거나 일반적인 문헌을 볼 때, 많은 부분에 대해 원만한 설명을 제공하지는 못하고 있다. 이 부분에 대해서는 매우 여러 이설이나 추측들이 존재하는 것은 당연하다. 필자는 동양의 전통적인 방법인 "의즉전의"(疑則傳疑)의 원칙에 따라 의심스러운 대로 서술하는 것이 옳다고 생각한다. 이것은 후일에 더욱 훌륭한 답안을 기다릴 수 있기 때문이다.

넷째, 현재의 철학사/사상사는 일반적으로 어떤 개인들과 여러 집—즉, 패밀리(family)—을 하나의 단위로 해서 서술하고 있다. 서양철학사/사상사를 예를 든다면, 파르메니데스, 헤라클레이토스 그리고 패밀리라고도 볼 수 있는 소크라테스, 플라톤, 아리스토텔레스를 인물별로 서술한다. 이런 점은 현재의 중국철학사, 한국철학사 등도 대동소이하

25) 현재 일반적인 서양철학사는 어느 정도 그러하다.

다고 볼 수 있다. 즉, 개인과 가족은 존재하지만 그들의 토대인 사회와 철학의 시장[26]이 보이지 않는다. 사회는 연결되어 있고 시장은 교환을 일으킨다. 현재 일반적으로 보는 철학사/사상사는 최소한 필자가 보기에 객관적이지 않다. 필자가 보기에는 교류와 교섭에 대해 더욱 많은 서술이 제시되어야 한다. 가족 간의 교류/교섭 관계도 쉽게 볼 수 있도록 해야 한다. 이 부분에 대해 이야기 하자면, 서양철학사의 대륙합리론의 대표적인 철학자들과 영국경험론의 대표적인 철학자들의 내용을 보면 어렵지 않게 사유의 흐름을 알 수 있다. 그러나 동북아시아의 지금까지의 철학사/사상사에서 보면 주자학자들 간의 사유의 흐름도 쉽게 알 수 없다. 우선 국가별로 각기 서술되어 비교가 어렵다. 또 사유 간의 흐름에 대한 고려도 부족해 보인다. 이 이외 비가족간의 교섭 유통 관계에 대한 서술은 더욱 부족해 보인다. 그러나 철학/사상 간의 유통 교섭은 부정될 수 없다. 이 부분에 대해서도 분명한 것은 분명한 대로 불분명한 것은 불분명한 대로 의심스럽고 알 수 없는 것도 그대로 서술되어야 한다. 그래야 우리 과거의 철학/사상을 더욱 사실에 가깝게 이해할 수 있을 것이다. 그리고 그 교류와 교섭이 국경 안에서도 국경 밖과도 이루어지는 것이 사실이다. 현재의 연구방식으로는 철학사/사상사를 이해하기에는 부족하다.

위 네 가지 방식이 동북아시아 철학사/사상사 서술하는 기본 방침이 되어야 한다.

---

26) '시장'은 여기에서 교환, 즉 교환과 교섭을 의미한다.

## 5. 서술의 난점

필자가 이와 같은 주장을 하지만 현실적으로 그것이 현실화되기에는 매우 많은 어려움이 있다. 이미 위에서 심리적인 부분을 서술하였다. 그 이외 다른 부분들에 대해 이야기해 보자.

첫째, 자료의 문제이다. 물론 모든 인문학 연구에 있어 자료는 매우 중요하다. 그런데 앞에서 말한 일부 지역들의 자료는 매우 부족하다. 예를 들어 중앙아시아의 자료는 극도로 빈약하다. 주로 고대의 자료들인데 중앙아시아는 민족의 변동이 빈번한 지역이고 본래가 문헌을 많이 남기지 않는 문화이기에 그러하다.[27] 필자가 알기로 중앙아시아에 남아 있던 자료들이 러시아에 모여 있으나 제대로 공개가 되지 않아 연구가 매우 불편하다. 그리고 설령 그 자료가 나온다 해도 고어(古語) 연구가 제대로 되어 있지 않아 독해가 매우 어렵다.

그리고 한국이나 중국, 일본 등과 같은 곳도 일부의 자료는 풍부하지만 일부 자료는 매우 빈약하다. 특히 베트남의 자료는 이미 다수 소실된 것으로 알고 있다. 이처럼 자료의 문제는 필자가 주장하는 철학사/사상사 서술의 중요한 난점 중 하나이다.

둘째, 연구 부족을 꼽을 수 있다. 현재 동북아시아 철학사/사상사의 연구는 그 분포가 매우 편중적이다. 물론 그건 정치 그리고 경제와 밀접한 관련이 있다. 이미 앞에서 말한 중앙아시아 등의 자료가 나온다 해도 독해할 수 있는 학자도 매우 희소하다. 그뿐 아니라 현재 제대로 연구되지 않는 분야에 대한 이해도도 매우 낮다. 심지어 연구 중심에 있는 내용조차도 그 연구결과가 신뢰할 수 없는 부분이 적지 않다. 이

27) 일반적으로 유목문화는 농경문화보다 문헌 작성이나 보존이 적다.

것은 연구 부족의 결과이다. 이것도 필자가 주장하는 철학사/사상사 서술의 중요한 난점 중 하나이다.

셋째, 전체 시각과 연구자의 질과 양에 의한 문제이다. 이 문제들은 결국 자료와 연구자의 양과 밀접한 관련을 가지고 있다. 아주 중요한 한 가지 문제를 이야기해 보자. 당연하겠지만 필자가 보기로는 앞에서 서술한 여러 영역, 특히 동북아시아에서의 목사림 철학/사상 혹은 한전불교와 장전불교(藏傳佛敎) — 즉, 티베트불교 —, 그리고 교섭 등을 아우르는 전체 동북아시아 철학/사상에 대해 원만한 시각을 가진 학자는 없을 것이다. 심지어 사실상 동양사상의 기본이라 할 수 있는 유·불·도 전체에 대한 수준 있는 이해와 원만한 시각을 가지고 있는 학자도 없다고 보아도 무방할 것이다. 필자가 보기에, 유·불·도는 서로에게 매우 낯선 학문들이다. 한 사람이 이것을 이해한다는 것은 지극히 어려운 일이며 거의 불가능에 가깝다고 볼 수 있다. 현재 존재하는 중국철학사만 보아도 알 수 있다. 일반적으로 유명한 철학사 예를 들어 풍우란의 중국철학사 등은 사실상 모두 유학 중심이다. 그리고 불교 철학사 도교 철학사 등은 따로 존재한다. 아직까지 이 삼교조차도 한 권에 수준 있게 정리된 책이 없다고 보아야 한다. 다시 말하자면 전체를 아우르고 편찬할 만한 거학이 아쉽게도 아직 존재하지 않는다. 이것은 큰 판을 짤 수 있는 사람이 없다는 것을 의미한다. 이것도 필자가 주장하는 철학사/사상사 서술의 중요한 난점 중 하나이다.

그럼에도 필자가 말한 작업은 진행되어야 한다고 생각한다. 멀리 있는 커다란 산을 향해 전진하더라고 출발은 내 발밑에서 해야 한다. 부족한 것은 부족한 대로, 불완전한 것은 불완전한 대로 우선은 출발을 해야 한다. 부족한 초판, 덜 부족한 재판을 지나다 보면, 그래도 근사한 결과물이 나오는 날이 있을 것이다. 단지 위의 난점들은 조금씩이나마 극복해가며 진행하여야 할 것이다.

## 6. 결론: 그 결과물에 대한 예측과 세계철학사에 대한 준비

위와 같은 과정과 작업을 통해 어떠한 결과물이 도출될 수 있을 것인가? 필자는 가까운 시일 안에 아름다운 결과가 나올 것이라 생각하지 않는다. 그러나 부족함이 있더라도 기본 원칙을 지켜 이루어진 결과물이 나오는 것이 중요하다고 생각한다.

필자는 앞에서 정치적 그리고 경제적인 이유 때문에 이와 같은 작업이 쉽지 않다고 말하였다. 그리고 서양철학과의 관계 설정도 매우 어렵고 복잡한 문제라고 설명하였다. 그렇기에 이런 것은 배제한 어느 정도 객관적인 서술로만 이루어진 작업을 진행해야 한다고 주장하였다. 그러나 가까운 시일 안에 정말 이와 같은 방식으로 작업이 진행될 가능성은 매우 낮다고 생각한다. 왜냐하면 현재 이것을 담당할 수 있는 국가들과 연구 집단들의 이해관계와 관점 때문에 필자가 말한 방식으로 작업이 진행되기가 어렵다고 예상한다.

하지만 각 국가와 연구집단의 이해관계와 관점이 복잡하기에, 어떤 의미에서는 필자의 입장이 원론적으로는 작용할 수도 있을 것이다. 그 결과물에서는 현재 우리가 말하는 삼교와 제자백가, 무슬림 사상, 각 지역에서 고유하거나 중요한 사상[28] 등이 서술되고, 또 그 교류와 교섭 역시 서술될 것이다. 그리고 분명하지 않은 것과 의심스러운 것은 의심

28) 삼교 제자백가 무슬림에 해당하지 않는 중요사상.

스러운 대로 기술될 것이다.

물론 이런 연구 성과물이 나오기만 하면 시간이 지나면서 더욱 훌륭한 업적이 나오게 될 것이다. 물론 적지 않은 시간이 필요할 것이다. 필자는 이 결과물에는 다음과 같은 장점이 있다고 생각한다.

첫째, 더욱 객관적인 동아시아 철학사/사상사를 알 수 있을 것이다. 왜냐하면 지금까지는 동아시아 철학/사상 중 중요한 일부만을 서술하였기 때문이다. 실제로 영향을 미치는 철학/사상이 대부분 망라되고 서술될 것이기에 과거를 설명하기에도, 현재를 관찰하기에도 훨씬 많은 도움을 줄 것이다.

둘째, 그러한 철학/사상의 형성과 관계를 더욱 명료하게 볼 수 있을 것이다. 그뿐 아니라 설명이 명료하지 않은 부분들도 정직하게 보일 것이다.

이러한 장점뿐이 아니다. 필자가 보기에 이러한 연구와 그 결과만이 후일 세계철학사/사상사를 서술하는 데 실질적인 도움이 될 것이기 때문이다. 필자의 주장을 보면 알겠지만, 동북아시아 철학/사상사에는 세계의 중요한 사상 상당 부분이 포함되어 있다. 아마도 동북아시아 철학/사상도 다른 문화권 안에 사실상 존재하고 있을 것이다. 그뿐 아니라 많은 동북아시아 철학/사상의 영토는 유동적이며 동시에 다른 문화권과 겹치기도 한다. 이런 것은 세계적인 사상 교류의 중요한 장소들일 것이다. 예를 들어 동북아시아 철학사/사상사에서 불교를 연구하며 그 근원지인 인도와 대승불교의 중요한 중심지였던 중앙아시아를 고찰하고, 인도에서는 자기의 철학인 불교와 그 발전의 상태인 중앙아시아와 동북아시아를 고찰하면 자연스럽게 교섭과 변화를 알게 될 것이고 자기와 남을 더욱 잘 이해할 수 있게 될 것이다.

필자가 말하는 방식에 따라 우선 급한 대로 동북아시아, 인도, 서구

권(중동 포함)에 대한 철학사/사상사가 서술된다면 적지 않은 명료하지 않은 부분들도 더욱 분명하게 알 수 있을 것이며, 세계철학사/사상사가 어렵지 않게 서술될 수 있을 것이다.

지금까지의 각 문명권 철학사/사상사를 보면 정태적인 철학 지식의 나열을 크게 벗어나지 않는 것 같다. 만일 필자가 말하는 방식으로 여러 문명권의 철학사/사상사를 서술하고, 그 결과로 세계철학사/사상사를 편찬해 낸다면, 지금까지 제대로 설명되지 않았던 많은 부분이 설명될 것이며, 더 중요한 것인 인류의 소중한 사상들의 흐름, 즉 동태적인 철학함이 우리들 눈앞에 파노라마처럼 펼쳐질 것이다. 즉, 철학을 진행 중인 철학사가 될 것이다. 현재 분할된 지역, 정치, 경제의 필요성 등을 초월한, 진정한 세계역사에 실재하였던 사유가 동태적으로 우리 앞에 나타날 것이다. 그리고 필자가 주장하는 방식으로 이루어진 동아시아 철학사/사상사는 이에 대한 훌륭한 준비가 될 것이다.

## 참고문헌

北京大學哲學系 中國哲學教研室(2003),『中國哲學史』, 北京: 北京大學出版社.
馮友蘭(1992),『中國哲學史新編』, 北京: 人民出版社.
方立天(2002),『中國佛教哲學要義』, 北京: 中國人民大學出版社.
에띠엔 라모뜨(2006),『인도불교사』, 호진 옮김, 시공사.
卿希泰 主編(2009), 『中國道教思想史』, 北京: 人民出版社.
牟鍾鑑(2001),『中國道教』, 肇慶市: 廣東人民出版社.
Hirschberger, J.(1984),『서양철학사』, 강성위 옮김, 이문출판사.

# 서구의 회의주의와 인도철학을 어떻게 쓸 것인가?

## :『숫타니파타』「팔게품」으로 새롭게 조명해 본 헬레니즘 회의주의사

한대성

비실재로부터 저를 실재로 나아가게 하소서!

asato mā sad gamaya |

어둠으로부터 저를 빛으로 나아가게 하소서!

tamaso mā jyotir gamaya |

죽음으로부터 저를 불사로 나아가게 하소서!

mṛtyor mārmṛtaṁ gamaya ||

— *Bṛhadāraṇyaka Upaniṣad 1.3.28*

## 1. 인도철학사에서의 회의주의의 시원과 전개

인도철학사는 사실 정확하게 정립되어 있지 않은데, 그 주요한 이유는 인도철학서들이 서력기원의 시점부터 수백 년이 훨씬 지나서야 본격적으로 집성되었기 때문이다. 고대 인도철학이 이러한 양상으로 다뤄진 더 근본적인 이유는 인도에 문자의 보급이 상대적으로 늦었기 때문이다. 아마 전술한 것보다 더 근본적인 이유로는 철학과 수행이 불가분의 관계라는 이유를 꼽을 수 있다. 인도철학에서 그 역사나 문헌의 분량에서 가장 방대한 것 중 하나인 우파니샤드(Upaniṣads)가 어원적 의미로 '스승에 가까이 앉아 (직접 전수받는 지식)'인 것처럼, 모든 철학적 지식은 오랫동안 제자에게만 비밀리에 전수되었다. 즉, 인도철학에서 스승의 가르침은 죽음을 초월하는 불사의 '묘약'이고, 남에게 알려져서는 안 되는 것이다. 후대에 인도의 다양한 종파의 철학 서적들이 집성될 때는 불가피하게 당대의 철학이 반영됐을 것이다. 그렇다면 '각 학파의 원래 철학은 무엇인가?'라는 질문이 남는다.

인도, 특히 인도철학의 발상지라 여겨지는 고대 북인도는 회의주의적 사상이 발생하기에 좋은 토대를 가지고 있었다. 이는 정착하지 않고 항상 옮겨 다니는 유목민과 카라반 상인들이 그곳에서 주류를 이루었을 뿐만 아니라, 실크로드를 통해 다양한 세계의 문물을 접하는 환경이 조성되어 있었기 때문이다. 아마 이보다 회의주의가 발생하기 더 적합한 환경은 집을 떠나 방랑하며 수행하는 스라마나(Śramaṇa) 수행자 집단의 번영이었을 것이다. 합리주의의 토대가 자신이 속한 환경에 대한 합리화를 위한 사상이라면, 자신이 속한 사회를 버리고 유행하는 스라마나 집단은 합리주의의 반대되는 사상에 쉽게 이끌렸을 것이다. 여기서 합리주의의 반대되는 사상이란 물론 회의주의이다.

인도철학자들은 인도철학의 근원을 베다에서 찾고 있다. 근래의 연구자들에 따르면 베다에서도 가장 중요한 『리그베다』는 기원전 1400년에서 기원전 1000년 사이에 형성되었을 것이라 한다. 본 경전은 해와 달, 그리고 바람과 강, 나무와 동물 등 자연에서 영감을 받아 생겨난 신들의 영광을 찬탄하는 내용이 주를 이룬다. 그러나 이미 본 경전의 마지막 부분에서는 그들이 맹목적으로 숭배하던 신들에 대해 회의하며 사색에 빠지는 모습이 나타난다.[1)]

그 다음으로 오래된 문헌으로는 『우파니샤드』가 있다. 『우파니샤드』는 『베다』의 시기 이후 불교가 태어나기 이전부터 중세까지 끊임없이 쓰여 왔다. 그중에서 『초기 우파니샤드』가 중요한데, 거기에는 희생제 등의 고대 종교의 제식과 관련된 사상이 일부 집성되어 있다. 따라서 해당 부분은 『베다』 다음으로 가장 오래된 경전으로 꼽힌다. 『초기 우파니샤드』에서 해당 부분을 제외한 나머지는 그 집성시기를 불교사상을 기준으로 가늠하고 있다. 그러나 문제는 붓다의 사상 혹은 원시불교 사상이 무엇인가가 분명하지 않다는 데 있다.

신에 대한 찬탄이 주를 이루는 종교 경전인 『베다』와 달리 『우파니샤드』는 본격적인 철학서이다. 인간의 외부에 존재하는 자연으로부터 유래한 신들을 경외하던 『베다』와 달리 『우파니샤드』에서는 인간 자신, 특히 자신의 영혼(ātman)의 문제를 깊이 탐구한다. 『우파니샤드』의 사상가들은 우주의 창조에 관한 문제부터 개인의 영혼인 아트만과 우주적 영혼인 브라만(brahman)의 본질에까지 다양한 철학적 주제를 탐구한다. 비록 『우파니샤드』의 철학은 회의주의라 할 수 없지만, 그 문헌에는 회

1) Radhakrishnan, S.(2007), *Indian philosophy*, Vol.I, 68－72.

의주의적 요소, 특히 『베다』에 대한 종교적 회의주의가 분명히 나타난다. 『우파니샤드』는 『베다』를 계승한 정통 인도철학사상을 표방하지만, 『베다』를 맹신적으로 받아들이지 않았다. 본 경전에서는 『베다』의 제식주의를 조롱할 뿐 아니라, 『베다』의 지식을 열등한 것으로 묘사하기까지 한다. 그뿐만 아니라 이 경전들에서는 우리가 경험을 통해 얻게 되는 정신적 요소들이 자존하는 것인지 혹은 신의 일부인지에 관한 실존적인 문제부터 감각에서 발현되는 정보들이 신뢰할 만한 것인가에 대한 인식론적 문제까지 깊이 고민한다.[2] 우파니샤드의 『베다』의 제식주의와 베다적 지식을 부정하는 종교적 회의주의와 인식론적 회의주의가 불교를 비롯한 여타의 사상에서 영향을 받았는가에 관한 질문은 현재 학계의 역량으로는 명백히 답할 수 없다.[3]

인도철학에서 바라문교 이외의 철학은 스라마나(Śramaṇa) 전통으로 통칭되는데, 불교와 자이나교, 그리고 유물론자로 구분된다. 우선 자이나교와 회의주의의 관련성 혹은 회의주의적 요소를 간략히 설명하자면, 자이나교의 철학 또한 회의주의적 요소로 충만하다. 본 종파에서는 기본적으로 인간이 온전한 지식을 얻을 수 없음을 주장한다. 자이나교는 지식을 두 가지로 구분한다: 물자체 혹은 실체에 대한 직접적 지식인 쁘라마나(pramāṇa)와 그것에 대한 상대적인 지식인 나야(naya). 나야는

---

2) 베다와 우파니샤드에 존재하는 회의주의적 요소들에 관한 다른 설명으로 Mills, E.(2018), *Three Pillars of Skepticism in Classical India: Nagarjuna, Jayarasi, and Sri harsa,* 1－12 참조.

3) 일반적으로 『우파니샤드』는 불교에 앞선다고 하지만 불교와 동시대 혹은 이후로 보는 학자도 있다. 대표적으로 Keith, A. B.가 있다. "현존하는 『우파니샤드』 가운데 가장 오래된 것이라고 할지라도 B.C. 6세기 이전으로 그 성립연대를 잡는 것은 전적으로 불가능하다. 그리고 각자 오래된 연대를 수용하는 것은 단지 개개인의 취향에 놓여 있을 따름이다." 위의 인용문과 우파니샤드가 불교의 영향을 받았을 것이라고 논한 것은 조준호(2004), 『우파니샤드 철학과 불교』, 32－69 참조.

일반적인 인간이 실체 혹은 실재를 보는 관점이나 견해를 말한다. 자이나교에서는 보통의 인간은 추상화을 통해 견해를 제한하고 분리하기에, 항상 상대적 지식만을 얻는다고 주장한다. 즉, 자이나교에서는 일반인은 물자체 혹은 진정한 인식대상에 대한 온전한 지식을 얻는 것이 불가능하다고 하는데, 이를 개연성 이론(syādvāda)이라 한다. 초인 혹은 깨달은 자(Buddha)라는 극한 가능성의 존재를 제외한다면, 자이나교의 인식론은 사실상 회의주의이다.

자이나교의 회의주의적 사상은 그들의 인식론에서 구체화시켰다. 자이나교의 인식론에서는 지식을 5종으로 분류한다: 마띠(mati), 슈루띠(śruti), 아바디(avadhi), 마나흐—빠르야야(manaḥ—paryāya) 그리고 께발라(kevala). 마띠는 지성지(智性智)로 번역될 수 있는데, 감각에 의한 인식과 논리 등을 통한 인간이 일반적으로 얻을 수 있는 지식을 지시한다. 슈루띠는 영성지(靈性智)로 번역될 수 있는데, 진조, 상징 그리고 계시나 가르침에 의해 얻어지는 지식을 지시한다. 아바디는 천리안(千里眼)이다. 마나흐—빠르야야는 텔레파시이고, 께발라는 전지(全知)이다. 이 중 마지막 두 가지는 오류가 없는 절대 지성으로 규정된다.[4] 즉, 마띠, 슈류띠, 아바디는 나야이자, 일반적인 인간의 상대적인 지성에 해당한다. 따라서 이 세 지성으로써 얻은 지식은 항상 개연설로서 표현되어야 한다. 반면 마나흐—빠르야야와 께발라는 절대적 지성에 해당하고, 이를 통해 얻는 것은 무오류의 지식이다.[5] 자이나교의 이러한 초인적 지성에 관한 철학은 불교 경전에 보존된 그들의 사상에도 완전히 부합한다.

---

4) Radhakrishnan, S., 앞의 책, 294－295.
5) 이는 칸트철학에서 현상계와 본체계, 그리고 그에 해당하는 지성의 분류와 동일하다.

"대왕이여, 나는 일체지와 일체견을 가진 사람으로 모든 것을 알아 남김이 없다. 혹 다니거나 혹 머물거나 혹 앉거나 혹 눕거나 남김없이 깨달은 지혜는 항상 나타나 있어 [나를] 이끈다."라고 대답했습니다.[6]

지성을 절대 지성과 상대 지성으로 구분하고, 일반인은 상대 지성만을 가질 수 있다는 자이나교의 인식론적 회의주의가 언제 성립되었는지는 분명치 않다. 자이나교의 교주 마하비라(Mahāvīra)는 통상적으로 붓다보다 수십 년 앞서 태어났다고 알려졌기에, 이는 불교에 선행하는 종교로 알려져 있다. 만약 자이나교가 불교에 선행한다는 일반적인 견해를 받아들이면, 인도에서 회의주의를 분명하고 체계적으로 주장한 종파는 자이나교가 될 것이다. 그러나 자이나교와 불교의 관계는 그리 단순하지 않다. 라다크리슈난과 같은 저명한 학자는 바르트를 인용하며 자이나교와 불교가 원래 동일한 종교였을 것이라 논한 주장을 비중 있게 소개한다.

바르다마나의 전설, 혹은 현 겁의 지나(Jina)인 대영웅이라는 의미로 흔히 알려진 마하비라는 가우타마 붓다와 다수의 그리고 특징적인 요소의 공통성을 보여주기에, 우리는 본능적으로 두 전설의 주체가 동일인임을 알 수 있다. 양자 모두가 왕족 출신이고, 그

6) 『長阿含』「沙門果經」(T1, 109a03): "彼報我言 大王 我是一切智 一切見人 盡知無餘 若行若住坐臥 覺悟無餘智 常現在前." 한역본과 빨리본은 큰 차이를 보이는데, 빨리본은 마하비라를 단지 금욕주의자로 묘사한다. 소승경전의 경우 통상적으로 최종편집된 시기가 한역본이 빨리본보다 앞선다고 본다. 해당경전의 한역본과 빨리본의 차이에 관해서는 한대성(2024), 『『숫타니파타』「팔게품(八偈品)」에 관한 연구』, 232-233 참조.

의 친척과 제자 중에서 동명의 인물이 연속적으로 나타난다. 그 둘은 같은 시기에 같은 나라에서 태어나고 죽었다. 일반적으로 받아들여진 자료에 따르면, 지나는 기원전 526년에 그리고 붓다는 기원전 486년에 입멸에 들었다고 하지만, 우리가 이 정보의 불확실성을 인정한다면, 이 두 다른 연대는 사실상 차이 없는 것으로 간주할 수 있다.[7]

반면 상대적으로 근래에 출판된 벡위스의 한 저작에서는, 다수 학자의 견해를 종합하여, 불교와 자이나교가 동일한 종교라는 주장에서 한 발 더 나아가, 자이나교가 불교의 아류라고 말한다.

지금까지 어쨌든 불교학자를 포함한 인도학자들은 자이나교의 연대 문제를 역사적 관점에서 주의 깊고 안전하게 조사하지 않았고, 그러한 포괄적인 연구는 아직까지 존재하지 않는다. 메트(Mette)를 포함한 상기에서 언급된 다수의 학자에 의해 이 문제가 논의되었는데, 그는 분명히 자이나교에 호의적이지만, 불교가 모든 면에서 자이나교보다 연대가 앞선다고 결론내렸다. … 여기서 나는 일반적으로 받아들여진 견해로 남은 한 세기나 된 요약문을 인용하려 한다: 자이나교는 불교와 사찰 시스템과 윤리적 가르침, 그리고 그 경전과 개조의 서술에서 충격적이게도 유사하다. 이 밀접한 유사성은 라센과 위버, 윌슨과 테에레, 바르트와 같은 적지 않은 수의 학자들에 의해 자이나교를 불교의 한 분파로 보게 만들었고, 이것의 기원을 붓다의 활동 시기보다 수 세기 이후로 놓게 하였다.[8]

---

7) Radhakrishnan, S., 앞의 책, 290－291.
8) Beckwith, C. I.(2015), *Greek Buddha: Pyrrho's Encounter with Early*

불교와 자이나교의 유사성은 주지의 사실이고, 자이나교 문헌의 집성이 불교보다 수백 년이 뒤진다는 것 또한 잘 알려져 있다. 불교와 자이나교의 관계에 관한 포괄적 논의는 지면상 본 논문에서는 다룰 수 없지만, 이하에서는 자이나교의 현존하는 모든 문헌보다 빠르다는 불교 문헌 중 가장 오래된 텍스트를 통해 원시불교가 회의주의였다는 사실을 구체적으로 논할 것이다. 자이나교의 회의주의적 사상이 담긴 텍스트가 이러한 원시불교문헌보다 더 오래됐다는 것을 증명할 근거가 없기에, 자이나교의 회의주의 사상은 원시불교 회의주의과 기원이 같거나 혹은 이의 영향을 받아 성립됐다고 보는 것이 타당하다.

불교와 자이나교를 제외한 나머지 슈라마나 철학에는 유물론자가 있는데, 이들은 짜르바까(Cārvāka) 혹은 로까야따(Lokāyata)라 불린다. 고대 인도철학에서 유물론자는 크게 다섯 명으로 꼽힌다: 아지따 께사깜발리(Ajita Kesakambalī), 빠꾸다 까짜야나(Pakudha Kaccāyana), 뿌라나 까싸빠(Pūrana Kassapa), 산자야 벨라티뿌따(Sañjaya Belaṭṭhiputta) 그리고 막깔리 고쌀라(Makkhali Gosāla, 末伽梨拘舍梨). 해당 사상가들의 철학은 이미 다른 곳에서 논했으므로, 여기서는 회의주의의 사상에 가장 부합하는 막깔리 고쌀라의 사상만을 간략히 검토하려 한다.[9] 한역불교경전 「사문과경」에 보존된 그의 사상은 다음과 같다.

> 대왕이시여, 베풂[의 공덕]도 없고, 주는 것[의 공덕]도 없으며, 제사의 법도 없다. 또한 선악의 갚음도 없고, 금생도 후생도

---

*Buddhism in Central Asia*, XII–XIII.

9) 육파철학의 전체적인 사상에 관해서는 한대성(2024), 앞의 책, 221–236; 회의주의와 관련해서는 한대성(2025), 「그리스 회의주의와 원시불교의 만남 ― 『숫타니파타』의 「팔게품」과 피론 사상 ―」 참조.

없으며, 아비와 어미도 없다. 하늘도 없고, 조화도 없으며, 중생도 없다. 세상에는 사문 · 바라문의 평등한 행자도 없고, 또한 금생 후생에 자신으로 증명을 짓고 남에게 두루 나타내는 것도 없다. 있다고 말하는 모든 것이 다 허망한 것이다"라고 [막깔리 고쌀라는] 말했습니다.[10]

막깔리 고쌀라의 사상은 비록 단편적으로만 전해지지만, 「사문과경」에 나타난 내용으로만 파악한다면, 부정적 독단론에 가깝다. 이 사상가의 종파는 아쇼카왕의 비문에서 Ājīvika라는 이름으로 세 번 나타나는데, 이들은 한역 불교경전에서 나형외도(裸形外道)라 불린다. 라에르티오스의 기록에 따르면 피론은 인도에서 짐노소피스트(Gymnosophist)로부터 철학을 배웠다는데, 이는 흔히 나체수행자로 알려져 있다.[11] 이러한 공통점으로부터 피론과 막깔리 고쌀라의 관계에 관한 모종의 심증이 존재한다.

불교 경전에 인용된 유물론자들의 사상은 지나치게 간략하고 다소 희화화되었기에, 그 사상가들의 완전한 철학을 파악하기에는 부족하다. 그들의 사상이 회의주의[12]에 부합한다고 보기에 어려운 것은, 이들은

10) 『長阿含』「沙門果經」 T1 01.0108b13－b18: "大王 無施無與 無祭祀法 亦無善惡 無善惡報 無有今世 亦無後世 無父無母 無天無化 無衆生 世無沙門婆羅門平等行者 亦無今世後世自身作證布現他人 諸言有者 皆是虛妄."

11) Laeertios, D.(2008), 『그리스철학자열전』, 618: "… 그 뒤 아낙사르코스의 제자가 되고 그를 동반해 어디든지 갔기 때문에 인도에서는 알몸의 수행자들과도, 또 페르시아 마고스 수도자들과도 교분을 맺었다."

12) 주요 철학사전에 나타나는 회의주의의 정의는 다음과 같다. *The Oxford Dictionary of Philosophy*, 표제어 "scepticism": 특정한 주제 혹은 어떤 분야 전체에 지식 혹은 합리적 믿음이 가능하다는 것을 부정하는 것이다.; *The Cambridge Dictionary of Philosophy*, 동일 표제어: 가장 일반적으로는 지식이나 정당화(justification)의 가능성을 부정하는 것이다.; *Encyclopaedia*

모두 원자론을 채용한다고 알려져 있기 때문이다. 하지만 인도 유물론자들은 공통적으로 『베다』의 권위뿐만 아니라 당대 유행하던 모든 종교적 도그마를 부정했다는 점에서 종교적 회의주의자이자 철학적 회의주의의 모태라 할 수 있다.

### 1.1. 회의주의의 시원으로서의 원시불교

현재 일반적으로 받아들여지고 있고, 또 강단에서 가르쳐지고 있는 불교사상사의 모델은 붓다가 소승불교 경전에 담긴 내용을 설했다고 믿기에, 소승불교가 먼저 존재했고, 붓다의 사후 수세기가 지난 후에 재가신자들이 힌두교 철학의 영향을 받아 대승불교를 만들어 냈다는 것이다. 하지만 히라카와 아키라(平川彰)에 의해 제창된 대승불교 재가 기원설은 그레고리 쇼펜에 의해 체계적으로 비판됐다.[13] 기존의 불교철학사의 모델이 붕괴함에 따라, 우리는 대승불교의 기원에 대해 더는 설명할 수 없는 상태에 빠졌다. 대승불교 철학의 기원을 설명할 수 없다는 것은 기존에 존재하던 소위 초기불교 혹은 원시불교의 역사와 철학을 더는 신뢰할 수 없다는 것을 의미한다. 결국 이는 우리가 불교철학사에 대해 아는 것이 없다는 결론에 이르게 한다. 붓다는 무슨 철학을 제자들에게 가르쳤을까?

---

*Britannica*, 동일 표제어: 서양철학에서는 다양한 분야에서 지식이라 주장된 것을 의심하는 태도이다. 회의주의자는 이런 주장들에 대해 어떤 이론에 근거했고 또는 무엇을 주장하는가를 물으며 이런 주장에 대한 적절성이나 신뢰성에 이의를 제기했다.

13) 히라카와 아키라의 대승불교 재가자 기원설에 대해서는 Hirakawa(1990), *A History of Indian Buddhism: From Śākyamuni To Early Mahāyāna*, 270－4. 쇼펜의 대승불교 재가자 기원설 반박에 관해서는 Schopen, G.(2004), "Mahāyāna", 492－499 참조.

전술하였듯이, 인도철학의 전개 시기를 파악하는 데 있어서 그 생성 시기가 상대적으로 잘 알려진 원시불교사상이 핵심적인 척도가 된다. 비록 원시불교 혹은 근본불교, 최초기불교(the earliest Buddhism) 등의 이름으로 수많은 저작이 출판되었지만, 이들이 실제 원시불교철학의 성격과 내용을 파악했다는 확실한 근거는 없다. 이런 문제를 논하기 위해 네덜란드 레이든에서 1987년에 개최된 제7차 World Sanskrit Conference에서 당대 해당 연구로 선구자적 위치를 점하고 있는 학자들이 모여 학술발표를 했고, 이를 발표한 논문들을 모아 *Earliest Buddhism and Madhayamaka*란 책으로 출판하였다. 해당 저서의 서문에서 슈미트하우젠(L. Schmithausen)은 초기불교경전 혹은 소승불교경전[14]을 대하는 학자들을 세 부류로 분류하였다: 첫째 부류는 초기경전을 거의 무비판적으로 불설로서 수용하는 학자군이고, 둘째 부류는 경전의 내용만으로는 불설을 복원할 수 있다는 가능성에 극히 회의주의적이어서, 오히려 경전의 외부에 존재하는 비문 등에서 그것을 찾고자 하는 학자군이며, 셋째 부류는 — 자신이 속한 부류이기도 한데 — 크고 작은 경전의 문구들에 고등비평의 방법론을 적용해 그것을 찾고자 하는 학자군이다. 슈미트하우젠은 첫째 부류의 학자군에 대해 다음과 같이 서술했다.

> 일부 (특히, 하지만 배타적이지는 않지만, 영국학자들) 불교학자들은 최소한 상당한 양의 니까야 경전의 근본적인 정합성과 실제적인 진실성을 강조한다. … 그들은 구전전승의 기간 동안 창의적이고 혁신적인 교의의 발달이 최소화되었거나 혹은 그것들이 경전에 포함되는 것을 성공적으로 막아냈다고 여기는 편이다.[15]

---

14) 통상적으로 빨리어로 보존된 5부 『니까야』와 한문, 그리고 산스크리트어 등으로 보존된 4부 『아함』을 지칭한다.

해당 패널의 좌장이었던 슈미트하우젠의 말이 시사하는 바는, 소위 『아함 · 니까야』의 경전이 붓다의 언설을 오롯이 보존하고 있다는 것을 믿는 것은 현대 학계에서는 극단적인 견해라는 것이다. 결국 그는 구전 전승기간 동안 변질 없이 붓다의 가르침이 전해졌고, 이를 소승경전에서 오롯이 보존하고 있으며, 그 경전이 사상적으로 완전한 정합성을 이룬다고 하는 학자군을 극단적인 생각을 가진 극단주의자로 봤다. 마찬가지로 소승경전으로만은 붓다 자신의 사상을 찾을 수 없다고 한 학자군을 다른 극단주의자로 규정했다.[16] 슈미트하우젠 자신은 고등비평(higher criticism)[17]의 방법론으로 붓다의 진정한 언설을 구분해낼 수 있다고 주장했지만, 이는 극단주의자로 분류된 쇼펜에 의해 다시 비판됐다.[18]

작성연대나 성립연대가 불분명하고, 조작이 가능한 문헌자료와는 달리 상대적으로 조작이 어려운 비문을 비롯한 고고학적 자료는 원시불교의 성질과 철학을 밝히는 데 있어서 신빙성 있는 자료가 된다. 하지만 고고학 자료로 우리가 알 수 있는 것은 극히 제한적이다. 슈미트하우젠 자신이 원시불교 연구의 핵심적 방법론으로 삼고 있는 고등비평은 일반적으로 통용될 수는 있어도, 그것이 절대적으로 옳을 수 없다는 것을 쇼펜이 실례를 들어 반증하였다. 따라서 현재 원시불교의 철학을 밝힐 수 있는 무오류의 일반적 방법론은 존재하지 않는다. 하지만 더 오래된 층을 구분하기 위한 경전의 성층화(stratification)[19]를 통해 가장 오래된

15) Schmithausen, L.(1990), "Preface [⋯]", 1－3.
16) 이 학자군에 속하는 대표적인 학자는 쇼펜(G. Schopen)이 있다. 관련 번역 논문으로는 Schopen, G.(2013), "인도 불교사에 있어서의 두 가지 문제―승·속의 구분과 복의 회향에 관한 교의 ―" 참조.
17) 유사한 자료군에서 공통적으로 발견되는 문구와 내용은 가장 오래된 층으로 본다는 문헌학적 연구방법론을 지칭한다.
18) Schopen, G.(2013), 201－210.

경전 혹은 사상을 찾아내기 위한 시도 또한 존재했다. 하지만 구층과 신층을 구분하려는 성층화의 시도는 대부분 주관적인 기준으로 행해졌기에 학계에서 인정받지 못했다. 그럼에도 『숫타니파타』 특히 제4장인 「팔게품(八偈品, Aṭṭhakavagga)」과 제5장인 「피안품(彼岸品, Pārāyanavagga)」이 소승불교경전에서 가장 오래된 층이라는 데는 학계의 의견이 일치한다. 학자들은 그 근거로서 베다적 운율과 문법, 그리고 여타의 경장과 율장에 피인용된 사실을 제시한다.[20]

풀너(P. Fullner)는 2005년에 출판한 저작 *The Notion of Diṭṭhi in Theravada Buddhism—The Point of View*의 서언에서, 초기불교경전에는 '견해에 관한 상반되는 이해'와 '견해에 관한 무견적 이해'라는 반대되는 두 사상적 흐름이 있음을 지적한다.[21] 풀너는 빨리 경전에서 『

19) 경전의 성층화 작업에 관해서는 본고의 제5장 "헬레니즘 회의주의의 연구여량과 방향" 참조.

20) 『숫타니파타』 전체와 「팔게품」의 고층성에 관해서는 한대성(2024), 앞의 책, 64-76 참조.

21) "[빨리불교경전에서] 견해에 관한 연구에는 딜레마가 있다. 초기경전은 '잘못된 견해'(micchā-diṭṭhi)와 '올바른 견해'(sammā—diṭṭhi)를 말한다. 이 길의 목적은 올바른 견해를 배양하는 것이고, 잘못된 견해를 버리는 것이다. 나는 이를 '견해에 관한 상반된 이해'라고 할 것이다. 즉, 올바른 견해는 잘못된 견해에 대해 반대입장이거나 혹은 후자를 교정하는 것이다. 이는 『니까야』 경전에서 견해에 관한 이해로서 상대적으로 가장 일반적인 것으로 보편적으로 받아들여진다. 어쨌든 불교사상에는 다른 전통이 있는데, 『숫타니파타』의 게송—「팔게품」, 그리고 「피안품」 일부—에 그리고 『니까야』의 일부 경전에도 존재하는데, 여기서는 올바른 견해와 견해가 없음이 동일시된다. 여기에서 불교의 길은 모든 견해, 심지어 정견조차 극복하는 것으로 보아왔다. 마치 감각의 대상이 장애이듯이, 모든 견해와 의견, 옳고 그른 것 견해 양자 모두, 그리고 심지어 지식조차 완전한 무집착의 목표를 향한 수단으로써 인정되지 않는다. 이 길의 목표는 올바른 견해를 배양하고 잘못된 견해를 버리는 것이 아니라 옳고 그른 모든 견해를 버리는 것이다. 나는 이것을 '견해에 관한 무견적 이해'라고 할 것이다." Fullner, P.(2005), *The Notion of Diṭṭhi in Theravada Buddhism—The Point of View*, 1. 풀너가 '여기서는 올바른 견

숫타니파타』와 극히 일부 다른 경전에는 옳고 그른 모든 견해를 버리라는 '견해에 관한 무견적 이해'가 있고, 여타의 경전에는 이와 상반되는 옳은 견해가 잘못된 견해를 고쳐주는 사상인 '견해에 관한 상반되는 이해'가 있음을 지적하였다. 우리는 여기서 '옳고 그른 모든 견해를 버리라는 사상'을 회의주의, 그리고 '옳은 견해와 잘못된 견해가 있고, 옳은 것이 잘못된 것을 바로잡아주는 사상'을 독단주의로 규정할 수 있다. 따라서 풀너가 의미하는 바는 초기불교경전 대부분은 독단주의사상을 내포하는 경전으로 구성되어 있지만, 이와는 완연히 다른 회의주의 사상이 『숫타니파타』의 「팔게품」과 「피안품」 그리고 여타의 『니까야』 경전에 산발적으로 존재한다는 것이다.[22]

풀너가 「팔게품」과 「피안품」 그리고 『니까야』의 일부 경전에 여타의 다른 경전과 사상적으로 완전히 다른 '모든 견해를 버려야 한다'는 사상이 담겨있다고 설명한 것은, 비록 명시적으로 밝히지는 않았지만, 고메즈(L. O. Gómez)가 1976년에 출판한 유명한 논문인 "Proto－mādhyamika in the Pāli Canon"에서 인용한 것으로 보인다. 고메즈가 해당 논문에서 관련 부분을 언급한 내용은 다음과 같다.

> 「팔게품」과 「피안품」의 경구로 『숫타니파타』를 심층적으로 검토하면 이 두 품이 심지어 『숫타니파타』의 여타의 부분과도 극단

해와 견해가 없음이 동일시된다'라고 한 것은 오해의 소지가 있다. 견해에 관한 무견적 이해에서는 올바른 견해를 취하는 것도 잘못된 견해를 버리는 것도 없다.

22) 풀너와 고메즈는 피상적으로 볼 때 반대되는 논지를 전개하는 것으로 이해되지만 이는 잘못된 것이다. 이 둘의 핵심적인 차이점은 고메즈는 심지어 주석조차도 배제한 『숫타니파타』의 「팔게품」과 「피안품」 경전의 사상을 논하는 것이고, 풀너는 이들의 주석을 포함한 테라바다 전통의 다양한 경전과 주석서에 나타나는 사상을 전체적으로 논한다.

> 적으로 다르다는 것을 보여 준다. 본 논문에서 언급한—주로 「팔게품」에서 인용한—『숫타니파타』의 경구들은 Mahāviyūha Sutta와 사상적으로 일치하는데, 빨리어 경전 중에서 독보적이다. 이 경구들은 여타의 불교 문헌에서 발견되는 극단적인 아포파시스적인 경향을 가진 가장 선명하고 대표적인 진술로서 독자들에게 충격을 안긴다. 이 경향은—혹은 특정한 종류의 명상전통은—반야부경전 그리고 심지어 더 명백하게 귀류논증 중관학파와 다양한 선불교 전통에서 다시 나타난다.[23]

비록 고메즈는 해당 논문에서 명시적으로 회의주의라는 용어를 사용하지 않고 아포파시스(兩否定, aphopasis)[24]라는 용어를 사용하였으나, 이 두 술어는 사상적으로 밀접한 관계가 있다. 게다가 고메즈는 해당 논문에서 해당 경전들이 회의주의로 규정될 수 있는 중관철학의 원형이라고 밝히면서, 우회적으로 이 사상이 회의주의[25]임을 말하고 있다.[26]

문제는 붓다라는 한 사람이 회의주의와 독단주의 철학을 동시에 설했을 가능성은 없다는 것이다.[27] 따라서 이 둘 중 한 철학 사조는 붓다가

---

23) Gómez, L. O.(1976), "Proto-mādhyamika in the Pāli Canon", 140.

24) *The Cambridge Dictionary of Philosophy*, 표제어 "aphopatic": ('부정'과 '말함'이라는 그리스 술어에서 유래) 신 혹은 절대가 이해될 수 있다거나 긍정적 술어를 사용하여 서술될 수 있다는 것을 부정하는 철학자(혹은 견해)를 지시하는 것으로 종종 사용된다. 이는 신학에서는 부정신학이라는 술어로 사용된다. 해당 술어에 대해 친절하게 설명해 주신 국민대 박규철 교수님께 감사드린다.

25) 중관철학을 회의주의로 규정한 학자들에 관해서는 다음 절 "1.2. 회의주의 불교의 부흥, 중관철학" 참조.

26) 고메즈의 해당 논문은 내가 아는 한 단 한 번도 비판받은 적이 없어 「팔게품」을 해석하는 유일한 견해이고, 이는 Burford, G. G.(1991), *Desire, Death, and Goodness: the Conflict of Ultimate Values in Theravāda Buddhism*에서 계승되었다.

직접 설한 것이 아니라는 것이 자연스레 유추된다. 전술했다시피 『숫타니파타』의 「팔게품」과 「피안품」은 불교 경전 중에서 가장 오래된 층에 속한다. 따라서 '견해에 관한 상반된 이해'와 '견해에 관한 무견적 이해' 중에서 후자가 더 오래된 것이기에, 독단주의보다 회의주의를 진정한 붓다의 사상으로 봐야 하는 것이 학문적인 귀결이다. 즉, 붓다는 '정견'으로 대변되는 합리주의나 독단주의가 아니라, '무견'으로 대변되는 회의주의를 제자들에 가르쳤다.

어떤 이유에서인지 — 마치 그리스에서 피론의 철학이 그랬던 것처럼 — 인도에서 붓다의 회의주의는 금세 시들어갔다.[28] 빨리 경전의 편집자들은 불교 경전 중에서 가장 오래된 「팔게품」과 「피안품」을 없애는 대신, 서정시와 한데 묶어 『숫타니파타』라는 책으로 엮었다. 그러나 두 품을 해당 경전의 마지막 부분에 배치하고, 이 경전 자체를 '잡다한 경전의 모음'이라는 뜻의 『쿳다까 니까야』(*Khuddaka Nikāya*)로 분류하여 그 중요성을 희석하였다. 그뿐만이 아니라, 「팔게품」과 「피안품」의 회의주의적 의미가 퇴색하도록 독단주의적 철학의 『마하니데사』(*Māhaniddesa*)와 『쭐라니데사』(*Cūḷaniddesa*)라는 주석서를 각각 작성하고, 이를 쿳다까 니까야의 한 경전으로 분류하여 비판을 가하지 못하게 했다. 즉, 빨리 경전의 편집자 혹은 초기·부파불교 승려들은 회의주의였던 원시불교를 체계적으로 매장하고, 독단주의적 합리주의 사상을 선양하였다고 파악된다. 고메즈는 「팔게품」의 어느 경구에 대한 『마하니데사』의

---

27) 물론 붓다가 생애의 어느 지점에서 전환점을 맞아 자신의 사상을 전향했을 개연성도 존재하지만, 그런 사건은 불교 경전이나 역사에 기록돼 있지 않다. 붓다는 깨달은 이인데, 깨닫고 나서 사상을 전향했다는 것은 이치에 닿지 않는다.

28) 나는 개인적으로 이것이 아쇼카 황제의 등장과 관련됐다고 믿는다. 아쇼카의 사상은 아우렐리우스가 속한 스토아철학에 가까운 것으로 판단된다.

주석을 두고 다음과 같은 평을 남겼다.

> 『마하니데사』는 다음과 같이 주해할 때, 해당 문구의 진의를 왜곡시키고 있다: '만약 어떤 사람이 팔정도가 아닌 다른, 불순한 도, 잘못된 도에 의해 청정해졌다면 ….” 이 게송들(vv. 788-795)의 전체적인 진정한 문맥은 거기서 비판받는 견해라는 것은 보거나 듣거나 생각한 것에 대한 지식에 의존하는 사람의 것임을 보여준다.[29]

빨리 경전의 편집자들이 이러한 과정을 통해 회의주의적인 원시불교 사상을 전복하고 퇴색시킨 작업을 진행했다는 점을 우리는 알 수 있다. 이상의 분석이 의미하는 바는, 마치 대승불교의 경전이 어느 시점에 필요에 따라 새로이 작성된 것과 같이, 『숫타니파타』의 「팔게품」과 「피안품」과 같은 회의주의적 원시불교경전과는 사상적으로 반대되는 합리주의적 소승불교경전이 붓다가 입멸에 든 후에 새롭게 쓰였다는 것이다.[30] 즉, 원시불교철학을 계승한 중관을 위시한 대승불교는 사상적으로 불설로 볼 수 있지만, 이와는 사상적으로 이질적인 소승불교는 불설로 볼 수 없다.

---

29) Gómez, L. O., 앞의 글, 141. 팔정도의 첫째 지분이 바로 정견인데, 팔정도 혹은 그와 유사한 사상은 가장 오래된 층에 속한 경전인 「팔게품」과 「피안품」에는 나타나지 않는다.

30) 불교 경전 내에 존재하는 다양한 견해에 관한 이론이 유물론자들로부터 빌려왔을 것이라는 연구에 관해서는 한대성(2024), 앞의 책, 213-252 참조.

## 1.2. 회의주의 불교의 부흥, 중관철학

원시불교 회의주의 사상은 초기–부파불교 시대를 거치며 매장되고, 합리주의 혹은 독단주의 사상이 이를 대체했지만, 원시불교사상을 계승하고 있던 회의주의자들은 반야부 경전 등 대승경전을 집필하며 사상적·조직적으로 독자성을 유지하였다. 이들이 철학학파로서 역사에 최초로 나타난 것은 중관학파이다. 중관사상은 이미 수십 년 전부터 다양한 학자들에 의해 회의주의라 규정되었다.[31] 중관학파를 회의주의로 규정한 최초의 학자는 마티랄(B. K. Matilal)이다.[32] 가필드(J. L. Garfield)가 진행한 중관철학과 섹스투스, 흄, 비트겐슈타인과의 비교연구는 이 분야에서 두드러지는 성과를 남겼다.[33] 쿠즈민스키(A. Kuzminski) 또한 중관철학과 피론주의에 관한 흥미로운 비교연구를 진행했지만, 그의 연구는 섹스투스와 나가르주나(龍樹)의 철학이 유사하다는 전제하에 논지를 전개한다는 인상을 준다.[34] 맥케빌리(T. McEvilley)는 그리스철학과 인도철학 전체를 비교하는 광대한 작업을 진행했는데, 피론주의와 중관철학의 기원의 동일성 그리고 사상적 동일성을 논하며 중관철학을 회의

---

31) 중관학파의 철학이 회의주의가 아니라는 주장도 있다. 예를 들어, 근래에 출판된 논문에서 시더리츠는 중관학파를 포함한 모든 불교도들은 윤회와 업의 이론을 부정할 수 없기에 회의주의자가 될 수 없다고 주장했다. Siderits, M.(2020), "Some Sceptical Doubts about "Buddhist Scepticism [...]."

32) Matilal, B. K.(2002), *Mind, Language and World: The Collected Essays of Bimal Krishna* Matilal; Matilal, B. K.(1986), *Perception: An Essay on Classical Indian Theories of Knowledge.*

33) Garfield, J. L.(2002), *Empty Words: Buddhist Philosophy and Cross Cultural Interpretation.*

34) Kuzminski, A.(2021), *Pyrrohnian Buddhism: A Philosphical Reconstruction*; Kuzminski, A.(2008), *Pyrrohnism: How the Ancient Greeks Reinvented Buddhism.*

주의로 해석한다.[35] 밀즈(E. Mills)는 중관철학을 회의주의로서 가장 선명하게 논하였을 뿐만 아니라, 사상 최초로 종파를 초월하여 인도 회의주의 전통을 정립하려 시도했다.[36] 나가르주나의 대표 저작인 『중론』과 『회쟁론』, 피론주의와 중관철학의 비교연구는 사전 연구 분량이 적잖기에 여기서는 지면의 한계상 그것들을 반복해 설명하지 않을 것이다.[37] 하지만 나가르주나의 중관철학을 초월적 형이상학으로 보는 무르띠(T. V. R. Murti)의 견해는 인도 회의주의의 사상적 성격에 대한 색다른 관점을 제시하므로 간단히 소개한다.

> 만약 우리가 지고한 철학적 의식인 비판적 사고의 진정한 성격을 이해하지 못한다면, 중관에서 말하는 공성의 본질을 놓칠 것이다. 중관철학에 대한 모든 잘못된 묘사와 허무주의라는 싸구려 비판은 [중관철학이] 철학적 성찰에 대한 본질적 가치를 알지 못하는 것에서 발생한다. … 이 논의를 요약하자면, 브라만은 순수한 실재로서의 절대이고, 이에 접근하는 방법은 인식론적 관점으로부터이다. … 궁극적으로 모든 이성적인 절대론자들은 중관학파의 관점인 무견으로 환원될 것이다.[38]

---

35) McEvilley, T.(2002), The Shape of Ancient Thought: Comparative studies in Greek and Indian Philosophies, 419－490.

36) Mills, E.(2018), 앞의 책, 25－72.

37) 피론주의와 중관학파의 사상적 비교연구에 대해서는 Conze, E.(1953), *Buddhism, Its Essence and Development*, 140－143; Flintoff, E.(1980), "Pyrrho and India"; Kuzminski, A.(2008)와 (2021); McEvilley, T., 앞의 책, 419－509; 황설중(2016), 「Pyrron주의와 불교」 참조.

38) Murti(1955), *The Central Philosophy of Buddhism: A Study of the Mādhyamika System,* 326－328.

무르띠는 회의주의 사상의 핵심인 현상적 존재에 대한 본질적인 부정은 역설적으로 절대에 대한 인식으로 이끈다고 주장한다. 이는 황설중이 서구사상사에서 고대회의주의의 존재가 절대적 유일신을 믿는 기독교의 성립으로 이끌었다는 것과 상통한다.[39] 무견을 종지로 삼는 중관학파의 철학이 궁극적으로 절대에 대한 인식으로 이끈다면, 원시불교의 회의주의 또한 동일하게 절대적 실재에 대해 긍정했다고 추론할 수 있다. 붓다와 나가르주나가 초월적 실재를 인정했는가의 여부와는 별개로, 회의주의가 초월적 실재를 인정할 여지를 남겨두었다는 것은 논리적인 귀결로 판단된다.

『중론』은 기원후 4세기 중반에서 5세기 전반에 걸쳐 현재 중국 신장 지방의 구자(龜玆)에서 태어난 구마라집(Kumārajīva)이 한문으로 번역하면서 인도의 외부세계에 알려지게 되었다. 구마라집은 나가르주나를 자신보다 100여 년 이전 사람으로 생각했지만, 그는 북인도인 더 정확히는 중앙아시아인이고, 이 지역의 사람들은 남인도를 신비의 땅으로 봤기에, 그가 나가르주나를 '100여 년 전에 남인도에 살았던 사람'이라고 묘사한 것은 고대 인도의 문맥에서 전형적으로 신비주의적 서술이다. 즉, 이는 구마라집이 나가르주나라는 사람의 정확한 인적사항에 대해 알지 못한다고 고백한 것과 유사하다.[40]

중관철학을 「팔게품」 등의 원시불교 회의주의의 부활로 본 것은 자연스러운데, 붓다와 나가르주나 사이에는 500여 년에 가까운 공백이 있다. 그간에 피론이 인도에서 철학을 배워 그리스로 돌아갔고, 회의주의를 그 땅에서 유행시켰다. 그리고 그 여파로 그리스에는 피론주의 학파와 아카데미 회의주의가 발생했다. 중관철학이 「팔게품」이나 피론주의

---

39) 황설중(2016), 앞의 글, 112.
40) 카지야마 유이치 외(1989), 『공의논리—중관사상』, 19－26.

자들이 사용하는 이소스테네이아(isostheneia), 즉 등치의 방법을 사용하지 않고 프라상가(prasaṅga, 귀류논증)[41]를 사용한 점, 그리고 귀경게의 팔불중도에서 보듯이 진리 혹은 진제(眞諦)를 표현하기 위해 아포파시스를 사용한 점은 이 철학이 원시불교나 피론주의보다 아카데미 회의주의와 유사하다는 인상을 준다. 우리는 중관철학이 인도철학의 영향을 받은 피론의 영향권 아래 있었던 아카데미 회의주의자들의 영향을 재차 받았을 가능성도 염두에 두고 연구해야 할 것이다.

## 1.3. 회의주의의 최후의 계승자, 자야라시 바타[42]

자야라시 바타(Jayarāśi Bhaṭṭa)의 생몰연대는 정확히 알려지지 않았다. 자신의 저작에서 법칭(Dharmakīrti)과 쿠마릴라(Kumārila)를 인용했기에 이 사상가들보다 후대 인물인 것은 확실하다. 상가비(S. Sanghavi)와 빠리크(R. Parikh)는 법칭의 생몰연대를 600－700년 사이로, 프라우월너(E. Frauwallner)는 600－660년으로 추정하였다. 프랑코(E. Franco)

41) 인도 회의주의 학파에서 활용된 세 가지 방법론을 간단히 소개하고자 한다: 비딴다(vitaṇḍā), 쁘라상가(prasaṅga) 그리고 쁘라사즈야(prasajya). 비딴다는 *Nyāya Sūtra*에서 자신의 견해를 내세우지 않으면서 상대방의 견해를 파하는 토론방식이다. 쁘라상가는 상대방의 철학적 가설에 관한 몇 가지 가능한 해석방식을 제시한 후, 각각의 가설을 내부적으로 모순된다거나 혹은 자신의 다른 주장과 모순된다는 점을 지적하는 토론방식이다. 쁘라사즈야 부정은 '무신념의 부정'이라고도 하는데, 부정된 상대방의 가설에 반대되는 안티테제를 내세우지 않는 논의방식을 일컫는다. 이 세 방법론은 상호배타적이지 않은 것으로 보이나, 여러 학파에서 각기의 이름으로 활용되고 있다. Mills, E., 앞의 책, 20.

42) 본 장의 내용은 Mills, E., 앞의 책, 73－113과 Franco, E.(1987), *Perception, Knowledge and Disbelief: A Study of Jayarāśi's Scepticism*, 1－71을 요약한 것이다. 밀즈가 회의주의자로 규정한 Śrī Harṣa(약 1125－1180)는 아드바이따 베단따 학파의 관념론자이기에 본고에서 제외하였다.

는 이에 따라 자야라시의 생몰연대를 7세기 후반으로 추정하지만, 밀즈는 그보다 약 백여 년 후인 770-830년으로 추정하였다. 프랑코의 추정은 최대한 이른 시기를 감안한 것이므로, 밀즈가 추정한 연대가 더 설득력이 있어 보인다.

자야라시의 저작은 *Tattvopaplavasiṁha*(이하 TUS)이며 우리 말로 번역하자면 '모든 철학적 진리를 파괴하는 사자' 정도가 된다. 해당 저서의 원고는 1926년에 발견되었으며, 1940년에 부분적으로 출간되었고, 1987년에 프랑코에 의해 전체 원문과 번역본이 출판되었다. 본 작품은 총 6장으로 이루어져 있는데, 해당 장의 명칭을 소개하자면 다음과 같다.

제1장: 니야야의 인식론의 정의에 대한 고찰
제2장: 미맘사의 올바른 지식(pramāṇa)의 정의에 대한 고찰
제3장: 불교의 올바른 지식의 정의에 대한 고찰
제4장: 불교의 인식의 정의에 대한 고찰
제5장: 『미맘사경(Mīmāṁsā Sūtra)』에 대한 고찰
제6장: 상키야의 인식의 정의에 대한 고찰

자야라시는 일반적으로 유물론자로 분류된다. 그 주된 이유는 그가 브르하스빠띠(Bṛhaspati)의 *Bṛhaspati Sūtra*[43]를 긍정적으로 인용하기 때문이다. 자야라시는 TUS의 서두에서 자신과 브르하스빠띠에는 그 어떤 상위도 없다는 점과 *Bṛhaspati Sūtra*와 자신의 '모든 이론의 소멸(tattvopaplava)'이라는 철학의 관계가 얼마나 밀접하게 관련되었는지를 명백히 밝혔다. 그러나 자야라시는 다른 곳에서 자신이 브르하스빠띠보

43) F. W. Thomas, M. A. ed.(1921). *Bṛhaspati−Sūtra*에서 단편적으로 출판되었다.

다 우월하다고 생각했고,[44] 니야야는 '짐승'으로, 미맘사는 '계시의 광신론자'라 비난했다. 여하튼 자야라시가 속한 유물론은 지·수·화·풍의 사 원소를 바탕으로 하는 원자론자 혹은 실재론자일 수밖에 없고, 이는 회의주의 이론과 근본적으로 모순된다는 점이 오래전부터 지적되어 왔다.[45] 자야라시 논증법의 세 가지 특징은 다음과 같다.

> 첫째, 나가르주나나 쓰리 하르샤처럼 자야라시는 비딴다 논쟁의 방식으로 쁘라상가 논쟁법을 사용한다. 그는 자신의 안티테제를 내세우지 않은 채, 상대방의 이론을 활용하여 자신들의 견해에 자기모순(쁘라상가)를 이끌어낸다. 둘째, 자야라시의 논의는 항상 인식론적인데, 이는 어떤 이론에 대한 대상이 존재하지 않는다고 주장하는 것이 아닌 대부분의 경우 어떤 이론이 성립하지 않는다고 결론내리는 사실에서 알 수 있다. 즉, 자야라시는 자신의 형이상학적 이론을 내세우지 않고, 상대방의 인식론적 이론이 잘못됐음을 지적한다. 셋째, 자야라시는 TUS에서 그 누구도 올바른 지식(pramāṇa, 能量)과 대상(prameya, 所量)에 대한 그 어떤 이론도 성립시킬 수 없음을 보여 준다.[46]

본 장에서는 인도철학사에서 회의주의의 기원을 밝히고, 이것이 전개된 양상에 대해 살펴보았다. 요약하자면, 『숫타니파타』의 「팔게품」과 「피안품」에서 알 수 있듯이, 원시불교는 회의주의이다. 회의주의인 원시불교는 바야흐로 합리주의가 득세하면서 그 영향력이 급격히 감소했

---

44) Franco, E., 앞의 책, 4－5.
45) Franco, E., 앞의 책, 5; Mills, E., 앞의 책, 79.
46) Mills, E., 앞의 책, 80.

지만, 『반야경』 등을 집성하며 존속하다 대승불교 철학학파인 중관학파의 부흥과 함께 화려하게 부활하였다. 프라상가 논쟁법으로 무장한 중관학파 회의주의는 논리학을 고도로 발달시켰고, 이는 불교에서는 디그나가와 다르마끼르띠 등의 저명한 논리학자를 낳았다. 원시불교에서 유래된 불교회의주의는 브라만교에서 원래 다신교적인 신관을 초월적 실재로 변모시키고, 상키야 학파의 이원론 성립에 이론적 토대를 제공했고, 논리학파인 니야야 학파의 성립을 촉진시켰으며, 관념주의적 아드바이따 베단따 학파 성립에 지대한 사상적 영향을 끼쳤다. 자이나교의 회의주의적 인식론은 원시불교와 같은 것이거나 혹은 이로부터 유래된 것으로 보이고, 이는 유물론자인 자야라시 바타의 회의주의에도 영향을 끼친 것으로 보인다.

회의주의 사상은 고도의 지적인 사람만이 가치를 알아보고 향유할 수 있기에, 원시불교에서 발생하고 대승불교 혹은 여타의 종파 사상에서 화려하게 부활했지만, 결국 급속히 쇠퇴했다. 허무주의로 인식되기 쉬운 회의주의는 결국 실체론적인 요소가 가미된 관념론으로 빠르게 대체되며 중세 인도철학사에서 광범위한 인기를 누렸다. 인도철학의 관념론은 불교에서는 유식학파, 그리고 브라만교에서는 아드바이따 베단따학파가 대표적인데, 불교 관념론자인 유식학파는 통상적으로 기원후 4세기 사람인 무착(無著, Asaṅga)을, 아드바이따 베단따학파는 기원후 5세기 후반인 바르뜨르하리(Bhartṛhari)를 개조로 귀속시킨다. 자야라시의 경우에서 볼 수 있듯이, 관념론이 흥행하던 시기의 인도에는 회의주의자도 공존했지만, 비주류로서 작은 세력만 형성하다 사라진 것으로 보인다. 순수 철학에 가까운 인도 관념론은 이슬람의 인도 침입과 연이은 정복 이후에 그 세력이 급속히 기울었고, 자극적이고 물질적인 밀교 혹은 탄트리즘과 결합하면서 종교성과 철학성을 상실한 채 인도에서 결국 몰락했다.

## 2. 헬레니즘 회의주의 탄생의 역사적 배경

'헬레니즘 회의주의(Hellenistic Scepticism)'란 말은 아마 내가 처음 사용하는 말일 테지만, 이는 이미 사용되고 있는 헬레니즘 철학(Hellenistic Philosophy)의 하위 범주이기에 이질적인 술어는 아닐 것이다.[47] 헬레니즘 회의주의를 심층적으로 연구해야 할 세 가지 이유가 있다. 첫째는 회의주의의 원조를 밝히는 데 있다. 지금까지는 회의주의의 원조를 그리스의 피론으로 보고 있지만, 피론의 철학과 인도철학의 철학적 상관관계가 입증되면, 회의주의의 개조가 붓다를 포함한 인도철학자가 될 수 있다.[48] 둘째는 피론이 붓다의 사상을 배웠다는 가설이 입증되면, 피론사상을 토대로 붓다가 실제로 설한 사상, 즉 원시불교철학을 재구성할 수 있다. 과거 한때에는 빨리어로 쓰인 불교경전이 붓다의 가르침을 오롯이 보존했다고 믿었지만, 현재에는 문헌학이 발달함에 따라 『숫타니파타』의 「팔게품」과 같은 회의주의적 경전이 불교 경전 중에서 가장 오래된 층에 속한다는 것이 알려졌다. 따라서 이 경전들에 나타난 회의주의 사상이 붓다가 진정으로 가르친 사상에 가장 근접한다고 판단된다. 그렇지만, 이들 자료조차 편린으로만 존재하기에, 붓다의 철학을 오롯이 보존하고 있다고 장담하기 어렵다. 전술했듯이, 따라서 현존하는 자료 중에서 피론의 사상에 관한 것이 원래의 붓다의 사상과 시간적

47) 이 술어는 여기서 그리스 중심주의를 의미하는 것이 아니다. 헬레니즘 문화는 페르시아와 이집트를 포함한 다른 문화와 그리스 문화의 혼합체를 의미한다. 헬레니즘 시기 또한 알렉산더의 죽음(기원후 323년) 이후부터 기원후 31년까지로 한정하는 경우가 다수 있으나, 본 논문에서는 그보다 광범위한 기간을 적용한다.

48) 플린토프는 안티고노스(Antigonus of Carystus)와 아스카니우스(Ascanius of Abdera)가 피론이 인도에서 회의주의이자 신기원적인 철학을 배워왔다고 기술했다는 것을 지적했다. Flintoff, E., 앞의 글, 88.

·사상적으로 가장 근접한다고 볼 여지가 생긴다. 셋째는 인도와 그리스 회의주의의 발달과정을 상호적으로 연구해 사상적 이해를 심화시키고, 이들의 발달사를 구체적으로 밝힐 수 있을 것이라 기대해 볼 수 있다.

이를 위해 우선 헬레니즘 회의주의가 발생하게 된 역사적 배경을 검토해 보자. 우리는 그리스와 인도가 서로 다른 대륙에 있고, 인도와 그리스가 직접 교류한 기간은 알렉산더 대왕의 동방원정 기간 중 박트리아와 간다라, 그리고 인도에 머문 기원전 330년부터 325년까지의 5년여간의 세월이어서, 두 나라 간 사상적이고 문화적인 교류가 깊지 않았을 것으로 생각한다. 하지만 이는 피상적 지식에 따른 잘못된 역사관이다.

그리스와 인도의 철학적 교류사는 알렉산더 동방원정 이전과 이후로 나뉠 수 있다. 먼저 알렉산더의 동방원정 이전에 관한 기록을 살펴보자. 헤로도토스는 『역사』에서 인도와 그리스인, 특히 그들의 왕족의 교류에 관한 실례 두 가지를 채록하고 있다. 첫째는 아나카르시스(Anacharsis) 왕자인데, 그는 스키타이 왕자였지만 어머니가 그리스인이었기에 그리스어를 할 줄 알았다고 한다. 아나카르시스 왕자는 제47회 올림픽 대회 기간(기원전 592－589년)에 아테네를 방문했고, 비록 스키타이 혼혈인이었지만, 그리스인들의 사랑을 한몸에 받았다고 한다. 자신의 심오한 지혜로 인해 그는 그리스 철학사에서 고대 일곱 현자 중 한 사람으로 꼽힌다.[49] 섹스투스는 자신의 『논리학자에 반대하여(Against the Logicians)』라는 저서에서 규범의 문제를 논의할 때, 아나카르시스의 논의를 인용한다.[50] 헤로도토스가 실례로 든 다른 왕자는 스퀼레스(Scylas)이다. 그

49) Herodotus(2009), 『역사』, 406－407; Laeertios, D., 앞의 책, 65－67; Beckwith, C. I., 앞의 책, 2.

50) Beckwith, C. I., 앞의 책, 3. 아나카르시스가 역사적 인물이 아니라 전설적 인물일 수도 있다는 근래의 연구를 소개한 것으로는 같은 책, 251(각주 1) 참조.

의 어머니 또한 그리스인이었기에, 그는 그리스말과 문자를 할 줄 알았다. 시킬레스 왕자는 나중에 스키타이족의 왕이 되었으나, 헬라스적 생활방식에 매료되어 그리스의 옷을 입고, 그리스 신들에 제물을 바치는 등의 행위를 몰래 하곤 했다. 그는 심지어 보뤼스테네스에 거주하던 그리스 여자와 몰래 결혼하기조차 했다고 한다. 시킬레스 왕의 비극은 그가 그리스 신인 박코스의 비의에 입문할 때 발생했는데, 이를 안 지역주민이 스키타이인에 신고했기 때문이다. 스키타이족은 외세의 신을 숭배하는 스킬레스왕을 용납할 수 없었고, 그의 아우를 대신 왕으로 옹립하였다고 한다. 시킬레스왕은 결국 새 왕인 자신 아우의 손에 처형됐다고 한다.[51] 헤로도토스는 스키타이인의 보수적인 문화와 배타적 습성을 설명하려 이 이야기를 했지만, 여기에는 알렉산더의 동방원정 이전 북인도인과 그리스인의 혈연적·종교적 교류사가 담겨있다.

라에르티오스의 『그리스철학자열전』에도 알렉산더 대왕이 동방원정 이전 여러 그리스 철학자가 인도를 비롯한 여러 헬레니즘 국가와 교류한 사실을 채록하고 있는데, 여기서 이를 플린토프가 추려서 정리한 바를 소개하려 한다.

> 팜필라를 따르면 탈레스는 이집트인들과 어울렸고, 솔론은 이집트와 키프로스, 리비야와 리디아에 여행했었다. 클레오불로스는, 다수의 미확인 정보에 따르면, 이집트 철학을 공부했다. 피타고라스는 안티폰에 따르면 이집트에 가서 이집트어를 배웠으며, 같은 전거를 따르면, 고대 셈족과 페르시아 마기들과 함께 여행했다고 한다. 유독서스는 소션에 따르면 이집트를 여행했는데, 거기서 16

51) Herodotus, 앞의 책, 408–10.

개월 동안 머물렀기에 이집트화 되었고, 다수의 이집트 책을 번역했다고 한다. 데모크리토스는, 데메트리오스나 안티스테네스에 따르면, 이집트와 페르시아를 거쳐 홍해까지 여행했는데, 불특정한 출처에 따르면 인도도 실제로 방문해 짐노소피스트와 [인도의] 에티오피아인들과 어울렸다고 한다.[52]

알렉산더의 동방원정 이후 그리스인과 인도인은 여행자와 군인들의 단순한 방문이나 전쟁 정도의 관계만 맺은 것이 아니었다. 알렉산더 대왕은 현재 아프가니스탄 지역인 박트리아 원정에 나서자 지역민들로부터 강력한 저지를 당하게 된다. 여기서 지역민이란 바로 스키타이인을 말한다. 스키타이족의 군대에 맞서기 위해 알렉산더의 군대는 사마르칸드에서 18개월 동안이나 전진기지로서 멈춰서야 했다. 스키타이인이 야기한 이 난국은 결국 기원전 327년에 알렉산더 대왕이 그들의 공주인 록사네(Roxanne)와 정략적 결혼을 통한 동맹을 맺으면서 해소되었다. 그러나 이 결혼은 스키타이 공주가 단순히 알렉산더 대왕의 여러 아내 중 한 명이 되는 것이 아니라, 그리스의 왕후가 되는 것이었다. 이 사실은 이 결혼이 마케도니아 여성이 왕후가 되기를 바랐던 알렉산더 대왕의 오랜 마케도니아 참모들의 극심한 반대에 부딪혔다는 점에서 알 수 있다. 결국 이 반발은 연루된 마케도니아 참모들에 대한 알렉산더의 피의 숙청을 불러일으켰다.[53]

알렉산더가 스키타이 공주 록사네와 결혼한 사건은 물론 다수의 그리스 귀족이 스키타이인과 결혼했음을 시사한다. 즉, 알렉산더의 동방원

52) Flintoff, E., 앞의 글, 89.

53) Martin, T. R.(2013), *Ancient Greece: from prehistoric to Hellenistic times*, 248.

정 이후 그리스와 인도는 철학과 문화의 교류를 넘어 자손을 공유하는 혈족관계가 되었다. 이러한 혈연을 통한 두 국가의 문화적·사상적 교류는, 아나카르시스왕자와 스퀼레스왕의 경우를 통해서 알 수 있듯이, 알렉산더 이전에도 존재했었다. 결국 이는 인도와 그리스가 오랫동안 왕족을 포함한 다수의 국민이 혈연관계를 맺었음을 말해 주는 것이다. 그렇기에 스키타이족의 핵심 세력인 월지족 혹은 쿠샨족의 왕들이 자신들이 발행한 금화에 그리스 신과 그리스어의 도안을 새겨 넣은 것은 단순히 서방 세계의 동경에 따른 모방이라기보다, 자신들이 오래전부터 그리스인과 혈족관계를 통해 생겨난 그리스인의 후손이었음을 표방한 것으로 보인다.

## 3. 헬레니즘 회의주의의 선행연구

그리스 회의주의와 인도철학의 사상적 비교연구는 1951년에 콘즈(E. Conze)가 *Buddhism, Its Essence and Development*를 출판하면서부터 시작되었다. 해당 저서에서 콘즈는 그리스의 회의주의가 불교의 중관철학과 놀라울 정도로 평행한 이론을 가진 사상이라는 점을 지적했다. 그는 거기서 피론이 회의주의를 이란에서 배운 것이 아니라면, 중관철학이 인도에서 이미 기원전 350년에 존재했을 개연성을 지적하였다.[54) ]이로부터 25년 후 고메즈가 “Proto－mādhyamika in the Pāli Canon”

54) Conze, E., 앞의 글, 140－3. 콘즈는 해당 저서에서, 상반되게도, 피론이 자이나교에서 회의주의를 배웠을 개연성을 언급하였는데, 그 이유는 라에르티오스가 『그리스철학자열전』에서 피론이 인도 짐노소피스트(gymnosophists)로부터 회의주의를 배웠다고 했기 때문이다.

이라는 논문을 통해 초기불교 경전 중에 가장 오래된 『숫타니파타』의 「팔게품」에 중관철학의 원형으로 볼 수 있는 사상이 존재한다는 것을 증명했다. 콘즈의 저서 이후 피론과 인도철학의 상관관계를 다룬 영향력있는 작품은 1957년에 출판된 프렝키안(A. Frenkina)의 "Sextus Empiricus and Indian Logic"이다. 프렝키안은 여기서 피론의 사구부정(四句否定, quadrilemm)이 초기불전에 존재하는 붓다의 14 무기(無記)의 형태와 동일함을 지적하였다.[55] 그로부터 20여 년이 지난 1980년에 플린토프는 자신의 논문 "Pyrrho and India"에서 알렉산더의 동방원정 이전에도 인도와 그리스 간에 적지 않은 사상적 교류가 있었다는 점과 피론의 인도식의 수행자적 삶의 방식이 이전에 그리스에서는 없었던 일이었다는 점을 논하였다. 플린토프의 본 논문은 이 분야를 연구하는 다수의 학자에 적지 않은 영향을 주었다.

그리스 회의주의와 인도철학의 비교연구는 2000년대 들어 더욱 심화하고 체계화되었다. 그중 가장 주목할 만한 것은 그리스학 학자로서 피론의 사상과 인도철학과의 유사성을 논한 베트가 2003년에 출판한 *Pyrrho, His Antecedents, and His Legacy*, 그리고 피론이 인도에서 불교를 배워갔다는 역사성을 증명하기 위해 피론의 철학을 초기불교의 그리스식 버전으로 해석하려한 벡위스가 2015년에 출판한 *Greek Buddha: Pyrrho's Encounter with Early Buddhism in Central Asia*가 있다. 하지만 벡위스의 대담한 시도는 존슨(M. R. Johnson)과 슐츠(B. Shults)가 공동으로 작업해 2018년에 출판한 논문인 "Early Pyrrhonism as A Sect of Buddhism? A Case Study in The Methodology Of Comparative Philosophy"에서 체계적으로 비판되었다. 인도와 그리스철학 전반에 걸

55) Flintoff, E., 앞의 글, 92-93에서 재인용.

쳐 비교한 규모 있는 작품도 있는데, 이는 맥케빌리가 2002년에 출판한 *The Shape of Ancient Thought*이다. 맥케빌리는 해당 저서에서 피론의 철학과 불교사상, 그리고 중관철학과 피론주의의 유사성에 관해 3장에 걸쳐 자세히 논하였다.[56] 플린토프의 사상을 계승했다고 서두에 밝힌 쿠즈민스키(A. Kuzminski)가 2008년과 2021년에 각각 출판한 *Pyrrohnism: How the Ancient Greeks Reinvented Buddhism*과 이것을 심화한 작품인 *Pyrrohnian Buddhism: A Philosphical Reconstruction*도 주목할 만하다. 여하튼 불과 작년에는 피론이 인도에서 불교를 배워갔다는 전제하에, 피론의 사상으로 초기불교의 재구성을 시도한 골드(J. C. Gold)의 "Pyrrho's Buddha on Duḥkha and the Liberation from Views"가 서구권의 권위 있는 학술지에서 출판되었다.

2020년 이후로는 중요한 두 저서가 출판되었는데, 하나는 2017년 독일 함부르크 대학에서 관련 주제로 개최한 학술대회에서 발표한 논문들을 바탕으로 출판한 *Buddhism and Scepticism: Historical, Philosophical, and Comparative Perspectives*가 있다. 이는 불교와 그리스 회의주의와 관련된 전 세계 전문가가 참여했기에 관심을 가질 필요가 있다. 다른 하나는, 비록 그리스와 인도의 사상적 교류를 전제하지 않고, 회의주의 사상이 인도 내에서 발달했다는 가정하에 논지를 전개했지만, 천여 년에 걸친 세 인도 철학자를 회의주의라는 범주 아래 한데 묶어 2018년에 출판한 밀즈의 *Three Pillars of Skepticism in Classical India: Nagarjuna, Jayarasi, and Sri harsa*가 있다.[57]

---

56) McEvilley, T., 앞의 책, 419－518.

57) 밀즈와 본 논문에는 큰 차이점이 있는데, 밀즈는 초기불교 혹은 원시불교를 회의주의로 보지 않고 단지 회의주의적 요소가 있다는 논지를 전개했다. 게다가 그는 아드바이따 학파의 철학자 쓰리 하르샤(Śrī Harṣa, 약 1125-1180년)를 인도 회의주의의 세 축 중 한 사람으로 선정했다.

그리스 회의주의를 인도철학과 연계해 연구한 국내 연구로는 황설중이 2016년에 출판한 「Pyrron주의와 불교」가 있다. 황설중은 해당 논문에서 콘즈가 제시한 그리스 회의주의와 중관철학의 사상적 유사함을 소개하고 이를 심화시켰다. 다른 연구로는 필자가 2024년에 발표한 박사논문 「『숫타니파타』 「팔게품(八偈品)」에 관한 연구」가 있다. 필자는 여기서 초기불교 혹은 원시불교의 회의주의 경전에 나타난 사상과 섹스투스 엠피리쿠스의 회의주의를 비교하고, 경전에서 해석상 제기된 오랜 난제를 피론주의 철학에 입각해 해소하였다. 같은 해 필자가 발표하고, 올해 후반기에 출판한 「그리스 회의주의와 원시불교의 만남—『숫타니파타』의 「팔게품」과 피론 사상」이라는 논문도 있다. 여기서 필자는 인도의 다섯 유물론자와 자이나교의 사상을 피론주의 사상과 연관시켜 논하였고, 피론의 철학이 초기불교철학의 삼법인과 동일하다는 한 선행연구의 해석을 비판하였다. 게다가, 피론철학의 무견(無見, adoxastous)하고, 무간택(無取捨, aklineis)하며, 무동요(無動搖, akradantous)하라는 사상이 「팔게품」에 반복적으로 설해지고, 실재가 무차별적(無差別的, adiaphora)이고, 무량(無量, astathmēta)하며, 사량불가(思量不可, anepikrita)하다는 철학은 대승경전에서 발견된다는 점을 논하였다. 2024년에 출판된 오영국의 석사학위논문 「인도-그리스 불교와 피로니즘에 관한 연구」도 있는데, 최소한 참고문헌을 활용할 수 있을 것이다.

비록 헬레니즘 회의주의에 대한 연구는 반세기와 그것의 절반을 넘는 기간 동안 연구되었지만, 피론이 인도철학을 배웠을 개연성에 대한 깊이 있는 연구는 2000년대 들어서야 본격적으로 시작되었다. 벡위스의 피론의 사상이 초기불교의 그리스 버전이라는 대담한 주장은 비판되었지만, 벡위스도 해당 저서에서 밝히고 있듯이, 이는 이 분야의 최종적 시도라기보다 최초의 시도라 봐야 한다. 헬레니즘 회의주의의 연구, 특히 원시불교와 피론의 사상에 관한 연구는 아직 서구에서도 전문 연구자의 부족으로 인해 시작 단계에 불과하므로 속도감 있게 연구를 추진해야 할 필요가 있다.

## 4. 헬레니즘 회의주의의 평행이론

그리스와 인도의 회의주의는 평행한 발달사를 보여주고 있다. 이는 크게 두 가지 면에서 볼 수 있는데, 하나는 군사용어 혹은 군대의 문화를 수행자가 전용해 사용하는 양상이고, 다른 하나는 수행과 철학의 방식이 시대에 따라 동일하게 바뀌는 패턴이다. 통상적으로 철학자 혹은 철학학파는 폭력을 지양하고 이성과 대화를 통한 설득을 수단으로 삼기에 군대문화와 거리를 둔다. 하지만 피론주의와 인도철학 양자는 모두 군사용어 혹은 군대문화를 핵심적인 술어로 활용한다. 피론주의자는 회의주의를 수행함으로써 얻는 지고선(至高善)을 아타락시아(ataraxia)로 규정하였다. 이 술어는 문맥상 '평온' 정도의 의미가 있지만, 이는 원래 군사용어로서 전쟁터에서 군사들이 적군의 공격하에서도 평온함을 유지하는 마음상태를 지시한다.58) 초기불교와 자이나교에서도 유사하게 수행을 통해 지고선에 도달한 이를 아라한(阿羅漢)이라 부르는데, 이 술어는 적이라는 명사 ari와 살해함이라는 동명사 hant가 결합된 복합명사이다. 본 술어의 이러한 의미는 해당 술어의 티벳역어 다쫌빠(དགྲ་བཅོམ་པ་)에서도 명백하게 알 수 있다. 하지만 이보다 더 극적인 실례도 있다. 인도불교를 전승한 티벳불교에서는 스님들이 그리스 군인의 군복과 같은

58) Kuzminski, A.(2008), *Pyrrohnism: How the Ancient Greeks Reinvented Buddhism*, 2.

차림새의 승복을 입는데, 심지어 그곳에서는 정식으로 토론할 때 그리스 군복과 같은 승복에다 그리스 군인들의 제식용 모자까지 착용한다. 성직자인 승려가 군복을 입고 군대식 용어를 사용하는 것은 아이러니하지만, 피론학파와 고대 인도철학 양쪽에서 동일하게 나타나는 것은 단순한 흥미로움을 넘은 평행이론을 보여준다.

더 중요한 평행이론은 시간이 변천함에 따라 철학을 향유하는 방식이 변하는 양상이다. 피론주의의 개조인 피론과 불교의 개조인 붓다는 토론을 적극적으로 회피하는 성자적 삶을 지향하지만, 수세기가 흐른 후 양 학파 제자들은 토론에 적극적으로 임하는 논쟁가의 모습을 띤다. 피론은 다른 철학자와 단순히 논쟁을 피하려 한 것뿐만 아니라, 그들의 철학 이론 자체에 전혀 관심이 없었다고 한다. 그의 그러한 모습을 제자 티몬이 시로 다음과 같이 찬탄하였다.

> 오! 장로시여, 오! 피론이여, 당신은 어디에서, 또 어떻게
> 학자들의 견해와 허황된 이론으로부터 벗어날 길을 발견했고,
> 온갖 기만과 유혹의 굴레를 풀 수 있었소. 또 당신에게는
> 어떤 [학설의] 유행이 헬라의 땅에 불고 있는지, 그리고 그 유행은
> 어디에서 불어와, 어디로 향해 불어가는지,
> 그런 것을 탐색할 마음도 없었던 것이오.[59)]
> 사람들로부터 벗어나 자기 자신과 시간을 보내고,
> 자기 자신에게 이야기를 하는 사내,
> 세상의 평판이나 논쟁은 돌아보지도 않는 피론을 (나는 보았다네).[60)]

---

59) 『실로이』, Laeertios, D., 앞의 책, 619에서 재인용.
60) Laeertios, D. 앞의 책, 622.

불교경전 중에서 가장 오래된 「팔게품」에서도 피론의 그것과 동일하게 성자는 백해무익한 토론은 피하고, 평정을 유지해야 한다는 사상이 반복적으로 기술된다.

> 견해를 취착하여 논쟁하는 이들은 '오직 이것만이 진리다'라고 주장한다. 그대는 그들에게 말하라: "논쟁이 생겼을 때 여기서 그대의 대론자는 존재하지 않는다."[61]
>
> 판별한 데 머물러 스스로를 재단하고, 그는 더 나아가 세상에서 논쟁에 들어간다. 모든 판별을 버린 [수행자는], 세상에서 언쟁하지 않는 사람이라고 한다.[62]
>
> [세존 왈] 실로 이것은 사소하고, 평정에 적당치 않다: 나는 논쟁의 두 과보를 말한다. 이것 또한 보고, 논쟁을 벌이지 말아야 한다. 논쟁이 없는 지위의 안온을 구한다.[63]
>
> 바라문에게는 타의적인 것[有爲]이 없고, 법에 판별하여 집취하지 않는다. 따라서 논쟁을 초월했는데, 다른 법을 최상으로 보지 않기 때문이다.[64]

---

61) *Ye diṭṭhim uggayha vivādiyanti /idam eva saccan" ti ca vādiyanti / te tvaṃ vadassu na hi te 'dha / atthi vādamhi jāte paṭisenikattā ∥ Suttanipāta*_IV, 8.9.

62) *Vinicchaye ṭhatvā sayaṃ pamāya /uddhaṃ so lokasmiṃ vivādam eti / hitvāna sabbāni vinicchayāni /na medhakaṃ kurute jantu loke ti ∥ Suttanipāta*_IV,12.17.

63) *Appaṃ hi etaṃ na alaṃ samāya / duve vivādassa phalāni brūmi / etam pi disvā na vivādiyetha / khemā－abhipassaṃ avivādabhūmiṃ ∥ Suttanipāta*_IV,13.2.

64) *Na brāhmaṇassa paraneyyam atthi / dhammesu niccheyya samuggahītaṃ / tasmā vivādāni upātivatto / na hi seṭṭhato passati dhammam aññaṃ ∥ Suttanipāta*_IV,13.13.

「팔게품」의 저자인 붓다와 피론은 공히 논쟁의 무의미함을 넘어 정신적으로 유해함을 설했고, 논쟁을 피하고 평정을 유지하는 삶을 몸소 실천했다. 논쟁을 의도적으로 피하는 것은 다른 이로 하여금 지적 열등함을 인정하는 것으로 비칠 수 있기에, 그에 대한 철저한 신념 혹은 철학이 없었다면 쉽지 않았을 것이다. 여하튼 붓다와 피론의 이러한 태도는 바야흐로 완전한 변화를 맞이했는데, 흥미롭게도 이는 양국 사상 간에 유사한 시기에 동시적으로 나타난다. 피론의 제자인 아이네시데모스를 위시한 피론주의자들은 트로포스(tropos), 그리고 붓다의 제자인 나가르주나 위시한 중관학자들은 프라상가(귀류논증, prasaṅga)라는 논증법을 가지고 여타의 철학자들과 적극적으로 논쟁에 임했다. 그러나 이들의 이러한 행위는 해당 학파의 개조인 붓다와 피론의 가르침에 상반된다. 즉, 붓다와 피론의 사상과 수행 자세는 수 세기가 지나며 제자들에 의해 변질됐다. 인도와 그리스의 회의주의 철학의 논쟁에 대한 이런 동시적인 극단적 태도변화는 양국이 사상적 교류를 통해 회의주의를 발달시켰다는 것을 방증한다.

전술했듯이, 인도와 그리스 철학은 수천 여년 간 사상적·문화적 교류뿐만 아니라 왕족 간 혼인을 포함한 혈연적 교류로 융합된 관계이다. 헬레니즘 회의주의 역시 이 거대한 문명 속에서 발달한 것이다. 그리스와 인도의 회의주의자는 성자의 삶을 지향했지만 동일하게 군대문화와 용어를 핵심적 의복과 술어로서 차용하고, 처음에는 토론을 회피하는 태도를 보이다가 차후에 적극적으로 토론에 임한 점 등의 평행적인 발달을 보여주고 있다. 이는 단순한 우연이라기보다 양 학파 간의 적극적 교류의 산물로서 설명될 수 있다.

## 5. 헬레니즘 회의주의의 연구역량과 방향

본고는 연구가 끝난 성과를 발표하는 것이 아니라 앞으로 연구해야 할 방향성을 제시하기 위해 쓰였다. 해당 취지에 부합하기 위해 마지막 장에서는 미래에는 더 나은 연구 환경을 가지기 위해 우리 학계의 현 상황을 객관적으로 파악하고, 우리의 교육 시스템에 대한 개선 방향을 제시하려 한다. 그렇기에 여기서는 그리스 고전철학과 인도 고전철학 학습방식의 문제점을 철학과 문헌학을 중심으로 기술하려 한다.

고전학 연구를 위해 선행돼야 하는 것은 원전을 해독하고 분석할 수 있는 언어적 능력이다. 해당 연구를 수행하는 데서 필요한 언어는 그리스 회의주의를 위해서는 희랍어나 라틴어겠지만, 인도 회의주의를 위해서는 산스크리트어와 빨리어, 그리고 한문이 있다. 이 모든 언어를 다 구사하는 연구자는 세계적으로 손에 꼽힐 것이다. 특히 한국 학계의 실정상 그런 능력의 연구자는 아마 존재하지 않을 것이기 때문에, 본 연구는 필수적으로 그리스 고전학자와 인도 고전학자의 공동연구로 이루어져야 한다.

근대학문은 그리스 고전철학에서 비롯됐다고 해도 과언이 아니다. 따라서 그리스학은 인도학보다 그 역사나 양, 그리고 그로 인한 결과로서의 질에서 앞선다. 비록 그리스학 연구의 역량이나 풍토에 대해 잘 알지 못하지만, 여기서는 다수 철학자가 공통으로 가지는 문헌학 연구에 대한 무관심을 지적하고, 이를 간단히 소개하려 한다. 내가 여기서 말하는 문헌학에는 크게 세 가지 요소를 일컫는다: 작품의 진위 여부, 작품 간의 성층화, 그리고 작품 내에서의 성층화. 작품의 진위 여부에 관해 가장 쉬운 예를 불교에서 들자면, 나가르주나(용수)에 귀속된 저작이 백여 가지에 달하지만, 근래의 학자들은 『중론(中論, Mūlamadhyamakakārikā)』과 『회쟁론(廻諍論, Vigrahavyāvartanī)』, 심지어 어떤 학자는 오직 전자만을 진정한 용수의 작품—용수라는 인물이 실존했다는 가정에서—으로 보고 있다. 불교경전에서 작품의 진위 여부에 관한 가장 대표적인 모토는 "대승불교 비불설(大乘佛教 非佛說)"이다. 이는 다수의 대승불교 경전은 소승불교와 사상적으로 완전히 다르나, 시기적으로 차후에 집성되었기에, 붓다의 가르침이 아니라는 것을 의미한다. 하지만 불교경전에 '작품의 진위 여부'와 '작품 간의 성층화'가 결합되면 상당히 복잡한 양상으로 나타난다. 소위 소승경전에는 5부 『니까야』와 4부 『아함』이 있는데, 이들도 한 시기에 집성된 것이 아니다. 근래의 연구에서는 소승경전 중에서 「팔게품」을 위시한 회의주의적 사상이 담긴 작품들이 경전들의 성층화에서 가장 오래된 부분으로 인정된다. 그렇기에 중관학파와 같은 회의주의적 대승불교 사상이 불설에 사상적으로 더 근접하게 되었고, 따라서 "대승불교 비불설"이라는 전통적인 믿음은 설득력을 잃어가고 있다. 이 셋 중 가장 난해한 양상은 바로 '작품 내에서의 성층화'이다. 이는 한 작품 내에서도 다른 계층의 문헌적 양상이 나타나는 경우이다. 인도 문헌의 경우 주로 후반부에 후대의 작업이 추가되는 경향을 보인다. 이런 문헌학적 식견 없이는 고전학 연구에 있어서 질적인 결과를 기대할 수 없는데, 안타깝게도 나는 한국 학계에서 이러한 문헌학을 가르친다는 말을 들어 본 적이 없다.65)

학문을 하는 데서 더 심각한 문제는 그리스학계보다 인도학계에 있다

65) 인도학 분야에서 문헌학에 대한 전문서적은 필자가 번역해 21년도에 출판한 옥스퍼드 곰브리치 교수의 『불교는 어떻게 시작되었는가?: 초기 불교 가르침의 연기적 생성』이 있다. 판데(G. C. Pande)가 쓰고 정준영이 19년도에 번역한 『불교의 기원』이라는 책도 있다. 하지만 이 책은 지나치게 자의적이라는 평가를 받고 있으므로 유의할 필요가 있다.

고 본다. 인도학 혹은 불교학을 하기 위해서는 최소 서너 가지의 외국어 능력이 필요하다. 그리고 불교학만 하더라도 팔만대장경이라는 방대한 분량의 문헌이 존재한다. 따라서 불교학에서는 주로 독해 혹은 번역 위주의 연구가 이루어진다. 그렇기에 연구에 필수적인 근대철학의 기초와 문헌학을 배울 기회를 상대적으로 박탈당한다. 인도학 학자들이 기초적인 철학 훈련을 받지 못하는 것은 상당히 우려스러운 일이다. 예를 들어, 오영국은 설일체유부를 실재론으로 규정하는데, 역사적 시기와 지정학적 위치를 고려했을 때 피론은 불교의 설일체유부학파의 이론을 접했다고 추정한다.[66] 결국 오영국은 피론이 설일체유부의 사상적 영향으로 그리스에 돌아가 회의주의를 제창했다고 주장하는 것이다. 하지만 피론이 인도에서 실재론을 배워가 그리스에서 회의주의를 선양했다고 주장하는 것은, 저자가 실재론과 회의주의가 무엇인지를 정확히 파악하지 못하고 있음을 시사한다. 다른 실례는 같은 해 출판된, 「팔게품」과 해당 경전의 한역본인 『의족경』을 영어로 번역한 이성용 스님의 박사학위논문을 들 수 있다.[67] 「팔게품」과 『의족경』에는 유의미한 사상적 차이가 있음에도, 그에 대한 비교분석 없이 단순히 번역본만을 재차 출간한 것은 인도학계의 전형적인 연구방식을 여과 없이 보여 준다.

그리스 회의주의는 관련 문헌이 편린으로서만 현존하기에, 그리스철학 학파 중에서 연구하기 가장 난해한 분야로 꼽힌다.[68] 인도 회의주의, 특히 원시불교의 경우 전술한 여러 문제점으로 인해 연구가 오히려

---

66) 오영국(2024), 「인도-그리스 불교와 피로니즘에 관한 연구」, 57-58.

67) Lee, S.(2024), *Pre-institutional Buddhist Traditions in the Arthapada: A Comparative Study and Complete Annotated Translation of Its Chinese Translation Yizujing (義足經), Derived from an Indic Recension, and Its Pāli Recension Aṭṭhakavagga.*

68) 박규철(2024), 『의심하는 인간』, 110, 113.

시작 단계라고 보고 있다. 우리 학계가 전술한 이러한 난제를 극복해 훌륭한 학문적 풍토를 갖출 때만이 우리의 연구자들이 세계에서 주목받는 연구성과를 산출할 수 있을 것이다. 헬레니즘 회의주의는 지난 수천여 년간 어둠에 싸여 있었고, 이제야 빛을 보기 시작했다.

## 참고문헌


「沙門果經」, T001.『佛說長阿含經』卷第十七, 竺佛念譯.

박규철(2024),『의심하는 인간』, 청림출판(주).

오영국(2024),『인도-그리스 불교와 피로니즘에 관한 연구』, 동국대학교 석사학위 논문.

조준호(2004),『우파니샤드 철학과 불교』, 경서원.

카지야마 유이치 외(1989),『공의논리—중관사상』, 정호영 옮김, 민족사.

한대성(2024),『『숫타니파타』「팔게품(八偈品)」에 관한 연구』, 동국대학교 박사학위 논문.

한대성(2025),「그리스 회의주의와 원시불교의 만남 ―『숫타니파타』의「팔게품」과 피론 사상 ―」,『동서철학연구』 제117호, 한국동서철학회.

헤로도토스(2009),『역사』, 천병희 옮김, 숲.

황설중(2016),「Pyrron주의와 불교」,『철학사상문화』 제21호, 동국대학교 동서사상연구소.

Gombrich, R.(2021),『불교는 어떻게 시작되었는가?』, 한대성 옮김, 도서출판 씨아이알.

Laeertios, D.(2008),『그리스철학자열전』, 전양범 옮김, 동서문화사.

Pande, G. C.(2019),『불교의 기원』, 정준영 옮김, 민족사.

Radhakrishnan S.(1997),『인도철학사 I』, 이거룡 옮김, 한길사.

Schopen, G.(2013), "인도 불교사에 있어서의 두 가지 문제—승·속의 구분과 복의 회향에 관한 교의 —", 한대성 옮김,『불교학리뷰』 제13권, 금강대학교 불교문화연구소.

Anderson, D./Smith, H. eds.(1984), *Sutta−nipāta*, London: the Pali Text Society.

Beckwith, C. I.(2015), *Greek Buddha: Pyrrho's Encounter with Early Buddhism in Central Asia*, Princeton: Princeton University Press.

Bett, R. A. H.(2003), *Pyrrho, His Antecedents, and His Legacy*, Oxford: Oxford University Press.

Burford, G. G.(1991), *Desire, Death, and Goodness : the Conflict of Ultimate Values in Theravāda Buddhism*, New York: P. Lang. ≒ Burford, G. G.(1983), *The Ideal Goal According to the Aṭṭḥakavagga and its Major Pali Commentaries*, PhD Thesis, Northwestern University.

Burnet, J.(1958), "Sceptics [...]", *Encyclopaedia of Religion and Ethics*, Vol.XI, edited by J. Hastings, New York: Charles Scribner's Sons.

Conze, E.(1953), *Buddhism, Its Essence and Development*, Oxford: Bruno Cassirer.

Thomas, F. W. ed.(1921), *Bṛhaspati−Sūtra*, Lahore: the Punjab Sanskrit Book Depot.

Flintoff, E.(1980), "*Pyrrho and India*", *Phronesis*, Vol.25, Brill.

Franco, E.(1987), *Perception, Knowledge and Disbelief: A Study of Jayarāśi's Scepticism*, Stuttgart: Franz Steiner Verlag Wiesbaden GmbH ≒ 1994. *Perception, Knowledge and Disbelief: A Study of Jayarāśi's Scepticism* (2nd ed.), Delhi: Motilal Banarsidass.

Frenkian, A.(1957), "Sextus Empiricus and Indian Logic", *The Philosophical Quarterly* 30, Indian Institute of Philosophy.

Fuller, P.(2005), *The Notion of Diṭṭhi in Theravada Buddhism—The Point of View*, Oxon: Routledge Curzon.

Garfield, J. L.(2002), *Empty Words: Buddhist Philosophy and Cross Cultural Interpretation*, New York: Oxford University Press.

Gold, J. C.(2024), "Pyrrho's Buddha on Duḥkha and the Liberation from Views", *Journal of the American Academy of Religion*, Vol.XX.

Gómez, L. O.(1976), "Proto−mādhyamika in the Pāli Canon", *Philosophy East and West*, Vol.26, University of Hawaii Press ≒ *Critical Concepts in Religious Studies*, Vol.4 (Abhidharma and Madhyamaka), edited by P. Williams, London: Routledge.

Hirakawa, A.(1990), *A History of Indian Buddhism: From Śākyamuni To*

*Early Mahāyāna*, edited by P. Groner, Honolulu: University of Hawaii Press.

Johnson, M. R./Shults, B.(2018), "Early Pyrrhonism as A Sect of Buddhism? A Case Study in The Methodology Of Comparative Philosophy", *Comparative Philosophy*, Vol.9, San Jose State University.

Kuzminski, A.(2008), *Pyrrohnism: How the Ancient Greeks Reinvented Buddhism*, New York: Lexington Books.

Kuzminski, A.(2021), *Pyrrohnian Buddhism: A Philosphical Reconstruction*, New York: Routledge.

Lee, S.(2024), "Pre-institutional Buddhist Traditions in the Arthapada: A Comparative Study and Complete Annotated Translation of Its Chinese Translation Yizujing (義足經), Derived from an Indic Recension, and Its Pāli Recension Aṭṭhakavagga," PhD Thesis. University of California, Los Angeles

Martin, T. R.(2013), *Ancient Greece: from prehistoric to Hellenistic times*, New Haven/London: Yale University Press.

Matilal, B. K.(1986), *Perception: An Essay on Classical Indian Theories of Knowledge*, Oxford: Clarendon Press

Matilal, B. K.(2002), *Mind, Language and World: The Collected Essays of Bimal Krishna Matilal*, edited by J. Ganeri, New Delhi: Oxford University Press.

McEvilley, T.(2002), *The Shape of Ancient Thought: Comparative studies in Greek and Indian Philosophies*, New York: Allworth Press: School of Visual Arts.

Mills, E.(2018), *Three Pillars of Skepticism in Classical India: Nagarjuna, Jayarasi, and Sri harsa*, Lanham: Lexington Books.

Murti, T. V. R.(1955), *The Central Philosophy of Buddhism: A Study of the Mādhyamika System*, Ruskin House·Museum Street·London: George Allen and Unwin Ltd.

Olivelle, Patrick(1988), *The Early Upanisads: Annotated Text and Translation*, New York: Oxford University Press.

Poussin, L. De La Valiée/Thomas, E. J. eds.(1978). *Mahāniddesa*, London: The Pali Text Society.

Radhakrishnan S.(2007), *Indian Philosophy*, Vol.I, New Delhi: Oxford University Press.

Robert A./Paul A. eds.(2015), *The Cambridge Dictionary of Philosophy*, New York: Cambridge University Press.

Schmithausen, L.(1990), “Preface [...]”, *Earliest Buddhism and Madhyamaka* (Panels of the Viith World Sanskrit Conference, Vol.2), edited by D. S. Ruegg/L. Schmithausen, Leiden: E. J. Brill.

chopen, G.(2004), “Mahāyāna”, *Encyclopedia of Buddhism*, edited by R. E. Buswell, New York: Macmillan Reference, USA.

Sideritz, M.(2020), “Some Sceptical Doubts about Buddhist Scepticism [...]”, *Buddhism and Scepticism: Historical, Philosophical, and Comparative Perspectives, Hamburg Buddhist Studies*, Vol.13, edited by H. Oren, Bochum: Projekt Verlag.

The Oxford Dictionary of Philosophy (3rd ed.) edited by S. Blackburn, 2016: https://www.oxfordreference.com/display/10.1093/acref/9780199541430.001.0001/acref-9780199541430?btog=chap&hide=true&jumpTo=scep&page=139&pageSize=20&skipEditions=true&sort=titlesort&source=%2F10.1093%2Facref%2F9780199541430.001.0001%2Facref-9780199541430 (accessed at 17/07/2025).

Encyclopedia Britannica(2014), DVD, Encyclopædia Britannica, Inc.

# 청년 류영모의 한국철학 구성과 서술
## : 과학과 영성 그리고 불이적 생명*

안규식

## 1. 한국철학의 정체성과 영성의 관점

세계철학사 안에서 한국철학사를 기술하는 작업은 한국철학의 내용이 어떤 구체성을 가지고 어떻게 세계철학이 다루려는 보편적 논의에 참여할 수 있는지에 관한 문제와 연관된다. 따라서 다음과 같은 질문들이 제기된다. 한국철학은 세계철학사 안에서 어떤 구체성을 보여 줄 것인가? 그리고 그 구체성은 한국철학사 안에서 연속성을 보여 줄 수 있는가? 동시에 한국철학은 세계철학사가 보여 주는 보편적 문제의식에 어떻게 기여할 수 있을 것인가? 한국철학은 세계의 지성사적 영향 속에

* 이 논문은 2024년 대한민국 교육부와 한국연구재단의 지원을 받아 수행된 연구이며(NRF-2024S1A5B5A16023539), 2025년 5월 31일에 전북대학교에서 열린 2025년 한국동서철학회 춘계학술대회에서 발표한 글을 기초로 하여 한국동서철학회에 게재한 논문인 안규식(2025), 「과학과 영성의 교직(交織)으로서 한국철학: 청년 류영모의 불이적 생명 사상을 중심으로」를 수정·보완한 글임을 밝힌다.

서 스스로를 어떻게 구성하고 기술하는 것일까? 그리고 그렇게 기술되는 한국철학의 정체성은 무엇일까? 여기서 이 모든 문제들을 다룰 수는 없지만 한국철학의 정체성과 그 구성이라는 측면으로 논의의 범위를 제한함으로써 한국철학사 기술을 위한 단초를 마련하고자 한다.

지금까지 한국철학의 정체성을 규명하는 논의는 주로 특수성과 보편성이라는 거시적인 범주에서 다루어져 왔다.[1] 이런 논의에서 한국어와 한국인의 현실 문제와 같이 한국의 특수성을 중심으로 한 철학적 서술을 한국철학으로 규정하는 입장과, 현 세계의 보편적 문제를 다루는 한국인 철학자의 서술을 한국철학으로 포함하는 입장 사이에서 한국철학의 정체성을 규명하려는 시도는 한국철학이 가진 독특성이 세계철학 안에서 어떻게 소통되고 확산될 수 있는지에 대한 고민을 필연적으로 담고 있다. 왜냐하면 한국철학의 구성은 독자적으로 이루어진 것이 아니라 주변 세계로부터 받은 지성사적 영향 안에서 이루어졌고, 보편적 문제의식을 공유하고 있기 때문이다.

만약 한국철학의 정체성에 대한 논의가 단지 한국철학의 주체(한국인) — 기술 언어(한국어) — 내용(한국의 현실 문제)이라는 틀에서 멈춘다면, 한국철학을 규명하고 그 발전 방향을 찾고자 하는 논의는 다시 해묵은

1) 이한구를 따르면, 한국철학의 정체성을 다루는 논의는 심재룡이 편집한 『한국에서 철학하는 자세들: 철학연구 방법론의 한국적 모색』에서 한국철학의 가능성, 한국철학의 정의, 한국철학의 방법, 세계철학 속의 한국철학이라는 내용으로 박종홍, 길희성, 윤사순, 이명현, 김재권, 김여수가 다루었다. 이후 백종현이 『독일철학과 20세기 한국의 철학』에서, 정대현이 『한국 현대 철학』에서 논의하였고, 그 외에도 김혜숙과 강영안 역시 한국철학의 정체성 논의를 전개했다. 이한구(2024), 「보편성과 특수성의 관점에서 본 한국철학(2004년－2020년)」, 61－62 참조. 최근 한국철학의 추세에 대해 이한구는 2004년부터 2020년까지 한국철학 학술지에 실린 논문의 핵심어를 중심으로 이를 디지털화하고, 다시 빅데이터로 분석함으로써 한국철학의 성격이 서구철학과 비교했을 때 보편성이 증가하는 쪽으로 진행되고 있는 추세임을 밝힌다(앞의 글, 77).

민족주의적 담론으로 환원된다. 반대로 세계철학사 안에서 제기된 보편적 문제의식을 한국철학의 정체성 안에서 구체화하려는 노력을 포기한다면, 한국철학의 기술은 서구 중심적 보편 담론으로 편입하는 '번역 철학'이라는 결과물으로 만족하기 쉽다. 이러한 결과를 가져오는 원인 중 하나는 우리의 정체성과 그것이 자리하는 보편성을 판단하는 기준이 서양을 의식하는 우리의 관점에 기초하고 있기 때문이다. 종종 보편성으로 가장하는 서구의 욕망에 편입하려는 한국철학의 시도는 민족주의적인 특수성으로 자신의 정체성을 규명함으로써 '한국적인 것'으로 간주되는 한국적 고유성에 집착하여 오히려 자신의 정체성에서 벗어나고, 세계의 보편적 문제의식과도 단절되는 결과를 가져온다. 서구 권력과 욕망이 만들어 놓은 괄호를 채우려는 시도는 종종 한국적인 것을 찾는 시도로 위장될 수 있다. 다시 말해, 주입된 타자의 욕망을 자신의 욕망으로 착각하고 그것을 정체성으로 삼는 것이다. 이와 같은 자각이 없을 때, 한국철학의 정체성 내지 한국적인 것을 찾으려는 시도는 앞서 말한 왜곡된 민족주의적 특수성과 '번역'으로 만족하는 보편성으로 귀결되는 것이다.

그런데 한국철학의 정체성을 결정하는 특수성과 보편성의 논리를 서양을 의식하는 우리의 관점이 아니라 역으로 동양을 의식하는 서양의 관점에서 볼 때, 다시 말해 한국을 포함한 '비서양 타자'인 동양이 서구에 의해 어떻게 규명되어 왔는지에 대한 논의에서 출발할 때, 한국철학의 정체성을 규명하는 실마리를 찾게 된다. 왜냐하면 서양의 관점에서 동양이 타자화되는 과정에 대한 성찰은 반대로 서양에 의해 동양의 무엇이 배제되었음을 밝힘으로써 한국철학을 포함한 동양철학 정체성의 한 면을 볼 수 있도록 안내하기 때문이다.

박술을 따르면, 헤겔은 이성과 서양의 개념을 역사화함으로써 이를 비서양 타자로부터 분리한다. 동양을 철학사에서 배제하는 작업은 이성과 서양의 역사를 부각하기 위해 "철학과 종교를 분리하는 것"을 통해서 이루어진다.[2] 예컨대 헤겔은 "정신과 자연이 합일된 직접적 단계"를 진리가 아닌 상태로 보고 이를 "동양[Orient]의 본질"로 규정한다.[3] 따라서 지금까지의 세계철학사가 서양/이성 중심이었다면, 그 외 '오리엔트'라는 범주에 속하는 철학은 모두 "종교와 철학을 혼합한 형태"이며 순수한 철학은 아닌 것이 된다.[4] 이런 이유로 지금까지 칸트-헤겔 전통에 입각하여 철학을 이해하려는 입장은 "종교를 철학과 제의가 분리되지 않은 미발달의 자연상태"로 간주한다.[5] 이로써 서양철학은 제의와 분리된 이성적인 것으로, 동양철학은 철학과 제의가 분리되지 않은 비진리와 비이성적인 것으로 여겨지게 된 것이다. 이런 유럽 중심 철학사의 분위기는 18세기 이후 더욱 확산하면서 철학사 자체 개념도 "유럽의 보편지성사를 가리키는 말"이 되었고, 더 나아가 "동아시아에 존재하지 않는 진보의 서사"로 이해된다.[6]

이로 미루어 볼 때, 서양이 배제한 '동양의 본질'의 중요한 측면은 바로 종교와 철학의 혼합이다. 서양은 이 '혼합'을 불순한 것, 순수한 철학이 아닌 것, 비진리, 비이성적인 것으로 규정해 왔다. 하지만 이러한 배제 및 분리는 서양 안에서도 세속적 근대성이 출현할 때, 초월과 분리된 고도의 자율성을 특징으로 하는 세속의 자기 구성에서도 발견된다. 서구에서 출현한 세속적 근대성은 초월과 내재의 분리를 통해 자기 충

2) 박술(2023), 「최근 독일어권에서 세계철학사의 새로운 기획과 한국철학사 연구 전통의 변화」, 256.
3) Hegel, G. W. F.(1986), *Vorlesungen über die Geschichte der Philosophie* I, 117(박술, 앞의 글, 256에서 재인용).
4) 박술, 앞의 글, 257.
5) 박술, 앞의 글, 258.
6) 박술, 앞의 글, 259.

족의 욕망과 자존성만으로 세속의 영역을 규정함으로써 폭력의 존재론과 허무주의로 귀결되는 세속적 영역을 구축하기도 했다.[7] 이는 단지 초월과 내재라는 형이상학적 분리만으로 한정되지 않고, 정신과 육체, 물질과 의식, 정치와 종교, 자연과 인간, 남성과 여성, 이성과 감성 등의 이분법적 존재론과 그에 따른 존재론적 차별과 배제로 확장된다.

이런 맥락에서 본 연구는 한국철학의 정체성을 규명하는 포괄적 범주로 영성(靈性)을 제시하고자 한다. 물론 종교와 영성은 동일시될 수 없다. 하지만 종교가 추구하는 "궁극적 관심"(ultimate concern)[8]의 내용과 현상을 설명하는 범주를 영성으로 본다면 영성은 종교보다 더 포괄적이고 보편적인 개념으로서 과학의 대화 상대가 될 수 있다. 또한 영성은 과학과 상호 대화의 가능성에 있어 더 적합하다는 주장이 늘고 있다. 예를 들면, 오늘날 과학과 영성을 매개하는 개념으로 부각되는 개념이 비이원성인데, 이는 양자물리학과 관련해서 뚜렷하게 드러난다. 한민자를 따르면 양자물리학의 관찰자 효과(observer effect)나 이중슬릿 실험(double slit experiment)의 예에서 볼 수 있듯이 인간 의식의 선택이 우주를 형성한다는 양자물리학의 관점과 양자계가 보여 주는 초공간성 등은 비이원성을 토대로 과학과 영성의 대화가 가능하고 또 필요하다는 것을 예증한다.[9]

---

7) Milbank, J.(2006), *Theology and Social Theory: Beyond Secular Reason.*

8) 궁극적 관심이란 독일의 조직신학자 틸리히(Paul Tillich)가 고안한 신학적 개념으로서, "우리의 존재와 비존재를 결정하는 것"이라 말할 수 있다. 또한 궁극적 관심은 우리 자신과 세계 그 어느 것도 궁극적 관심에서 비껴갈 수 없다는 점에서 총체적이다. 결국, 궁극적 관심은 존재의 문제로서 "궁극적이며, 무조건적이며, 전체적이고, 무한한 관심을 기울여야 하는 문제다." 신학은 인간의 존재와 비존재를 결정하는 이와 같은 궁극적 관심을 대상으로 한다. Tillich, P.(2021), 『폴 틸리히 조직신학1: 이성과 계시, 존재와 하나님에 관하여』, 36, 40.

9) 한민자(2016), 「과학과 영성 그리고 진화 - 지구 문명의 새로운 지평 탐색」,

그렇다면 한국철학에서 영성은 어떻게 논의되었는가? 다시 말해, 영성이라는 개념은 한국철학사 안에서 연속성을 가지고 있는가? 지금까지 여러 학자들이 한국철학사를 이해하는 방법론으로 영성 개념을 제시했다.

오구라 기조는(小倉紀藏)는 한국철학사 전체를 개관하며 한국철학사 곧 '조선사상사'를 설명하는 중요한 개념들을 "순수성, 하이브리드성, 정보, 생명, 영성(靈性)"[10]으로 제시하고, 특히 "영성적 관점에서 조선사상사를 생각하는 방법"을 제안한다.[11]

조성환 역시 한국철학사를 하늘, 종교, 실학, 개벽, 도덕, 생명의 여섯 가지 주제로 설명하고, 가장 먼저 '天(천)' 곧 하늘의 관념을 내세우면서 한국인의 고대 제천 의식, 퇴계의 경천사상, 동학 등을 예로 들어 "한국인의 사고방식과 행동양식 그리고 문화 전통 전반에는 天(천)"이 근거하고 있다고 주장하면서 한국철학과 영성 사이의 긴밀한 연관성을 강조한다.[12]

이은선은 종교와 철학을 분리해 온 서양 사유와는 달리 "서양철학이 종교적 표상을 거부하면서도 결코 떨쳐버릴 수 없었던 형이상학적 토대나 궁극에 대한 요청을 바로 탈종교적 방식으로, 또는 지극히 성속(聖

---

138–139.

10) 오구라 기조(2022), 『조선사상사: 단군신화부터 21세기 거리의 철학까지』, 16.

11) 오구라 기조, 앞의 책, 21. 오구라 기조는 불교학자 스즈키 다이세쓰(鈴木大拙)의 '일본적 영성'을 본떠서 조선사상사를 관통하는 중요한 요소 중 하나를 '조선적 영성'이라 주장한다. 그는 영성을 "지성으로도 이성으로도 감성으로도 설명할 수 없는 정신의 현상"으로 정의내린다. 그가 제시한 조선적 영성의 대표적 예는 동학을 창시하고 시천주(侍天主)를 내세운 수운 최제우(崔濟愚)와 천인합일(天人合一)을 추구한 이퇴계(李退溪)다. 오구라 기조는 이 두 사상가가 공통으로 주장하는 내용에서 조선적 영성을 발견하는데, 그것은 대립하는 것들을 회통하는 것이며 사람과 하늘이 같음을 지향하는 정신을 그 핵심으로 삼는다. 오구라 기조(2022), 앞의 책, 20–21.

12) 조성환(2022), 『키워드로 읽는 한국철학』, 16.

俗) 통합적인 방식으로 추구해 온" 한국 사유인 신유학에 주목한다.[13] 이은선은 소수이기는 하나 조선 신유교에서 찾을 수 있는 조선 여성들의 영적 성취라 할 수 있는 성(誠), 경(敬), 신(信)의 예들을 발견함으로써 이를 서구 근대성의 한계에 대응할 수 있는 한국철학의 가능성이라 주장한다.

한형조는 한국철학의 영성적 이해를 넘어 '신학적 이해'까지 가능함을 주장한다. 한형조는 오랫동안 무신론의 범주로 이해되어 왔던 주자학을 초월론적 유신론의 관점에서 논증하길 시도한다. 한형조는 이렇게 밝힌다. "주자학은 분명코, 초월적 존재를 중심에 둔 사유요 문화이다. 그 현저한 종교적 기풍에도 불구하고, 사람들은 주자학을 단순한 에티켓의 권유, 혹은 오직 현세만을 말하는 대지적 사고로만 정위해왔다. 이것은 심각한 오해다."[14]

이처럼 한국철학은 영성을 자신의 정체성으로 뚜렷하게 보여 주고 있으며 한국철학사 안에서 그 연속성을 증명한다. 그렇다면 한국철학의 정체성으로서 영성은 무엇인가? 영성에 관한 수많은 정의가 있지만 본 연구가 상정한 한국철학의 영성이란 역사 속에서 한국인의 의식과 행동 그리고 문화의 양식을 형성해 온 심층적 정신 구조에서 작동하는 초월적 실재에 대한 장기적이고 지속적인 표상이다. 또한, 본 연구는 한국철학의 정체성으로서 영성이 가진 가장 중요한 특징을 불이성(不二性)이라 간주한다. 여기서 불이성이란 '하나'(一)라는 궁극적 실재에 기초해 다양한 존재자들(多)이 가진 차이가 무차별적으로 자각되고, 존재자들이 '하나'(一)와 합일을 지향함으로써 이들 사이의 대립이 해소되어 화해와 조화 그리고 상생의 존재론적 평등을 이루는 정신적 역동성을 말한다.

---

13) 이은선(2024), 「종교와 철학의 통섭으로서의 한국 사유」, 334.
14) 한형조(2011), 『왜 조선 유학인가』, 234.

본 연구는 한국철학의 이러한 영성을 한국의 종교사상가 다석 류영모(多夕 柳永模, 1890－1981)의 사상, 특히 그가 근대 서구 문물을 수용하고 이를 통해 한국철학을 창조적으로 재구성하기 시작한 청년 시기의 사유를 통해 제시하고자 한다. 이러한 접근은 '청년 류영모'[15]의 사유가 특별히 어떤 초월적 '영성'을 집중적으로 다루고 있어서가 아니다. 그것은 청년 류영모의 사유, 곧 그의 생명담론 안에서 일(一)과 다(多), '있음'(有)과 '없음'(無), 물질과 의식, 종교와 과학, 성(聖)과 속(俗), 영원과 찰나, 자연과 인간 등 이질적이면서 상반되는 차원들이 과학과 영성의 교직을 통해 형성된 생명이란 개념을 통해 불이적으로 인식되기 때문이다.

또 청년 류영모 사상을 통해 확인할 수 있는 것은 서세동점(西勢東漸)의 시대적 격변 속에서 서구 문물, 특히 서구의 과학 문명을 받아들이면서 근대적 주체로서 자기 인식을 형성해 왔던 당시 조선 지식인들의 사상적 수용과 번역 과정이다. 무엇보다 이 과정에서 서구 철학, 특히

---

15) 본 연구에서는 다석 류영모의 전기 사상에 해당하는 부분에서는 '청년 류영모'로, 후기 사상에 해당하는 부분에서는 '다석 류영모'로 표기한다. 필자는 다석 류영모의 전기에서 후기로 전환되는 사상적 변화의 기준을 생명에 관한 이해의 변화에서 찾으며, 그 변화를 보여 주는 메타포를 '저녁'으로 간주한다. 여기서 '저녁'이란 인간의 물질적이고 지적이고 도덕적인 진보의 한계에서 발견되는 종교적 차원을 함의한다. 전기 사상에서 청년 류영모가 생물학적이고 도덕적인 완성이라는 '진화론적 생명'을 강조했다면, 후기 사상에서 다석 류영모는 빛이 아닌 어둠, 낮이 아닌 '저녁'의 차원에서 발견되는 '형이상학적이고 종교적 차원'의 생명을 강조한다. 이런 사상적 변화는 1939년 『聖書朝鮮(성서조선)』에 기고한 「저녁찬송」에서 "저녁은 영원하다."라고 쓴 것, 그리고 1940년 4월에 다석 류영모가 『聖書朝鮮(성서조선)』에 기고한 글인 「決定(결정)함이있으라」에서 "自然的人生(자연적 인생)의 끝은 滅亡(멸망)이다."라고 쓴 이후부터 그리고 1941년 같은 잡지에서 「奇別 落傷有感(기별 낙상유감)」에서 자신의 아호를 '많은 저녁'을 뜻하는 "多夕齊(다석제)"라고 사용하기 시작하면서 뚜렷이 드러난다. 류영모(1939), 「저녁찬송」, 『聖書朝鮮』, 제135호; 류영모(1940), 「決定함이있으라」, 『聖書朝鮮』, 제135호, 75; 多夕齊(1941), 「奇別 落傷有感」, 『聖書朝鮮』, 제152호, 200.

생철학이 한국인의 불이적 영성을 바탕으로 어떻게 수용되고 전환되는지를 살펴볼 수 있다. 이런 융합과 전환의 과정을 통해서 보편성과 특수성 모두를 가능케 할 한국철학의 구성 방법을 모색할 통찰을 얻을 수 있을 것이다. 더 나아가, 과학과 영성의 교직으로 한국철학을 기술한 청년 류영모의 사유는 '말할 수 있는' 언어인 자연과학과 '침묵해야 할' 언어인 신비를 통해 이 세계의 실재인 생명의 신성함이 무엇인지를 보여줄 것이다.

## 2. 청년 류영모 사상 속에 나타난 한국인의 자기 인식과 다이쇼 생명주의의 영향

2008년 제22회 세계철학대회(The 22nd World Congress of Philosophy)가 열렸다. 이 대회에는 국내외 2,000여 명의 철학자가 대거 참가하였다. 이 대회에서 주최 측은 한국철학의 "원로들에게는 철학자로 인정받지도 못하는 함석헌과 유영모를 세계철학자대회에서 현대 한국의 대표적 철학자로 소개"하였다.[16] 이 두 사상가가 한국을 대표하는 현대철학

16) 김상봉(2010), 「씨ᄋᆞᆯ철학과 세계철학」, 142. 이 대회에서 류영모와 함석헌과 관련된 논문들은 8월 2일과 3일 이틀에 걸쳐 서울대학교 자연과학대 목암홀에서 발표되었는데, 발표된 논문들은 박재순 외(2008), 『유영모·함석헌 사상 연구 발표집 I』과 박재순 외(2008), 『유영모 · 함석헌 사상 연구 발표집 II』로 출판되었다. 이 자료집을 따르면 다석 류영모 관련 논문은 총 7편으로 이명섭, 「유영모의 '가온 기'와 엘리엇의 '靜點(still point)'」; 김흡영, 「도-그리스도론의 입장에서 본 유영모의 그리스도 이해」; 이기상, 「생명은 ᄋᆞᆶ일름을 따르는 몸사름 *多夕* 生命사상의 영성적 차원」; 이정배, 「天符經을 통해서 본 東學과 *多夕* 유영모의 절대자 이해」; 강지연, 「道가철학과 *多夕*사상」; 윤정현, 「없이 계시는 하느님: *多夕* 유영모의 절대자 이해」; 이종재/송경오, 「핵심역량 개발과 마음의 계발: 다석의 中庸에 대한 관점」이다.

자로 소개된 이유는 이들이 근대 이후 한국인의 자기 인식을 가장 잘 표현했기 때문이었다. 김상봉은 이 두 사상가가 제시하는 씨ᄋᆞᆯ철학이야말로 한국철학의 맥락에서 볼 때, “현대 한국인의 자기인식의 표현”[17]이라는 점에서 철학이 감당해야 할 중요한 과제를 담고 있다고 주장한다.

이처럼 현대 한국철학자로서 다석 류영모의 사상이 보여 주는 중요한 특징이란 한국인의 자기 인식이다. 다석은 이 자기 인식을 훈민정음, 무(無)와 공(空) 같은 동양철학의 형이상학, 그리스도교 신앙에 기초한 종교철학적 사유, 대종교와 같은 근대 한국 종교들의 수행 체계와 우주론, 톨스토이와 소로처럼 조선에 소개된 서구의 지적 담론을 수용하여 창조적으로 구성하고 독창적으로 표현하였다. 그렇다면 이러한 다석의 독창적 자기 인식은 어디서 유래한 것일까? 본 연구는 다석이 구성했던 자기 인식의 기원을 다석이 근대적 주체로서 자기 인식을 형성하기 위한 사상적 토대를 마련했던 그의 청년 시절 곧 청년 류영모의 사상 형성에서 보여주고자 한다.

본 연구는 다석 류영모의 사상적 변화에 따른 시기 구분에서, 1914년에서 1939년까지의 시기의 자료들에 주목한다.[18] 이 시기는 청년 시절

---

17) 김상봉, 앞의 글, 147.

18) 박재순은 다석 류영모의 사상적 변화를 다음과 같이 네 시기로 구분한다. 첫 번째 시기는 1890년에서 1913년까지 다석이 그리스도교 신앙을 기초로 동서양 사상을 수용하는 시기다. 다석은 1905년 YMCA 총무였던 삼성 김정식을 통해 그리스도교를 접하고 독실한 신앙을 갖게 된다. 이후 다석은 오산학교 과학교사로 부임하였고, 그곳에서 이광수, 여준, 신채호 같은 지식인들을 만나 그들의 영향으로 톨스토이, 불경, 노자의 사상을 본격적으로 공부하게 된다. 또 이 시기에 다석은 그리스도교 정통 신앙을 바탕으로 서구 사상과 과학지식을 습득한다. 두 번째 시기는 1914년에서 1939년까지 보편종교의 지평에서 생명완성을 추구하는 시기다. 다석은 동생 류영묵의 죽음을 계기로 정통 그리스도교 신앙에서 ‘비정통’ 그리스도교 신앙으로 전향하고 보편적 생명을 추구하는데 몰입한다. 다석은 ‘오늘’의 삶에 집중하면서 그리스도교의 울타리를 벗어나 생명완성의 지평하에서 유교, 불교, 도교의 사상을 수용함

류영모가 오산학교를 떠나 일본 동경물리학교로 9개월간 유학을 다녀온 시기부터 시작하여 '저녁'이라는 메타포를 통해 그의 종교적 사유로의 전환과 발전을 보여 주는 일련의 글들이 나타나기 시작한 1939년까지의 시기다. 이 시기는 서구 사상을 수용하여 발전시킨 동아시아의 지적 담론을 수용하면서 자기 인식의 틀을 갖추기 시작한 청년 류영모 사상의 특징들을 잘 드러낸다. 뒤이어 밝히겠지만 이 시기 청년 류영모 사상의 특징들은 불이적 생명이라는 용어로 집약된다.

이 시기에 청년 류영모가 남긴 자료는 육당 최남선이 창간한 잡지인 『青春(청춘)』에 실린 「나의 一二三四(일이삼사)」(1914), 「活發(활발)」(1915), 「農牛(농우)」(1917), 「오늘」(1918), 「無限大(무한대)」(1918) 등 총 5편과, 1917년 〈매일신보(每日申報)〉에 실린 단편소설인 「貴男과 壽男(귀남과 수남)」, 1923년 『東明(동명)』이라는 잡지에 실린 글인 「자고새면」까지 총 7편이다. 하지만 본 연구에서는 과학과 영성이라는 연구 주제와의 연관성과 적합성을 기준으로 하여 「活發」, 「農牛」, 「貴男과 壽男」을 제외시킨다.

본 연구가 청년 류영모의 사상을 주목하는 이유는 한국이 근대로 이

---

으로써 보편 종교의 지평 역시 형성한다. 세 번째 시기는 1939년에서 1943년까지 그리스도교 신앙 중심성을 바탕으로 숨과 쉼의 영성을 추구하는 시기다. 다석은 이전에 추구하던 자신의 생명 사상에 한계를 발견하고 철저한 수행을 통해 이르는 더 큰 차원의 생명을 발견한다. 박재순은 이 전환을 보편 종교의 입장에서 그리스도교 신앙을 중심으로 한 '저녁'과 '숨'의 수행적 삶으로의 변화라 주장한다. 네 번째 시기는 1943년에서 1981년까지 동서양 종교와 사상은 물론 한국의 전통적 사유 체계와 종교를 융합하여 다석 사상의 '제소리'를 완성한 시기다. 다석은 1943년 북악산에서 천지인 합일의 경험을 기점으로 훈민정음과 삼일철학과 같은 한국 전통종교와 사상을 깊이 연구하고, 이를 그리스도교 사상은 물론 동서양 종교와 사상과 창조적으로 종합시킨다. 이로써 다석은 모든 것을 '하나'(一)로 귀일(歸一)시키는 창조적 제소리를 완성한다. 박재순(2017), 『다석 유영모』, 55－101.

행하는 상황에서 한국철학의 중요한 내용이라 할 한국인의 자기 인식 형성에 영향을 준 요인들과 그 내용을 청년 류영모의 사유가 다채롭게 보여 주기 때문이다. 특히 본 연구는 청년 류영모 사상에 큰 영향을 준 요인이자 지성사적 맥락을 일본의 다이쇼(大正, 1912-1926) 생명주의로 간주한다.

유봉희를 따르면, 다이쇼(大正, 1912-1926) 생명주의는 근대 일본이 서구의 생명철학, 특히 생리학을 수용하면서 전개되었는데, 20세기 초 물리학과 생물학의 발전에 기초하여 과학의 절대성을 불러온 시대적 흐름에 맞서 인간 정신에 대해 주목하는 '형이상학'을 요청하는 분위기 속에서 등장했다. 다이쇼 생명주의는 한국의 신문학(新文學)에 지대한 영향을 주게 되는데, 한국의 근대문학연구는 2000년대부터 다이쇼 생명주의와 한국의 신문학 사이의 상호 관계에 주목하면서, 1910년대 중반에서 1920년대 초에 두드러진 "'자아'와 '개인'에 대한 담론, 그리고 이와 연동한 한국 낭만주의 문학의 뿌리 등이 다이쇼 생명주의의 수용을 통해 형성됐다는 논의"를 불러일으켰다.[19]

다이쇼 생명주의 형성에 영향을 준 서구 생명주의의 출발점은 생기론(生氣論, vitalism)이다. 생리학에 기반을 둔 생기론은 기계론과 물질적 환원론에 대항하면서 출발한다. 다이쇼 생명주의는 바로 이 생기론에 영향을 받았다. 다이쇼 생명주의의 사상적 원천으로서 거론되는 대표적 사상가로는 "미국 에머슨(Ralph Waldo Emerson, 1803-1882) · 독일 오이켄(Rudolf Christoph Eucken, 1846-1926) · 프랑스 베르그손(Henri Bergson, 1859-1941)"이 있다.[20] 이들의 공통점은 "기하학 · 물리학에 바탕을 둔 기계론과 합리론 등에 저항하면서 유심론에 관심을 보인 점"이다.[21] 하

---

19) 유봉희(2022), 「'과학'이 '실종'된 다이쇼(大正) 생명주의 연구」, 327.
20) 유봉희, 앞의 글, 328-329.

지만 다이쇼 생명주의는 생기론에 기초한 서구 생명주의를 선별적으로 수용하면서 형성된다. 예를 들면, 일본 지식 사회는 "베르그손의 핵심 개념인 지속 · 기억 등을 누락한 채 그가 강조한 '운동'을 인간의 창조적 자발성에 초점을 맞춰 인격주의를 강조"하기만 했다.[22]

한편 다이쇼 생명주의는 일본으로 유학을 간 조선의 지식인들을 통해서 적극적으로 수용되고, 다시 한국의 신문학으로 표출된다. 이철호의 주장에 따르면, 다이쇼 생명주의 시기인 1910년대에서 1920년대 사이에 동경물리학교로 유학을 떠났던 청년 류영모 역시 이런 다이쇼 생명주의의 영향 아래 있었다. 다석 류영모의 영성론, 특히 다석 류영모의 초기 사상에 있어 그 사상적 기원은 "다이쇼 생명주의 담론의 자장 속에서" 형성되었다.[23] 청년 류영모는 오산학교 교사 생활을 마친 후, 1912년 9월부터 1913년 6월까지 약 9개월간 일본의 동경물리학교(東京物理學校)로 유학을 갔는데, 이 시기를 전후로 청년 류영모는 "1910년대 조선의 문화담론에서 널리 유행한 낭만적 자아 담론", 특히 영(靈)이나 영혼 그리고 생령(生靈)과 같은 용어들로 표현되는 다이쇼 문화주의를 당시 조선의 지식인들과 동경 유학생들을 통해 수용했다는 것이다.[24] 이에 대한 근거는 1910년대부터 청년 류영모가 공식적으로 발표한 글에서 자주 나타나는 다이쇼 문화주의의 흔적들이다. 이철호는 특히 1918년에 청년 류영모가 『靑春』에 발표한 글인 「오늘」을 비롯한 「無限大」, 「자고새면」[25]에서 다이쇼 문화주의의 흔적들, 특히 종교와 과학의

21) 유봉희, 앞의 글, 333.
22) 유봉희, 앞의 글, 335.
23) 이철호(2020), 「류영모(柳永模)의 영성론과 그 기원 – 생명, 숨, 성령」, 1.
24) 이철호, 앞의 글, 10.
25) 이철호는 자신의 논문인 「류영모(柳永模)의 영성론과 그 기원 – 생명, 숨, 성령」의 각주 61에서 해당하는 류영모의 자료 출처를 "류영모, 「자고 나면」, 『東明』 25, 1923.2."로 제시하고, 또 다른 본문에도 "자고 나면"이라 표기한

융합적 사유가 가장 선명하게 나타난다고 주장한다.

더 나아가 이철호는 다이쇼 문화주의의 중요한 사상적 원천이라 할 "물질과 정신의 대립을 초월하는 생명론"을 제시한 앙리 베르그손(H. Bergson) 사상의 영향과 흔적을 청년 류영모의 사유 안에서 발견해 내려 시도한다.[26] 하지만 필자가 조사한 바로는 청년 류영모의 자료들을 비롯하여 그의 1차 자료들 전체 어디에서도 베르그손에 대한 직접적 언급은 찾아볼 수 없으며, 이철호 역시 그 근거를 제시하지 않고 가정만 한다. 또 이철호의 연구는 청년 류영모의 영성론과 다이쇼 생명주의와의 연관성에 대한 가정만을 주장할 뿐 청년 류영모의 1차 자료에 대한 자세한 분석 역시 하지 않는다는 한계를 보여 준다.

이철호는 "류영모의 영성론은 다이쇼 생명주의 담론의 자장 속에서 육성된 정신의 한 결산임을 부정하기 힘들다."라고 결론짓는다.[27] 이철호는 베르그손이나 에머슨(R. W. Emerson)과 같은 사상가들의 영향 속에서 형성된 다석의 전기 사상이 "종교와 과학 사이의 융합", 더 구체적으로는 "영성이 계량화되는 형태로 스스로를 입증하는 방식, 즉 '물화된 영성'의 방증"이 이루어졌음을 설명함으로써 다석 사상을 이해하는 지평 확장에 중요한 기여를 한다.[28]

그럼에도 필자는 이철호의 주장처럼 당시 청년 류영모의 종교와 과학 사이의 융합적 사유가 영성을 물화시키고 계량화하는 형태로 표출되는 것이 아니라, 반대로 물질세계가 낭만화되고 영성화되는 '재-신성

---

다(이철호, 앞의 글, 15, 17). 하지만 정확한 자료명은 '자고 나면'이 아닌 '자고 새면'이다. 자료 출처는 다음과 같다. 류영모(1923), 「자고새면」, 『동명』 제25호, 8.

26) 이철호, 「류영모(柳永模)의 영성론과 그 기원 - 생명, 숨, 성령」, 10-13.

27) 이철호, 앞의 글, 19.

28) 이철호, 앞의 글, 15, 20.

화'(re-sacralisation)된 형태로 표출된 것으로 파악한다. 왜냐하면 결정론적이고 기계론적인 과학적 사유의 한계에서 등장한 서구의 생철학 그리고 이를 수용한 다이쇼 생명사상은 과학과 이성이 가져온 탈신성화(desacralisation)하는 세계관을 다시 신성화하는 기획으로 이해할 수 있기 때문이다. 뒤이어 살펴보겠지만, 청년 류영모의 자료에는 자연과 세계에 대한 낭만적인 표현과 함께 실재에 관한 재-신성화된 인식들이 나타난다. 재-신성화된 실재는 물질과 정신, 내재와 초월, 이성과 신비라는 근대적인 이분법의 사유로 설명되는 것이 아니라 이 대립적 범주의 경계를 탈주하여 둘 사이의 새로운 관계를 정립시킴으로써 실재를 설명하는 불이적 사유에 근접하다. 따라서 과학과 종교의 융합적 관점에서 볼 때, 불이적 생명 사상을 구성한 청년 류영모의 사유는 근대적 방식으로 실재를 탈신성화하는 기획이 아닌 탈근대적 방식으로 실재를 재-신성화하는 기획으로 나타난다. 이러한 재-신성화는 전근대로의 복귀가 아니라 근대의 한계를 극복한 탈근대로의 이행이라 볼 수 있으며, 이후 전개되는 다석 류영모의 사유는 이런 탈근대적 사유에 기초하고 있다고 말할 수 있다.

종합해 본다면, 청년 류영모의 자기 인식은 다이쇼 생명주의를 그 배경으로 두고 있음을 알 수 있다. 당시 조선 지식인들이 수용한 다이쇼 생명주의의 특징은 기계론적 세계관에 저항하는 유심론적 세계관, 종교와 과학의 융합, 물질과 정신의 이분법적 구분을 넘어서는 생명이다. 이 모든 요소는 과학과 영성의 언어를 통해 생명이라는 주제로 귀결된다. 따라서 본 연구는 청년 류영모의 자기 인식을 형성하는 데서 두 가지 중요한 요소를 가정한다. 그것은 생명과 불이적 영성이다. 그렇다면 구체적으로 청년 류영모의 사상에서 어떻게 이 두 가지 요소들이 표출되는지를 살펴보도록 하겠다.

## 3. 청년 류영모의 불이적 생명 사상

### 3.1. 「나의 一二三四」(1914) — 진화하는 초월적 생명

육당 최남선이 창간한 잡지인 『靑春(청춘)』 제2호에 기고한 청년 류영모의 글인 「나의 一二三四(일이삼사)」(1914)는 그의 전기 사상에 있어 가장 중요한 특징인 진화론적 인간학을 상세히 보여 준다. 하지만 이 인간학은 단순히 자연적 생명에만 근거하지 않고 그보다 더 높은 차원의 대자연적 생명을 다루는데 그것은 바로 초월적 생명이다.

우선 「나의 一二三四」의 내용을 통해서 나타난 그의 인간학을 살펴보면 다음과 같다. 청년 류영모는 다음과 같이 인간을 흙덩이, 타성, 생명, 혈육, 이 네 가지 범주로 구성된 존재로 설명한다. 첫째, 인간은 타성적 "흙덩이"다. 인간은 지구의 중심으로 떨어지는 중력에 매여 있을 뿐 아니라 관습에 매이는 "惰性"(타성)을 지닌 존재다.[29] 둘째, 인간은 진화적 "生物"(생물)이다. 생물로서 인간은 초월을 추구하고 진화하는 힘을 가진 존재다.[30] 셋째, 인간은 동물적 "血肉"(혈육)이다. 혈육으로서 인간은 동물적 본능, 특히 성욕이 주는 쾌락에 이끌려 사는 존재다.[31] 마지막으로, 인간은 초월적 "生靈"(생령)이다. 생령으로서 인간은 고결함과 이타성을 추구하며 도덕적 '완전'을 향해 나아감으로써 끊임없이 자연적이고 물질적인 한계를 초월하는 힘을 가진 존재다.[32]

---

29) 류영모(1914), 「나의 一二三四」, 『靑春』 제2호, 101. "一은 흙덩이니, 地心에 끌니우는 落下向과 慣習에 매이는 惰性이 잇도다."

30) 류영모, 앞의 글, 101. "二는 生物이니, 天日을 낫하는 向上能과 進化를 꾀하는 精力을 가젓도다."

31) 류영모, 앞의 글, 101. "三은 血肉이니, 痴精을 쓰는 雌雄性과 快樂을 慾求하는 本能이 잇도다."

32) 류영모, 앞의 글, 101. "四는 生靈이니, 高潔을 尊重하며 慈悲를 感發하야 「

「나의 一二三四」에서 청년 류영모는 위 네 가지 범주를 두 가지 상반된 범주로 나누는데, 인간의 一(타성적 흙덩이)과 三(동물적 본능의 혈육)을 "物質的 流動"(물질적 유동)으로 그리고 二(진화적 생물)와 四(생령)를 "生命的 衝動"(생명적 충동)으로 나눈다. 여기서 다시 물질적 유동은 "墮落, 倦怠, 痴情, 貪慾"(타락, 권태, 치정, 탐욕)으로, 생명적 충동은 "向上, 精進, 高潔, 慈悲"(향상, 정진, 고결, 자비)로 구체화된다.

「나의 一二三四」의 인간론 분류

| 자연 – 물질적 유동 | | 대자연 – 생명적 충동 | |
|---|---|---|---|
| 一. 타성적 흙덩이 | 三. 동물적 혈육 | 二. 진화적 생물 | 四. 초월적 생령 |
| 타락, 권태, 치정, 탐욕 | | 향상, 정진, 고결, 자비 | |

청년 류영모는 물질적 유동과 생명적 충동 사이에서 "엇던 것이 自然인가 — 大自然인가?!"를 물으며 자연의 물질적 유동을 가진 인간을 넘어서 더욱 높은 차원인 대자연의 생명적 충동을 가진 인간으로 향상할 것을 촉구한다.[33] 청년 류영모의 인간학은 생물학적 진화론에 기초하고 있다. 하지만 청년 류영모는 진화론에 근거해서 단순히 생물학적 인간 그 이상의 인간을 추구한다. 예를 들면, 청년 류영모는 물질적 구성 요소라 할 "水土"(수토)는 "草木"(초목)으로, 초목은 "禽獸"(금수)로, 금수는 "「사람」"이 되는 생명의 진화적 향상에서 그 마지막 단계로 "「사람」中『사람』"이 되기를 촉구한다. 이를 위해서 인간은 "流動을 制御"(유동을 제어)하고, "衝動을 發揚"(충동을 발양)함으로써 "活潑潑한 生命力"(활

完全」이란 것이 내 物件되는 날까지는 理想點을 놉히어서 나아가려 하는 良能을 가졋도다."

33) 류영모, 앞의 글, 101–102.

발발한 생명력)을 길러야 하며, 이것이 곧 인간이 가야할 대자연(大自然)의 길임을 강조한다.[34)]

인간을 물질적 유동의 자연과 생명적 충동의 대자연으로 구분한 청년 류영모의 사유는 훗날 인간의 존재 양식을 '맘'과 'ᄆᆞᆷ'으로 구분함으로써 인간이 추구해야 할 생명이란 단지 생물학적 생명만이 아니라 도덕적 완성의 생명에 있다는 주장으로 이어진다. 다석 류영모는 '맘'과 'ᄆᆞᆷ'을 구별한다. '맘'은 "상대적인 세상에 욕심을 붙여서 조금 약게 영생하는데 들어가려는 것"이고, 'ᄆᆞᆷ'은 "모든 욕심을 다 떼어 버리고 자신을 세워나가겠다는 것"을 뜻한다.[35)] 다석 류영모는 'ᄆᆞᆷ'을 인간 본성이자 참 생명이라 보았다. 비록 자연적 인간의 존재 양식이라 할 '맘'은 모든 물질(몬)을 담고 있는 구성체(ㅁ)이지만, 물질로 인해 탐욕과 두려움 그리고 어리석음에 빠진 물질의 노예로 살아가는 존재 양식이다.[36)] 다석 류영모는 그 '맘'에 깃든 물욕을 비워 하나님이 들어오시는 청정심(淸淨心)인 인간 본성의 'ᄆᆞᆷ'으로 돌아가야 함을 촉구했다. 이것이 그가 청년 시절, 물질적 유동을 제어하고 생명적 충동을 발양함으로써 활발한 생명력을 얻는 길이라 말한 "나의 大自然"의 길이다.[37)]

청년 류영모의 진화적 생명관은 훗날 물질에서 정신으로 진화하는 가온찍기(ㄱ̇ㄴ)의 인간학으로 등장한다. 다석 류영모는 1955년 5월 22일 자신의 일지에서 다음과 같은 그림을 남긴다.

---

34) 류영모, 앞의 글, 102.

35) 박영호(2002), 『다석 류영모 어록』, 225.

36) 학산 이정호는 자음 'ㅁ'을 역학적(易學的) 관점에서 이해할 때, 『制字解』에서 밝힌 것처럼 "입술은 모나고 合하였으니 土"에 해당한다고 보았다. 'ㅁ'은 그 음성에 있어 "마치 흙(땅)이 萬物을 含蓄하여 넓고 큼과 같다"는 뜻을 지닌다. 이정호(2017), 『鶴山李正浩全集 02 – 訓民正音의 構造原理: 그 易學的 硏究』, 44.

37) 류영모, 「나의 一二三四」, 102.

1955년 5월 22일 다석일지[38]

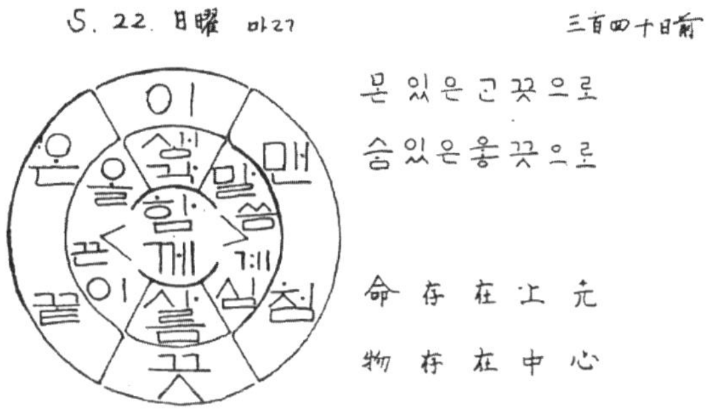


이 그림에 대한 다석의 제자 김흥호의 해석을 보자면, ‘이끗’[39]인 인간은 “영원한 생명인 이의 영원한 생명의 한 끝”이다.[40] 이 인간은 또한 생각을 함으로써 말씀을 사르고 정신을 사르는 ‘사름’의 존재다. 그림의 오른쪽 글인 “몬있은근끗으로”에서 ‘몬’은 물질(物)을 말한다. 다석은 “해 아래 있는 것은 낮은 것”이며 “낮아졌으니 올라가자”라고 말한다. 다석은 “빔(空)이 낮아진 것이 빛이고, 빛이 낮아진 게 몬(物)이고, 몬이 낮아진 게 몬지(먼지)이고 이 먼지로 된 것이 빛깔(色)”이라는 형이상학적 위계 안에서 생각을 통해 정신적 상승의 진화적 인간학을 설명한다.[41] 그리고 인간향의 목표는 인간 정신 안에서 주어지는 참본성의 자각, 곧 참나다.

---

38) 류영모(2024), 『다석일지 1』, 10.
39) 다석은 생각의 시작이 되는 점(點)을 ‘긋’이라 표현한다(박영호, 앞의 책, 92). 또 ‘긋’은 인간의 참나이자 얼나로서, 다석은 “영원한 하늘과 무한한 땅과 신비한 생명이 하나가 된 것이 이 긋(얼나)이다.”라고 말한다(박영호, 앞의 책, 98). 하지만 위 그림에 쓰인 ‘이끗’은 가온찍기의 생각 수행 속에서 주어지는 깨달음 속에서 참사람으로 완성된 인간을 가리킨다.
40) 김흥호(2001), 『김흥호 전집: 다석일지 공부 1』, 50.
41) 박영호, 앞의 책, 210.

다석 류영모는 인간이란 물질을 가진 존재이나, 하늘(ㄱ)과 땅(ㄴ) 사이에 존재하는 자신 안에서 신성(·)을 발견하는 긴(가온찍기)을 통해서 내 속에 있는 참 사람(긋)인 참나(혹은 얼나)로 태어나야 한다고 강조한다.[42] 이 과정에서 '긋'은 '끗'이 된다. 'ㄱ'은 훈민정음의 구조 원리에 있어 하늘을 말하는데, 다석은 이 'ㄱ'에 다시 'ㄱ'을 더해 '긋'을 '끗'으로 만들었다. 하늘과 땅을 품부한 인간은 이제 깨달음(올, 理)을 통해서 참사람(끗)이 되는 것이다.

여기서 긘(가온찍기)이란 "얼나라는 것의 무한한 가치를 자각하고 날아가는 새를 화살로 쏘아 맞히듯이 곧이 곧고 신성하고 영특하고 영원한 나의 한복판을 정확하게 명중시켜 진리의 나를 깨닫는 것"[43]을 말한다. 이로써 다석 류영모의 사유 안에서 초월의 자리는 내재로 설정하고, 내재는 다시 초월적 위치로 격상한다. 인간은 단순한 생물학적 존재가 아니라 초월의 자리이며, 깨달음의 영성이 발생하는 자기 근원적 신성의 장소(locus)로 이해되는 것이다. 결국, 물질로 구성된 인간은 물질에 매여 있는 노예 상태에서 벗어나기 위해 가온찍기(긘)의 깨달음을 통해서 정신에 이미 주어진 신성을 깨닫는 참사람이 되어야 하는 진화하는 초월적 생명을 가진 존재다. 이처럼 청년 류영모는 생물학적 진화론을 통해서 스스로를 도덕적으로 완성할 능력을 갖춘 초월적 생명을 가진 인간론을 구상했던 것이다.

---

42) 다석은 하느님, 곧 참이 "가장자리 없는 무한대(無限大)"이며, 인간은 자리만 있고 실제로는 존재하지 않는 점(點) 곧 '긋'으로 대조하며 설명한다. 인간은 '긋'(點)으로서 '긋'은 "ㄱ은 하늘이고 ㅡ는 땅이고 ㅅ은 사람이 합쳐진 것"을 말한다(박영호, 앞의 책 343). 하늘에서 온 정신(ㄱ)이 땅(ㅡ) 곧 세상에 와 부딛혀 생겨난 '나'라는 사람(ㅅ)이 참나임을 의미하는 것으로 '긋'이라고도 한다.

43) 박영호, 앞의 책, 214.

### 3.2. 「오늘」(1918) — 불이적 상호 연결성의 신성한 생명

청년 류영모가 1918년 『青春(청춘)』에 기고한 「오늘」이라는 글의 첫 부분은 꿈에 관한 내용으로 시작하여 현실의 생이 지닌 사실성을 언급하면서 꿈과 현실, 이 둘이 하나임을 밝힌다. 청년 류영모는 인간이 잠을 자는 가운데 꾸는 "숢도 睡眠(수면)과 한가지 人生自體(인생자체)의 內的事實(내적사실)"로 대하자고 운을 띄운다. 이는 꿈과 현실을 구분하는 이분법적 사유에서 벗어나 꿈과 현실을 인생이라는 하나의 내적 사실로 이해하는 다석의 통전적 관점을 보여 준다.

본 연구는 이러한 통전적 관점을 설명할 개념적 장치로 불교의 불이적(不二的) 사유를 제시한다. 불이적 사유는 이 세계 모든 만물이 서로를 조건 지으면서 생성하고 소멸하기에 어떤 것도 실체적으로 스스로 존재하지 않는다는 불교의 공(空) 사상에 근거한다. 이 불이적 사유를 통해서 볼 때, 꿈과 현실, 과거와 미래, 짐과 쉼, 일과 놀이 등 모두가 "人生(인생)의 當場當場(당장당장)(이곳, 이째, 나의) 當(당)하는事實(사실)"이 된다.[44]

청년 류영모는 꿈과 현실을 삶의 '사실성'이라는 더 큰 범주에 포함함으로써 삶 전체를 진실한 사실만으로 채울 것을 촉구한다. 삶을 진실로 채우는 것이란 참된 자기의 삶 곧, "我生(아생)"으로 산다는 것을 말하며, 다석은 이런 삶의 방식을 "오늘사리(今日生活)"라 부른다. 청년 류영모는 "오늘(今日) 여기(此處) 나(自我)"의 범주 안에서 생의 사실성을 찾으며 이렇게 말한다. "無數地點(무수지점)에, 曠劫時間(광겁시간)에, 億兆人生(억조인생)이 살드래도 生(생)의 實相(실상)은 오늘, 여기, 나에서 볼

---

44) 류영모(1918), 「오늘」, 『青春』 제14호, 34-35.

뿐이니라."[45] 청년 류영모는 시간과 공간의 장인 역사 안에서 생의 사실성을 구현하는 '오늘사리'를 이렇게 설명한다.

> 究竟(구경) 산다하는것은 때와 곳을 옴기면서 곳 내生命(생명)을 變動(변동)하면서 일을 하는것이니 나와 남과 物件(물건) 三方(삼방)이 連結(연결)하는 가온대 生命(생명)이 流動(유동)하야 力(력)으로, 知(지)로, 情(정)으로 疏通(소통)하되 眞理(진리) 나타나며 光明(광명)이 따르나니라.[46]

이를 미루어 볼 때, 생의 사실성을 구현하는 '오늘사리'는 변동, 연결, 소통의 유기적 관계성에 기초한다. 청년 류영모는 인간이란 자신을 중심으로 맺는 관계들, 이를테면 오늘, 여기에서 맺는 사물과의 관계와 타자와의 관계 가운데 생명력의 변형과 연결 그리고 소통을 이룸으로써 생명력을 발휘하는 존재라 보았다. 결국, 생명은 전체이자 하나다. 생명의 통전성 안에서 생명체들은 서로 연결되어 자신의 생명과 타자의 생명을 교환하는 과정에 참여한다. 이 과정에서 각 생명은 변화를 통해 진화하고 전체 생명 역시 함께 자라난다. 이렇게 인간의 모든 활동은 오늘, 여기에서 이루어지는 생명력의 변형과 연결과 소통으로 구성되는 것이다. 그런데 그 활동이란 하나같이 크고 귀하며 심지어 '신성'하다.[47]

---

45) 류영모, 앞의 글, 35.
46) 류영모, 앞의 글, 36. 강조 표시는 필자.
47) 류영모, 앞의 글, 37. "무슨일이나 오늘, 내가 하여야만 할 일이면 그일이 참 큰일이오, 참귀한일로 아는 것이 可(가)하다하노라 – 한學課(학과)를 익힘이나, 한니랑 김을 매김이나. 크도다. 나여! 귀하도다. 오늘이여! 거륵하도다 일이여! – 신성하도다. 오늘, 내가, 일로 살게 됨이여!!"

청년 류영모는 모든 인간 활동이 시공간을 초월해 생명력을 전달하는 무한한 가능성을 지닌다고 보았다. 그리고 무엇보다 그 활동은 하나같이 거룩하다. 청년 류영모는 이런 사실을 다음과 같이 말한다. "사람이 하로에도 열가지일을 잡으면 十世界(십세계)에 轉生(전생)한다고 할수도 잇고, 十種犧牲(십종희생)이된다고 할수도잇다. 거륵하다 일이어!"[48] 청년 류영모는 이런 생명력의 변형과 연결 그리고 소통이 헤아릴 수 없이 많은 생명의 세계를 파생한다는 점에서 부녀의 바느질과 서생의 글공부가 다르지 않고 모든 일이 귀천이 없이 하나같이 거룩하다고 말한다. 변형과 연결 그리고 소통으로 하나 된 생명 안에서 모든 활동은 불이적으로 거룩한 것이 된다.

청년 류영모의 글, 「오늘」은 오늘, 여기에서의 생명력을 실천함으로써 구현되는 생의 사실성에 기초해 모든 일이 생명의 변형이자 연결이고 소통임을 말한다. 또 이 글은 모든 생명 활동은 각각 수많은 세계를 파생시킬 생명력의 가능성을 내포함으로써 모든 일을 불이적으로 신성하게 만들어 준다는 것을 보여 준다. 청년 류영모는 모든 생명 활동의 업(業)에는 귀천이 없어 "千萬事(천만사)에 千萬趣味(천만취미)가잇고, 眞理(진리)가잇고, 道理(도리)"가 있다고 주장한다. 이처럼 생명 활동은 무한한 가능성을 내포하기에 그 활동을 통해서 수없이 많은 가능성의 세계가 열린다. 청년 류영모는 "하로동안에도 十百世界(십백세계)가 갈닐수잇고, 하로라는 것은 늘 오늘이라는 現實(현실)로 나타나는 것"이라 말한다.[49] 이러한 존재론에서 인간에게 주어지는 오늘, 여기라는 현실은 "萬般(만반) 事物(사물)로 夤緣(인연)이닷는대로 맛나는 사람사람－열니는 세계"이며 무한한 개방성을 가진 "神性(신성)한오늘"이다.[50]

48) 류영모, 앞의 글, 37.
49) 류영모, 앞의 글, 38.

청년 류영모가 강조한 '신성한 오늘'은 평범한 시간 안에서 영원을 발견하는 찰나의 순간에서 나타난다. 이러한 생명의 현재성은 불이적 사유가 가능한 시공간으로 이해된다. 모든 변형의 활동은 서로를 존재하게 해 주는 상호의존적인 연기적 관계를 맺고 있기에 '신성한 오늘' 안에서는 과거와 현재와 미래가 하나이고, 귀함과 천함 역시 하나다. 이는 김형효가 동서양 철학의 만남 속에서 한국철학의 자리를 고민하면서 칸트와 헤겔 전통의 서구적 사유에서 드러나는 이율배반적 문제에 대해 불교적 대안으로 제시한 "湛然(담연)한 진리"와도 상응한다.[51] 담연한 진리란 "二元的(이원적) 세계가 會通(회통)되고 모든 생각의 노력이 사라질 때" 나타나는 진리를 말한다.[52] 그것은 생각하고 행동하는 '엄숙함'의 진리가 아니라 '있는 그대로'의 진리로서, "인간의 無聲無臭(무성무취)한 平常心"에서 발생한다.[53] 김형효는 이러한 담연한 진리를 앙리 베르그손의 "아름다운 乾燥(건조)"(la belle aridité)와 연결시킨다.[54] 결국 청년 류영모의 '오늘'은 인간 주체가 가진 양가적 특징 곧 이율배반

50) 류영모, 앞의 글, 38. 청년 류영모의 변형, 연결, 소통의 사유는 앙리 베르그손의 지속과 상응한다. 베르그손은 이렇게 말한다. "우리가 우리의 존재를 우리의 의지 안으로 다시 집어넣고, 우리의 의지 자체를 그것이 연장시키는 충동 속에 되돌려 놓을 때, 우리는 현실이란 지속하는 성장, 곧 끊임없이 추구되는 창조임을 이해하고 느낀다." Bergson, H.(1911), *Creative Evolution*, 239. 이렇게 경험되는 창조성은 청년 류영모에 의해 신성한 오늘로 표현되었음을 알 수 있다.

51) 김형효(1983), 「東西洋哲學의 만남과 韓國哲學: 二律背反的 眞理와 湛然한 眞理에 관하여」, 52.

52) 김형효, 앞의 글, 52.

53) 김형효, 앞의 글, 같은 곳. 김형효는 이런 '담연한 진리'를 오경웅의 시를 통해서 다음과 같이 표현한다. "봄에는 백 가지 꽃이 피고 가을 하늘에는 밝은 달이 뜬다. 여름에는 시원한 바람이 불고 겨울에는 눈이 내린다. 만약에 한가로운 가운데 걱정을 걸어놓지 않으면 人生살이가 오래오래 즐거운 계절인 것을."(春有百花秋有月, 夏有凉風冬有雪, 若無閑事掛心頭, 便是人間好時節).

54) 김형효, 앞의 글, 53.

과 담연 모두에 처한 인간의 실존 사이에서 이 둘을 하나가 되게 하는 불이적 상호 연결성의 신성한 생명의 가능성을 가진 존재임을 말해 준다.

### 3.3. 「無限大」(1918) ― 우주로 향하는 귀일의 생명

청년 류영모가 1918년 9월에 간행된 잡지 『青春(청춘)』에 기고한 시인 「無限大(무한대)」에서는 물리학과 천문학의 용어와, 자연과 우주를 인격적으로 묘사하는 낭만주의적이고 영성적인 어휘들이 다수를 이룬다. 예를 들면, 청년 류영모는 태양이라는 행성을 "하루사리 一小群(일소군)의 왕"으로 표현하는 낭만주의적 상상력을 보여 준다.[55] 동시에 그는 우주 만물을 물질, 공간, 에네르기, 변동 등과 같이 물리학에서 다루는 자연의 근본적 요소들에 대한 내용에 기초해서 표현하기도 한다. 예를 들어, 청년 류영모는 물질이란 "空間(공간)채운 것", 공간은 "物質(물질)담은 곳", 에네르기는 "諸變動(제변동)(일)의 原因(원인)", 변동(變動)이란 "에네르씨 作用(작용)"으로 표현한다.[56]

여기서 청년 류영모는 "物質(물질)이란 有(유)"이고, 동시에 "에네르씨 變(변)"이라 표현하면서, 이를 "有而變!"(유이변) 곧 존재하는 것은 변화라 단언한다. 다음으로 청년 류영모는 "우리늣김" 곧 감각과 인식에 대한 주제를 다룬다. 청년 류영모는 "個性之用"(개성지용) 곧 개별적 자아의 작용을 "感"(감)과 '늣김'이라 본다. 그런데 사람들은 감각에 따른 개체의 자기 인식을 생(生)이라 간주하고, "無個性(그 存在方式이 所謂 生物과 다를 쑨인 것)을 가르쳐서 死物"로 인식한다. 말하자면, 청년 류영모는 인간이 자신의 감각 경험으로 인식할 수 있는 대상만을 있는 존재

55) 류영모(1918), 「無限大」, 『青春』 제15호, 45.
56) 류영모, 앞의 글, 46.

곧 유(有)라 칭하고, 인식할 수 없고 감각할 수 없는 대상을 비존재 곧 "曰無曰空"(왈무왈공)하는 세태를 지적했던 것이다. 여기서 청년 류영모는 인식할 수 있고, 감각적이며, 가시적인 것만 존재의 범주로 파악하는 인식론적 편견과 무지를 지적한다. 다시 말해, 자신의 인식과 감각으로 수용할 수 있는 것들의 범주인 '있음'(有)을 중심으로 그 생명에 집착할 뿐 인간 인식과 감각으로 수용되지 않는 어두운 암흑(暗)과 고요한 적막함(寂)의 '없음'(無)을 크게 기피하고 두려워하는 당시 세태에 청년 류영모는 이렇게 되묻는다. "어엽븐 너희들이 몃날이나 有(유)를 愛着(애착)! 有에만 阿黨(아당)?"[57)]

요약하자면 청년 류영모는 물질과 에네르기가 만들어 내지만 감각 인식으로는 드러나지 않는 "非感識的 有"(비감식적 유)가 있으며 그것이 무와 공임을 밝히면서 이것 역시 진정한 유라 말한다.[58)] 인간이 존재하지 않는다고 보는 암흑과 적막함인 무(無)는 인간이 감지할 수 없지만 사실 온 세계를 가득 채우고 있는 에네르기의 파동에서 나오는 빛과 소리의 일환이다. 무란 인간이 알지 못해 없다 할 뿐 사실상 엄연히 존재한다는 것이다. 따라서 청년 류영모는 인간의 감각 인식이 가진 한계를 알고, 감각 인식이 밝혀내지 못한 무와 공의 세계 역시 존재의 범주 안으로 포함할 것을 주장한 것이다.

그렇다면 다석 류영모가 평생 천착한 '없'과 '빔', 곧 무(無)와 공(空)은 무엇을 뜻하는 것이었을까? 훗날 다석 류영모는 무와 공을 '없'이라 표현했다. 한글 어원에서 '없다'는 "시각적으로 보이지 않는 상태"를 의미한다.[59)] '없다'의 어근은 '업'인데, 이 '업'은 언 → 얼 → 얿 → 업의 변

57) 류영모, 앞의 글, 46.
58) 류영모, 앞의 글, 46.
59) 서정범(2018), 『새국어어원사전』, 592.

화를 거친 것으로, 이 변화형 중 '얼'(또는 알)은 눈(眼)을 뜻하는 말이다. 이런 맥락에서 '없음' 곧 무와 공을 시각적으로 보이지 않는 상태라 상정했을 때, 다석이 구상했던 무와 공이란 인식론적 무의 개념과 상응한다고 볼 수 있다. 결국, 무란 인식론적인 무 곧 인간의 감각 기관이나 경험으로 파악하거나 설명하지 못하지만 실제로는 존재하는 '있음'의 또 다른 측면으로서, 이는 유(有)에 대한 변증법적인 관점에서만 성립되는 대대법적(binary) 표현이라 볼 수 있다. 무를 인식론적으로 규정함은 '있음'과 '없음', 이 둘이 '하나'임을 함의한다. 마치 무극(無極)이 곧 태극(太極)이라 말할 수 있는 것처럼, '있음'과 '없음'은 동일한 존재가 가진 다른 양태이며, 서로의 차이가 서로를 존재하게 하는 근거임을 알 수 있다. 김형효에 따르면, 이렇게 서로가 서로의 존재 근거가 되는 관계 그 자체는 이 세계의 존재자들의 존재 근거로 이해되며, 존재자들 사이의 '빈 공간'을 무나 충기(沖氣)로 설정하는 동아시아의 사유 체계에서는 "상관적 차이(pertinent difference)로 대대법적인 관계(binary opposition)"로 설명된다.[60)]

더 나아가 청년 류영모는 무와 공의 존재를 깨달음으로써 감각 인식이 가능한 대상에만 집착함에서 벗어남은 물론 감각 인식이 불가능한 대상에 대한 두려움에서 벗어나는 "無聲無臭(무성무취) 無色無味(무색무미) 無情無意(무정무의)"의 "大安息(대안식)"이라는 인식론적 해탈을 촉구한다.[61)] 무와 공을 통한 인식론적 해탈인 '대안식'이라는 개념은 이후 1941년에 다석 류영모가 『聖書朝鮮(성서조선)』에 기고한 네 편의 글, 「消息(소식)」, 「消息(소식) (二)」, 「消息(소식) (三)」, 「消息(소식) (四)」에서 숨과 쉼으로 주어지는 '어둠'과 '빔'(無, 空)의 종교적 사유로 전환된다.

---

60) 김형효(2011), 『사유하는 도덕경』, 26.
61) 류영모, 「無限大」, 47.

청년 류영모는 전 우주의 물질이 운행하는 과정을 모든 존재자가 근원적 생명인 '하나'에서 나와 다시 '하나'로 돌아가는 귀일(歸一)이라 보았다.[62] 청년 류영모를 따르면, 모든 생명은 생장과 번식을 거쳐 결국 사멸(死滅)하나, 전 우주의 물질적 총량은 기화(氣化)되어 마침내 다시 '하나'가 된다고 말한다. 다시 말해, 이 세계의 구성 요소인 물질과 에네르기는 사멸하여 붕괴하고 흩어지지만, 사실 그것들은 기화의 과정을 거쳐 다시 '우주의 물질적 총량'으로 귀일한다는 것이다. 청년 류영모는 그 귀일의 대상이자 우주의 물질적 총량을 안정과 평온의 삼매경인 선정(禪定)의 상태이자 완전한 아름다움이며, 마침내 모든 존재자가 존재론적 평등을 이루며 하나가 될 전체이자 무한이라 할 우주인 "「하나」님"이라 주장한다.[63]

이처럼 모든 것이 생명 안에서 생성, 지속, 소멸의 과정을 거쳐 다시 우주의 물질적 총량으로 되돌아가기에 모든 생명체가 생명 안에서 '하나'라는 주장은 베르그손의 생명철학과 상응한다. 베르그손은 생명이 지속 속에서 물질을 통해 유기화 되어 종(種)들로 분화하는 과정을 "생명의 흐름"이라는 개념으로 설명한다. 모든 것은 생명으로부터 나와 각 종들로 분화되지만 결국 생명의 지속적 흐름 속에서는 모두 하나라는 주장이다.[64]

이런 측면에서 청년 류영모에게 모든 존재자들이 되돌아갈 귀일의 대

62) 류영모, 앞의 글, 48. "全宇宙의 物質總量 엇지 歸一 못하는가?" 다석 류영모의 귀일 사상에 관한 연구는 안규식(2024), 「그리움과 에로스의 구원 - 다석 류영모와 플로티노스의 신비적 합일에 관한 신학적 고찰」 참조.

63) 류영모, 앞의 글, 48. "安穩完美 簡單平等 「하나」님인 宇宙것을!"

64) "생명의 흐름은 물체들을 통과하고 그것들을 차례로 유기화(organiser)하면서, 세대에서 세대를 거치고, 자신의 힘에서 아무것도 잃지 않고 오히려 전진함에 따라 더욱 강렬해지면서, 종들로 나누어지고 개체들로 흩어져왔다." Bergson, H.(2022), 『창조적 진화』, 58.

상인 ‘「하나」님’은 어떤 초월적인 신이라기보다 우주 그 자체로 이해된다. 여기서 우주는 모든 생명체들 곧 다양한 종(種)들이 생명의 ‘지속’적 흐름 안에서 유기화하면서 진화적으로 존재케 하는 근원이자 생장과 소멸을 거쳐 다시 생명 안에서 하나가 되는 귀일의 ‘장소’이다.

더 나아가 청년 류영모는 여기서 기화(氣化)라는 개념을 제시하는데 이는 이 세계 전체를 충만한 기(氣)로 파악하는 기일원론의 사유를 보여 준다. 여기서 서구의 진화론과 물리학에 기초한 청년 류영모의 우주론은 동아시아의 기 형이상학과 맞물려 구원론으로 나아간다. 이 구원론은 기의 취산(聚散)을 통해 물질과 에네르기로 존재하는 모든 존재자가 기 자체라 할 우주로부터 생성되어 생장과 번식을 거쳐 쇠퇴하고 사멸함으로써 다시 우주로 되돌아가는 유한한 ‘중생들’을 위한 구원론이다.[65] 결국 청년 류영모가 물질, 에네르기, 비감식적 유인 무와 공, 그리고 귀일 등 과학과 영성의 교직을 통해 결론으로 제시하는 것은 바로 구원이다. 이 구원은 모든 만물이 사멸을 거쳐 전체이자 무한(無限)으로 되돌아감으로써 결국 하나가 되는 귀일이다. 이 존재자들이 귀일하는 대상인 무한대의 우주는 자기 품에서 나와 크고 자라서 사멸하는 뭇 중생들을 남김없이 부르고 기다리고 품는 ‘어머니’다. 이제 인간들이 “神(신)이여 靈(영)이여 佛(불)이여 道(도)여 永生(영생)이라 涅槃(열반)이라 몃가지로 부른일흠”[66]들은 무한에서 떨어져 나온 모든 유한한 중생들

65) 기의 취산으로 이 세계의 모든 것이 형성되고 다시 기로 되돌아가 간다는 생각은 혜강 최한기(惠崗 崔漢綺, 1803-1879)와 같은 기철학자가 “하늘과 땅을 꽉 채우고 물체를 담가 적시며 모이고 흩어지는 것이든 모이지 않거나 흩어지지 않는 것이든 모두 기가 아닌 것이 없다.”고 주장한 내용에서도 찾아볼 수 있는 기철학의 중요한 개념이다. 최한기(2025), 『기측체의 역해 1 - 신기통』, 82. 한편 기의 취산을 다루는 장재의 기철학에 관해서는 Kim, J. Y.(2015), *Zhang Zai's Philosophy of Qi: A Practical Understanding*, 32-33 참조.

이 무한한 우주인 '어머니'를 그리워하며 간구하는 '부르짖음'이 된다.[67]

이후 다석 류영모는 1943년 북악산에서 천지인 합일을 경험한 이후, 삼일철학과 훈민정음 연구에 천착하면서 다시 귀일 사상을 강조한다.[68] 하지만 1943년 이후 다석 류영모가 주장하는 귀일은 유한한 인간이 사멸하여 '우주로' 돌아가는 것만이 아닌 '인간 안에서' 하늘과 땅이 하나가 되는 천지인(天地人) 합일을 뜻한다. 귀일의 방향이 우주에서 인간 정신으로 옮겨간 것이다. 또한 다석 류영모에게 귀일이란 인간이 "맨 첨 나온 데로" 돌아가는 것이며, "하느님과 하나되고자 하느님께로 돌아간다는" 영성의 언어로 표현된다.[69] 결국 청년 류영모의 우주적 귀일의 구원은 영성적 귀일의 구원으로 전환되었던 것이다.

청년 류영모 안에서 나타나는 절대적이고 무한한 존재 곧 '하나'와 합일함에서 오는 생명 추구는 1910년대 다이쇼 생명담론의 주창자라 할 교토학파의 니시다 기타로(西田幾多郎, 1870－1945)의 사상과도 상응한다. 다석이 교토학파의 사상을 수용한 직간접적 증거는 없다. 다만 다석 사상에서 일관적으로 보이는 요소들, 이를테면 전체이자 무한의 생명, 그 생명을 순수 직관 안에서 무와 공으로 이해하는 관점, 그리고 생명과의 합일을 추구하고 이로써 진리와 선과 아름다움에 도달하는 경험은 청년 다석의 사상 형성에 영향을 준 다이쇼 생명주의를 타고 온 니시다

---

66) 류영모, 앞의 글, 48.

67) 무와 공에 기초하여 창조의 근원이자 존재자들을 모두 포용하는 모성적 신의 이미지를 『도덕경』을 근거로 다석의 '없이 계신 엄ᄋᆞ'(없이 계신 엄마) 신론으로 설명한 내용은 안규식(2024), 『비움과 숨 - 한국적 영성을 위한 다석 류영모 신학 연구』, 217－225 참조.

68) 다석은 1943년 2월 5일 북악산에서 하늘과 땅과 자신이 하나가 되는 신비체험을 한다. 이 체험 이후 다석은 한글의 사상적 기초인 천지인 삼재론과 대종교 경전인 『三一神誥(삼일신고)』의 중심 개념인 성통공완(性通功完) 사상을 깊이 연구하여 그의 말년 사상을 형성하게 된다.

69) 박영호, 앞의 책, 49.

의 사상적 영향을 추측하게 한다. 여기서 니시다와 청년 류영모의 사유가 중첩되는 범주는 바로 생명에 이르는 통일성에 관한 종교적 사유다.

니시다의 경우, "참된 종교적 깨달음이란 사유에 기초한 추상적 지식이 아니며 단순한 맹목적 감정도 아니다. 그것은 지식 및 의지의 근저에 가로놓인 심원한 통일을 스스로 얻는 것이며 지적 직관의 일종이고 깊은 생명의 포착이다."[70] 따라서 인간 정신의 깊은 수준에서 이루어지는 생명과의 합일에서 종교적 각성이 주어진다. 이 각성 속에서 생명에 대한 언어는 궁극적 실재 곧 신(神)에 관한 종교적 언어로 전환되는 것이다. 니시다는 신을 "우주의 근본"으로 규정한다.[71] 신이 우주의 근본이란 말은 신과 세계의 관계에서 신이 이 세계 외부에 초월적으로 존재하는 조물주가 아니라는 의미를 담고 있다. 따라서 "우주는 신의 소작물이 아니라 신의 표현"이 된다.[72]

니시다는 신과 세계(혹은 자연)를 철저히 구분하여 신의 초월성을 강조하는 초월적 유신론과 신과 세계를 동일시하여 신의 내재성을 강조하는 내재적 범신론 사이에서 이 두 입장 모두에 결점이 있음을 설명하면서 결국 후자의 편에 선다. 니시다는 "신과 인간의 본성을 동일하게 하고 인간이 신에게서 그 뿌리로 돌아간다는 것"이야말로 참된 종교의 근본이라 주장한다.[73] 그렇다면 인간은 신에게 어떻게 돌아가는가? 니시다는 그것을 베르그손의 지속과 같은 시간적 차원이 아닌 공간적 차원에서 설명한다. 니시다는 "자연의 근저에서 그리고 자기의 근저"[74]에서 신을 볼 수 있으며, 세계 곧 '여기'에서 "신인동체"(神人同體)[75]를 이룸

70) 니시다 기타로(2019), 『선의 연구』, 63.
71) 니시다 기타로, 앞의 책, 261.
72) 니시다 기타로, 앞의 책, 같은 곳.
73) 니시다 기타로, 앞의 책, 255.
74) 니시다 기타로, 앞의 책, 257.

으로써 "신에 대한 참된 존경 · 사랑"[76]인 경애의 참된 종교를 구현할 수 있다고 보았다.

이철호의 주장처럼 니시다 사상의 핵심이 생명 곧 "인간 내부에서 '참자기'를 발견하는 일"이라면, 20대 시절 다이쇼 생명담론의 영향하에서 생명사상을 형성한 다석 류영모의 인간론에서 생명의 '참자기'는 '참나'라는 용어로 등장한다.[77] 하지만 그의 참나는 니시다의 '참자기'와 다르다. 다석은 1963년 4월 13일 일지에 이렇게 기록한다.

1963년 4월 13일 다석일지

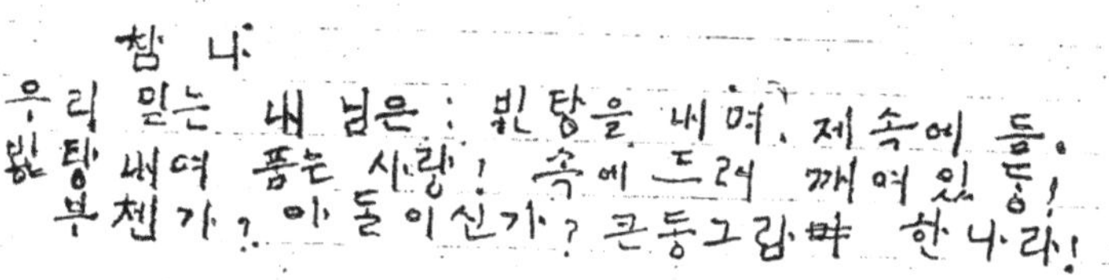

참 나
우리 믿는 내 님은 : 빈탕을 세여. 제속에 듬.
빈탕 세여 품는 사랑! 속에 드러 깨여 있둥!
부첸가? 아둘이신가? 큰둥그람따 한나라!

이 글을 쓴 70세의 다석 류영모에게 참나는 "우리 믿는 내 님"으로서 신앙의 대상이다. 여기서 참나는 장소적 개념으로 표현되는 "제속에" 곧 인간 의식의 깊은 수준에서 만나는 빈탕 곧 무와 공의 궁극적 실재다. 다석 류영모는 이 궁극적 실재와의 합일 속에서 사랑을 경험하며 "속에 드러 깨여있둥!"으로 표현되는 자각(自覺)으로 설명된다. 참나는 참자기이며 그 참자기는 부처의 참나이자 하나님의 아들인 그리스도인 참나이기도 하다. 하지만 무엇보다 참나는 "큰동그람" 곧 'ㅇ'으로 표현되는 하늘처럼 높고 크며 모든 것을 포함하지만 끊임없이 초월하는 그

75) 니시다 기타로, 앞의 책, 259.
76) 니시다 기타로, 앞의 책, 257.
77) 이철호(2007), 「1910년대 후반 청년지식인들의 기독교적 '生命' 인식 – 《學之光》을 중심으로」, 47.

런 포월적(包越的) 존재인 '한나' 곧 '하나'이다. 참나 안에서 인간은 신과 하나가 된다. 따라서 진정한 '나'는 하나님의 '나'다.[78]

이처럼 청년 류영모가 니시다에게 경도된 다이쇼 생명주의를 통하여 우주적 생명을 궁극적 실재로 알고 추구했다면, 이후 다석 류영모에게는 신성(天)과 자연(地)이 인간(人)을 낳고 다시 인간 안에서 신성과 자연이 만나 하나가 된다는 천지인 삼재(天地人 三才)를 기초로 하여 궁극적 실재를 자신의 내면 곧 인간 정신 안에서 추구한 것이다.

### 3.4. 「자고새면」(1923) - 지속과 순간의 신비적 생명

청년 류영모는 1923년 『東明』에 기고한 「자고새면」이라는 글에서 스스로를 "斷斷者(단단자)", 곧 끊고 끊는 사람으로 칭하며 인간의 존재 목적을 묻는다. 그는 인간의 존재 목적이 오직 생명 그 자체에 있음을 밝히며 이렇게 말한다. "萬一(만일) 將來(장래)의 斷斷者가 오히려 잇스면 무엇을 하겟느냐 하는데도 「오즉그때 그때의 나의 목숨을 크(靈)케 할 것 뿐이라.」 하노라. 永生(영생)을 밋노라. 永作大成(영작대성)할 大生命(대생명)만을 조차가노라."[79]

여기서 청년 류영모는 일반적인 생명의 차원을 넘어서는, 다시 말해 목숨을 크게 하여 도달하는 더 높은 차원의 생명을 '영생'과 '대생명'이라는 용어로 표현한다. 청년 류영모는 지금의 나 곧 "現今(현금)의 我生(아생)"이란 오래전부터 긴 시간에 걸쳐 쌓인 "業果(업과)"이면서 이후에 생겨날 헤아릴 수 없이 많은 생명들을 위한 "一因(일인)" 곧 하나의 작용인이 된다고 말한다. 또한 청년 류영모는 "一因(일인)이 一果(일과)를

78) 류영모(2024), 『다석일지 2』, 96.
79) 류영모(1923), 「자고새면」, 『東明』 제2권 제8호, 8.

單獨(단독)히 結(결)하는 것이 아니라 반듯이 千萬(천만)의 近遠緣(근원연)을 쌀하서 一果(일과) 乃至(내지) 千萬果(천만과)를 結成(결성)하는 것이니 무슨 功績(공적)을 自個一人(자개일인)이 이룬 것이라 할 수도 업는 것"이라 부연 설명한다.[80]

이를 통해서 살펴볼 수 있는 것은 불교의 연기설에 입각한 청년 류영모의 생명관이다. 지금 여기의 존재는 과거와 미래를 이으며 그 지속 안에서 창발한 인연의 결정체다. 이런 세계관은 하나의 원인이 하나의 결과를 가져온다는 목적론적 결정론에 부합하지 않는다. 이런 맥락에서 청년 류영모는 한 인간의 선조는 특정한 인간만이 아닌 수없이 많은 인간 곧 "無量數(무량수)"라 말한다.[81] 한 생명이 존재하기 위해서는 수없이 많은 사람이 쌓는 인연이 필요하기 때문이다.

청년 류영모의 이런 논리가 가리키는 바는 "生命(생명)의 神秘値(신비치)" 곧 "無量數(무량수)가 卽(즉) 一數(일수), 一數가 卽 無量數"라는 사실이다. 생명의 신비란 바로 일(一)과 다(多), 다(多)와 일(一)이 지금 여기에 존재하는 생명 안에서 일치함이다. 청년 류영모는 또한 이 글 곳곳에서 '因'(인) 혹은 '因緣'(인연)이라는 용어를 반복해서 사용한다. 그는 하나의 생명에 과거와 미래, 무량수의 존재자들이 유기체적으로 얽히고 인연함으로써 대생명을 이룬다고 보았다.

이를 통해 확인할 수 있는 생명에 관한 두 가지 사유 방식이 있는데, 하나는 유기체적 사유다. 청년 류영모는 이렇게 말한다. "億萬無數(억만무수)의 生物(생물) 無生物(무생물)과 結緣(결연)한 것을 通觀(통관)하면 기막히게 統一(통일)한 結緣(결연)인 것을 알리로다."[82] 이런 유기체적

---

80) 류영모, 앞의 글, 8.
81) 류영모, 앞의 글, 같은 곳.
82) 류영모, 앞의 글, 같은 곳.

인 사유는 이후 다석이 신과 세계의 관계에 관한 이해를 설명하는 해석학적 틀이 된다. 청년 류영모의 유기체적 존재론은 그가 번역한 한국 근대 종교인 대종교의 경전인 『天符經(천부경)』의 내용과도 부합한다.[83]

다른 하나는 지속과 순간에 대한 사유다. 청년 류영모는 이렇게 표현한다. "그 因(인)을 斷(단)하고 一時(일시)에 生(생)의 大命(대명)을 完了(완료)하는 수도 잇는 것을 미들거시오. 千年(천년)의 値(치)를 一刻(일각)에 表現(표현)할 수도 잇고 一刻(일각)의 値(치)를 千年(천년)에 늘이는스도 잇슴을 알것이니라."[84] 말하자면, 어느 순간에 전체 생의 목적을 완수하기도 하고, 더 나아가 수 천 년의 가치를 표현할 수 있는 것이며, 반대로 어느 순간의 가치가 천 년처럼 지속될 수 있다는 내용이다. 이런 시간의 실재에 대한 청년 류영모의 사유는 "실재적인 것은 연속적인 형태 변화"로서 "형태는 변전transition 위에서 취해진 순간성l'instantané" 이라는 베르그손의 사유와 상응한다. 사실상, 순간이란 실재의 지속성을 분절시킨 인간 지성이 구상한 "중간적 이미지"에 불과한 것이다.[85] 다시 말해, 청년 류영모는 우리가 분절시켜 이해하는 순간이란 결국 변화하는 유동적인 지속 안에서 발생하는 형태일 뿐 결국 중요한 것은 생명의 중요한 속성인 생성(becoming)을 시야에서 놓치지 말아야 한다는 것이다. 이 지속 안에서 생명은 끊임없는 흐름으로 혹은 끊임없은 새로움으로 나타나며, 오랜 과거 전체를 응축하면서 동시에 새로운 미래를 향해 열린 무한한 가능성들을 현실로 생성해 나간다. 따라서 우리 의식은 생명의 신비를 영원 속에서의 순간으로, 순간 속에서 영원으로 경험

83) 다석의 제자 박영호를 따르면, 다석은 대종교 3대 교주였던 윤세복(尹世復)과 친분이 있었고, 1963년에는 대종교 경전인 『천부경』을 순우리말로 번역했다(박영호(2012), 『다석전기: 류영모와 그의 시대』, 510-512).

84) 류영모, 앞의 글, 같은 곳.

85) Bergson, H.(2022), 『창조적 진화』, 448.

하는 것이다.

이 모든 것이 가리키는 바는 "生命光(생명광)의 克明(극명)함과 生命値(생명치)의 至大(지대)함"이다. 순간에 주어지는 생명광과 생명치를 깨달음이 생명완성으로 향하는 첫걸음이 된다. 이런 맥락에서 "釋尊(석존)은 生命完成(생명완성)을 成佛(성불)이라 하얏고 … 孔子(공자)는 生命完成을 成仁(성인)이라 하얏고 … 예수는 生命完成을 天父(천부)의 完全(완전)하심과 가티 되는 것"이라 말했다. 이처럼 청년 류영모에서 생명은 절대적 가치와 다르지 않다. "現實(현실)에 잇서서 오히려 神秘(신비)하고 自前(자전)에 가장 靈光(영광)된 것은 오즉 生命(생명)쁜이니라."[86] 더 나아가 청년 류영모는 생명의 절대적 가치를 통해 생명 존중의 윤리를 도출한다.

> 남에게 對(대)하야셔도 尊重(존중)한 生命(생명)만을 차저 보아라. 그 이미 깬 사람의 生命(생명)의 歡喜(환희)를 接(접)하게 되면 그 力(역)과 光(광)이 合同(합동)하야 彼此(피차)의 福利(복리)가 倍加(배가)할 것이오, 아즉 못 깬 사람에게 對(대)하야도 그 깨기를 기다리는 동안에는 憎惡(증오)나 侮蔑(모멸)이나 猜忌(시기)와는 아조 反對(반대)되는 慈悲力(자비력)과 仁愛力(인애력)이 내 生命(생명) 속에서 솟으리로다.[87]

무엇보다 청년 류영모는 생명의 신비를 자연과학에서 발견하려 했다. "한 써플이 더피어서 神祕(신비) 아닌 것이 업고 千袷(천겹)을 벗기면 그 千袷 속에 自然相(科學的이라는) 아닌 것이 업슬지니라." 청년 류영모

86) 류영모, 앞의 글, 같은 곳.
87) 류영모, 앞의 글, 같은 곳.

에 따르면, 이 세계는 신비 아닌 것이 없고, 감추어진 것 역시 과학적이지 않은 것이 없다. 그리고 "生物(생물) 그 自體(자체)의 生命(생명)과 그 自天(자천)의 性品(성품)을 觀照(관조)할 째엔 物我(물아)를 兩忘(양망)하고 命(명)의 神祕(신비)와 生(생)의 靈光(영광)"을 느끼게 된다.[88]

특히 청년 류영모는 우연의 신비를 이야기한다. 그는 자신이 얼음강을 건넌 일화를 소개하면서 얼음 아래 물소리와 얼음 위에 쌓인 눈, 오래전에 방사한 북극성의 빛이 지금 자기 안구에 다다른 일 등 자연의 현상을 '우연'으로 신비화하는 낭만적 상상력을 발휘하며 이렇게 말한다. "偶然卽神祕(우연즉신비) 神祕卽偶然(신비즉우연)이 아닐가!" 다석의 관점에서 태양 광선을 비롯한 자연은 인간과 지구에 공덕을 베푼다. 지구의 생성과 운용도, 인간의 운동도 모두 태양광의 덕을 입고 있다. 따라서 "太陽光(태양광)의 地球(지구)에 대한 功德(공덕)을 筆舌(필설)로 다할 수 업는 것이라."[89]

이런 청년 류영모의 사유는 그의 후기 사상으로 이어지는데 다석 류영모는 YMCA 연경반 강의에서 이렇게 말했다. "하느님을 안다는 것은 예수를 아는 것이 아닙니다. 형이상하(形而上下)의 모든 자연을 알아야 한다는 것입니다."[90] 여기서 다석 류영모가 말한 형이상이란 "사람의 오관(五官)으로는 지각(知覺)되지 않는" 얼의 영역을 뜻한다.[91] 다석의 자연에 대한 사유는 수행으로 나아간다. 이 글, 「자고새면」의 마지막은 生靈(생령)이라는 한시로 마무리된다. 시의 내용은 이러하다.

---

88) 류영모, 앞의 글, 같은 곳.
89) 류영모, 앞의 글, 같은 곳.
90) 류영모(2017). 『다석 강의』, 49.
91) 박영호, 『다석 류영모 어록』, 6.

生靈

虛心實腹 轉慾回精

節用愛人 小食長生

揮汗勞動 灑塵安眠

死守眞理 光彼八紘[92]

이 시에서 생명을 단순히 생물학적 현상이 아닌 형이상학적 靈(영)으로 이해된다. 청년 류영모에게 인간 영혼과 생명 그리고 자연은 하나다. 그래서 생명은 생령이다. 따라서 참 생명 곧 영생은 다음과 같은 하늘의 명으로 주어진다. 결국, 자연과 신비가 생명 안에서 하나 됨에 대한 청년 류영모의 사유는 수행론으로 발전한다. 그것은 마음을 비움으로써 육체를 강건케 하고(虛心實腹, 허심실복), 욕심을 돌려 정기를 회복하는 것(轉慾回精, 전욕회정). 씀씀이를 아끼고 사람을 사랑하며(節用愛人, 절용애인), 적게 먹어 오래 사는 것(小食長生, 소식장생). 땀흘려 열심히 일하고(揮汗勞動, 절한노동), 정돈된 환경에서 편안함을 취하는 것(灑塵安眠, 쇄전안면). 목숨을 걸고 진리는 지키며(死守眞理, 사수진리), 그 지혜의 빛을 널리 비추는 것(光彼八紘, 광피팔현)이다.

## 4. 과학과 영성의 교직 그리고 한국철학

비트겐슈타인(L. Wittgenstein)은 그의 『논리－철학 논고』의 마지막 7번 명제로 “우리는 말할 수 없는 것에 대해 침묵해야 한다.”[93]는 유명

92) 류영모, 「자고새면」, 8.

93) Wittgenstein, L.(2021), *Tractatus Logico－Philosophicus*, 56.

한 말을 남겼다. 비트겐슈타인은 말할 수 있는 것(자연과학)과 말할 수 없는 것(신, 윤리) 곧 침묵해야 하는 것을 구분하였고, 분석철학에 영향을 미친 러셀을 비롯한 빈 서클의 논리실증주의자들은 줄곧 말할 수 있는 자연과학적 명제만이 참된 명제인 것처럼 받아들였다. 하지만 이것은 비트겐슈타인에 대한 오해였다. 오히려 비트겐슈타인은 "삶에서 정말 중요한 모든 것은 우리가 침묵해야 하는 바로 그것이라고 열렬히 믿고" 있었다.[94] 비트겐슈타인은 말할 수 있는 것과 함께 실제로 말로 표현할 수 없는 것들이 있다고 했는데, 이처럼 말로 표현할 수 없는 것들은 오히려 "스스로를 드러낸다. 그것들이 바로 신비로운 것(what is mystical)"이라 말한다.[95]

이제 말할 수 없는 것을 말하기 위한 시도는 말할 수 있는 것을 가리키는 언어로 향한다. 삶, 의미, 궁극적 관심, 역사 등 일상의 언어뿐 아니라 과학의 언어도 예외는 아니었다. 청년 류영모는 말할 수 없는 것 곧 신성이 지닌 '생명의 신비치'를 말하기 위해 말할 수 있는 것의 언어를 사용했고, 생물학적 진화론, 이 세계의 생명을 변동–연결–소통으로 이해하는 신경망 사유에 기초한 생명 시스템 이론(the Santiago Theory / Living system)[96], 입자와 파동처럼 모순이 상호보완적인 것임을 밝히는 닐스 보어의 상보성(complementarity) 원리[97], '비감식적 유'로서 동양 형이상학의 공(空)과 상응하는 양자장(quantum field)과 동적 진공

94) Wittgenstein, L.(1967), *Letters from Ludwig Wittgenstein with a Memoir by Paul Engelmann*, 97(이승종(2025), 『구도자의 일기–비트겐슈타인의 삶과 철학』, 62에서 재인용).
95) Wittgenstein, L., *Tractatus Logico–Philosophicus*, 250.
96) Capra, F.(1997), *The Web of Life: A New Scientific Understanding of Living Systems*, 267.
97) Capra, F.(1982), *The Turning Point: Science, Society, and the Rising Culture*, 77.

(dynamic vacuum) 개념, 변화하는 동적 흐름으로서 지속과 순간을 설명하는 과정(process)의 사유 등과 교직했다. 이처럼 청년 류영모의 사유는 말할 수 없는 것 곧 영성을 직접 말하지 않고, 이 둘 사이의 경계를 존중함으로써 말할 수 있는 것의 언어 곧 과학을 통해 그것이 스스로 드러나게 했다.

무엇보다 이러한 청년 류영모의 사유는 한국적 사유였다. 한국철학은 한국인의 자기 인식이다. 한국인의 자기 인식은 한국인이 가진 문제의식과 한국인을 둘러싼 지적 담론들을 통해 형성된다. 청년 류영모는 동시대 지식인들이 공유하고 있던 지적 담론 속에서 한국인의 자기 인식 곧 한국철학을 형성해 나갔다. 이때 그 배경이 된 지적 담론은 바로 생명이었다. 결국, 청년 류영모의 자기 인식은 일본을 비롯한 동아시아 전체의 자기 인식과 함께 생명이라는 화두를 공유하고 있었던 것이다.

하지만 자기 인식으로서 생명이라는 화두는 동아시아만의 것은 아니었다. 서구의 지적 담론 역시 생명이라는 화두를 공유하고 있었다. 청년 류영모는 자기 인식으로서 생명을 표현할 언어를 일본 다이쇼 생명 담론 속에서 발견했고, 이로써 다이쇼 생명주의가 수용한 베르그손과 에머슨 그리고 니체 등의 생철학이라는 탈근대적 서구철학과도 이어져 있었던 것이다. 결국, 청년 류영모는 이 생명의 자기 인식을 설명하기 위해 다이쇼 생명담론의 언어를 사용했고, 그것은 과학과 영성의 교직이라는 형태로 드러났다.

그렇다면 왜 영성과 과학이 교직하는 생명 담론이어야 했을까? 근대 동아시아의 지식인들은 자기 인식을 주체적으로 형성하고자 했으나, 그 주체적인 자기 인식은 서구의 탈근대적 사유에 기초한 지적 담론과의 대화 속에서 형성된 것이었다. 청년 류영모에게 있어, 과학과 영성의 교직을 가능하게 해 준 매개는 바로 기계적 결정론에 대항한 서구의 생명주의와 그 생명주의를 선별적으로 수용한 다이쇼 생명담론이었다. 이미 근대의 뉴턴 역학과 물리학으로 설명되는 결정론적이고 이원론적 사유에 기초한 세계관이 가져오는 생명의 분리와 단절, 대립의 현실 곧 전체 생명의 파괴라는 현실을 직면하고 있던 서구의 지적 담론은 베르그손과 같은 사상가들이 주창한 생철학의 생명담론에서 그 돌파구를 마련하고 있었고, 매우 빠른 속도로 니시다 기타로와 같은 동아시아의 지식인들은 이를 선별적으로 수용하여 자신만의 생명 담론을 형성하고 있었던 것이다.

결국, 과학과 영성의 교직은 전체이자 상호의존적인 이 세계의 현실성 곧 신성한 생명을 설명하기 위해서 반드시 수행되어야 할 작업이었다. 과학과 영성은 별개의 영역이자 상반되고 대립하는 영역이라 간주되었지만, 둘 중 어느 것 하나로만 생명을 설명하고 실현하는 것은 불완전하다는 것 역시 인식되고 있었다. 청년 류영모에게 과학 문명은 근대 서구 문명을 대표하는 학문이자 전근대의 구습과 미신 그리고 새로운 근대 사회 형성에 있어 반드시 수용해야 할 부국강병의 길이었다. 또 그것은 이 세계 안에서 생명이 구현되는 방식을 구체적이고 보편적인 방식으로 설명하는 언어였다. 동시에 청년 류영모에게 영성은 과학이 보여 주는 세계관이 가리키는 궁극적 지점 곧 이 세계의 모든 것, 존재와 비존재, 시간과 공간, 물질과 의식, 삶과 죽음, 일(一)과 다(多)가 둘이 아닌 하나임을 드러내는 언어였다. 이처럼 청년 류영모가 물아일체의 깊은 층위에서 발견한 진여의 세계와 신성한 생명이 곧 영성의 언어가 가리키는 내용이었다.

결국, 청년 류영모는 이런 토대 위에서 한국인의 자기 인식 곧 과학과 영성의 교직으로서 한국철학을 위한 틀을 형성했다. 과학과 영성의 교직으로 드러나는 청년 류영모의 한국인으로서 자기 인식은 불이적이고, 상호의존적이며, 유기적인 세계의 현실성으로서의 전체 생명이었다. 이 전체 생명 안에서 모든 것이 하나이고, 귀하며, 죽임의 체제를 극복하는 진화적이고 초월적인 힘을 가지고 있음에 대한 자각이었다. 이런 청년 류영모의 자각은 원효의 일심(一心)과 퇴계의 천인합일과 같은 불이적인 한국적 영성의 커다란 흐름에서 벗어나지 않았고 오히려 전근대와 근대 사이의 매우 짧았던 이행기 속에서 과학의 언어를 통해 다소 낭만적이지만 개방적이고 창의적 방식으로 불이적 생명을 재표현하였다.

과학과 영성의 교직으로서 청년 류영모의 사유는 오늘날 한국철학을 위한 자료로서 적합할까? 우리가 직면한 기후변화와 같은 생태적 위기, 차별과 혐오의 극우주의, 정치적이고 문화적인 분열과 대립, 각자도생의 사회적 붕괴라는 한국 사회의 문제에 직면한 한국철학이 이로부터 참고할 수 있는 것은 무엇일까? 이 개별적 문제에 대한 접근은 학문 분과와 이론별로 모두 다르겠지만, 각 결론들이 가진 지향점과 실천적 함의의 기초가 있다면 그것은 전일적인 생명과 그것이 가진 존재론적 상호 의존성과 평등성일 것이다. 이 두 가지는 앞서 청년 류영모의 자기 인식 구성 과정에서 제시한 것처럼 진화하는 자기 초월, 불이적 상호연결의 세계, 우주로 향하는 귀일의 구원, 지속과 순간의 신성한 생명으로 설명된다. 이 생명을 표현하기 위해 청년 류영모는 영성과 과학의 언어가 필요했다. 생명은 이 두 언어가 교차하고 중첩되며 얽히면서 보여주는 실재, 곧 신성에 대한 이야기이기 때문이었다. 청년 류영모는 이 이야기의 원천을 인간 의식 곧 인간의 깊은 정신적 층위에서 발견했고 이것을 한국인의 자기 인식 곧 한국철학으로 구성했던 것이다.

## 참고문헌


김상봉(2010), 「씨올철학과 세계철학」, 『철학』 제102집, 한국철학회.

김형효(1983), 「東西洋哲學의 만남과 韓國哲學: 二律背反的 眞理와 湛然한 眞理에 관하여」, 『한국학(구 정신문화연구)』 제17호, 한국학중앙연구원.

(2011), 『사유하는 도덕경』, 소나무.

김흥호(2001), 『김흥호 전집: 다석일지 공부 1』, 솔출판사.

니시다 기타로(2019), 『선의 연구』, 윤인로 옮김, 도서출판 b.

류영모(2017), 『다석 강의』, 다석학회 엮음, 교양인.

(1918), 「無限大」, 『青春』 제15호, 新文館.

(1914), 「나의 一二三四」, 『青春』 제2호, 新文館.

(1918), 「오늘」, 『青春』 제14호, 新文館.

(1923), 「자고새면」, 『東明』 제25호, 東明社.

(1923), 「자고새면」, 『東明』 제2권 제8호, 東明社.

(1939), 「저녁찬송」, 『聖書朝鮮』 135, 4월호.

(2024), 『다석일지 1』, 다석학회 엮음, 도서출판 동연.

(2024), 『다석일지 2』, 다석학회 엮음, 도서출판 동연.

(1941), 「奇別 落傷有感」, 『聖書朝鮮』 152, 9월호.

(1940), 「決定함이있으라」, 『聖書朝鮮』 135, 4월호.

박술(2023), 「최근 독일어권에서 세계철학사의 새로운 기획과 한국철학사 연구 전통의 변화」, 『한국사상사학』 제75집, 한국사상사학회.

박영호(2002), 『다석 류영모 어록』, 도서출판 두레.

(2012), 『다석전기: 류영모와 그의 시대』, 교양인.

박재순 외(2008), 『유영모·함석헌 사상 연구 발표집 Ⅰ』, 재단법인 씨알.

(2008), 『유영모·함석헌 사상 연구 발표집 Ⅱ』, 재단법인 씨알.

박재순(2017), 『다석 유영모』, 홍성사.
백종현(1998), 『독일철학과 20세기 한국의 철학』, 철학과 현실사.
서정범(2018), 『새국어어원사전』, 박재양 엮음, 보고사.
심재룡(1989), 『한국에서 철학하는 자세들: 철학연구 방법론의 한국적 모색』, 집문당.
안규식(2024), 『비움과 숨 - 한국적 영성을 위한 다석 류영모 신학 연구』, 도서출판 동연.
(2024), 「그리움과 에로스의 구원 - 다석 류영모와 플로티노스의 신비적 합일에 관한 신학적 고찰」, 『한국조직신학논총』 제75집, 한국조직신학회.
오구라 기조(2022), 『조선사상사: 단군신화부터 21세기 거리의 철학까지』, 이신철 옮김, 도서출판 길.
유봉희(2022), 「'과학'이 '실종'된 다이쇼(大正) 생명주의 연구」, 『현대소설연구』 제88호, 현대소설학회.
이승종(2025), 『구도자의 일기－비트겐슈타인의 삶과 철학』, 그린비.
이은선(2024), 「종교와 철학의 통섭으로서의 한국 사유」, 『한국철학의 소통과 확산』, 성균관대학교 출판부.
이정호(2017), 『鶴山李正浩全集 02 － 訓民正音의 構造原理: 그 易學的 研究』, 아세사문화사.
이철호(2007), 「1910년대 후반 청년지식인들의 기독교적 '生命' 인식 － 《學之光》을 중심으로」, 『한국기독교역사연구소소식』 제78호, 한국기독교연사연구소.
(2020), 「류영모(柳永模)의 영성론과 그 기원 - 생명, 숨, 성령」, 『東方學志』 제192집, 동방학회.
이한구(2024), 「보편성과 특수성의 관점에서 본 한국철학(2004년－2020년)」, 『한국철학의 소통과 확산』, 성균관대학교 출판부.
정대현(2016), 『한국 현대 철학』, 이화여자대학교출판문화원.
조성환(2022), 『키워드로 읽는 한국철학』, 도서출판 모시는사람들.
최한기(2025), 『기측체의 역해 1 - 신기통』, 이종란 역해, 도서출판 동연.
한민자(2016), 「과학과 영성 그리고 진화 - 지구 문명의 새로운 지평 탐색」, 『동학학보』 제41호, 동학학회.
한형조(2011), 『왜 조선 유학인가』, 문학동네.

Bergson, H.(1911), *Creative Evolution*, trans. Arthur Mitchell, New York: Hebrt Holt and Company.

(2022), 『창조적 진화』, 황수영 옮김, 아카넷.

Capra, F.(1982), *The Turning Point: Science, Society, and the Rising Culture*, New York: Simon & Schuster.

(1997), *The Web of Life: A New Scientific Understanding of Living Systems*, New York: Anchor Books.

Hegel, G. W. F.(1986), *Vorlesungen über die Geschichte der Philosophie I*, Frankfurt: Suhrkamp.

Kim, J. Y.(2015), *Zhang Zai's Philosophy of Qi: A Practical Understanding*, Lanham: Lexington Books.

Milbank, J.(2006), *Theology and Social Theory: Beyond Secular Reason*, 2nd ed., Oxford: Blackwell Publishing.

Tillich, P.(2021), 『폴 틸리히 조직신학1: 이성과 계시, 존재와 하나님에 관하여』, 남성민 옮김, 새물결플러스.

Wittgenstein, L.(2021), *Tractatus Logico-Philosophicus: Centenary Edition*, edited by Luciano Bazzocchi, introduction by P. M. S. Hacker, London: Anthem Press.

(1967), *Letters from Ludwig Wittgenstein with a Memoir by Paul Engelmann*, edited by B. McGuinness, translated by L. Furtmüller, Oxford: Blackwell.

# 찾아보기

## ㄱ

## ㄴ



## ㄷ

## ㄹ



## ㅂ

## ㅅ

## ㅇ

## ㅈ



## ㅊ

### ㅋ



### ㅌ



### ㅍ

## ㅎ

# 저자 소개

### 박규철

연세대학교 철학과를 졸업하고 동대학원에서 플라톤의 《고르기아스》 편 연구로 박사학위를 받았다. 연세대학교 인문학연구원 전문연구원, 월간 《에머지》 및 《넥스트》 편집장 그리고 아신대학교 교수를 지냈다. 현재 국민대학교 교양대학 서양고대철학 교수이자 후마니타스 리더십 연구소장이며, 한국동서철학회 회장 및 한국중세철학회 편집위원으로 활동하고 있다. 전공 분야는 소크라테스와 플라톤 철학이지만, 연구 영역을 확장하여 고대 회의주의가 오늘날 우리에게 주는 통찰이란 무엇인지를 제시하는 차원에서 『의심하는 인간』을 저술하기도 하였다. 이 밖에 지은 책으로는 『그리스 로마 철학의 물음들』, 『플라톤 철학과 회의주의』, 『그리스 계몽주의와 신플라톤주의』, 『고대 그리스 철학의 감정 이해』(공저), 『고전의 창으로 본 리더스피릿』 (공저), 『글쓰기와 토론을 위한 플라톤의 국가 읽기』 그리고 『소논문 쓰기, 어떻게 할까?』(공저) 등이 있다. 옮긴 책으로는 『플라톤과 소크라테스적 대화』(공역)와 『신플라톤주의』(공역) 그리고 『포스트모던 시대의 철학과 신학』(공역)이 있다. 현재는 "중세철학 시기 고대 회의주의의 패러다임적 변형으로서 요안네스와 니콜라우스 그리고 알-가잘리의 회의주의 철학"이라는 주제로 12-14세기 중세 서유럽 및 이슬람 세계에서의 회의주의를 연구하고 있다.

### 이승종

연세대학교 철학과와 동대학원을 졸업하고, 뉴욕주립대학교(버펄로) 철학과에서 철학박사학위를 받았다. 캘리포니아 어바인대학교 철학과 풀브라이트 방문교수와 카니시우스대학교 철학과 겸임교수를 역임했고, 현재 연세대학교 철학과 교수로 있으며, 같은 대학의 언더우드국제대 비교문학과 문화트랙에서도 강의해 왔다. 저서로 『비트겐슈타인이 살아 있다면: 논리철학적 탐구』(문화관광부 선정 우수학술도서), 『크로스오버 하이데거: 분석적 해석학을 향하여』(연세학술상 수상작), 『동아시아 사유로부터: 시공을 관통하는 철학자들의 대화』, 『우리와의 철학적 대화』(한국출판문화산업진흥원 책나눔위원회 선정 추천도서), 『우리 역사의 철학적 쟁점』, 『비트겐슈타인 새로 읽기: 자연주의적 해석』(대한민국학술원 선정 우수학술도서), 『역사적 분석철학』(대한민국학술원 선정 우수학술도서), 『철학의 길: 대화의 해석학을 향하여』(윤유석과 공저), 『구도자의 일기: 비트겐슈타인의 삶과 철학』, 뉴턴 가버(Newton Garver) 교수와 같이 쓴 *Derrida and Wittgenstein*과 이를 우리말로 옮긴 『데리다와 비트겐슈타인』이 있으며, 연구번역서로 비트겐슈타인의 『철학적 탐구』가 있다. 페리논문상, 우수업적 교수상, 우수강의 교수상, 공헌 교수상, 우수연구실적 표창, 최우수논문상(2022 대한국제학술문화제)을 수상하였다.

### 서상복

서강대학교 철학과를 졸업하고, 동 대학원에서 「W. Sellars의 통관 철학: 과학 세계와 도덕 세계의 융합」으로 박사학위를 받았다. 서강대학교에서 인식론, 윤리학, 서양철학사 등을 가르쳤다. 현재 철학개론, 논리와비판적사고, 분석철학, 언어철학을 강의하면서 의미 이론과 진리 이론에 관해 연구하고 있다. 『러셀 서양철학사』, 『내가 나를 치유한다』, 『예일대 지성사 강의』, 『왜 세상이 잘못 돌아가나』, 『현대 언어철학』, 『정신분석의 새로운 길』, 『진리』 등을 우리말로 옮겼다.

**황설중**
고려대학교 철학과 및 동대학원을 졸업하고 철학박사학위를 받았다. 빌레펠트대학교에서 박사후과정을 마쳤으며, 고려대학교 철학연구소 연구교수와 원광대학교 학술연구교수를 역임하고, 현재 대전대학교 혜화리버럴아츠칼리지 교수로 재직중이다. 저서로는 『인식론』, 『고대 회의주의와 근대철학』, 역서로는 『변증법과 회의주의』, 『믿음과 지식』 등이 있다.

**손영창**
부산대학교 철학과에서 학부와 석사과정을 마친 뒤 도불하여 프랑스 스트라스부르 2대학에서 D.E.A와 박사과정을 수료하고, 방쉬상(G. Bensussan) 교수의 지도 아래 「레비나스의 초월성과 사회성」이라는 논문으로 박사학위를 받았다. 귀국 후 경남대학교 철학과에서 학생을 가르쳤으며, 2015년부터는 한국기술교육대학교에서 철학과 다양한 교양 과목을 가르치고 있다. 주요 번역서로 『신, 죽음, 시간』과 『전체성과 무한』이 있고, 저서로는 『프랑스 철학의 위대한 시절』(공저), 『레비나스 철학의 맥락들』(공저)가 있으며, 논문으로는 「마리옹의 증여의 현상학에 대한 일고, 증여와 해체－데리다의 증여개념을 중심으로, 데리다의 환대론에서 절대적 타자의 외재성과 제삼자의 위상에 관하여」 등이 있다.

**송석랑**
한국외국어대학교와 대학원에서 철학을 공부한 후, 충남대학교 대학원에서 실존현상학 연구로 철학박사학위를 받았다. 목원대학교에서 창의교양학부 교수로 재직했으며, 한국외국어대학교 객원교수 및 한국동서철학회 회장, 한국해석학회 회장을 역임했다. 근래의 저역서 및 연구논문으로 『정신과학입문』(W. 딜타이 지음), 『현상학, 시적 감각의 지성』, 「이이(李珥)의 이기론(理氣論)과 구체성의 철학 －실존현상학의 관점에서」, 「환경윤리의 환원성 제거를 위한 자연개념 －메를로퐁티의 현상학적 관점에서」 등이 있다.

**조성환**
서강대학교와 일본 와세다대학교에서 수학과 철학을 공부하였다. 현재 원광대학교에서 철학과 교수와 기후인문학연구소 소장을 맡고 있다. 지은 책으로는 『한국 근대의 탄생』, 『K－사상사』, 『한국의 철학자들』 등이 있고, 옮긴 책으로는 『인류세의 철학』(공역), 『인류세에 대해 인문학이 답하다』(공역), 『인류세란 무엇인가』(공역) 등이 있다.

**김요한**
전북대학교 철학과에서 서양 고·중세철학, 예술철학, 사회철학, 프랑스철학을 가르치고 있다. 전북대학교 철학과를 졸업하고 그리스 아테네대학교에서 서양고대철학 연구로 철학박사학위를 받았다. 벨기에 루벵대학교(K. U. Leuven) 고·중세 연구소에서 헬레니즘과 그리스도교 철학을 주제로 박사 후 과정을 마쳤다. 지은 책으로는 『단숨에 이해하는 자유론』, 『예술의 정의』, 『서양 고대 그리스와 철학』, 『고대 그리스 철학의 감정이해』(공저), 『명예란 무엇인가』(공저), 『인문고전읽기』(공저)가 있으며, 옮긴 책으로는 『숀 세이어즈의 플라톤 국가해설』, 『아리스토텔레스의 니코마코스 윤리학 입문』, 『롤스의 정의론 입문』, 『밀의 자유론 입문』(공역)이 있다.

### 서대원

연세대학교 및 동대학원 철학과 졸업하고 중국 베이징대학교 철학과에서 박사학위를 받았다. 중국문화에 두루 관심을 가지고 있으며, 최근에는 위진남북조 시대를 중심으로 연구하고 있다. 현재 한중 양국 학자들의 상호 정보 교류, 자료 수집, 학술 연구, 국제세미나, 번역 등을 통하여 학술과 문화교류의 가교 역할을 담당하고 있는 '남경사범대학 중한문화연구중심' 연구소 일원으로 활동하고 있으며, 충북대학교의 연구원을 역임했고, 충북대학교 창의융합교육본부 부교수로 재직중이다. 논저로 『서계쇄록』, 「묵자 성격 시탐」 등이 있다.

### 한대성

해인사 백련암에 출가했었다. 선방에 잠시 다니다, 티벳 밀교에 흥미를 느껴 인도 다람살라 IBD 학원과 세라 제 대승원에서 몇 년간 수학했다. 뿌네대학교 퍼거슨 컬리지에서 서양철학으로 학사학위를, 델리대학교 불교학과에서 빨리 불교로 석사학위를 받았다. 교환학생 겸 연구원으로 독일 함부르크대학에서 2년여간 수학했으며, 동국대학교 인도철학과에서 「『숫타니파타』 「팔게품(八偈品)」에 관한 연구」로 박사학위를 받았다. 역서로는 옥스퍼드 곰브리치 교수의 『불교는 어떻게 시작되었는가?』가 있다. 월지족과 쿠샨족의 연구를 중심으로 하는 인도 고대사, 그리고 이와 관련돼 파사석탑을 중심으로 하는 허황후 도래설도 연구하고 있다. 주요 연구 분야는 붓다의 실제 교설을 밝히는 원시불교이고, 이와 연관돼 그리스 피론주의도 연구하고 있다.

### 안규식

충남대학교에서 역사학을 전공하고, 서울신학대학교 신학대학원에서 신학 석사학위를, 킹스칼리지런던에서 종교사회학 석사학위를 받았다. 연세대학교 일반대학원에서 조직신학과 문화신학을 전공했으며, 한국의 그리스도교 사상가인 다석 류영모를 연구해 박사학위를 받았다. 현재 연세대학교 한국기독교문화연구소 연구교수로 활동하고 있으며, 연세대학교에서 한국신학과 조직신학 그리고 기독교의 이해 과목을 가르치고 있다. 저서로 『비움과 숨: 한국적 영성을 위한 다석 류영모 신학 연구』, 『류영모』, 『K－신학(Theology), 한국신학의 부활』(공저), 『우리 시대의 그리스도교 사상가들 Ⅱ』(공저)가 있으며, 번역서로 『디지털 교회를 위한 교회론』, 『신비주의』, 『그리스도 안에서 변화되다: 고린도전서』, 『바울이라는 세계』, 『어둠을 끊어 내다: 고린도후서』, 『신학의 역동성』(공역)이 있다.

세계철학사 사유 번역과 서사 창조


초판발행 2025년 12월 30일

지은이 박규철 · 이승종 · 서상복 · 황설중 · 손영상 · 송석랑
조성환 · 김요한 · 서대원 · 한대성 · 안규식

펴낸이 안종만 · 안상준

편 집 소다인
기획/마케팅 박부하
표지디자인 BEN STORY
제 작 고철민 · 김원표

펴낸곳 (주) 박영사
서울특별시 금천구 가산디지털2로 53, 210호(가산동, 한라시그마밸리)
등록 1959. 3. 11. 제300-1959-1호(倫)
전 화 02)733-6771
f a x 02)736-4818
e-mail pys@pybook.co.kr
homepage www.pybook.co.kr
ISBN 979-11-303-9719-1 93300





정 가 19,000원